JIANCHA LILUN
YANJIU YU SIFA
SHIWU

顾玫帆／主编

检察理论研究与司法实务

中国检察出版社

序

　　2016 年年初，习近平总书记对政法工作作出重要指示强调，全国政法机关要增强忧患意识、责任意识，防控风险、服务发展，破解难题、补齐短板，提高维护国家安全和社会稳定的能力水平，履行好维护社会大局稳定、促进社会公平正义、保障人民安居乐业的职责使命。新形势承担新使命，新征程承载新梦想，在法治中国建设换档提速的今天，检察机关既面临难得的发展机遇，同时也面临严峻挑战。如何更好地发挥检察监督职能作用，如何加强检察机关在司法改革大背景下对各种新情况、新问题的探索、思考和研究，促进检察工作科学发展，是当下每个检察人的使命所系、职责所在。

　　马鞍山市人民检察院编写的《检察理论研究与司法实务》，扎根于中国特色社会主义检察理论，立足于检察机关司法实践，积极应对检察机关司法改革，既加强检察理论前沿的探索研究，又着眼检察司法实务的解疑释惑；既注重个案案例的微观剖析，又注重类案专题的归纳探讨；既注重加强基层工作的经验交流，又着力推动改革创新的机制建设，马鞍山市检察同仁在实践中探索，在探索中思考，60 余篇力作无不凝结着当代法治精神的检察元素，汇聚着一线检察干警的心血智慧，期待与长期以来关心支持检察事业的各界人士和广大读者一起分享观点、砥砺思想、交流意见，共同推动检察事业繁荣发展。

　　书中文章除市院机关领导亲自带头调研、带头撰文外，作者大部分来自基层检察人员，他们紧紧贴近司法办案实践，丰富检察应用理论，推进检察业务研究，文章内容覆盖面广，信息量大，观点新颖，研讨深入，具有较强的理论性、实践性和指导性，为我们深化检察理论研究提供了很好的参考样本。

　　理论的生命力在于指导实践，在于科学地回答和解决当今时代和司法实践中的重大问题。希望马鞍山市检察机关更加深化检察理论研究，更加强化研究成果的应用，更加实化难点热点问题解决措施，将理论研究成果转化为推动检察工作科学发展的强大动力，为发展和完善检察制度、深化检察改革、推动检察实务提供坚实的理论支撑和科学的决策依据。人民检察事业站在新的历史起点，我们期待马鞍山市检察人在司法实践中更加深入的感悟、思考、研究、探讨，展示出更多更好的检察理论研究成果。

安徽省人民检察院检察长　薛江武

目　录

【理论研究】

【实务探讨】

【专题调研】

【案例剖析】

【经验交流】

【理论研究】

深刻把握防控风险重大责任
充分履行服务发展检察职能

——在地方经济战线的主战场吹响检察工作的嘹亮号角

顾玫帆[*]

近年来，面对错综复杂的国际形势和艰巨繁重的国内改革发展稳定任务，以习近平同志为总书记的党中央高瞻远瞩，统筹推进，牢牢把握发展主动权，妥善应对重大风险挑战，推动经济建设、政治建设、文化建设、社会建设、生态文明建设和党的建设取得重大进展。从马鞍山市的发展情况来看，面对经济总体下行和资源型城市转型双重压力，在市委的坚强领导下，全市人民沉着应对，攻坚克难，砥砺奋进，各项事业开创了新局面。同时，随着经济发展进入新常态，经济增长处在结构调整和新旧动能转换之中，金融安全风险加大、经营违约隐患增多、企业间债务矛盾突出和生态环保压力加大等问题逐渐凸显。检察机关作为国家法律监督机关，必须切实担负起"防控风险、服务发展"的重大职责，转变理念，调整方式，统筹运用服务、保护、规范、促进、打击、预防六大职能，促进地方经济发展健康有序、充满生机。

一、树立三个意识，切实增强服务经济发展的自觉性和主动性

习总书记就政法工作作出重要指示强调，"要把防控风险、服务发展摆在更加突出位置，为经济社会发展提供有力保障。"中央政法工作会议、全国全省检察长会议也就服务经济发展新常态、依法打击经济领域犯罪、平等保护企业合法权益等提出明确要求。我们一定要认真学习、深刻领会，紧紧围绕马鞍山转型升级、加快发展的工作主题，牢固树立大局意识、服务意识、规范意识，切实增强保障经济持续健康发展的思想自觉和行动自觉。

---

* 作者单位：马鞍山市人民检察院。

（一）树立大局意识，强化责任担当

要进一步增强忧患意识、责任意识，把思想和行动统一到中央、省委、市委对形势的分析判断和决策部署上来，准确把握、认真研判新常态下经济领域犯罪活动的规律特点对策，主动适应新常态带来的新要求、新挑战，牢固树立为经济建设服务的大局观，把是否促进经济社会发展作为衡量司法办案水平和效果的重要标尺，切实担当起经济发展安全保障的重大责任。

（二）树立服务意识，强化职责定位

要主动跟进市委"工业强市""以港兴市"、发展战略性新兴产业等决策部署，坚持把司法办案作为服务的基本途径和主要手段，努力为经济发展提供有力司法保障。要认真贯彻关于推进供给侧改革的部署要求，促进检察理念、检察方式、检察机制的三大转变，做到帮忙不添乱、参与不干预、到位不越位、服务不代替，积极建设合法受保护、违法受打击、公平有秩序、利益可预期的法治化营商环境。要深入持久开展服务企业活动，积极提供预防、监督、维权等法律服务。

（三）树立规范意识，强化法治思维

有效防范应对新常态下各类风险，是服务发展大局的重要内容。检察机关必须认清当前形势，坚定发展信心，提高司法水平，既要立足职能保障稳增长、促改革、调结构、保民生，又要在司法办案中妥善应对经济下行可能带来的问题和风险，高度重视规范司法行为和改进办案方式方法，严格区分罪与非罪界限，切实防止因执法方式不当、措施不当、对企业主要负责人控制不当，而出现影响经济项目推进、园区发展稳定等问题。

二、营造四个环境，努力为经济发展提供高水平、高质量、高效率的司法供给

经济发展进入新常态，既有新动力、新方式，也会产生新矛盾、新问题。全市检察机关要认真学习领会中央和省委市委关于经济发展新常态的重大战略判断和部署，深入研究经济运行态势，找准结合点、着力点，进一步调整办案重心，强化法律监督，为推动马鞍山转型升级、加快发展营造良好外部环境。

（一）依法惩治破坏市场秩序犯罪，营造诚信有序的市场环境

破坏市场经济秩序犯罪不仅直接影响社会稳定，也直接影响经济持续健康发展。从近两年刑事犯罪发案情况看，合同诈骗、非法集资等经济领域犯罪大幅攀升，一些普通经济犯罪呈现向涉众型转化的态势。检察机关要切实增强风

险意识，积极参与互联网金融领域专项整治，突出打击非法集资、金融诈骗等涉众型经济犯罪，切实维护群众财产安全和社会稳定。深入开展打击侵犯知识产权和制售假冒伪劣商品等犯罪工作，积极为企业维护知识产权权益提供法律帮助，促进创新驱动战略实施。坚决惩治强揽工程、串标围标、强迫交易、欺行霸市、商业贿赂等破坏市场公平竞争的犯罪行为，依法办理企业内部职务侵占、挪用资金等妨害企业经营管理、侵害企业合法权益案件，维护正常生产经营秩序。

（二）重视查办经济领域职务犯罪，营造廉洁高效的政务环境

当前，经济领域职务犯罪仍然易发多发，尤其是一些资金密集、资源紧缺、竞争激烈、权力集中、监管薄弱的行业和领域逐渐成为高发多发部位，甚至出现塌方式腐败迹象。检察机关要认真研究新常态下出现的新情况、新问题，及时跟进政府投资的重点领域，重点打击危害企业利益、索取贿赂、滥用职权等职务犯罪。坚决惩治侵吞、窃取、骗取、挪用国家资金的职务犯罪，保障政府投资安全。注重查办招标投标、项目审批、环境评估、产能淘汰、土地征用、税收征收等环节，利用职务便利侵害企业合法权益的职务犯罪案件。健全同步介入重大安全生产事故调查制度，严肃查处破坏生态环境、重大责任事故背后的贪污受贿及失职渎职犯罪。

（三）严厉打击各类严重刑事犯罪，营造安全稳定的经济发展环境

稳定是发展的前提，只有社会环境安全稳定，才能一心一意谋发展，聚精会神搞建设。检察机关承担着审查批捕、指控犯罪等重要职能，肩负着推进法治建设、维护和谐稳定的职责使命。要持续加大对工业园区、重点工程、重点企业周边突出问题排查整治力度，坚决打击盗窃、抢劫、敲诈勒索、破坏生产经营等犯罪，严厉打击破坏交通、能源、信息、环保等基础设施建设的犯罪活动，保障工业园区、重点工程和重点项目顺利推进。要积极参与社会治理创新，妥善化解调结构、转方式、促升级过程中产生的各类司法性矛盾纠纷。

（四）加强经济领域诉讼活动监督，营造公平公正的法治环境

要依法监督纠正执法司法机关非法插手经济纠纷和违法查封、扣押、冻结企业财产、滥用强制措施等行为。健全两法衔接机制，切实防止有案不立、有罪不究、以罚代刑现象。要依法及时办理合同纠纷、知识产权纠纷、侵权纠纷、不正当竞争等涉及企业的各类申诉案件，平等维护各方权益。要及时监督纠正枉法裁判、虚假诉讼等以正当形式掩盖违法经济活动的行为，促进依法调解经济关系，保障各类市场主体公平竞争。

三、坚持五个注重，着力提升服务经济发展的水平和实效

保障经济持续健康发展，关键是要提升防范风险和服务发展的司法能力和水平。要综合运用打击、预防、监督、教育、保护等法律监督手段，善于运用法治思维和法治方式处理经济发展中的矛盾，切实增强保障经济持续健康发展的针对性和实效性。

（一）注重强化职务犯罪预防

预防职务犯罪出生产率。检察机关作为惩治和预防职务犯罪的专门机关，要加强对重点领域和区域性、普遍性问题的预防调查，为党委政府决策提供建议。围绕全市重大投资、重点工程开展专项预防，加强重点环节廉政隐患提前研判，及时提出预防措施，从源头上减少经济领域职务犯罪。结合查办的涉企职务犯罪案件，及时提出检察建议，帮助堵塞制度漏洞，提高企业依法经营管理水平。

（二）注重完善服务企业机制

坚持把服务经济园区建设和企业发展作为重要平台，完善常态化工作机制，着力打造服务经济发展的主窗口。建立健全联席会议、联合调研、人员培训等制度，积极为经济园区和企业转型升级、自主创新、风险防控等提供法律服务，促进依法解决各类民事经济纠纷，增强防范法律风险能力。探索在工业园区设立检察服务发展工作站，构建覆盖广泛、信息畅通的检察服务网络。

（三）注重把握法律政策界限

坚持执行法律与执行刑事政策相结合，既要依法办案、形成震慑，又要保护发展热情、支持创新创业。要准确理解和把握十八届三中全会和习总书记关于"加强重大改革试点工作，及时总结经验，宽容改革失误"的精神，既要依法追究危害经济发展、构成犯罪的刑事责任，又要审慎处理新情况、新问题，对于法律政策界限不明、罪与非罪界限不清的，慎重妥善处理，必要时认真听取有关行业主管、监管部门的意见，防止把一般违法违纪、工作失误甚至改革创新简单地视同犯罪。

（四）注重转变执法办案理念

要坚持严格司法和服务发展相统一，结合社会规律和经济规律处理案件，切实转变执法办案理念，避免就案办案、机械执法的问题。要依法平等保护国有企业、民营企业、小微企业、外资企业等各类市场主体合法权益，慎重把握办案力度与办案时机，依法慎用查封、扣押、冻结等强制性侦查措施，做到既

严格依法办案，又要努力避免影响经济运行和企业生产经营活动。

（五）注重规范司法办案行为

规范司法行为是改进司法作风、提升司法公信的应有之义。检察机关保障经济持续健康发展，必须高度重视规范司法，切实做到以规范促公正、以公正赢公信。要严格执行高检院职务犯罪侦查工作"八项禁令"和各项办案纪律规定，要继续深入开展规范司法行为专项整治，加大对自身司法不规范问题的查处整治力度，真正在保障经济发展中提升司法公信力。

毫不动摇地坚持检察工作的人民性
忠实履行保障人民安居乐业的职责使命

顾玫帆[*]

习近平总书记深刻指出，要坚持经济发展以保障和改善民生为出发点和落脚点，全面解决好人民群众关心的教育、就业、收入、社保、医疗卫生、食品安全等问题，让改革发展成果更多、更公平、更实在地惠及广大人民群众。检察工作的人民性是检察机关的根本属性，是"权力属于人民"宪法原则在检察工作中的重要体现。检察机关要坚持以人民为中心，牢固树立一切为了人民、依靠人民、造福人民、保护人民的理念，准确把握人民群众的司法需求，着力解决检察环节群众反映强烈的突出问题，坚持司法为民，在人民群众的监督和支持下提升司法公信，努力使各项检察工作体现人民利益、反映人民愿望、维护人民权益、增进人民福祉。真正把人民作为评判检察工作的最高裁决者，坚持以法治为引领，认真倾听人民呼声，从人民群众反映强烈的突出问题中，找准加强和改进检察工作的着力点，努力使检察工作更加符合群众期待，让人民在每一个司法案件中感受到公平正义。针对人民群众反映的司法不严格、不规范、不文明问题，以开展专项整治为契机，持续深入推进司法规范化建设，坚持开门听意见，深化司法民主，保障人民群众参与司法，切实增强检察工作的亲和力和公信力。

一、强化司法为民宗旨意识，牢固树立亲民、利民、惠民、便民四大现代检察工作新理念

（一）树立亲民理念，统筹把握广义民生与个案民生的一致关系

从检察工作广义民生的角度看，检验检察工作的民生成效主要有三个试金

---

* 作者单位：马鞍山市人民检察院。

石：一是是否有利于维护和保障人民群众的合法权益；二是是否有利于促进经济社会繁荣发展，改善和提高民生；三是是否有利于维护社会秩序稳定，保障人民群众生命财产安全。从狭义民生的角度看，检察工作涉及的每一个案件都是彰显公正、排解民忧、化解民怨、维护民权、赢得民心的过程。检察工作的亲民既要体现在广义的根本制度设计、程序设计、宏观政策上，体现在感受民生难点、了解民生热点、改善民生重点上，体现在民生检察的服务保障上，也要体现在每一个个案办理中的惩罚犯罪、预防犯罪、维护受损害人民群众的合法利益上。检察机关必须把人民满意作为检察工作的出发点和落脚点。

（二）树立利民理念，统筹把握法律效果与人民利益的一致关系

检察机关司法办案，要坚持以法律效果为基础，以人民利益为目的，努力实现两者有机统一。树立利民理念，既要有力打击犯罪，维护法律的权威和尊严，又要积极关心保障人民群众的疾苦、保护社会弱势群体的合法权益。要积极化解和妥善处理司法矛盾和利益纠纷，坚持理性、平和、文明、规范司法理念，综合运用刑事和解、民事息诉等司法手段，使犯罪人员真正认罪伏法，尽可能消除案件当事人之间的积怨，增加和谐因素，减少不和谐因素。在坚持为人民群众提供优质高效法律服务的同时，要以有利于人民群众利益的方式和手段配合有关职能部门拓展维护群众合法权益的渠道和空间，共同解决群众最关心、最直接、最现实的问题，努力维护人民群众的根本利益。

（三）树立惠民理念，统筹把握忠实履职与司法助弱济困的一致关系

要树立惠民理念，克服"机械司法""就案办案"的短板。注重延伸职能、深化内涵，促进司法案件中源头性、根本性、基础性问题的解决。要关心和帮助弱势群体，重视困难群众和特殊群体权益保障，重点加强对妇女儿童、残疾人、老年人的司法保护。要畅通法律援助绿色通道，打通检察工作与服务群众"最后一公里"，切实引导社会弱势群体采用合法手段提出诉求，理性解决纠纷，充分地维护弱势群体的合法权益。制定实施《检察机关刑事案件被害人及近亲属司法救助实施办法》，解决符合条件的特定案件当事人生活面临的急迫困难。

（四）树立便民理念，统筹把握严格程序和司法便民的一致关系

两级检察机关要建立健全人民群众利益表达、利益协调、利益保护机制，努力实现好、协调好、保护好群众合法权益。通过设立乡镇便民法律服务点、少数民族法律服务点、派驻检察室、检察联络站、民生联络员等方式，使"民生检察"步入企业、走进乡村、深入民间；通过开展"走亲戚"活动、检乡共建、志愿者活动，使"民生检察"走进群众、深入民心。积极探索"互

联网＋检察"工作模式，创新工作举措，通过制作微电影、微讲堂、微视频等形式加大民生领域警示教育和预防工作力度，努力营造爱民光荣的社会氛围。

二、强化法律监督民生职能，突出服务保障人民群众社会平安新需求

强化法律监督是服务保障民生的有力手段，维护公平正义是服务保障民生的目标要求。检察机关要充分发挥职能作用，不断加大服务保障民生工作力度，着力在维护民安、维护民利、维护民权上下功夫。

（一）严厉打击发生在群众身边的刑事犯罪

依法严厉打击各类严重影响人民安全感的犯罪活动，切实保障人民生命财产安全。要紧紧围绕保障和改善民生，继续深入开展查办和预防发生在群众身边、损害群众利益职务犯罪专项工作，促进解决涉及人民群众利益的热点难点问题。围绕解决人民群众最关心、最直接、最现实的利益问题，着力查办发生在安全生产、城镇建设、医疗卫生、征地拆迁、社会保障、企业改制、抢险救灾、就业就学、农业扶贫等民生领域的职务犯罪案件，坚持做到发现一例严查一例，深挖窝案审案，严肃查处一批影响大的典型案件，依法保障人民群众的合法权益，促进党和国家保障和改善民生各项政策措施的落实。围绕人民群众平安需求，积极参与打黑除恶专项斗争；依法打击金融诈骗、合同诈骗、非法集资等经济领域违法犯罪，维护社会主义市场经济秩序和人民群众财产安全；严厉打击严重破坏社会治安秩序、危害群众安全感等犯罪，依法严厉打击毒品、赌博和抢劫、抢夺、盗窃等多发性犯罪，切实维护群众生命财产和人身民主权利；积极投入打击治理电信网络新型违法犯罪专项行动，坚决惩治电信诈骗、网络投资诈骗等犯罪，积极参与对犯罪重点地区的打击整治；积极参与危化品和易燃易爆物品等安全生产专项整治攻坚战，进一步加大对重点领域、重点行业危害安全生产犯罪的惩治力度。完善同步介入安全生产事故调查和处理机制，加强执法司法协作，严肃查处事故背后的渎职犯罪。

（二）突出打击涉农领域刑事犯罪和职务犯罪

深入了解农村群众的司法需求，调整工作思路，突出工作重点，把法律监督的触角延伸到广大农村，全力服务农村改革发展稳定。深入贯彻中央扶贫开发工作会议精神，开展集中整治和加强预防扶贫开发领域职务犯罪工作，重点查办和预防虚报冒领、截留私分、挥霍浪费扶贫资金的职务犯罪。紧紧围绕中央稳增长、调结构、惠民生、防风险等重大部署，坚决查办危害农村经济发展

环境、影响农村重大经济政策实施、影响农村重大改革举措落实的职务犯罪。依法及时查办损害农村群众利益、社会影响恶劣，特别是涉及农村基础设施建设、支农惠农政策落实、扶贫项目开发、征地拆迁、抢险救灾和美好乡村建设等民生问题的职务犯罪案件，保障和促进各项利民、富民、惠民政策措施的落实。

（三）积极为民计民生营造良好的法治环境

要积极参与社会治安防控体系建设，破解难题、补齐短板，推进法治社会建设。认真贯彻中办、国办《关于完善矛盾纠纷多元化解机制的意见》，健全依法维权和化解纠纷机制。要进一步畅通涉检信访渠道，积极化解社会矛盾纠纷，把依法处理与解决实际问题和困难有机结合起来，将释法解疑贯穿于检察工作始终。要注意发现带有集体性倾向性的民生诉求，配合党委、政府和有关部门从源头上做好民事息诉工作。要加强控告申诉工作，及时依法解决群众合理诉求，着力化解涉法涉诉重信重访案件，最大限度地促进社会和谐，积极出台便民措施，简化办事程序，提高工作效率，减少群众讼累。

（四）重点解决人民群众最关心、最直接、最现实的司法问题

结合马鞍山市检察工作实际，当前要突出解决影响人民群众合法权利的八大现实问题。一是预判经济转型产能过剩企业职工安置司法问题。二是促进养老、防疫等社会保障制度进一步完善落实。三是特定人群特殊困难精准帮扶司法问题。四是严厉打击发生在群众身边的基层腐败问题。五是坚决遏制非法集资等经济犯罪高发蔓延势头，深入开展互联金融风险专项行动，坚决打击具有非法集资特征、传销特征的经济犯罪。六是妥善解决环保、医疗等民生领域司法矛盾纠纷。七是深化青少年犯罪法治教育工作。八是建立社会稳定风险评估机制，探索新形势下化解预防社会矛盾纠纷的新方法、新途径。

三、强化司法公信力建设，在司法办案中提升服务保障民生的三大能力

司法公信力是法治社会的基石。检察人员在服务和保障民生工作中，要通过执法公正、司法文明和便民服务来树立司法公信，赢得群众对司法的信赖、尊重和服从。当前，检察机关和检察人员要重点提高三方面能力。

（一）提高服务群众能力

服务群众是检察人员服务保障民生工作的重要途径。要深入基层，深入群众，关注民生、了解民意、体察民情。不仅要维护人民群众财产安全，还要依

法保障人民群众的社会政治权利，包括知情权、监督权和参与权；司法办案不仅要体现公正，还要公开透明；不仅要提供周到服务，还要态度热情、优质高效；不仅要关心群众的物质利益，还要关心群众的精神文化需求；不仅要关心一般群众的共性需求，还要关心不同群体的特殊需求；不仅要关心实际问题的解决，还要关心心理疏导，积极培育健康、向上、平和的社会心态。要让人民群众切切实实感受到法律就在身边、司法就在身边，实实在在的在每一起案件中感受到公正，感受党和政府的关怀温暖。

（二）提高化解矛盾纠纷能力

化解矛盾是检察人员服务保障民生工作的关键环节。当前我们正处于改革攻坚期、社会转型期，也是各类社会矛盾凸显期。服务保障民生，有效化解各类矛盾，既是对检察机关的严峻考验，也是司法机关需要主动解决的迫切问题。检察机关调处矛盾纠纷，不仅要准确执行法律，严格依法办案，还要积极主动做好释法说理，通过多种形式"送法"，引导群众依法维权、有序维权、依法合理表达诉求。针对缠诉闹访、阻碍执法等现象进行有针对性的法制宣传，既要增强群众的维权意识，又要增强群众履行义务的意识，养成尊重司法的习惯。要走出单纯依靠司法手段解决矛盾纠纷的误区，综合运用政治、经济、道德等多种手段，实现说服教育与解决实际问题的结合。当事人对案件处理有疑问的，要认真听取意见，耐心做好法律宣传、政策解释、思想疏导等工作，解除他们对司法机关、司法人员的误解。要注意做好被害人一方的解释、说服工作，着力推行不批捕、不起诉答疑说理制度，针对疑问和异议耐心说明理由，把化解矛盾、理顺情绪融入执法办案的全过程。

（三）提高司法专业化、职业化能力

检察机关是国家的法律监督机关，服务保障民生的要求和方式不同于一般的行政机关。检察人员必须具备特殊的工作能力和工作本领，在服务群众工作中突出检察机关和检察人员专业性、职业性特点。检察人员要从更新观念入手，着眼于建立符合现代法治精神的法律理念和思维方式，努力提高服务群众的司法水平和办案能力，努力培养一批政治坚定、业务精通、作风优良的基层一线业务骨干，更好适应服务保障民生工作的繁重任务。

四、强化制度建设，在改革创新中健全服务保障民生的三大工作机制

制度定规范，机制管长远。要进一步转变司法理念，推行创新举措，加强制度建设，健全更为合理、更为科学的服务保障民生的检察工作机制。

（一）健全打击民生领域犯罪的长效机制

第一，对侵犯人民生命财产安全的严重暴力犯罪要坚持提前介入，积极配合公安部门，尽快收集相应证据，依法从重从快办理，形成打击合力。第二，密切关注人民群众反映强烈的焦点、热点问题，从严、从快打击在当地有影响的民生领域贪污贿赂犯罪、严重损害人民利益的渎职犯罪等。第三，加大对破坏环境资源犯罪的打击力度，强化对破坏资源犯罪的立案监督、侦查监督和审判监督。加强对资源环境的司法保护，既是广大人民群众的殷切期待，也是检察机关坚持司法为民的重要职责任务。检察机关要真正从人民福祉、民族未来的高度来谋划。第四，要进一步完善重大安全生产事故介入调查协作配合机制，深挖严查事故、事件背后有关行政管理、行政执法工作人员滥用职权、玩忽职守、失职渎职等职务犯罪案件。加强与行政执法机关的沟通联系，建立信息共享、联网查询、线索移送、案件协查等工作机制。

（二）健全民生领域司法矛盾纠纷调处机制

一是健全接访工作机制。坚持检察长接待制度，倡导领导干部带头深入一线，关心群众诉求，解决群众疾苦，化解重点信访，努力把信访问题解决在首办环节，防止和减少重复访、越级访和集体访；二是完善刑事和解机制。对因民间纠纷等引发的故意伤害致人轻伤且社会影响不大案件，根据双方当事人的申请，在审查逮捕和审查起诉环节，积极促成双方和解，对达成协议的，依法不批捕、不起诉；三是深化民事和解息诉机制。进一步明确民事和解息诉的适用范围、适用原则、适用条件，以双方当事人自愿为原则，通过释法说理、调节疏导，促使双方签订和解协议，力争实现案结事了；四是推行法律文书说理机制。在控申等部门的法律文书正文后附上处理理由，以理服人，以情感人，对申诉人进行告诫和规劝，促使其接受检察机关的处理和决定。

（三）健全民生领域诉讼监督机制

扎实开展破坏环境资源保护、危害食品药品安全犯罪两个专项立案监督。重点监督群众反映强烈的该立案不立案、有罪不纠、以罚代刑等问题，通过检察建议、立案监督等方式有效地督促相关部门放弃违法，保护群众利益；加强对审判活动的监督，重点加强对侵犯民生犯罪案件和涉及群众切身利益民生案件的监督，对徇私枉法损害民生利益的审判人员必须严肃查处，还群众以公正公道；加强对监管执行活动的监督，重点监督可能影响监管安全稳定、侵犯被羁押人员合法权益的环节，对监管人员肆意侵犯服刑人员合法权益，威胁其人身安全的罪行发现一个立案查处一个，维护正常的监管秩序，维护服刑人员的合法利益。

充分认识新常态下预防职能
着力推动预防工作创新发展

陈先银[*]

职务犯罪预防工作是检察机关惩治职务犯罪职能的延伸，也是反腐倡廉建设中的治本之举。党的十八大以来，反腐败工作在党中央抓铁有痕、踏实留印的坚决态度和坚强领导下，进入了新的历史时期和发展阶段。作为检察机关，从源头和根本上遏制和减少职务犯罪，既是党和政府的迫切要求，也是人民群众的殷切期待，更是自身的使命所在和职责所在。因此，我们必须要以深切的历史使命感和现实责任感站在政治和全局的高度来深刻认识当前检察机关预防职能的定位和任务，准确把握新常态下预防工作的形势和要求。实践告诉我们，只有认识到位，才能高度重视；只有高度重视，才能真正做好。

一、站在全面建成小康社会决胜阶段的高度去认识

党的十八届五中全会将"十三五"时期定为全面建成小康社会的"决胜阶段"，要完成"决胜阶段"的各项目标任务离不开风清气正的政务环境、公平正义的法治环境和安定和谐的社会环境。而职务犯罪恰恰是严重破坏政治生态、长期阻碍法治进程、直接损害群众利益的社会毒瘤，要治好这个毒瘤，仅仅通过查办案件进行割除是不够的，还是要通过开展预防对症下药、因势利导，才能药到病除、根治瘤疾，从而为全面建成小康社会提供有力的司法保障。这是预防工作得天独厚的优势所在，也是当下赋予预防工作的时代要求。

二、站在全面深化改革的高度去认识

改革开放已近 40 年，全面深化改革也推进了 2 年有余，现在改革已经进

---

* 作者单位：马鞍山市人民检察院。

入深水区，要啃硬骨头，触动利益比触动灵魂还难。改革要顺利推进，取得实效，需要科学研判发展趋势，准确分析把握形势，建立健全规章制度，优化调整体制机制，制定出台办法举措，而我们通过结合办案开展预防，能够深入分析职务犯罪发案的内在原因，尤其是制度机制方面的深层原因，全面查找改革各个切面存在的问题和隐患，努力找准改革风险点和切入点，有的放矢地提出具有针对性、建设性和前瞻性的对策建议，为党委政府推进改革提供客观依据和决策咨询。在国企改革、民生民利、环境保护、支农惠农、扶贫攻坚、工程建设等各个领域，通过发出检察建议推动相关单位、系统、行业对自身存在的问题和漏洞进行整改落实，并建立健全权力监督制约、廉政风险防控、行政责任追究等相关制度。在全面深化改革的大局中，预防工作要以制度化预防为方向，以检察建议和预防对策为手段，帮助党委政府理清改革思路、完善改革举措、推动改革进程，保障全面深化改革攻坚克难，一往无前。

三、站在全面推进依法治国的高度去认识

党的十八届四中全会提出，要全面推进依法治国，建设中国特色社会主义法治体系和社会主义法治国家。检察机关是国家法律监督机关，在确保自身严格公正执法的同时，有义务也有责任推动行政机关牢固树立和深入贯彻依法治国理念，以建设法治政府为目标，努力实现依法行政。加强预防工作是全面推进依法治国的必然要求，我们一方面要通过广泛开展社会化预防等工作，帮助相关部门正确认识其在行使市场监管、社会管理、公共服务和环境保护等公权力时的角色和职能，充分运用法治思维和法治方式谋划和开展工作，通过依法行政将各项工作纳入法治化轨道；另一方面要通过深入开展预防宣传、警示教育等活动，面向广大干部群众普及法律知识，推广法制观念，推动全社会共同遵纪守法，养成学法、懂法、用法的思维模式和办事习惯，为依法治国顺利推进营造良好的法治氛围。

四、站在全面从严治党的高度去认识

全面从严治党涵盖党的思想建设、组织建设、作风建设和制度建设各个领域，其中反腐倡廉建设作为党的建设的重要方面，是当前的工作重点。检察机关作为承担反腐败职责的重要职能部门，在从严治党常态化、制度化的新形势下，要敢于担当，勇于作为，既要加大对职务犯罪案件的查办力度进行治标，也要积极开展预防工作进行治本，真正将"标本兼治、综合治理、惩防并举、注重预防"的工作方针落实到全面从严治党的实践中去。2015年以来，省委

将预防职务犯罪领导小组组长升格为党委专职副书记，这既是对党中央提出的全面从严治党要落实管党治党主体责任要求的践行和体现，也是对预防工作在反腐倡廉建设中地位和作用的进一步重视。我们也要以此为契机，进一步完善党委领导下的预防职务犯罪工作机制，并以此为依托更好地履行在全面从严治党工作中的职责。

五、站在回应人民群众新期待的高度去认识

随着近年来反腐败工作不断向纵深推进，在"老虎""苍蝇"纷纷落马的同时，人民群众一方面对惩治职务犯罪寄予很高的期望，另一方面对预防职务犯罪寄予更高的期望，防微杜渐、防患于未然的反腐理念愈加深入人心。每逢"两会"召开，全国各地各级人大代表、政协委员都会热切地向检察机关建言加强职务犯罪预防工作，从根本上遏制和减少职务犯罪。通过加大预防工作力度实现对职务犯罪的源头治理，已经成为社会各界对检察机关最强烈、最寄予厚望，也是最具代表性的意见和要求，这是人民群众对预防工作的呼声和期盼，也是对预防工作的鼓舞和鞭策，我们必须时刻铭记于心，付诸于行。

六、站在全市"转型升级、加快发展"的高度去认识

随着经济社会发展逐渐步入新常态，马鞍山市的发展正处于结构调整和新旧动能转换之中，仍然面临着经济下行的共性压力和艰难转型的责任压力。在经济转型升级的关键时期，面对不断出现的新问题和新挑战，预防工作当前面临的围绕中心服务大局的要求越来越高，任务越来越重。我们要深入贯彻落实习总书记在2016年中央政法工作会议上作出的"防控风险、服务发展，破解难题、补齐短板"的重要指示，自觉担负起应有的政治责任，竭力满足全市经济社会发展对预防工作的需求，尽快适应新常态，尽力作出新贡献。2016年年初，市检察院党组经过实地调研和周密谋划，面向全市五个开发园区开展的服务开发园区发展专项活动，就是积极贯彻落实中央精神，主动回应服务发展需求的重要举措。市检察院党组将这次专项活动交由预防部门牵头开展，就是要将预防工作作为专项活动的重要主题贯穿始终，从而引导各参与部门和开发园区厘清思路，抓好落实。

习总书记在党的十八大召开后不久，就对新时期的预防工作作出了"预防职务犯罪出生产力"的重要论断。这个论断体现了我们党对反腐倡廉建设规律的深刻认识和把握，指明了从源头上防止和减少腐败现象的基本途径和主

要方法，为提高预防职务犯罪工作的科学化水平指明了方向，对推动反腐倡廉建设特别是检察机关预防职务犯罪工作具有里程碑意义，是我们今后工作的科学指南。我们要全面贯彻落实习总书记对预防工作提出的新思路和新要求，积极推动预防工作打开新局面，达到新高度，再上新台阶。要实现预防工作的创新发展，应该着重做好以下几个方面：

一要坚持一条主线，即不断提高预防专业化水平。专业化预防是预防工作的立身之本，是体现我们法律监督能力的本职工作；社会化预防是预防工作的金字招牌，是体现我们服务保障水平的延伸工作。我们要首先将预防工作的基础定位在专业化建设上，其次以专业化预防去带动和推动社会化预防发展。只有先踏实做好预防调查、案例分析、检察建议等业务工作，将专业化预防这块"责任田"精耕细作，才有能力去更广阔的天地指导和帮助别人种好"公共地"。如果这条主线我们找不准或把不住，就会在工作重心上发生偏离，出现方向性错误。

二要把握一个抓手，即在专项活动或专项工作的统领下完成预防工作的各项目标任务。2016年马鞍山市检察机关将以"四个一"工程为抓手开展预防工作，即组织一个服务开发园区发展的专项活动，建立一个重点项目同步预防的工作机制，扩大一个以警示教育基地为平台的宣传阵地，打造一批提升社会影响力的预防亮点。"四个一"工程是与我们各项预防业务紧密联系、相辅相成的，抓好了可以带动起全市的预防工作。一是开展服务开发园区发展专项活动，一方面是全院各部门共同参与的大预防工作，可以此为平台实现预防部门与相关部门的信息共享和分工协作，在横向上形成预防合力；另一方面由于马鞍山市五个开发园区分布在各县区，通过在各开发园区设立检察服务工作站，可将市检察院和各基层院的预防工作串连起来，在纵向上形成预防合力。二是开展重点项目同步预防，在项目选择上，一方面要定向选择政府投资的重大项目，切实为公共投资安全提供司法保障；另一方面要积极响应曹建明检察长在甘肃调研时的讲话精神，定点选择与扶贫开发相关的重大工程项目，贯彻落实新发展理念和中央扶贫开发工作会议精神。三是扩大警示教育基地影响力，一方面要利用好现有的市、县警示教育基地开展党的主题教育等一系列廉政教育活动；另一方面要针对马鞍山市拥有多家大型国企的市情，积极谋划并寻求与马钢集团等大型国企共建以预防国企领域职务犯罪为主题的警示教育基地。四是创新工作打造预防亮点，指导各基层院充分发挥"互联网＋"的工作模式，至少精心打造一个预防项目。市检察院要筹备拍摄一部以预防国企领域职务犯罪为主题的微电影或宣传片，用身边事教育身边人进行以案释法，同时还将在适当时机在全市集中开展预防亮点宣传活动。

三要夯实一个基础，即扎实做好基础性的预防业务。要严格对照工作标准，切实抓好序时进度，在保证数量规模的前提下，着力提升质量效率。同时要统筹兼顾、协调发展，既要抓重点，也要抓一般；既要抓强项，也要抓弱项，努力解决好各基层院之间和各项业务之间发展不平衡的问题。要科学部署、合理安排，积极主动掌握先发优势，保证总体工作平稳有序推进，预防业务全面健康发展。

四要掌握四种方法。一是要把虚的做实，预防工作胜在高度，难在落地，很多目标任务较为虚化，难以把握和衡量。要解决这个问题，就要虚功实做，精心设计各种载体，组织各类活动将抽象的工作承载起来，做到具体化、充实化、接地气，虚实结合，化虚为实；不能只喊口号、说空话，只见立意高，不见出实效。二是要把软的做硬，预防工作从总体上来说，是比较软性或柔性的，但越是如此，我们的工作作风越要强硬，这样才能避免虚与委蛇，敷衍塞责。因此，要把软目标分成硬指标，把软任务变成硬责任，量化工作，分解到人，明确节点，梯次推进。三是要把冷的做热，要充分重视预防宣传，既要做也要说，而且做了就要说，不仅工作有结果要说，暂时没结果过程也要说，预防工作的过程有时比结果重要。要利用各种媒介营造氛围，扩大影响，做到报纸有文章、媒体有声音、电视有图像，这样才能引起领导重视，引发社会关注，切实提升预防工作的社会效果，不能只顾低头拉车，忘了抬头吆喝。四是要把少的做多，一方面全市预防部门目前都处于人手紧缺且人员多为兼职的状态，在这种情况下，我们更要学会借人借力借资源，首先要借助检察院内部力量，利用惩防一体化机制，通过部门协作配合开展工作，把人做多，力量做强，避免单打独斗；另一方面要把工作亮点做多，就要学会借助外部力量，借用他人的智力、人力、物力等资源，再加工再创新。

五要建好一支队伍，即着力提升预防队伍的政治素质和业务素质。在2016年要按照上级部署，认真开展"对党忠诚，严守规矩"和"两学一做"等主题教育活动，切实加强自身作风建设和廉政建设，努力打造一支政治过硬、作风优良、廉洁自律的预防队伍。同时，市检察院还将举办一系列岗位练兵、技能竞赛、专题培训活动，组织开展精品预防项目和优秀案例分析等评选活动，旨在加强全市预防工作人员之间的业务交流和学习借鉴，通过互相比较和良性竞争实现共同进步。

检察机关领导管理体制改革之思考

高少勇*

有关检察机关领导管理体制改革问题，学界和实务界此前多有论述。比较集中的观点，主要分为两类：一类为全员垂直式，从最高人民检察院到地方各级人民检察院实行自上而下的垂直领导，人财物由中央统管。其基本含义是：上级检察院领导下级检察院工作，最高人民检察院领导全国检察院工作。下级检察机关向上级检察机关负责，全国检察院受最高人民检察院领导。地方检察院不再向地方权力机关负责，只向地方权力机关通报情况。由最高人民检察院向全国人大负责。地方检察机关与地方党委的关系与权力机关相同，由最高人民检察院党组向党的中央委员会负责。[1] 另一类为大区域制，在相近的若干省份设立大区检察院，使司法管辖区域与行政管辖区域相分离，实行系统内分层级的垂直领导（或称有限度的垂直领导）[2]；最终实现从目前的多重领导体制向检察机关单一垂直领导体制的转变。但笔者认为，这两种改革思路无论是从维护宪法权威性、保持检察干部的适度流动性、尊重检察业务自身的规律性还是国家机构设立应当遵循的精简效益原则而言，都不应该成为检察机关下一轮体制改革的方向。笔者主张应当结合目前的行政体制"省直管县"改革的大背景，在维护宪法有关国家机构设立层级同步性安排的前提下，推行检察领导管理体制的改革，重点在改革地市级人民检察院领导管理体制上做文章，从而以较小的改革成本实现检察体制改革的目的。下文将对此详细论述。

一、全员垂直式领导管理体制与我国现行宪法和国情不符

保障人民检察院独立行使检察权，维护国家法制的统一是改革检察机关领

---

* 作者单位：马鞍山市人民检察院。

① 蒋德海：《中国检察体制应改为垂直领导》，载《社会科学报》2007 年 5 月 31 日第 6 版。

② 王玉泉：《检察体制存在的问题及建议》，载《国家检察官学院学报》2009 年第 6 期，第 53 页。

导管理体制的出发点。综观地方权力对检察权的影响，无外乎人事管理权和财政经费的拨付权。而这两项权力恰恰对检察业务权独立行使的影响最大。因此，主张实现全员垂直领导和大区域领导的着眼点，实际上就是力图摆脱地方性的人事任命和财物拨付的控制权。但是，这种制度设计一个致命缺陷也是显而易见的，那就是它与现行宪法规定相抵触，甚至动摇了国家机构设立基本的架构。《中华人民共和国宪法》第3条明确规定"国家行政机关、审判机关、检察机关都由人民代表大会产生，对它负责，受它监督"，"中央和地方的国家机构职权的划分，遵循在中央的统一领导下，充分发挥地方的主动性、积极性的原则。"这里包括这样两个宪法原则：一是法律的执行机关（一府两院）都经由代表人民意志的立法机关产生，向它负责，受它监督；二是中央和地方的国家机构应当在遵循中央统一领导和发挥地方主动性、积极性的原则下进行职权划分。而多年来，职权划分体制上的体现就是立法机关与"一府两院"的层级同步。这在现行宪法第三章中有着详细的规定。实际上，这种层级同步性有着非常强的现实合理性：首先，我国幅员辽阔，地区差异性大，经济、文化发展不同步，人文风俗迥然不同，层级同步性的国家机构设立有利于发挥中央和地方两方面的积极性，实现在保障中央政令（法令）畅通前提下的地方权力的有效运作；其次，中央和地方权力的适度界分，是避免中央高度集权、防止专制，推行民主法治的国际通行做法，层级同步性符合这种分权的思路。显然，实行全员垂直式的改革设想忽视了现有领导管理体制的合理性。不仅如此，从宪法第2条确立的"中华人民共和国的一切权力属于人民"和"人民行使国家权力的机关是全国人民代表大会和地方各级人民代表大会"原则表述来看，"人民监督政府"① 的基本方式就是通过其选举出来的代表，代表人民依法行使对其产生的"一府两院"工作人员进行监督。监督的方式是选举、任命人民满意的国家机构领导者和工作人员，罢免、质询人民不满意的国家机构领导者和工作人员。而从监督的实效性来看，越是对国家机构领导者和工作人员的德、能、勤、绩情况越了解，监督才越具有针对性。因此，从检察机关向人大负责、受人大监督的宪法原则落实要求来看，维持现有的层级同步式的国家机构设置也是必需的。

主张全员垂直式领导体制的论者从以下两个方面来补强论证自己的观点。其一，认为既然是体制改革，人民检察院组织法可以修改，宪法同样也可以修改。问题是：第一，这里所述的宪法修改，涉及现行宪法结构和国家政体合理

---

① 这里所说的"政府"应当理解为除人民代表大会及其常设机构之外的所有掌握着国家公权力的机关。

性的根本问题，不是一时能够解决的，需要持久缜密的研究、思考和探索。"而在这些思想和探索的结果还未能从根本上改变现行宪法结构和国家政体之时，我们必须尊重现行宪法，捍卫现行宪法"①，不能因某一领域改革之需动辄从根本上改变宪法。否则宪法作为国家根本大法所必需的稳定性就会荡然无存。第二，即便是宪法修改，也应是在基于我国国情，尊重现行宪法合理性基础上的扬弃之举，而不是罔顾国情，无视现行宪法合理性的另起炉灶。在把握宪法变迁与社会现实的协调性上，检察机关应当自觉抛弃狭隘的门户之见，始终具备着眼全局、虑及长远的胸怀和智慧。其二，认为检察机关全员垂直领导所要解决的仅仅是人事管理权和经费拨付权，可以不涉及人大与检察机关的法律关系定位问题。如果按照此论点来思考，这种式样的垂直领导目前业已基本实现，根本无须再谈论所谓的改革。首先，从目前检察机关的经费保障来看，从 2008 年起，检察业务经费及检察装备由中央和省级财政拨付，人员工资和福利性补贴由所在的市县财政供给。这种财物供给的安排模式已较好地解决了地方权力在财物方面掣肘检察权行使的问题，因为过往的实践经验表明，能够在经费开支方面影响检察机关检察权行使的主要是办案业务经费的拨付，还没有哪个地方政府会滥用职权，公然克扣检察人员工资。而且目前的这种财物保障模式也比较符合我国经济发展地区不平衡的实际，"一刀切"地实行检察机关经费（含装备）全国统一标准拨付的效果只能适得其反。例如，身处北京、上海一线城市的检察官如果按照全国平均标准获取工资，其生活水平会急剧下降，而地处贫困地方的检察官则会收入翻番，甚至出现检察机关普通办事员的工资超过市长、书记，形成同一地区公务人员工资分配的极度不平衡的现象。这种结果显然不是改革者所希望看到的。其次，从人事管理权的现状来看，检察机关也已然掌握了较为充分的自主权。第一，就新进人员的招录而言，目前普遍的做法是：检察机关按照需要招录的人员数量和条件（条件包括大学本科、通过司法考试、取得司法从业资格等）向政府公务员招考部门报送年度招录计划，由公务员招考部门从应考者中择优录用。此外，上级院检察机关、发达地区检察机关还通过遴选、选调的方式选拔在职检察官补充人员；第二，就检察长、副检察长选任问题，地方党委即便从其他非检察机关的单位推荐人选，也都基本能够做到具备担任检察官条件的人中推荐，加之上级院近年来加大了协管力度，通过提请与上级院同级人大常委会批准前审查把关、明确表明能否任用的态度等方式进行有效的制约，确保了检察院领

---

① 蒋德海：《构建刑事追诉和法律监督相统一的中国检察权》，载《政法论丛》2012 年第 6 期，第 6 页。

导班子的人选质量。至于中层干部，多年来一直都是检察机关党组按照干部任用程序自主决定的，根本不存在像有的学者所说的"副检察和中层干部的管理则完全属于地方党委的权力"情况①。学者文章中所说的一些情况有的是对检察机关实际情况缺乏了解，有的则是时过境迁，随着法治进步而不复存在。

　　就笔者的观点而言，保持检察机关干部与其他党政机关干部适度交流，对于疏通检察干部出口，促进优秀干部成长，提升检察队伍活力是有利的。流水不腐，在人才流动日显常态化的大背景下，检察机关同样需要秉承开放的胸襟去吐故纳新。不同界别之间的人员交流，往往会带来思想观念的注入融合，对于改变彼此部门之间习惯固化的思维方式和工作方式大有裨益。以笔者所在的地市级检察院而言，近 10 年间，先后有 10 余名同志先后交流至法院、组织部、纪委等单位，同时有近 10 名同志从法院、组织部、纪委交流至市检察院。这些同志都把各自在原单位的工作积累和有益经验带到了新工作的单位，不仅促进了其他党政部门和检察院机关的工作活力，提升了工作水平，而且也全方位地锻炼了干部本人的本领和才干。据统计，从检察院交流出去的 10 名同志中，有 3 名同志荣升为地市级检察院、法院一把手，有 4 名同志在所在单位担任处级领导干部，有 3 名年轻同志提升为正科级领导干部。与此同时，人员的交流，还增进了其他党政机关对检察院的了解，扩大了检察机关在党政机关的影响力。近年来，笔者所在市的组织部门在选拔任用检察机关干部问题上，能够严把专业素质关，与这些交流外出的同志宣传影响有着很大的关系；同样，近几年来，笔者供职的市检察院在干部选拔任用问题上越来越顺畅规范，与组织部派入干部拥有的丰富组织工作经验有着紧密的联系。在保证业务骨干基本稳定，严把准入条件的前提下，实行检察干部与其他党政干部队伍的交流互动实在是有百利而无一害。

　　与此不同的是，实行全员垂直式领导，人事管理权完全由上级院甚至是最高人民检察院统管则是另一番景象。首先，检察干部流动的渠道在很大程度上被堵塞，除了上下级院之间交流，别无其他机会。而历史的经验表明，这种交流实际上往往最终都会演变成单向交流。即上级院不断地以"空降"的方式下派干部，基层永远都会是基层。以最近某省下辖的市级院换届为例，在新提拔的 8 名同志中，省检察院将 5 名部门负责人下派到市级院担任检察长，但同时期市级院到省院任职的仅为一人，且为平级调动。由市级院副检察长直接提任检察长的也仅为一人。其次，检察机关完全封闭式的内部交流，使检察干部

---

①　何家弘：《中国特色的检察体制的完善》，载《国家检察官学报》2005 年第 1 期，第 84 页。

失去多岗位的锻炼机会，难以形成驾驭全局，应对复杂局面的领导能力。而且缺乏外在理念注入和激荡的环境，也容易形成思维定式的固化，进而造成司法方式的僵化，难以形成因应形势变迁的工作改革与创新。最后，全员垂直领导还会逐渐培养出绝对的上令下从的行政管理属性，与司法运作规律所要求的司法官员自主判断能力背道而驰。最终损害了涉案当事人的利益。例如，在批捕和公诉环节，刑事诉讼法分别规定了侦查机关和当事人享有复议复核以及申诉的救济渠道，上下绝对一体化会使这种司法救济功能逐渐变得形同虚设。因此，无论是从维护宪法权威性、保持检察干部的适度流动性还是尊重检察业务自身的规律性而言，全员垂直式领导体制都不应成为下一轮检察机关领导管理体制改革的方向目标。

二、大区域制的检察机构设立不符合国家机构设立应当遵守的精简效益原则

设立跨省份的大区域制检察机构，实现有限度的垂直领导体制，是目前学界和实务界关于检察领导体制改革的另一种设想。诚然，这种领导体制的设立可以较好地规避与人大机构设立不同步，解决由哪一级国家权力机关产生和向哪一级国家权力机关负责的问题。例如可以将大区域检察院看作为最高人民检察院的派出机构（类似于目前各省级院设立的派驻监狱检察院），从而由最高人民检察院统一向全国人大报告工作。但是，这种改革的设想同样面临着诸多难以解决的理论和实践难题。首先，从我国国家机构设立及其组织活动的一般原则来看，精简和效益是其必须遵守的基本原则。新中国成立后的几十年间，我国行政机构的层级设置基本上是中央、省、县、乡四级制，改革开放以来随着城市化水平的提高，逐渐演变成中央、省、市（地级）、县、乡五级制。对此，诸多学者多加诟病，认为其改变了宪法关于行政机构设立的结构，影响了行政管理的高效运转、增加了纳税人的负担。近几年来实行的省直管县的试点工作就是对这种质疑的具体回应。在当前机构精简、中央大部制改革方兴未艾的大背景下，检察机关逆流而上，增加一级如此庞大的机构编制，显然不合时宜。其实，公共管理创新中的扁平化改革同样适用于检察领导体制改革，而不是相反。其次，检察机关现有的层级设置，是与刑事诉讼法的业务程序相对应，与审判机关的审级划分相匹配的。检察机关自增一级机构，它的业务职能如何定位，实在难以厘清。虽然近十年间，有关法院改革的设想也曾包括倡导

全员垂直领导以及设立大区域法院，① 一度似乎达成共识，但最终却无疾而终。究其原因，还是由于这种机制设立的本身从根本上与司法运作规律相背离。试想，如果上下级法院之间也形成了行政隶属关系，那么无论是二审终审，还是三审终审，最终都会演变成一审终审。当事人的上诉审救济渠道就会被彻底堵塞。在审判机关层级设置没有改变的情况下，检察机关凭空多出一级，它所对应的审级机构何在？如果仅仅将其看成是最高人民检察院的派出机构，代表最高人民检察院办理重特大案件和死刑复核监督案件，显然又不是改革设计者的初衷。但如果将其确立为独立的一级检察院，那么它同样会遇到前文所论述的宪法体制障碍之外，还会涉及与各省级院的职能界分问题，由此会引发机构和职能上的重叠。当然，也有观点认为，以独立的大区域检察院取代各省院，即是将若干省级院合并为某一个大区域检察院。这种设想意图在于既打破了行政区域限制，同时又在总量上不增加编制和检察机构层级。但这同样面临两个问题：其一，大区检察院向哪一级人大负责？如果都以最高人民检察院派出检察院的身份向全国人大负责，全国人大以有限的代表数量，面对如此庞大的检察机构，又如何有效地履行代表职责？如果与其相对应也设立相应的权力机构，最终又会重回与同级政权机构层级一致的老路。其二，大区检察院与哪一级的审判机关相对应？如果审判机关也如法炮制，设立相应的大区法院，当事人的诉讼便利原则又如何解决？众所周知，新中国成立以后，我国基本上实行的是基层人民法院、高级人民法院和最高人民法院三级两审的审判体制。后来在实践中发现，这种三级二审的审判体制，不利于当事人行使诉权。例如，当事人不服基层人民法院的判决，势必要到较远的省高级人民法院上诉，会给当事人在人力、物力、时间上造成很大负担和浪费，给群众行使诉权形成诸多不便。为了解决这一问题，1954 年的《人民法院组织法》改变了这种审级制度，在基层法院和高级法院之间增设了中级法院，统一了全国法院的四级设置。② 这种四级审判体制后来被 1954 年的宪法予以肯定。从而使绝大部分案件在本地级市内可以解决，极大地方便了当事人的诉讼。同样的道理，现在如果打破行政区划设立跨省际的大区检察院、法院，那么以华东六省一市为例，远在闽东南的某当事人，不服本地市中级人民法院判决，就有可能要到设在上海市的大区检察院、法院去行使抗诉、上诉和控告等权利，显然对当事人行使诉讼权利带来极大的不便。而且，这种制度设计将四级两审变成

---

① 参见沈德咏：《为中国司法制度改革问诊切脉》，载《中国律师》1997 年第 7 期；常克义：《也说司法改革》，载《中国律师》1997 年第 7 期。

② 参见李喜莲：《我国四级法院体制改革》，载《学海》2008 年第 2 期。

了三级两审后，再审监督的职能将会大打折扣，司法纠错机制也必然有所缺失，最终也不利于司法公正目标的实现。之所以实行司法体制改革，出发点就是为了更好地实现司法公正。如果改革的结果发现恰恰与改革的初衷背道而驰，这样的改革还是从一开始就不要实行更好。再者，脱离了原省级政府财政供给的检察业务经费如何保障，也是一个需要解决的问题，前文讨论过情况同样会出现。

回顾历史上我国的大区域制的政权建设，只在新中国成立初期（1950年前后），党根据当时新生政权建设的需要，在华东、中南、西南、西北等新解放区分别设立军政委员会作为过渡性的地方政权组织机关，以中央人民政府代表机关和地方政权的最高机关开展工作。其基本职能是实施军事管制，肃清国民党残余势力，恢复并维护社会秩序，为辖区内各级地方政权建设提供一个良好的环境。随着后来地方各级政权的正式建立，军管职能完成其历史使命。1952年11月，中央人民政府第19次会议通过了《关于改变大行政区政府委员会（军政委员会）机构与任务的决定》，取消各大行政区政府委员会和军政委员会，将其"一律改为行政委员会"，仅作为"代表中央人民政府在该地区进行领导与监督的地方政府的机关"，不再作为地方最高政权机关。1954年6月，中央人民政府为了进一步加强对国家计划经济建设的集中统一领导，直接加强对省、市、自治区的人民政府的领导，减少组织层次和提高工作效率，决定撤销各大区行政委员会，11月，六大区行政委员会全部撤销。[①] 由此看来，当年大区域制的政权结构废止，除了如特定历史时期的军管职能消失外，更主要的还是为了减少组织层次和提高工作效率。这些政权建设历史经验，值得我们后来人总结与借鉴。

关于大区域检察院，另一种的设想是：将全国划分为若干个（10个左右）大的司法管辖区域，每个大司法区设立一个省级检察院；大区域下面再分成若干小区域，每个小区域设立一个地市级检察院；以此类推再向下设立基层检察院。通过这种司法管辖区域的重新划分实现司法管辖区域与行政管辖区域彻底分离，从而达到从体制上抵御地方保护主义干扰，保障检察机关独立行使检察权的目的。对此设想，笔者认为，虽然设想者的出发点有积极意义，但这将彻底破坏现行的宪法体制，引发我国政体结构的根本改变，显然不是一种务实的改革思路。有关否定的具体理由同本文第一部分，限于篇幅，这里不再赘述。

综上，笔者认为，大区域制的检察机构设立也不应成为下一轮检察领导管

---

① 参见王树林：《新中国大行政区军政委员会的缘起与演变》，载《中共党史研究》2010年第6期。

理体制改革的方向。

三、在维护宪法权威的前提下推进检察机关领导管理体制改革

审视我国现行宪法，无论是从宪法本身的内容、体系，还是与现行东西方国家的宪法相比较而言，它都是一部非常先进的好宪法。它既集中体现了党领导人民进行中国特色社会主义建设的成功经验，又与时俱进地汇入了全人类民主、法治、人权发展的优秀成果。尊崇宪法精神，维护现行宪法权威，是我们思考改革，谋划发展首先应当遵守的基本原则。应该说，当前检察工作遇到的一些矛盾和问题，并非是宪法甚至法律规定本身有什么不妥之处，而恰恰是宪法原则和法律具体规定没有能够在实践中得到很好贯彻的缘故。就检察权的独立行使而言，现行《宪法》第 131 条明确规定："人民检察院依照法律规定独立行使检察权，不受行政机关、社会团体和个人的干涉。"分析宪法确立的这一原则没有能够在司法实践中贯彻得尽如人意的原因，既有地方领导者法律意识淡薄、地方观念浓厚的主观原因，也与我国几千年来行政权与司法权不分，"司法只是行政活动中的一环"[①] 的历史陋习有关。彻底改变这一状况，实现检察权、审判权真正意义上的依法独立行使，既需要机制的改进，还需要观念的嬗变。而观念的改变往往需要一个较长的时间过程，不可能一蹴而就。因此，我们在改革的设计上就需要秉承循序渐进的原则，顺应时势，稳步推进。

在维护宪法有关国家机构层级同步性安排的前提下，推行检察领导管理体制的改革，笔者认为，应当遵循以下路径：其一，在经费保障上，巩固已有的改革成果，继续实行业务经费和装备由中央、省级财政统筹，人员工资和福利补贴由地方政府负担的模式；其二，在人事管理上，按照《检察官法》严把拟任检察官人员进入的法律从业资格关，同时结合"省直管县"的行政体制改革形势，顺势而为，重点在改革地市级人民检察院领导管理体制上做文章。

"省直管县"的行政体制改革，将原来由地级市管理的县和县级市直接交由省人民政府直管，原来的地级市与其辖区内的县和县级市不再有行政上的隶属关系。这必然会带来原地级市政权结构的改变。如原来地级市的人大代表，将不再从县和县级市中选举产生，而仅来自地级市的中心城区。那么原来由地级市基础上建立起来的市人民检察院和市中级人民法院，就不能仅仅再向改革后的地级市人大机关负责，因为原产生它的地方权力机关涵盖了来自县和县级

---

① ［日］兹贺秀山、寺田浩明等：《明清时期的民事审判与民间契约》，法律出版社 1998 年版，第 87 页。

市选举的人大代表，而改革后却不再包括。为适应行政体制改革带来的新变化，"两院"在机构设置上可以有三种方案供选择：一是撤销地市级人民检察院和中级人民法院，所有二审案件由省级院办理；二是与行政体制变化相衔接，将原来的地级市检察院、中级法院分立，市人民检察院和市中级人民法院只办理原地级市城区的二审案件，向市人大机关负责；相邻的若干县再设立一个地级检察院和中级法院，向该属地的地级人大机关负责；三是保留目前的地级市检察院和中级法院，仍然办理原地级市管辖范围内的二审案件，但人财物管理权上提一级，向省人大及其常委会负责。

对于第一种方案，无论是从历史的传承、诉讼便利、维护宪法和法律的稳定性以及实践需要的角度，贸然取消地市级检察院和中级法院都是不可取的①。对于第二种方案，虽然完全符合现行宪法体制，但又引发与之配套的一系列政权机构的建立，显然违背了"省直管县"行政体制改革的初衷，且实践上也不容易操作，例如原各地级市独立出来县之间在地理位置上可能相去甚远，难以整合，显然这种方案也是不可行的。相比较而言，第三种方案则无论是从合宪合法性，还是从增强检察机关抗御地方权力不当干扰的能力角度来看，都是一条立足现实的理想改革路径。

首先，从合宪合法性来看，目前的地级市人民检察院、中级人民法院，基本上都是在原来地区检察分院和地区中级法院基础上转换而来的，原来的地区检察分院和地区中级人民法院的检察官、法官人事任免，除助理检察员和助理审判员以外，都是由省级人大常委会任免，向省级人大负责的。现行的《检察官法》第12条第5款规定："在省、自治区按地区设立的和直辖市内设立的人民检察院分院检察长、副检察长、检察委员会委员和检察员由省、自治区、直辖市人民检察院检察长提请本级人民代表大会常务委员会任免。"只要对该款稍加修改，将"在省、自治区按地区设立"修改为"在省、自治区按地级市设立"即可。地级市人民检察院作为省人民检察院的分院不再向地级市人大机关负责而转而向产生它的省人大负责。相应地，地市级党委对检察机关的干部管理权也自然上升为省级党委来管理。从而在党管干部的原则落实上，使得对地市级检察院的干部管理，形成省级党委主管、省级检察机关党组协管的新双重管理模式。这样改革既符合宪法的规定，又易于被各界所接受，改革成本较小。其次，从增强检察机关抗御地方权力不当干扰的能力角度来看，将地市级人民检察院人事管理权上提一级，加之"省直管县"本身所带来的人事管理上的变化，将使得省级以下地方权力对检察机关的影响力大幅度

① 参见易顶强、周园：《我国中级人民法院体制改革新探》，载《求索》2010年第12期。

减弱。而实践表明，因地方保护主义而产生的地方权力对检察权行使不当干扰的情况，恰恰大多发生在省级以下的地方政府等权力机构。抓住了地级市检察院领导管理体制改革就是抓住了增强检察机关抗御地方权力不当干扰的能力的关键。之所以这么说，一是从外部来看，其所对应的是地市级中级人民法院，担负的是终审案件出庭履职和监督职能。即便基层院办理的案件受到了不当干扰，地市级检察机关还可以通过二审监督来予以纠正；二是从内部来看，通过近几年检察机关内部管理的改革，地级市检察院对基层检察院在办理自侦案件的立案、逮捕、公诉环节上都基本上实现了同步审查，只要市级院不受地方权力干扰，就把住了基层院独立行使检察权的正确方向。

需要指出的是，检察领导体制改革的根本目的是从机制上防止地方权力对检察权行使的非法干扰，保障人民检察院依法独立行使检察权，而绝非不受社会监督。正如波斯纳在论述司法独立时所指出的那样："法官希望独立就像学者希望得到确定的学术职位一样。法官不想成为有权势者的仆人。但如果独立性仅仅意味着法官按照他们的意愿来决定案件而不受其他官员的压力，这样一个独立的司法机关显然并不以公众利益为重，人民也许仅仅是换了一套暴政而已。"[1] 检察机关作为法律监督机关，自身要具有主动接受社会各界监督的自觉和胸怀。自觉接受党的领导和人大的监督，善于倾听社会各界的合理呼声，这既是保证检察机关坚持正确政治方向的关键所在，也是落实宪法原则的必然要求。因此，在强调独立行使检察权的同时，也要重视自觉接受监督意识的培养，从而将检察权的行使始终纳入依法正确行使的轨道。

---

① ［美］波斯纳：《法理学问题》，苏力译，商务印书馆 1988 年版，第 88 页。

强化法律监督是维护司法公正的必然要求

高少勇[*]

　　党的十八届四中全会《中共中央关于全面推进依法治国若干重大问题的决定》（以下简称《决定》）明确指出："必须完善司法管理体制和司法权力运行机制，规范司法行为，加强对司法活动的监督，努力让人民群众在每一个司法案件中感受到公平正义""完善检察机关行使监督权的法律制度，加强对刑事诉讼、民事诉讼、行政诉讼的法律监督""探索建立检察机关提起公益诉讼制度"。认真学习、深刻领会《决定》中有关法律监督的一系列重要论述，对于检察机关做好新形势下的检察工作，提升法律监督水平，以强化法律监督的实际行动着力维护司法公正意义重大。

一、司法公正的特别意义

　　司法，又称法的适用，是指国家司法机关根据法定职权和法定程序对于法律实施过程中所发生的各种主体之间的纠纷加以解决的活动。其内容包括刑事司法、民事司法、行政司法，它是解决社会纠纷的重要方式，一直被视为社会正义的最后一道防线。正因为其在维护社会公平正义中的特殊功能，司法活动本身的公正就彰显出特别的意义。其一，它是司法机关得以存在的合理性基础。人们之所以愿意将彼此间的争端提交司法机关处理，并非仅仅看中其所具有的法律强制力，更重要的是对其评判是非的结果公正性的信服。如果没有对社会公正的普遍需求，如果仅仅为了维护一种统治秩序，社会其实可以不需要司法。司法机关在中国古代不发达，"司法只是行政活动中的一环"，即是明证。因此，如果司法机关不能保持其公正性，它就失去了自身存在的社会基础。虽然社会生活各个方面都需要公正，但公正对于司法有着特殊意义，公正是司法的灵魂。其二，它是实现司法活动本身功能所必需。司法活动之所以启

------

　　* 作者单位：马鞍山市人民检察院。

动，在于当事人之间的法律关系发生了争议，这一争议表明法律的公正原则发生了扭曲。这就要求通过一定的方式和手段包括司法手段矫正并消除这种法律关系争议，使争议的法律关系恢复到争议前状态，即恢复公正。显然，司法具有的矫正社会不公的功能本质上要求司法本身具有公正性。如果司法不公正的，那么它就不能发挥这一矫正作用，社会公正也就失去了最后的一道屏障。"公正是法治的生命线。司法公正对社会公正具有重要引领作用，司法不公对社会公正具有致命破坏作用。"党的十八届四中全会对于司法公正的重要性有着精辟的论述。以法治维护公平正义，公正司法是保障。唯有司法公正，司法工作才能赢得人民群众的衷心拥护，司法才有公信力，法律才能发挥出其在定分止争中的应有权威，社会主体才会心甘情愿地将司法作为解决争端、谋求正义的靠山。

二、司法公正的实现条件

司法公正，就其内涵而言，是指司法人员在司法活动的过程和结果中都应体现公平和正义的原则。正如十八届四中全会《决定》中所要求的那样：事实认定符合客观真相、办案结果符合实体公正、办案过程符合程序公正。通说认为，公正的司法要得以实现，依赖于五大条件：（1）完备的法律体系；（2）独立的司法主体；（3）公正的司法运作程序；（4）合格的司法队伍；（5）完善的司法监督机制。很显然，确保司法权的公正行使，不仅需要着眼于司法体制和机制的构造，也同样需要着眼于对其权力监督制约机制的完善。如果说，完备的法律、独立的司法、公正的程序、合格的队伍是实现司法公正的前提，那么完善的司法监督机制就是实现司法公正必不可少的必要条件。

三、司法公正的必然要求——强化法律监督

就我国目前的司法监督体系而言，从监督类型上可分为如下几类：（1）党委监督；（2）立法监督；（3）法律监督；（4）舆论监督；（5）群众监督；等等。各类监督机制之间既相互联系，又具有其自身不同的特点。其中，司法监督体系中的法律监督在我国是由检察机关行使的，对司法活动中法律实施情况的一种专门性的监督。其专门性表现在两个方面：其一，法律监督权作为国家权力的一部分，由人民检察院专门行使，法律监督是检察机关的专门职责，检察机关如果放弃对严重违反法律的司法行为实行监督，其本身就是失职；其二，法律监督的手段是专门的。按照宪法和法律规定，检察机关进行法律监督的手段是由法律特别规定的。如对司法不公背后的职务犯罪立案侦查、

提起公诉，以及对诉讼过程中违反法律的情况进行监督，对不公正裁判提起抗诉，都是只有检察机关才有权使用的监督手段。正因为如此，检察机关作为法律监督机关，在监督保障国家法律在司法活动中统一正确实施，维护司法公正中的职责作用，才具有不可替代性。

就当前司法领域存在的主要问题，习近平总书记在关于十八届四中全会决定起草的《说明》中一针见血地指出："司法不公、司法公信力不高问题十分突出，一些司法人员作风不正、办案不廉，办金钱案、关系案、人情案，'吃了原告吃被告'等。"没有监督的权力必然导致腐败，行政权如此，司法权也不例外。因此，强化法律监督是维护司法公正的必然要求。当然，长期以来受制于种种因素，检察机关法律监督工作还存在不少问题和困难：监督范围不明确、监督程序不健全、监督手段和方式不足，对有的领域的监督还比较软甚至是空白，自身也还存在不敢监督、不愿监督、不会监督等现象。我们贯彻落实十八届四中全会《决定》，就必须进一步强化法律监督，突出监督重点，加大监督力度，完善监督机制，提升监督能力，以更加有效的法律监督方式，更加有力的法律监督举措，维护司法公正，并以此促进严密的法治监督体系的全面形成。

强化法律监督，着力点在于全面加强对诉讼活动的监督。要积极推动完善保障检察机关行使法律监督权的法律规范和制度机制，全面履行诉讼监督职责。在刑事诉讼监督中，要重点加强对限制人身自由司法措施和侦查手段的法律监督，完善重大案件的提前介入侦查引导取证、羁押必要性审查等制度，加强人权司法保障；严格审查批捕、审查起诉工作，全面落实非法证据排除规则，坚持疑案从无，依法保障当事人诉讼权利，有效防范和及时纠正冤假错案。既要注重对于那些有罪判无罪，无罪判有罪，重罪轻判、轻罪重判、违反实体正义裁判的抗诉监督，也要注重对于那些在审理过程中不遵守法定程序，违反程序正义要求裁判的抗诉监督。同时，也要强化对检察机关职务犯罪立案、侦查、起诉等司法办案行为的监督，确保检察权的正确行使。在民事诉讼监督中，要突出加强对民事执行活动和调解书的监督，完善对虚假诉讼、恶意诉讼监督工作机制，维护民事司法的公正。在行政诉讼监督中，要重点加强对法院受理活动的监督，加强行政裁判执行活动监督，促进解决目前普遍存在的"民告官"难的问题。探索开展公益诉讼，对检察机关在开展民事、行政诉讼监督活动过程中发现的损害公共利益行为，区分不同的侵权主体，依法提起民事和行政公益诉讼。要坚持强化监督与查办职务犯罪相结合，依法严肃查办执法不严、司法不公背后的办关系案、人情案、金钱案等司法腐败行为，维护司法的廉洁和公信。同时，要加强法律监督队伍的自身建设，严格办案纪律，依法严格规范检察人员与当事人、律师、特殊关系人、中介组织的接触、交往行为。严禁办案人员私下接触当事人及律师、泄露或者为其打探案情、接受吃请或者收受财物、为律师介绍代理和辩护业务等违纪行为，坚决惩处司法掮客行为，防止利益输送。

强化法律监督，关键点在于以深化改革破解法律监督难题。当前，产生司法不公及监督不力问题的深层次原因主要在于司法体制不完善。强化法律监督，必须按照中央、最高人民检察院的统一部署，全面深化司法体制和检察改革。针对法律监督工作容易受干扰的问题，加快建立和落实领导干部干预司法活动、插手具体案件处理的记录、通报和责任追究制度，防止司法地方化。同时，要全面深化检务公开，对能公开的司法办案信息及时主动对外公开，认真落实十八届四中全会有关完善人民监督员制度的改革要求，把法律监督工作真正置于人民群众监督评判之下，取得信任支持，推动法律监督工作深入健康开展。

从审查逮捕视角论人权保障

鲍美萍*

逮捕作为宪法赋予检察机关的一项重要职权，作为维护社会秩序的国家权力的重要组成部分，因其直接关系到当事人的宪法性权利——人身自由，一直是刑事诉讼法学界乃至宪法学界以及司法实践关注的焦点之一。从 1979 年我国刑事诉讼法的颁布到 1996 年刑事诉讼法的修改，再到 2012 年刑事诉讼法第二次修正，增加并强调审查逮捕时讯问犯罪嫌疑人的规定，同时赋予证人、诉讼参与人以及辩护律师等参与审查逮捕的程序权利，摒弃了以书面审查为主的审批式逮捕程序，因此，必须全面把握审查逮捕的司法审查属性，以实现其人权保障的价值取向。

一、逮捕制度的完善体现法治理念之转变

人权保障是一个国家文明和发展的重要体现，也是一个民主法制国家的基本要求。作为被赋予法律监督职责的检察机关，应该说在依法治国、保障人权方面扮演着举足轻重的角色。而逮捕制度 30 年来的改革与完善，表明了逮捕理念向法治理念的转变。

（一）刑事立法的完善，更加注重人权保障

我国 1979 年 7 月公布，1980 年 1 月 1 日施行的刑法第 79 条规定了类推原则，对类推作了这样的规定："本法分则没有明文规定的犯罪，可以比照本法分则最相类似的条文定罪判刑，但是应当报请最高人民法院核准。"这一原则要求对法无明文规定的犯罪可依照刑法最相类似的条文定罪判刑。所谓最相类似，是指在行为的性质上和与之相适应的刑罚上。我国刑法上规定的类推，足以体现罪刑法定原则，也可以说，其本身就是罪刑法定的一种表现。

第八届全国人民代表大会第五次会议修订的《中华人民共和国刑法》，

---
* 作者单位：马鞍山市人民检察院。

1997 年 10 月 1 日起施行，修订后的刑法确立的罪刑法定等三项基本原则，在刑法的第 3 条规定明确规定："法律明文规定为犯罪行为的，依照法律定罪处刑；法律没有明文规定为犯罪行为的，不得定罪处刑。"它要求，司法机关定罪处刑，必须严格依照刑法规定。我国罪刑法定的确立，不仅是立法的原则，更是司法的原则，对于进一步健全社会主义法制，贯彻依法治国的基本方略，支配司法主体思维、行动，准确惩治犯罪，保护公民、法人的合法权益，具有十分重要的指导意义。

2012 年 3 月 14 日第十一届全国人民代表大会第五次会议通过的《中华人民共和国刑事诉讼法》，2013 年 1 月 1 日起实施的修改后的刑事诉讼法把宪法第 33 条第 3 款："国家尊重和保障人权"的规定，作为刑事诉讼法总则中的任务之一，这表明刑事诉讼中的人权保障制度被视为我国宪法实施的重要内容，既有利于彰显我国司法制度的社会主义性质，也有利于司法机关在刑事诉讼程序中更好地遵循这一宪法原则。

（二）逮捕条件的完善，更加强化人权保障

1979 年刑事诉讼法第 40 条规定的逮捕条件，是指主要犯罪事实已经查清，可能判处有期徒刑以上刑罚和有逮捕必要的。这一规定表明，逮捕需具备事实条件、刑罚条件、社会危险性条件。这里的"主要犯罪事实"一般认为是指对定性处理起决定性作用的犯罪事实。"社会危险性"有逮捕必要，根据1988 年 4 月 8 日《最高人民检察院办理批捕案件的质量标准（试行规定）》，指的是人犯可能逃跑、自杀、串供、毁灭罪证、妨碍诉讼活动的正常进行，或可能进行行凶报复、继续作案等犯罪活动，给社会带来新的危害等。

1996 年刑事诉讼法第 60 条第 1 款规定的逮捕条件："对有证据证明有犯罪事实，可能判处徒刑以上刑罚的犯罪嫌疑人、被告人，采取取保候审、监视居住等方法，尚不足以防止发生社会危险性，而有逮捕必要的，应即依法逮捕"。这一规定表明，逮捕条件由三个方面组成，即有证据证明有犯罪事实，是逮捕的证据条件；可能判处徒刑以上刑罚，是逮捕的刑罚条件；有逮捕必要，则是逮捕的社会危险性条件。

2013 年 1 月 1 日修改后刑事诉讼法第 79 条规定："对有证据证明有犯罪事实，可能判处徒刑以上刑罚的犯罪嫌疑人、被告人，采取取保候审尚不足以防止发生下列社会危险性的，应当予以逮捕：（一）可能实施新的犯罪的；（二）有危害国家安全、公共安全或者社会秩序的现实危险的；（三）可能毁灭、伪造证据，干扰证人作证或者串供的；（四）可能对被害人、举报人、控告人实施打击报复的；（五）企图自杀或者逃跑的。对有证据证明有犯罪事实，可能判处十年有期徒刑以上刑罚的，或者有证据证明有犯罪事实，可能判处徒刑以上刑罚，曾经故意犯罪或者身份不明的，应当予以逮捕。被取保候审、监视居住的犯罪嫌疑人、被告人违反取保候审、监视居住规定，情节严重的，可以予以逮捕"。将逮捕条件区分为一般逮捕条件、径行逮捕条件和转捕条件。

从逮捕条件的完善看，我们可以发现有以下变革：第一，重点修改了逮捕必要性条件，限制了逮捕必要性中的自由裁量权。第二，通过列举方式固化和细化了社会危险性的具体情形。第三，规定了对有证据证明有犯罪事实，可能判处十年有期徒刑以上刑罚的，或者有证据证明有犯罪事实，可能判处徒刑以上刑罚，曾经故意犯罪或者身份不明的，应当予以逮捕。逮捕条件的改革与完善，明确了犯罪事实要件、刑罚要件、社会危险性要件，且具有很强的司法可操作性，对于惩治犯罪和保障人权有十分重要的作用。

（三）逮捕程序的完善，增强人权保障功能

1. 讯问程序的设置。1996年刑事诉讼法在审查逮捕程序中没有关于检察检察人员讯问犯罪嫌疑人、询问诉讼参与人、听取辩护律师意见的要求。修改后刑事诉讼法第86条确立了检察机关审查逮捕可以讯问犯罪嫌疑人、询问诉讼参与人、听取律师意见，在《人民检察院刑事诉讼规则（试行）》中细化了6种应当讯问的情形：一是对是否符合逮捕条件有疑问的；二是犯罪嫌疑人要求向检察人员当面陈述的；三是侦查活动可能有重大违法行为的；四是案情重大疑难复杂的；五是犯罪嫌疑人系未成年人的；六是犯罪嫌疑人是盲、聋、哑人或者是尚未完全丧失辨认或者控制自己行为能力的精神病人。这一规定分两个层次分别确立了审查逮捕时讯问和询问的义务性和授权性规定，较为完整地建构了审查逮捕阶段对等的诉讼化构造，减少了审查逮捕的行政审批色彩。同时也是出于对犯罪嫌疑人人权保障的考虑，增加程序性保障。

2. 辩护权的设置。1996年刑事诉讼法将律师介入诉讼的时间从过去审判阶段提前至"犯罪嫌疑人在被侦查机关第一次讯问或者采取强制措施之日"。修改后刑事诉讼法第33条规定，犯罪嫌疑人自被侦查机关第一次讯问或采取强制措施之日起，有权委托辩护人。虽然限制在侦查期间，只能委托律师作为辩护人，但是较之前犯罪嫌疑人委托律师的时间提前至侦查阶段。并就律师与犯罪嫌疑人、被告人的会见而言，修改后刑事诉讼法第37条的规定，与1996年刑事诉讼法相比，修改主要在三个方面。第一，辩护律师可直接到看守所会见犯罪嫌疑人、被告人，不需经办案机关批准、安排。第二，辩护律师会见犯罪嫌疑人、被告人时不被监听，自审查起诉之日起可以向犯罪嫌疑人、被告人核实证据。第三，侦查阶段辩护律师会见在押的犯罪嫌疑人、被监视居住的犯罪嫌疑人涉及危害国家安全犯罪、恐怖活动犯罪及特别重大贿赂犯罪案件的犯罪嫌疑人，应当经侦查机关许可。辩护权的设置较为充分地完善和保障了犯罪嫌疑人、被告人的辩护权。

3. 羁押后告知程序的设置。1979 年刑事诉讼法规定，拘留和逮捕后，除有碍侦查或者无法通知的情形以外，应当把拘留、逮捕的原因和羁押的处所，在 24 小时以内，通知其家属或者他的所在单位。1996 年刑事诉讼法对此规定未作改动。修改后刑事诉讼法对"可能有碍侦查"而可以不通知家属的情形，作出了四个方面限制：一是有碍侦查而不通知家属的规定仅适用于拘留，而不再适用于逮捕。这是对促进人权保障有积极意义的限制。二是可能有碍侦查而不通知家属的情形，只限定于涉嫌危害国家安全犯罪、恐怖活动的犯罪。三是规定了有碍侦查的情形消失以后，应当立即通知被拘留人的家属。四是规定了羁押后应当通知家属，而不是家属或单位。这个限制进一步使被羁押人的家属的知情权得到保障。

4. 捕后羁押必要性审查制度的设立。修改后刑事诉讼法第 93 条规定了捕后继续羁押必要性审查制度，明确规定犯罪嫌疑人、被告人从被逮捕后到法院作出生效判决之前的整个羁押过程中，人民检察院均有义务依职权或者依当事人申请对羁押必要性进行跟踪审查。这一制度加大了司法机关对未决羁押的审查力度，对限制人身自由强制措施的审查从逮捕这一起点延伸到捕后羁押全过程，在保障诉讼的同时控制和减少羁押，以保障公民基本人身权利为出发点和落脚点，打破了司法实践中对犯罪嫌疑人、被告人一捕了之、办案期限不满羁押不终止的弊端。一定程度上体现了捕、押的适当分离，有利于降低羁押率，落实尊重和保障人权原则，维护犯罪嫌疑人、被告人合法权利。

二、审查逮捕环节保障人权的基本思路

人权保障是一个国家文明和发展的重要体现，也是一个民主法制国家的基本要求。作为被赋予法律监督职责的检察机关，应该说在依法治国、保障人权方面扮演着举足轻重的角色，而审查逮捕工作处于打击犯罪和诉讼监督的前沿，是刑事诉讼第一道关，也是冤假错案第一道防线，如何在逮捕权行使过程中保障人权，如何监督其他司法以及执法部门对公民合法权益进行保护，笔者结合审查逮捕工作实践谈谈保障人权的基本思路。

（一）转变执法理念，增强人权保障意识

1. 贯彻"无罪推定"思想。修改后刑事诉讼法第 12 条规定：未经人民法院依法判决，对任何人不得确定有罪。这一规定间接表达了"无罪推定"的思想，我们应当在审查逮捕工作中积极贯彻，做到平等对待每一个犯罪嫌疑人

和被告人，尊重其人格，保障其应享有的合法权益，以事实为依据，以法律为准绳，正确认识逮捕功能，坚持检察官"自由心证"，坚决摒弃"有罪推定""口供至上""构罪即捕""以捕代罚"等执法理念。牢固树立社会主义法治理念，严格贯彻宽严相济的刑事政策，深刻践行"无罪推定"思想，切实做到宽之有度、严之有法，坚持少捕、慎捕和缓捕，正确处理打击犯罪与保障人权、程序公正与实体公正、支持配合与监督制约关系，体现办案"三个效果"有机统一。

2. 转变审查逮捕模式。随着社会进步，人民群众对司法公正和权益保障的新期待，为适应修改后刑事诉讼法对"尊重和保障人权"的新要求，改革在封闭状态下运行的传统审查逮捕方式，逐步实现办案过程的公开化，突出司法审查属性的审查逮捕模式。首先对侦查主体移送的审查逮捕的案卷材料进行审查，全面掌握案件的整体情况，再根据需要和法律规定，对案件中的某些情节或者事实进行核实，对犯罪嫌疑人进行讯问，对证人、鉴定人进行询问，同时听取辩护律师的意见，使得审查逮捕形成以侦查主体为控方和辩护方在观念形态中的对抗。检察人员则在这种对相关事实或者证据的对抗核查中找到是否应当予以逮捕的结论。对于"逮捕必要性"争议较大的案件，社会舆情关注的案件，可以通过"公开听审"的方式，听取侦查机关、犯罪嫌疑人及其律师、被害人及其法定代理人，以及人民监督员等关于犯罪嫌疑人逮捕必要性的意见，实现控辩对抗的司法化、公开化的审查逮捕模式。

3. 构建捕后羁押必要性审查机制。逮捕羁押属于刑事诉讼中限制公民人身自由最为严厉的手段，构建捕后必要性审查制度，凸显我国刑事诉讼活动中保障人权的基本思路：一要突出审查重点。主要围绕是否存在不当羁押和隐形超期羁押进行审查。将隐形超期羁押纳入其中，一是这种超期羁押表面形式合法而实质违法，二是这种超期羁押严重侵犯人权而被侵权人又难以维权。二要强化法定职责审查。在审查逮捕和审查延长羁押期限过程中深入审查羁押必要性的同时，要注重有关权利人提出变更逮捕措施申请意见，及时予以启动审查程序，依法在 3 日内作出答复；对源自"法律监督型"羁押必要性审查的监督意见，应在 10 日内将处理情况通知实施法律监督部门。

（二）坚持客观公正，平等保护诉讼主体

1. 保障犯罪嫌疑人的诉讼权利。受传统执法观念的影响，多年来，我们的审查逮捕工作一直存在"重打击轻保护""重实体轻程序"的片面价值取向，容易"先入为主"，对犯罪嫌疑人的权利保护不够。根据修改后刑事诉讼法的规定，审查逮捕阶段应依法保障犯罪嫌疑人权利：一要保障犯罪嫌疑人聘请及会见律师的权利。对于依法必须聘请律师而未聘请的，应当主动帮助提供法律援助；对辩护人收集的有关犯罪嫌疑人不在犯罪现场、未达到刑事责任年龄、属于依法不负刑事责任的精神病人的证据，检察人员应当审查。二要履行听取制度。讯问犯罪嫌疑人，听取其申辩意见；询问证人等诉讼参与人，核实证据；辩护律师提出不构成犯罪、无社会危险性、不适宜羁押、侦查活动有违法情形等书面意见。三要保障无阅读能力犯罪嫌疑人权利。讯问聋、哑人或不能知晓当地语言的犯罪嫌疑人时，应当有通晓聋、哑手势或通晓当地语言的人参加。四要保障犯罪嫌疑人使用本民族语言文字的权利。五要保障犯罪嫌疑人申请补充鉴定或者重新鉴定的权利。对于未成年犯罪嫌疑人还应履行合适成年人在场制度，同时履行犯罪记录封存制度。六要加强法律监督。对于接到报案、控告、举报或者发现侦查人员以非法方法收集证据的，应当进行调查核实。

2. 保障证人权益及人身安全。一要对证人作证采取保护措施。对于涉及危害国家安全犯罪、恐怖活动犯罪、黑社会性质的组织犯罪、毒品犯罪等案件，证人、鉴定人、被害人因在诉讼中作证，本人或者其近亲属的人身安全面临危险的，采取不公开真实姓名、住址和工作单位等个人信息；采取不暴露外貌、真实声音等；禁止特定的人员接触证人、鉴定人、被害人及其近亲属；对人身和住宅采取专门性保护措施。二要对证人因履行作证义务而支出的交通、住宿、就餐等费用，给予补助。三要保障证人权利。对于不通晓当地通用的语言文字的诉讼参与人，应当为他们翻译；对于证人所作证言有权进行补充或更正；对公安司法机关侵犯其诉讼权利以及人身侮辱的行为进行控告的权利，检察人员应当受理，并及时进行审查。

3. 保障被害人诉讼权利。修改后刑事诉讼法规定了被害的诉讼权利，在审查逮捕环节中应切实保障以下权利：一要保障被害人控告犯罪权利。被害人对侵犯其人身权利、财产权利和其他合法权益的犯罪事实或者犯罪嫌疑人，有权向公安机关、人民检察院或者人民法院报案或者控告。对于公安机关应当立案侦查而不立案侦查的，检察机关查明情况，督促立案；二要保障被害人在诉讼中享有申请回避权利、委托代理人权利，以及对鉴定意见的知情权和申请侦查机关补充鉴定或者重新鉴定的权利；三要保障被害人获得赔偿损失权利、提起附带民事诉讼权利；四要履行听取被害人及其委托人的意见，对于被害人提出同被告人自行和解意愿的，要结合刑事和解的条件，着重审查和解的内容是否合法、是否真正自愿、是否违反了社会公德、是否公平合理、是否能切实履行，以避免引发新的矛盾。

（三）严守诉讼程序，增强逮捕司法属性

1. 注重诉讼程序公正。从某种意义上讲，程序公正比实体公正更为重要。

因此，我们在审查逮捕工作中，一要遵守办案时限，杜绝超期。二要在案件处理上确定"疑罪从无"原则，审查逮捕阶段发现证据不足，不能认定有罪，应依法作出不捕决定，在说明不捕理由的同时，制作详细的补查提纲。三要在讯问犯罪嫌疑人时首先告知犯罪嫌疑人依法享有的各项诉讼权利。如获得法律帮助的权利；申请回避的权利；对与本案无关问题的讯问，有拒绝回答的权利；申请补充鉴定或者重新鉴定的权利；对侵权提出控告的权利；对刑事强制措施不服的申诉权以及变更刑事强制措施的申请权。四要客观公正地审查证据、讯问犯罪嫌疑人或被告人，充分听取他们的供述和辩解，并综合案件证据进行仔细辨别、核对、排查。五要全面落实人民监督员制度，对不服检察机关自侦案件逮捕决定的，可以听取人民监督员评议意见，保障犯罪嫌疑人合法权益的基本要求。

2. 注重对非法证据排除规则。一是加强对非法证据排除请求权的保护。对非法证据的排除，仅仅依靠办案人员对规则的自觉遵守是难以达到目的的。在审查逮捕环节对证据的认定要严格审查，不仅是完成刑事追究工作任务、履行法律监督职责的需要，同时也是保证刑事诉讼中非法证据排除规则的第一关。一方面检察人员要通过受理犯罪嫌疑人及其法定代理人、辩护人的申请，启动对非法证据排除程序；另一方面对审查中发现以刑讯逼供等非法方法收集犯罪嫌疑人供述、证人证言、被害人陈述的言词证据，实行强制排除原则。对违法取得的物证、书证严重影响到司法公正并不能进行补正或作出合理解释时，也要予以排除。对于存在非法取证重大嫌疑的言词证据，在审查逮捕环节不能查清是否非法取证的，应存疑待查，暂不作为批捕定罪的依据，应根据其他证据作出批捕或不批捕决定后，继续跟踪对是否非法取证进行调查，确定违法的要依法纠正。

3. 注重侦查监督权的运用。法律赋予检察机关对立案、侦查活动的监督是全面的监督，贯穿于整个诉讼环节。立案监督的重点要涵盖应当立案侦查而不立案侦查的重罪案件，公安机关插手经济、民事纠纷造成严重后果的案件。尤其是经立案监督后判处重型的案件要跟踪有案不立的原因，查明是否存在徇私枉法的问题；对于插手经济纠纷、民事纠纷和利用立案打击报复、谋取非法利益的要坚决予以纠正。发现徇私枉法、滥用职权、索贿受贿等犯罪线索，要及时移送侦查部门查处。对行政执法机关移送涉嫌危害食品药品安全等侵害民生民利的犯罪案件要进行重点监督。注意刑事诉讼中的被害人合法权益的保护，如刑事附带民事诉讼中民事赔偿部分的请求权等。侦查活动监督则要对侦查人员严重违反程序侵害犯罪嫌疑人及其他当事人合法权益涉嫌职务犯罪的案件进行重点监督。要对违反程序规定越权办案、非法取证、对人民群众反映强烈的侵害人身权利和财产权利的违法适用强制性措施，违法查封、扣押、冻结，对侵害当事人、辩护人的知情权、辩护权、申诉权等。侦查违法行为进行重点监督。要对执法办案中的刑讯逼供、暴力取证、隐瞒伪造证据、徇私枉法作为监督的重点，在审查逮捕第一关防范冤假错案的发生。

审查逮捕工作处于打击犯罪、保障人权、维护社会公正正义、促进社会和谐稳定的前沿，是检察机关参与平安中国、法治中国建设不可或缺的重要途径。立足于审查逮捕诉讼第一关，坚持惩治犯罪与保障人权并重，大力推进诉讼民主、诉讼文明、诉讼公开、诉讼监督制约，使社会主义民主和法治在审查逮捕环节得到更好的体现和落实。

关于信息化条件下检务公开的认识及思考

何玉明*

检务公开是司法公开的重要组成部分，是指检察机关依法向社会和诉讼参与人公开与检察职权相关的不涉及国家秘密和个人隐私等有关活动和事项。近年来，在大数据、新媒体时代背景下，检察机关采取多种举措深化检务公开，将服务功能从传统媒介扩展至网络空间，对于打造阳光检务、促进司法公信起到了积极作用，同时也暴露出一些问题亟须解决。为此，笔者从运用信息化手段推进检务公开的重要性、存在的问题和意见建议等方面，谈点粗浅认识。

一、运用信息化手段推进检务公开的重要性

（一）运用信息化手段推进检务公开是深化检察改革的重要任务

十八届三中全会明确提出，要进一步深化司法体制改革、推进审判公开、检务公开。2014 年 1 月 8 日，曹建明检察长在全国检察长会议上强调，"要进一步依托信息网络拓宽公开的途径和方式，实现当事人通过网络实时查询举报、控告、申诉的受理、流转和办案流程信息"。3 月 10 日，曹建明检察长在最高人民检察院工作报告中指出，要"深化检察环节司法公开，完善办案信息查询系统，建立检察机关终结性法律文书向社会公开制度，增强司法公开的主动性、及时性"。2014 年 7 月 9 日，最高人民检察院出台了《检察机关职务犯罪大要案信息发布暂行办法》，要求各级检察机关充分发挥官方网站、微博、微信、新闻客户端作用，及时公布职务犯罪大要案进展情况；同时又陆续出台《最高人民检察院新闻发布会实施办法》《最高人民检察院关于加强新形势下检察新闻宣传工作的意见》等，检务公开透明持续提速。因此，运用信息化手段推进检务公开已经成为当前深化检察改革的一项重要任务，基层检察机关必须将其摆上更加重要的位置，牢固树立以公开促公正、以透明促廉洁的

* 作者单位：马鞍山市当涂县人民检察院。

理念，抓住契机、抓实抓好、抓出成效。

（二）运用信息化手段推进检务公开是新媒体时代下的必然要求

新媒体是以数字技术为基础，以网络为载体进行信息传播的媒介。当前，网络、数字报纸、手机短信、触屏媒体等新媒体技术快速发展，相对于报刊、户外、广播、电视等传统媒体，其信息容量更大、方便快捷、受众广泛、互动性强，人们对新媒体的应用和依赖与日俱增。这些新形势、新变化，使检务公开工作面临新的挑战和考验。常规性地利用举报宣传周、某项法律出台节点或重大活动契机，设置宣传栏，发放宣传单，或者开展送法下乡、进校、进企等活动，注重一时一事，虽然具有很好的宣传效果，但是在覆盖地点、人员范围上都不同程度地存有盲区。而以信息化为主要特征的新媒体传播速度更快、覆盖范围更广，作为检察机关接受社会监督、深化检务公开的重要平台成为应然选择。

（三）运用信息化手段推进检务公开是回应群众期盼的现实需要

随着我国经济社会发展和法治中国建设进程深入推进，尊重人权、维护司法公正成为时代的主旋律。人民群众不仅要求办案结果公平公正，还要求执法过程公开透明；不仅希望拥有司法活动的知情权，还期待行使更多的参与权和监督权，期待更加畅通的诉求表达渠道。充分运用检察门户网站、"两微"等信息化手段，可以使检务公开的窗口最大化、平台最优化，广视角、全方位地展示检察工作，增强群众对检察工作的认可和支持，进一步提升检察机关的执法公信力。同时，作为沟通检察机关与人民群众的桥梁和纽带，可以实现检民及时交流互动，通过让社会各界参与到检察事务中来，促进检察机关规范执法、公正执法、文明执法，保护了当事人合法权益和依法享有的权利。因此，检察机关要顺应群众对司法公正的需求和期盼，用好电子信息检务公开的这一有效渠道，主动接受群众和社会各界的监督，保证检察权在阳光下运行。

二、信息化条件下检务公开存在的主要问题

（一）思想认识不足

部分检察机关对检务公开的新形势认识不深，重业务、轻宣传，不愿投入过多的人、财、物和精力；有的对检务公开定位不准，把其当作上级部署的工作任务，上面推一推动一动，被动公开多，主动公开少，缺乏创新，亦步亦趋，甚至流于形式；有的对检务公开存在顾虑，认为可能会对办案工作形成干扰、产生负面影响，有损检察机关的权威；有的对检务公开思路不清，没有按照上级要求"应当公开的一律公开"。

（二）公开渠道单一

不少基层检察院对新媒体运用不够，仍然依靠传统方式开展检务公开，如设置固定的检务公开栏，设置临时性的法律宣传咨询台、印发宣传资料、召开工作情况通报会、广播电视报道等，这些方式本身具有的局限性，必然使检务公开无法做到全天候、全领域、全员性，缺少创新性和灵活性，而且一定程度上混淆了检务公开与检察宣传的概念，导致很多群众对检察机关缺乏了解。

（三）内容更新滞后

不少基层院按照上级部署，建立了检察门户网站，开通了检察微博，但是与检察内网相比，更新维护方面做得还远远不够。一方面，公开的范围有限，重点不够突出，往往只是选择部门职能、规章制度、检察业务动态等常规内容加以公开，对群众关注的职务犯罪大要案信息、终结性法律文书等公开较少。另一方面，对门户网站、微博等新媒体管理不善，内容更新不及时，信息陈旧、突击更新等现象不同程度地存在，没有实现从阶段性工作向常态性工作的转变。

（四）保障机制欠缺

检务公开涉及检察机关内部多个部门、多项工作，具有鲜明的整体性和系统性特征，需要建立统一的领导机制、明确专门机构和人员来负责。但是，目前有的基层院由办公室负责，有的由政治处负责，有的由宣传处负责，缺乏统一明确的组织协调机制，致使上级院在部署工作时，关系难以理顺，影响工作效率。另外，技术和经费支持、监督制约机制、考核奖惩等机制不健全，一定程度上影响了检务公开持续、有效、深入开展。

三、推进信息化条件下检务公开的意见建议

（一）强化三种意识，提高思想认识

一要强化新媒体意识。充分认识利用信息化进行检务公开的重要性和必要性，牢固树立新媒体意识，努力使门户网站、检察微博等新媒体成为权威信息第一出口、检察宣传的第一阵地，牢牢把握引导舆论的主动权，切实保障群众的知情权、参与权、表达权和监督权。二要强化时效意识。坚持把检务公开和检察宣传工作相结合，定期更新维护检察门户网站等平台，及时发布检务信息，力争网民通过搜索引擎能够第一时间看到检察机关的新闻报道。三要强化互动意识。要注重加强与网民的良性互动，以平等的身份与群众开展网络对话，对群众的网络咨询、举报、控告、申诉等，要及时予以恰当准确的回应，

对于无理纠缠要保持冷静克制，加强引导，避免激化对立。

（二）打造三大平台，夯实公开基础

一是打造新媒体平台。积极适应新媒体时代的新形势、新要求，加快建设和完善检察门户网站，进一步细化检察公开栏目设置，更加注重网上举报、联络、咨询、接访等互动栏目建设。学习借鉴先进院经验，开通检察微博、微信公众平台，逐步整合功能，努力实现数据同步、同频共振。同时，要积极用好手机报、手机客户端等平台，面向人大代表、政协委员、人民监督员和群众代表，主动发布检察动态、警示案例、案件办理等信息，不断提升检察机关的亲和力和社会认知度。二是打造案件信息公开平台。以全国检察机关案件信息公开系统建设为契机，遵循依法、便民、及时、规范、安全的原则，对应当公开的案件信息一律公开，保障社会公众对案件程序性信息和相关终结性法律文书的查询。三是打造检务公开业务大厅窗口平台。整合控告举报申诉受理、律师接待、行贿犯罪档案查询、案件信息查询等职能，加快推进检务公开业务大厅建设，构建"一站式"服务窗口。设立检务公开区，配置宣传栏、触摸屏、屏幕显示系统，让来访群众通过触摸屏便可浏览检务公开内容，实现自助式查询；利用屏幕显示系统滚动播出廉政宣传短片、法律政策、权利义务告知等内容，最大限度地保障群众对检察工作的知情权和监督权。

（三）坚持三个原则，树立科学导向

一是自上而下原则。更加注重检务公开的顶层设计，抓紧制定完善相关法规，尽快出台检务公开的标准、指南、平台建设规范等文件。更加注重市级检察院的检务公开工作，充分发挥其表率带动作用，从而推进县区院检务公开逐步实现规范化。二是依法依规原则。正确处理公开与保密的关系，严格遵照现有法律法规公开检务信息。对于涉及国家秘密、商业秘密、个人隐私和未成年犯罪的案件信息，以及其他依照规定不应公开的信息，不得公开。三是整体联动原则。要注重纵向联动，加强集群建设。充分发挥省、市、县三级检察院力量，着力扩大新媒体应用的覆盖面，形成层级分工、协同作战的检务公开集群。要注重横向联动，强化协作配合。加强和媒体的沟通，建立更为立体的舆论引导机制；加强与同级检察机关、法院的联系，学习借鉴先进经验做法。要注重内部联动，形成工作合力。建立检察机关内部各有关部门检务公开运转机制，做到权责明晰、流程顺畅、各负其责，提升检务公开的效率和质量。

（四）健全三项机制，强化工作保障

一是建立组织领导机制。成立检务公开专门组织机构，形成由院党组领导，案管、宣传部门主抓，反贪反渎、控告申诉等部门配合的工作格局，进一步明确各有关部门具体职责。同时，要加强教育培训，着力打造一支法律素养高、熟悉新媒体操作的专业队伍。二是建立风险评估预警机制。要制定可操作性强的检务公开流程，加强发布前的审查审核，确保信息准确、规范、适当。成立舆情监控引导小组，针对重要信息公开是否存在产生涉检负面舆情等风险，进行综合评估、预测、应对。三是建立考核奖惩机制。将检务公开工作纳入日常检务督察和部门年度考核范围，加强上级院对下级院的指导和督促，加大对检务公开信息化的考核分值，树立正确导向和激励机制。按照"谁办案、谁审核，谁公开、谁负责"的原则，完善责任追究机制，对履行检务公开职责不到位，公开涉密的检务信息，或履职不当造成不良影响的，严肃追究有关人员责任。

检察人员参加庭前会议研究

李生林　　施云飞　　樊峥嵘*

庭前会议是指审理重大、复杂、疑难案件的过程中，为避免审理的中断或拖延，保障集中审判、快速审判，法官依职权或依控、辩双方的申请，认为有必要时，召集公诉人、当事人和辩护人、诉讼代理人到庭对庭审中的相关问题进行必要沟通的庭前准备程序。我国《刑事诉讼法》第 182 条规定，"在开庭前，可以召集公诉人、当事人和辩护人、诉讼代理人，对回避、出庭证人名单、非法证据排除等与审判相关的问题，了解情况，听取意见。"中国特色庭前会议程序的建立，打破了刑事审判程序由公诉直接过渡到审判的模式，在公诉和审判之间植入了中间程序。建立庭前会议的价值追求在于对公诉权的制约，检察机关的公诉权因此而面临严重的考验，检察人员参加庭前会议的职责和应对也会遇到更多的风险和挑战。

一、庭前会议制度之发展与比较分析

（一）我国公诉方式变迁与庭前审查程序

自 1979 年颁布《刑事诉讼法》以来，我国对公诉方式与庭前审查方式进行过多次修改和完善。1979 年《刑事诉讼法》确立了"全案移送"的实质性庭前审查，即法官先定后审，造成法官预断的弊端，造成法庭审理形式化等问题。

1996 年《刑事诉讼法》修改为"移送主要证据的复印件或照片"，将庭前审查由实质性审查改变为主要进行程序性审查，取消了法官的审前调查和退回补充侦查权。从刑事审判活动和司法实践来看，检察机关提起公诉后，基本上便直接进入到了法庭审判阶段，对程序性问题也等到审判阶段加以解决，是一种一步到庭的审判模式。因此，庭前审查程序的弊端不仅没有得到有效矫

---

* 作者单位：马鞍山市博望区人民检察院。

治，庭前审查程序预防不当追诉的功能也随之被淡化甚至被取消。这种设置耗费了司法资源，影响了控辩质量，更为重要的是可能会因此而导致诉讼的拖延。

2012 年《刑事诉讼法》进一步贯彻"形式审查原则"，规定"全案移送"的庭前形式审查方式，且设置庭前准备程序，消除和降低了可能造成审判中断和拖延的因素，成为此次刑诉法修改的一大亮点。修改后刑事诉讼法中庭前程序包括两项重要的内容：一是对提起诉讼的案件进行审查，确定是否有进行审判的必要；二是对经过审查认为需要开庭予以审理，则步入开庭审判前准备程序。

（二）国外庭前会议制度之概述

1. 美国之庭前会议。《美国联邦刑事诉讼规则》第 17.1 条"庭前会议"规定："在提交大陪审团起诉书或者检察官起诉书之后，法庭可以根据任何一方当事人的动议或者根据自己的动议，命令举行一次或数次会议考虑有助于促进审判公开和审判效率的事项。在会议结束时，法庭应对已经达成协议的事项准备和提交备忘录。会议中被告人或其律师所做的承诺，除非形成书面并由被告人和其律师签字，否则不能作为不利于被告人的证据使用。本规则不适用被告人没有律师代表的案件。"

2. 英国之预备听证程序。1996 年，英国设立"预备听证"程序，专门适用于比较复杂、审判时间可能持续较长的案件，举行"预备听证"的决定由刑事法院的法官在陪审团宣誓之前根据控辩双方的申请或者自行作出，主要是解决在陪审团不在场的情况下的一些法律问题。在这一程序中，法官有权要求控方将其包含有将有证明的事实、要求陪审团从证据中作出不利于被告人的推论等内容的案情陈述提交给辩护方。法官随后可以要求辩护方提供包含有将要提出的辩护的主要内容、控辩双方存在分歧的主要问题、辩护方对案情的反驳、法律适用、证据的可采性等内容的书面陈述。法官可以就此作出裁断。

3. 日本之庭前整理程序。日本最高法院颁布的《刑事诉讼规则》将庭前整理程序分为庭前协商程序和法院的庭前准备程序。在庭前协商程序中，存在"检察官与辩护人的协商和联系"和"法院与检察官、辩护人的庭前协商程序"。在法院的庭前准备程序中，日本《刑事诉讼规则》第 194 条至第 194 条之 7 规定：法院对于复杂的案件，认为必要时，在公审期日前，可以随时进行准备程序。准备程序，以为使公审的审理得以迅速且连续地进行而整理案件争点及证据目的。准备程序，应当使检察官、被告人及辩护人到场进行。但在有人预先明确表示不到场，法院认为适当的，可以在其不到场的情况下进行准备程序。法院也可以要求检察官、被告人或者辩护人提出书面材料，以代替上述诉讼法或者作为补充。准备程序的内容包括：明确诉因、处罚条款；整理案情、确定争点；就计算等事项向控辩双方作出解释和说明；请求调查证据；明确控辩双方的举证主旨和询问证人的事项；命令出示物证或书证；确认出示的有关证据是否得到了对方的同意；明确当事人是否要求调查有关书面材料；作出是否进行证据调查的裁定；对证据调查请求提出的异议作出裁定；确定调查证据的顺序和方法。

（三）我国与国外庭前会议制度之分析比较

1. 庭前会议的适用范围。英国的"预备听证"程序和日本的《刑事诉讼规则》都规定了"对于比较复杂的案件"可以适用庭前准备程序，而美国则无此明确规定。那么，是否所有刑事案件都可以召开庭前会议？从《刑事诉讼法》第182条可以看出，我国法律对此也未明确规定。笔者认为，在法律没有明确规定的情况下，所有刑事案件都是可以召开庭前会议的，而且从理论来看，无论是简易程序还是普通程序，都可能存在回避、非法证据等程序性问题可以在庭前会议中解决。还有一个延伸的问题，那就是没有辩护人的案件是否有必要召开庭前会议。《美国联邦刑事诉讼规则》规定庭前会议规则"不适用被告人没有律师代表的案件"，这是因为没有辩护人提供的法律指导，被告人并不一定真正理解自己在庭前会议中所作出行为的法律意义和后果，难以保护被告人的权利。因此，当被告人没有辩护律师时，不应当适用庭前会议制度。

2. 庭前会议的提起主体。美、英、日关于庭前会议制度规定的提起主体并不一致，有些为法院或者法官，还有一些为法院、法官或者任何一方当事人。我国法律规定庭前会议的提起主体为审判人员。笔者认为，除审判人员外，被告人、辩护人、检察机关也可以成为庭前会议的提起主体，因为庭前会议是一个由三方共同参与的法律会谈机制，虽然决定是否召开庭前会议的主体是审判人员，但是缺少其中任何一方，对庭前程序性问题的解决都是不利的。此外，检察机关还应该拥有对"是否召开庭前会议"的决定的监督权和否决权。

3. 庭前会议的参加主体。比较上述国家的法律我们可以发现，除美国和日本外，英国对于被告人是否是庭前会议的参加主体并没有明确规定。笔者认为，庭前会议的一般主体包括下列人员：法官、公诉人、被告人及其辩护律师。值得思考的是证人、鉴定人等是否有必要参加庭前会议，答案当然是否定的。因为庭前会议不是对证据进行质证，只是要求控辩双方表明是否持有异议，质证可以在庭审中进行，因此，证人、鉴定人没有必须要参加庭前会议。这样可以有效地降低诉讼成本，也避免了实体性问题争议庭审前出现。

综上所述，尽管由于历史传统、法律文化及诉讼价值观等多方面因素的影响，各国对刑事案件庭前审查及准备程序在具体设置上有所不同，但基于庭前审查及准备程序须为庭审的公平、高效进行提供保障的共同需求，各国在庭前审查及准备程序功能的追求上具有共通之处，那就是在中间程序中对人员回避、出庭证人名单、非法证据、庭审重点与争议点等程序性问题予以确定，以提高了庭审效率。

二、检察人员参加庭前会议的积极意义

（一）证据展示和调取

证据展示能够防止因证据偷袭而导致的庭审中断，促进庭审的公正与效率。《孙子兵法》云："知己知彼，方能百战不殆。"庭前会议的主要内容之一就是控辩双方对证据进行展示和交换，检察人员能利用这一过程，有效掌握被告人及其辩护人对犯罪事实或者罪名的认识，结合全案证据，作出分析和判断，并能做好充足准备，在庭审中充分证实被告人的罪行。应强调的是辩方证据的展示。《刑事诉讼法》第 40 条规定，辩方应向控方展示有关被追诉人不在犯罪现场、未达到刑事责任年龄、属于依法不负刑事责任的精神病人这三类证据，庭前会议为辩方展示上述三类证据提供了程序平台，这不仅能够及早澄清案情、避免错案发生，同时也能避免浪费诉讼资源。庭前会议为控辩双方调取证据设置了程序空间，有效节约了出庭检察人员的时间，提高了公诉效率，并为庭审的顺利进行创设了条件。

（二）非法证据排除

《刑事诉讼法》并未将被告人"零口供"原则即"被告人有权保持沉默"规定为基本原则，导致了在司法实践中被告人的供述与辩解仍被称为"证据之王"，非法证据排除也就主要集中在被告人的供述与辩解方面。庭前会议阶段，控辩双方对非法证据予以排除，并记录在案，庭审时对非法证据不再做调查，这一行为有效降低了出庭检察人员突然面临非法证据排除的风险，为检察人员减轻负担，有助于检察人员将主要精力集中于案件事实和其他能够有效证明被告人罪行的证据上。另外，因非法证据排除导致起诉理由不能成立的，检察人员则可以在庭前会议后及时分析和汇报，对于确实属于非法证据排除的情况，则可以直接撤回起诉，案件终结。庭前会议将非法证据排除活动提前，也有助于外部对检察机关检察权的制约和监督，有助于保护被告人的合法权利，更有利于促进中国法治的进步与对人权的保护。

（三）证据整理及事实争点的明晰

确定庭审的重点与争议焦点，提高庭审效率，是中间程序的直接功能，同时也可以防止轻率地将被告交付审判，使存在的某些错误及早解决，节约司法资源。① 庭审是最终解决被告人定罪量刑问题的场合，只有围绕控辩双方关于定罪量刑的争议点开展庭审活动，才能确保庭审的实质化和高效率。《最高人民法院关于适用〈中华人民共和国刑事诉讼法〉的解释》第 184 条第 2 款规定，在庭前会议上，"审判人员可以询问控辩双方对证据材料有无异议，对有异议的证据，应当在庭审时重点调查；无异议的，庭审时举证、质证可以简化。"可以看出，在证据展示的基础上，法官通过询问控辩双方的意见，明确控辩双方在证据、案件事实及适用法律上的争议，梳理和明晰案件争议焦点。换而言之，并不是每次法庭审理都要对全部公诉证据及事实毫无遗漏地进行调查核实，而应着重查明控辩双方有争议的事实，特别是对被告人定罪量刑有重要影响的事实。② 为此，检察人员参加庭前会议就尤为必要。检察人员只有在充分听取当事人及其辩护人意见的基础上，对案件全部证据进行梳理，明晰争论的焦点，才能在庭审前有目标、有重点地做好庭前预案，在法庭质证中做到有的放矢。

（四）规范公诉权行使

公诉权的发展经历了从起诉法定主义到起诉法定主义和起诉便宜主义并用，再到起诉便宜主义（起诉裁量主义）的发展过程。公诉权的行使，除了检察机关的内部监督以外，还应受到外部的监督和制约。庭前审查程序就是对公诉权制约的重要一环，为此两大法系国家多数建立了不同形式的公诉审查机制，如法国的预审制度、德国的中间程序、英国的交付裁判制度、美国的治安法官预审制及大陪审团审查起诉制等。我国的庭前会议程序则可以有效担负起对公权力制约和监督的功能，保障公诉裁量权不被滥用。因此，检察人员参加庭前会议的功能之一，就是向审判机关和辩护人充分展示公诉权的行使过程，让外部进行有效监督，防止公诉权滥用，避免使一些不符合公诉条件（包括不应当起诉）的案件进入审判程序，进而达到保障人权的目的。

（五）刑事诉讼程序公正的具体体现

当前中国刑事法治建设的重要目标和努力方向是程序公正优先于实体公正。由于程序公正非常重要的地位，标志着程序公正的庭前会议制度就显得更为重要。检察人员是国家法律监督机关对法律运行进行有效监督的具体执行

---

① 王以真主编：《外国刑事诉讼法学》，北京大学出版社 2004 年版。
② 闵春雷、贾志强：《刑事庭前会议制度探析》，载《中国刑事法杂志》2013 年第 3 期。

者，其参加庭前会议能够有效保障回避、证人出庭、非法证据的排除等法律问题的运行和实施，并提供法律监督，最终保障刑事诉讼程序的公平和公正。

三、检察人员参加庭前会议面临的问题

（一）参加庭前会议必要性问题

虽然修改后《刑事诉讼法》规定设立庭前会议制度，但庭前会议召开的时间、审查起诉的案件是否需要召开庭前会议、检察人员是否必须参加每次庭前会议等问题，则在司法实践中，需要进一步规范和协商。

（二）是否要求被告人参加庭前会议的问题

刑事诉讼被告人作为案件当事人具有不可替代性，庭前会议所形成的结果被告人是否接受，庭前会议能否真正提高刑事诉讼的效率，是出庭检察人员需要考虑的一个重要问题。在司法实践中，要求所有刑事案件被告人参加庭前会议是有困难的，因为对于被告人被羁押的案件，提解被告人、送押被告人在一定程度上也消耗着司法资源。

（三）庭前会议与开庭审理的差别问题

庭前会议是解决和庭审有关的程序性问题而非实体问题，但是很多程序性问题和实体性问题又是相伴而生、密不可分的，因此，对于实体性问题是否能在庭前会议上进行解决，需要出庭检察官具体把握。

（四）辩护人未展示证据的问题

《刑事诉讼法》第40条规定了辩护人应及时告知办案机关犯罪嫌疑人不应承担刑事责任的义务，但是，辩护人在庭前会议中并未告知，甚至有意隐瞒证据，使出庭检察人员的指控行为受阻，影响公诉的顺利进行，这一行为也给出庭检察人员带来很大压力。

（五）是否对辩护人观点予以反驳的问题

庭前会议的主要作用在于让控辩审三方都对即将开庭审理的案件争议点做到心中有数，即明晰案件争议点和庭审重点，但不是要提前解决案件争议点。庭前会议存在意见分歧是正常的，但不应对辩护人的观点予以反驳，而应在庭审辩论阶段对此进行探讨。

（六）执法理念问题

出庭检察人员应进行准确的角色定位，其定位应区别于其他参加人员。出庭检察人员是以国家公诉人的身份代表国家出席法庭支持公诉，并对刑事诉讼进行法律监督，其执法理念也应以国家的执法理念为导向。

四、检察人员参加庭前会议的准备与应对

（一）参加庭前会议必要性问题应对

检察人员应严格把握举行庭前会议案件的类型，避免增加不必要的工作量。《刑事诉讼法》虽然设立了庭前会议制度，但是否召开庭前会议要根据案件的具体情况有选择性地举行，也就是说该庭前审查程序是可选择性的而非必需的程序。在是否召开庭前会议的决定上，虽然法律没有赋予检察机关的否定权，但是，基于打击惩罚犯罪的共同法律职责，检察人员可以与审判人员具体沟通，以确定是否召开庭前会议。

（二）要求被告人参加庭前会议的问题应对

被告人作为案件当事人，庭前会议所形成的结果对其具有重要意义，而且由于被告人的不可替代性，通知其参加庭前会议，有助于检、法机关充分听取被告人对相关案件审理程序的意见，这不仅可以充分保障被告人诉讼权益，同时，可有效防止或者减少由于其辩护人参加庭前会议不能完全表达被告人观点、被告人否认庭前会议结论或者在庭审中临时提出一些庭前会议没有涉及的问题等问题的产生，使庭前会议前功尽弃，真正体现庭前会议的效果。因此，虽然《刑事诉讼法》并未明确规定被告人是否应该参加庭前会议，但出于提高诉讼效率的考虑，参加会议的检察人员应要求法院通知被告人参加。

（三）庭前会议与开庭审理的差别问题应对

庭前会议不是开庭审理，不能替代开庭审理，所以应区分庭前会议与开庭审理的差别，避免出现庭前会议涉及实体审理的问题。由于法律规定庭前会议是解决和庭审有关的程序性问题，这就要求参加庭前会议的检察人员不能违背法律的规定，要把握好法律的尺度。对于庭前会议中不能解决的重大问题，参加庭前会议的检察人员可以要求延留到法庭审理中进行。

（四）辩护人未展示证据的问题应对

我国现行刑事诉讼程序设置，使辩方只要掌握少量证据，就能对公诉工作造成巨大威胁。为防止辩护人故意制造轰动效应、引起社会关注等方面的考虑，在庭前会议中，检察人员应坚持控辩双方"对等展示，防止证据突袭"的原则，要求辩护人将所收集到的证据和盘托出，进行全面证据交换，尤其是对做无罪辩护、证明被告人为从犯或胁从犯、有重大立功表现、传唤证人、询问笔录等证据。另外，对于没有完全履行证据展示义务的辩护人，参加庭前会议的检察人员可以向法官申请，强制辩护人履行展示义务；对于在庭前会议未

展示而在庭审中展示的证据，出庭检察人员可以要求延期审理，做好诉讼准备后再提请恢复庭审；对于在庭前会议未展示而在庭审中展示的证据，应要求辩护人说明未能展示的合理原因，对辩护人有意不展示应当展示的证据，致使该证据因时机丧失难以核实的，出庭检察人员可以向法庭申请，裁定对该证据不予采纳。

（五）加强与法官的沟通与协调

法官既是居中裁判者，也是庭前会议和庭审活动的组织者，在保证庭前会议效果和提高庭审效率，乃至维护法律公正等方面和检察人员目标是一致的，有利于形成诉讼合力。此外，"提起公诉时应将所有案件材料同时移送人民法院"的规定使主审法官在庭审前有机会接触所有证据材料，对是否存在非法证据、是否需要申请证人、鉴定人等出庭可能形成独立的主张，同时，也可能借助讯问、送达文书等机会获悉被告人及辩护人的观点、意见，所以，注重与法官的交流和沟通，听取法官的见解和自己所不掌握的被告人、辩护人的意见，有助于检察人员做到参加庭前会议、出庭支持公诉有的放矢、事半功倍。

（六）仔细听取辩护人的观点

公诉案件正式开庭审理前，出庭检察人员要对辩护人的辩护意见和辩论焦点进行预测并准备预案。庭前会议为出庭检察人员提供了一个了解和窥探辩护人辩护观点的平台，检察人员在庭前会议中应平心静气地听取被告人及其辩护人的意见，对辩护人的辩护观点做到心中有数，并尽可能地记录相关问题，以便于准备好庭审应对之策，在庭审中据理驳斥。

（七）树立正确的执法理念

参加庭前会议的检察人员应秉承"理性、平和、文明、规范"的执法理念，牢记客观、公正的义务，通过指控和追诉犯罪实现公平、正义。一方面，检察人员要着力与辩护方实现对等协商，促进矛盾化解；另一方面，检察人员应着重突出保障人权，对辩护方所提出的回避等程序性诉讼权利要进行强有力保护，对提出的非法证据排除的申请要认真进行核查，以最大限度地保障人权。

基层院司法规范化体系建设探讨

葛治宁[*]

党的十八届四中全会突出强调发挥司法公正对社会公正的重要引领作用，明确把规范司法行为确立为司法工作的基本要求。为加强司法规范化建设，高检院决定在全国检察机关开展为期一年的规范司法行为专项整治工作。基层检察院如何贯彻落实上级部署要求，加强司法规范化建设，是当前面临的重大课题。笔者认为，加强基层检察院司法规范化建设，应当着重建立完善司法流程体系，责任体系、监督体系和保障体系四个体系，强化法律监督，维护公正正义。

一、健全流程体系，解决程序不规范问题

（一）优化司法办案流程

当前基层院司法流程中存在两个方面的突出问题：一是流程控制不严，二是流程衔接不畅。为此，一是加强司法办案流程控制，梳理各流程环节流程，寻找关键节点并予以合理控制。二是细化司法办案内部衔接机制，促进不同办案环节的前后协调运转，严格执行在办理职务犯罪案件中加强侦查一体化和侦捕诉监督配合等要求，落实诉讼监督线索移送、举报线索分流等办案规定，规范案件办理、案件管理的衔接。三是优化司法办案外部衔接机制，完善介入侦查、引导取证程序，细化两法衔接、检调对接、法律援助、社会帮教等配合规则，解决司法资源整合不够的问题，促进诉讼活动顺畅进行。

（二）统一司法办案标准

针对司法实践中存在司法标准相对滞后、同案不同处理等问题，应当从以下几个方面完善司法办案标准：一是完善案件质量标准，确定司法办案所必须遵循的事实要件、法律要件、程序要件、行为要件和办案效果要件等，使案件

---

* 作者单位：马鞍山市当涂县人民检察院。

质量可评价、可提升、树立正确的业务导向。二是研究类案法律适用标准，紧跟经济社会转型发展中出现的新型犯罪和常见多发罪名的新问题，通过典型案例研究通报、法律适用问题请求答复等方式，建立具有较强指导性、可操作性的办案标准。三是统一司法办案尺度，围绕以审判为中心的诉讼制度改革，与公安、法院就排除非法证据，案件繁简分流等方面进行沟通，就争议案件的追诉、证据标准进行研究，保证法律统一正确实施。

（三）细化办案操作规程

目前基层检察院办案人员因年轻化而带来的经验不足等问题，面对相对原则的法律法规，释法用法、解决具体问题的能力普遍不足。为有效解决这一问题，促进年轻检察人员尽快具备独立办案的能力，需要我们在细化具体操作规程上下更大功夫。因此，有必要将资深检察官和年轻检察官联合组织起来，提炼检察办案工作中行之有效的经验，就办案工作的重点环节、同类案件审查和同类问题处理，从实体、程序、证据、政策等不同方面，制定涵盖办案关键环节的规则、规程、细则、模板、指南、手册等，为检察业务工作提供方法指导，使每一个司法环节、司法行为均有章可循。

二、落实责任体系，解决责任不严格问题

（一）清晰界定办案职责

实践中，目前三级审批的行政化办案模式，导致司法责任分散虚化、难以落实，同时，造成承办检察官对上级的依赖性，不利于检察人员专业化、职业化建设。高检院正在全国试点检察官办案责任制改革。这项改革就是在平衡检察一体化与检察官相对独立关系基础上，明晰不同办案主体的责、权、利，同时，完善相关配套工作机制，保障和促进检察权的顺利运行。从这个意义上说，检察官办案责任制本身就是不恰当地规范化建设的一项重要内容。我们应当以改革为契机，将其作为检察官办案责任自我完善的进程，在整合办案部门、重构办案组织的基础上，完善主任检察官岗位职责规范，制定"权力清单"，规范检察职权配置，厘清检察委员会、检察长、部门负责人、主任检察官的职责权限，把规范办案的责任明确到具体办案人员和具体环节。对于以团队作战为主要工作模式的职务犯罪侦查部门，应当探索对侦查团队的办案工作进行分别评价，形成全面、客观的办案责任制度。

（二）科学设置司法目标责任

工作目标是检验检察官履职能力的标准，也是提升其工作责任心的必要手段。在检察业务管理中，应当对系统目标进行科学分析和系统分解，建立一个

能够反映司法目标和整体绩效的多方面、多层次的有机联系评估指标体系。一是将办案数量、质量、效率、效果、安全五者有机统一作为司法办案目标责任要求,以核心业务指标为基础,将办案质量和规范司法的情况作为衡量的重要指标,结合品德操守、敬业精神、学识能力、团队精神等因素,完善对检察人员的绩效评价制度,作为促进规范司法的重要手段。二是确定司法办案的"负面清单",将规范司法行为专项整治工作列举的重点问题列为"红线",强化底线思维,反向督促办案人员增强依法办案的责任感。三是健全检察官司法档案管理制度,改变以往年终总结式的记载办法,将检察官司法办案情况如实记入司法档案,解决对检察官评价不全面、缺乏客观依据的问题。

(三) 完善责任追究通报制度

用权必有责,责任司法应当成为检察人员信奉的基本理念,这也是十八届四中全会明确"实行办案质量终身负责制和错案责任倒查制度"的必然要求。追责制度虽然不是办案责任制的全部内容,但无疑是落实司法责任的重要保证。针对实践中存在的司法责任标准不清晰、问责程序不规范等问题,可以开展以下三个方面工作:一是科学确定责任种类。二是建立追责机制,对于司法过错及违法违纪行为,经由调查程序,由检委会或专门机构综合考虑主观过错、情节、后果等因素,作出专业认定,并依法作出免职、调整岗位、纪律处分等处理。三是明确责任豁免,规定检察官的正常职务行为不受责任追究,不能因办案认识分歧、适用法律见解不同而追究承办检察官的责任。同时,坚持"谁办案谁负责,谁决定谁负责"的原则,明确不同办案主体之间的责任划分,保证既不越权插手办案,也不逾越承担责任。

三、严密监督体系,解决管理不到位问题

(一) 强化内部制约

内部制约就是检察机关对司法各环节的自我约束机制。正如分权与制衡可以保证国家权力运行的总体稳定和平衡,检察环节也可以通过分权及制度设计达到内部的互相牵制。一是加强检委会的制约。检委会应当着重研究拟作撤案、不起诉等终结性处理,公安机关提出复议复核,拟撤回起诉、向法院抗诉等存在重大争议的案件,以及总结司法办案的标准和政策。应当注重完善检委会议案规则,对事实没有查清的案件不进行研究决策,促进检察人员严把事实关,证据关。二是加强办案环节的制约。如实行捕后不诉、存疑不捕后判决有罪、国家赔偿等案件,由后环节向前环节反馈机制,促进改进办案工作。三是加强办案组织内部的制约,通过主任检察官充分履行决定权,检察官、检察官

助手提出意见建议等方式实现相互制约。

（二）设置内部监督

检察机关司法办案内部监督包括上级检察院、办案部门负责人、案件管理部门、监察部门、申诉检察部门等监督。设置内部监督机制，应当符合检察权运行规律和特点，按照有利于促进司法办案的方向来进行。一是注重内部监督的统筹管理，针对实践中多元化的监督渠道，宜由检委会统一领导内部监督工作，整合上级院评查、案管评查、纪检监察、申诉复查等各种途径的监督，由检委会研究确认后统一开展结果运用工作。二是注重监督原则的基本遵循，理顺办案监督与案件办理的关系，保持内部监督的适度性。坚持流程监控与事后评查相结合、全面监督与突出重点相结合，做到既不干扰案件的正常办理，又促进规范廉洁司法。三是注重监督结果的转化运用，促进内部监督与检察官绩效考评、司法档案管理的有效衔接，将监督结果作为对检察官晋升职级、明确责任的重要依据。

（三）强化外部监督

内部制约监督不能取代外部监督，检察权作为一项重要的公权力，理当接受其他机关的制约和全社会的监督。检察机关除主动接受党委领导、人大监督之外，在各种外部监督手段中，有必要进一步完善以下几项：一是检务公开的深化。将司法办案信息公开作为检务公开的重点，依法及时地公开办案信息和法律文书，完善案件查询、公开审查、公开答复等工作机制，重视微博、微信、移动客户端等新媒体在推进检务公开中的作用发挥，以检务公开倒逼司法规范。二是律师、人民监督员的参与。律师是专业的诉讼参与人，是诉讼架构中非常重要的力量。应当充分保障律师参与诉讼、进行辩护的权利和救济渠道，帮助检察官客观审视案件，监督检察司法行为。人民监督员制度则需要进一步完善保障人民监督员中立性、知情权、影响力的机制，避免在实践中流于形式。三是建立适当的外部监督办案机制。在改革设计中，可以参考我国台湾地区的检察官个案评鉴制度，适当借助外部力量，设置更为公开的办案监督制度。

四、完善保障体系，解决基础不扎实问题

（一）完善司法理念保障

司法理念对于检察机关及检察人员的司法行为有着指导和规范作用。树立正确的法治理念和导向是推进规范化建设的重要任务。实践中，司法理念教育存在的主要问题是内容过于空泛、手段脱离实际、效果差强人意。针对这些问题，一方面，应注重增强理念教育的实效性，善于运用典型案例剖析、司法不

规范通报、规范化建设典型经验学习、司法人员研讨交流等形式，开展生动的教育，促进检察人员将规范司法理念内植于心，促进公正文明理念的养成。另一方面，应注重促进司法理念的规则化，组织检察官开展理论研究，将务虚性的理念提炼成务实性的规则，如检察官客观义务规则、职业伦理规范等，真正让规范司法理念转化为检察官自觉认同遵守践行的专业规范。

（二）完善专业建设保障

"徒法不足以自行，徒善不足以为政。"任何制度的运行最终都是由人来实施和运作的，人的因素影响着办案的质量和效果。因此，有必要提高司法办案主体的能力素质，实现规范司法的要求。一是促进提升专业技能。结合司法标准、办案规程的制定，加强检察基本业务技能的培训，开展精品案件评选活动，引导检察人员向司法办案的高标准看齐，提高办案水平。二是实行专业化办案分工。结合检察官办案责任制改革，根据案件的实际情况，在内设机构中设置专门的办案组织，保证专业性较强案件的办理质量和经验积累，为规范司法行为打下坚实的专业基础。三是借助社会专业资源的协助。法律职业工作必然面临多种专业问题，检察机关无须也不可能成为"全能型"机构，完全可以借助社会专业资源的整合运用，如委托社会专业机构开展未成年人社会调查工作、与心理学专家共同攻关预审难题、运用专家咨询的智库功能等。

（三）完善科技信息保障

信息化既是检察司法所面临的社会环境和趋势，也应当成为司法办案的重要资源和手段。基层检察院的信息化建设需要注重以下方面的工作：一是加强信息化基础建设，完善同步录音录像等信息化建设，在搜查、接访等司法活动中，全面使用执法记录仪，为规范司法创造良好的重要依据。在加强自身检察信息化基础平台建设的同时，应强化信息资源整合和开发利用，实现与上级之间的信息集中存放、数据交换共享等，最大限度地发挥信息化建设的集约功能。二是发挥信息数据库对司法办案活动的支撑作用，加强检察工作数据仓库、信息化综合平台的建设完善，强化对司法办案活动的全程、直接、动态监督，充分运用办案大数据，开展对业务运行情况的综合分析研判，对异常情况及时预警调整，在更高层次提升规范司法的科技保障能力。三是提高具体办案活动中的技术含量，认真开展职务犯罪侦查信息化工作，主动运用电子证据、鉴定审查、技术侦查工作手段，加强对司法办案活动的技术辅助。

检察环节错案防范机制探究

吴良赋[*]

近年来，一些刑事错案频频被媒体披露，如佘祥林案、赵作海案、浙江"叔侄冤案"等，都引起了社会的广泛关注，将司法公信力一次次置于舆论的风口浪尖，极大地影响了司法公正性。检察机关作为法律监督机关，必须以高度负责的精神、临渊履薄的心境、一丝不苟的态度对待每一起案件，防范检察环节错案的发生。

一、检察环节错案的内涵

依据目前我国法律法规，只有错案一词有法律界定，最高人民检察院《人民检察院错案责任追究条例（试行）》第 2 条规定，错案是指检察官在行使职权、办理案件中故意或者重大过失造成认定事实或者适用法律确有错误的案件，或者在办理案件中违反法定诉讼程序而造成处理错误的案件。冤案是发生了犯罪事实，但是事实真相没查清楚，冤枉了他人，使不应该受到刑事处罚的人受到了惩罚，但是真正的犯罪人却逍遥法外的案件；假案就是没有犯罪事实发生，办案人员出于非法目的人为制造案件，冤案和假案都属错案范畴。

二、检察环节错案的特征

（一）主体的特定性

主体特定性是由刑事诉讼中权力主体的特定性决定的，如依据国家赔偿法第 21 条规定，行使检察职权的机关及其工作人员，行使职权时侵犯公民、法人和其他组织的合法权益造成损害时，该机关为赔偿义务机关。对公民采取拘留措施，依照本法的规定应当给予国家赔偿的，作出拘留决定的机关为赔偿义务机关。对公民采取逮捕措施后决定撤销案件、不起诉或者宣告无罪的，作出

---

* 作者单位：马鞍山市和县人民检察院。

逮捕决定的机关为赔偿义务机关。

（二）行为的违法性

错案的违法性是指行为违反法律法规的行为，包括违反实体法和程序法，并承担相应的法律责任，如刑法第 247 条规定："司法工作人员对犯罪嫌疑人、被告人实行刑讯逼供或者使用暴力逼取证人证言的，处三年以下有期徒刑或者拘役。致人伤残、死亡的，依照本法第二百三十四条、第二百三十二条的规定定罪从重处罚。"

（三）行为的危害性

错案对当事人及其家人造成的影响，以及对社会产生的负面效应，都是不可逆转的，侵害了人权甚至生命权，并不能因为得到了国家的赔偿而克减，更严重的是人们丧失对司法的信任，司法的权威荡然无存；对于当事人及其家人来说，遭遇冤情，无论是物质上还是精神上都会带来极大的损失，即使某一天沉冤昭雪获得国家赔偿，但心灵的创伤是无法用金钱衡量和弥补的。

三、检察环节错案的成因

错案既有主观因素，也有客观因素，然而不论出于何因，都是对司法公正的必然损害。

（一）办案人员素质偏低缺责

极个别检察人员素质偏低，责任心不强，如采用证明力薄弱的证据、迷信所谓的科学证据如测谎结论、调查取证不够深入细致，导致证据材料失实。

（二）刑讯逼供、诱供

我国刚刚确立了非法证据排除规则，而在此之前对于通过刑讯逼供的手段获得的实物证据能否采用，法律没有作出明确的规定，正是由于这种模糊性才导致此前实践中的刑讯逼供屡禁不止，为刑讯逼供留下很大的空间。

（三）急功好利心态

急功近利，执法观念陈旧，缺乏疑罪从无理念，实行有罪推定；另外考评指标，量化压力，也是造成冤假错案的一个重要原因。

（四）剥夺正当权益

犯罪嫌疑人的权利没有得到充分的保护，如没有赋予被告人沉默权等；律师的辩护权没有得到充分的重视，而作为犯罪嫌疑人、被告人权利保护者的辩护人在刑事诉讼过程中的地位和权利又未能得到有效保障，使之在刑事司法过程中不能充分行使辩护权，以对司法权形成制衡，从而为冤错案件的滋生提供了生存土壤。

（五）先入为主模式

即理念上的有罪推定，公安机关在获得一些案件线索以后，迅速锁定犯罪嫌疑人并对其实施刑讯逼供，以口供为中心展开侦查，印证犯罪嫌疑人的供述，检察机关遂认可公安机关的侦查工作和起诉意见而提起公诉。

（六）维稳思维定势

随着近年来"稳定压倒一切"的社会发展观念的日益强调和深入，如何确保社会稳定成为司法机关必须承担的政治任务，刑事案件以其重要的社会影响力而将司法机关推入政治化运作的环境之中，从而使司法偏离了公正的立场而掺杂过多的案外因素，既掩盖了本可以查明的案件事实，也遮蔽了法律规范应有的内涵和要求。

四、检察环节错案防范举措

（一）发挥监督纠错职能

检察机关严格把好审查逮捕、审查起诉和抗诉关，对不符合法定逮捕、起诉条件的案件，依法作出不批准逮捕、不起诉的决定；对符合抗诉条件的案件，特别是无罪判决有罪、有罪判处无罪、量刑畸轻畸重的案件，依法提出抗诉。为此要做好以下四点：

1. 建立线索获取制度。即建立违法侦查线索获取制度，检察机关依法对侦查活动是否合法进行监督，及时提出收集、固定和完善证据的意见和建议，必要时指派检察官参加侦查机关对重大案件的勘查、讨论和对犯罪有关的场所、物品、人身、尸体的复验、复查。知情是监督的前提。一是建立投诉机制。要通过当事人和辩护人、诉讼代理人、利害关系人对于办理案件的机关及其工作人员的申诉或者控告中获取违法侦查线索；二是建立公、检案件信息通报机制。对重大、疑难、复杂的刑事案件的侦查活动，要及时通报检察机关；三是重点案件特别审查。要在审查逮捕时，对五类案件应当讯问犯罪嫌疑人，其余的应当送达听取犯罪嫌疑人意见书，并认真审查其所委托律师的书面意见，必要时可以当面听取律师的意见。

2. 秉持客观公正原则。它是指公诉检察官为了实现司法公正，在刑事诉讼中不应站在当事人立场，而应站在客观立场上进行活动，努力发现并尊重案件事实真相，既应当注意那些有罪和罪重的证据，也应当特别注意那些无罪和罪轻的证据，并把上述证据在移送法院时一并提交，严禁隐匿证据、人为制造证据，尽最大可能避免刑事诉讼"一头沉"的情况发生。

3. "两个规则"结合运用。即非法证据排查规则和口供补强规则。在侦查监督、审查起诉时发现有应当排除的证据的，应当依法予以排除，不得作为批准或决定逮捕、移送审查起诉、作出起诉决定的依据。对于采用刑讯逼供等非法方法收集的犯罪嫌疑人、被告人供述和采用暴力、威胁等非法方法收集的证人证言、被害人陈述，不得作为定案的根据。

"口供补强规则"即禁止以犯罪嫌疑人、被告人口供作为有罪处理的唯一依据，要求提供其他证据予以"补强"。修改后刑事诉讼法实施后，刑事诉讼活动在严格司法程序的限定下更加趋于透明化，特别是在网络的发酵下，一些案件容易成为社会热点，甚至成为引发社会不安定的因素，在这种社会背景下，充分运用此规则对提高办案质量，杜绝冤假错案意义重大。

4. 审查报告规范制作。有罪推定、重主观轻客观等陈旧司法理念以及由此引发的刑讯逼供、诱供等恶习，是绝大多数冤假错案发生的主要根源和成因。调整公诉案件审查报告体例，纠正陈旧的刑事司法理念，证据撰写顺序为：先摘抄物证、书证、勘验检查笔录、鉴定意见、视听资料等客观性证据，再摘抄证人证言、被害人陈述、同案人供述，最后才是犯罪嫌疑人供述。这样就形成了引导承办人对客观性证据高度重视的倒逼机制，从而保障案件质量。

（二）发挥全程录像功效

讯问犯罪嫌疑人、被告人，除情况紧急在等现场讯问外，应当在警务区、看守所等规定的办案场所进行，并全程同步录音或录像，不得以起赃、辨认等为由将犯罪嫌疑人带出办案场所外讯问。公诉部门审查案件应该注意对录音录像的审查，尤其是对大要案中的重要环节、重要节点必须审查录音录像；修改后刑事诉讼法规定，对可能判处无期徒刑、死刑的案件或者其他重大犯罪案件的讯问过程，要进行同步录音或者录像，把"应当"同步录音录像的案件范围扩至外国人犯罪案件、毒品案件等。

（三）发挥监所四项职能

1. 辩护权的正当行使。抓好在押人员诉讼权利保障，切实维护犯罪嫌疑人、被告人的辩护律师委托权、会见权、与律师会见不受监听权等诉讼权利。

2. 实行网络全程监督。犯罪嫌疑人被拘留、逮捕后，要监督在看守所内的讯问过程是否全程录音录像，是否存在体罚或变相体罚等违法办案行为，如果发现应及时向侦监、公诉部门通报；要健全完善网上执法办案制度，及时发现、提醒、纠正执法问题，以网上流程化监督管理促进刑事执法办案规范化。

3. 开展羁押必要审查。做好羁押期限必要性审查和久押不决案件清理工作。要与案管、公诉部门联系分析久押不决案件的原因，对于属于证据不足的，在侦查环节，要建议公安做撤案处理，在检察环节作不诉处理，在审判环节建议法院做无罪判决，预防错案的发生。

4. 建立冤情发现机制。监所检察人员要认真落实各项派驻监所检察的工作制度，尤其是约见检察官制度、日常收押检察制度和与在押人员谈话制度，掌握其思想、工作和生活情况。要重视对一些不服管教情况的了解，搞清其抗拒管教原因。

（四）转变控申工作理念

从控告申诉检察工作的角度讲，对于刑事申诉案件，首先要转变理念。过去存在只注重"有罪审查"的理念，这种执法理念必须转变，审查刑事申诉案件时，要客观、理智地看待申诉人反映的情况，换位思考，从申诉人说得是否有道理的角度去看，改变过去只阅卷的方式，要与申诉人见面，详细听取理由，不要轻易否定申诉人理由，本着"假定申诉有理"的前提去审查。

（五）建立科学考评机制

建立健全科学合理、符合司法规律的办案绩效考评制度，禁止片面追求立案率、批捕率、起诉率等不科学、不合理的考评指标，这些考评指标可能导致办案人员受压力而刑讯逼供、办错案、办假案。

（六）依法独立行使检察职权

各级党委、政法委应当支持检察机关依法独立公正行使检察权，支持其依法行使检察权，对事实不清、证据不足的案件，不予协调；协调案件时，一般不对案件定性和实体处理提出具体意见。不能因为舆论炒作、当事人及其亲属上访闹访、地方"维稳"等压力，作出违反法律规定的决定。

（七）实行责任追究机制

明确错案的标准、纠错启动主体和程序，建立健全错案的责任追究机制。

1. 终身负责制。建立健全检察官权责一致的办案责任制，检察官在职责范围内对办案质量终身负责，即办案人员不管过多长时间，不管人走到哪，只要错案，就要一辈子承担责任，今后无论检察官升迁或退休，都将为他的错案承担责任，对错案的检察官将给予免职、撤职、通报、追责，甚至追究刑事责任。

2. 巨额赔偿制。错案责任者不仅要受到行政、纪律处罚和法律制裁，同时要付出巨大经济代价，根据国家赔偿法的赔偿金额，其标准显然偏低。如果责任人需承担巨额赔款，则冤假错案可能大幅度减少。

论期待可能性理论在我国的适用

杨雪花[*]

一、期待可能性理论概述

"期待可能性"一词，源于德文的"zumetbarkeit"，是指"针对他人作某种要求"。"期待可能性有广狭二义。广义上是指从实施行为时的内部和外部的一切情况来看，可以期待行为人不实施违反刑事义务的行为。狭义上指了解上述内部的实情，从实施行为时的外部情况看，可以期待行为人不实施违反刑事义务的行为，这种意义上的期待可能性是刑事归责的要素之一，缺乏这一要素，就仍然不能谴责行为人。刑法上论及期待可能性时，通常是指狭义的作为归责要素之一的期待可能性。"[①] 期待可能性主要是处理行为人在迫不得已的情况下实施了违法行为，如何规定其刑事责任的问题。一般意义上所说的期待可能性是指在实施行为的具体情况下，能够期待行为人不为犯罪而做出合法行为的可能性。在行为人实施行为的具体情况下，如果能够期待行为人实施合法行为，而行为人背离此期待实施了违法行为，则行为人应对自己的行为负责，并将受到处罚。反之，如果行为人实施行为之时，不能期待其避免违法行为的实施，即使其能够认识该犯罪事实或者事实的违法性，也不能够追究其刑事责任。因此，在某种意义上，期待可能性与刑事责任密切相关。

期待可能性思想最早可追溯至霍布斯。他认为，如果一个人是由于眼前丧生的恐惧而被迫做出违法的事情；或者如果一个人缺乏食物或者其他生活必需品，除非犯法没有任何其他办法保全自己，就像在大饥荒中无法用钱购买或者施舍得到食物时行劫或者偷窃一样，那么，该人可以完全获得恕宥，因为任何

---

* 作者单位：马鞍山市当涂县人民检察院。

① ［日］植田重正：《期待可能性》，载《刑法讲座 3 责任》（日文版），有斐阁 1963 年版，第 18 页。

法律都不能约束一个人放弃自我保全。① 从霍布斯的思想中可以推断出，人在迫不得已的情况下实施的迫于无奈的行为应当得以恕宥，他的思想中包含着期待可能性理论，是期待可能性理论的萌芽。

期待可能性理论的最早运用源于 1897 年 3 月 23 日德意志帝国法院第四刑事部所作的关于莱伦芬格事件即"癖马案"的判决。该案的案情如下：被告人是一个马车夫，多年受雇于雇主驾驶双辔马车，其中有一匹叫作莱伦芬格的马具有以马尾绕在缰绳上并用力压的习惯，且雇主和马车夫都知道马有这个习惯。1896 年 7 月 19 日，马车夫在雇主的命令下使用了该匹绕缰的马，马在奔跑的过程中又以马尾绕缰绳，马车夫虽然用力控制，但未果，且马在这一过程中疯狂的奔跑起来，撞到了在路边行走的铁匠，铁匠脚部骨折。检察官以过失伤害罪提起公诉，一审法院宣告被告无罪，检察官不服，向帝国法院提出抗诉，帝国法院审理后，驳回抗诉，维持原判。理由如下所述：虽然马车夫知道莱伦芬格绕缰的癖性，但是在当时的情况下不可能期待他为了避免将要发生的对行人的危害而承受失去工作的风险，并且当时他已经向雇主建议换马，但雇主在知道该马癖性的情况下也没有换马。在这种情况下，帝国法院根据马车夫当时的经济条件、社会地位、主观心理态度等方面判决其不负责任，不需受到惩罚。在本案的影响下，德国刑法学界开始了关于期待可能性理论的研究，如1901 年德国学者迈耶在他发表的《有责行为与其种类》一文中，其主张责任要素不仅包括心理要素，还要有非难可能性的存在，首创了"规范责任论"，最早将责任作为规范要素。继而期待可能性理论被整个大陆法系国家和地区的刑事立法和刑事司法所认可。该理论后来不仅在大陆法系国家得以传播发展，而且其影响也遍及英美法系。②

二、期待可能性的判断标准

期待可能性的判断标准问题也就是如何判断行为人期待可能性的有无问题。关于期待可能性的标准，学者之间的观点存在很大的分歧，主要有以下三种观点：行为人标准说；平均人（一般人）标准说；国家（国家规范）标准说。③

行为人标准说主张以行为人本人的能力、行为时的具体情况来判断行为人是否具有期待可能性，如果行为人行为时能够期待其实施合法的行为则具有期

---

① ［英］霍布斯：《利维坦》，黎思复等译，商务印书馆 1985 年版，第 234—235 页。

② 刘宪权：《刑法学专题理论研究》，上海人民出版社 2009 年版，第 79 页。

③ 马克昌：《外国刑法学导论（大陆法系）》，中国人民大学出版社 2009 年版，第 259—260 页。

待可能性；反之，如果行为人行为时不能够期待其实施合法行为，即便能够期待一般人实施也不具有期待可能性。采取此种观点的代表学者主要是德国学者弗洛伊登达尔，日本的学者团藤重光、大塚仁、野村稔等。大塚仁的观点表现为："刑法中的责任是就符合构成要件的违法行为对行为人进行的人格非难，正如在责任故意和责任过失中所说明的那样，必须考虑行为人个人的立场，期待可能性的判断也应该以行为人为标准。"① 行为人标准说具有一定的合理性，但是其不能掩盖其自身的缺陷。首先，行为人标准是个人标准，其在实际运用过程中会出现不同的情形，破坏法律的统一性。其次，行为人实施犯罪行为表明不能期待其实施犯罪行为以外的行为，如果采用行为人标准说，结果就会出现理解一切就允许一切，使责任判断成为不可能。

　　平均人（一般人）标准说主张应该把一般人或者平均人置于行为人当时的情况下来衡量，看是否能够期待平均人实施合法行为，以此判断期待可能性的有无。如果一般人在当时的情况下实施合法行为，则也可期待行为人实施合法行为，此时行为人具有期待可能性，如果行为人不实施合法行为的话，应该受到处罚；反之，如果一般人在行为人当时的具体情况下不能实施合法行为时，则也不能期待行为人实施合法行为，行为人不具有期待可能性，不应该受到处罚。采取这种观点的学者包括德国学者戈尔德斯密特、日本学者小野清一郎、前田雅英、西原春夫、木村龟二等。在日本刑法学界通常采取此种说法。木村龟二教授认为："刑法既不是相对于圣人、贤人的规范，也不区别于勇者和怯懦者，而是相对于社会的一般人的规范。在这种意义上，以社会的一般人为标准，根据社会的一般人若处在行为人的立场上是否可能做出合法行为的决意来判断期待可能性的有无才是妥当的。"② 平均人这个概念比较模糊，范围较为宽泛，不易把握；平均人标准不利于体现刑罚的个别化，且易于忽视个人，以一般代替个别，当对个人的期待可能性高于一般时，平均人标准会导致放纵个人的后果，当对个人的期待可能性低于一般人时，则对个人过于严苛。

　　国家（国家规范）标准说认为判断期待可能性有无的标准在于国家理念以及法秩序的需要。因为刑法对行为的规范作用来自国家理念，违反国家理念或者法秩序的行为应当受到非难。国家标准说的支持者主要是德国学者沃尔夫，日本学者佐伯千仞等。佐伯千仞教授认为："在法律世界给期待可能性判断问题提供终极标准的理念或者最高价值必须是国家——在现实中进行支配的具体的国家。在超法规的责任阻却原因的判断中，法官应该沿着作为最高价值

---

① ［日］大塚仁：《刑法概说（总论）》（日文改订增补版），有斐阁 1992 年版，第 420 页。
② ［日］植田重正：《刑法总论》（日文增补版），有斐阁 1987 年版，第 305 页。

的具体支配着现实的国家所要求的方向进行法的判断。"① 根据国家标准说任何一种违法行为都会破坏国家理念以及法秩序，都有承担责任的可能，都有期待可能性，这种标准是抽象的，没有考虑个人的具体情况，不是判断期待可能性的实际可行的标准。

通过以上对期待可能性标准的分析，笔者认为每一种标准都有一定的合理性，但是也存在很大的缺陷，仅仅以其中一种标准来判断期待可能性的话具有片面性。因此，笔者觉得应该将以上三者加以综合作为判断期待可能性有无和大小的标准。具体表现为：以国家标准说为大前提，在判断行为人期待可能性的时候应该将之置于国家理念和法秩序的需要这个大前提之下。以行为人标准说为基础，在国家标准说这个大前提之下，判断行为人期待可能性的时候以具体的行为人为基础，毕竟标准要落实到实际情况下才有意义。一般人标准说作为补充，行为人符合国家理念和法秩序需要这个大前提之下的以行为人自身的具体情况来判断期待可能性不是完美的，社会生活是复杂多变的，在特殊情况出现之时，行为人标准说其自身的个性特征的缺陷就表现得很明显，为了弥补这种弊端，一般人标准说作为补充是必需的。

三、期待可能性在犯罪论体系中的地位

（一）期待可能性在大陆法系犯罪论体系中的地位

大陆法系国家的犯罪构成体系是递进式犯罪构成体系，包括该当性、违法性、有责性。期待可能性属于责任要素是没有争议的，学者们的争议主要集中在期待可能性在责任要素中的位置。主要有三种争议：责任三要素说；罪过要素说；例外要素说。②

第一种观点采用责任三要素说，认为期待可能性是责任要素的构成要件，与刑事责任能力、故意或者过失并列构成犯罪构成体系中的责任要素。这种观点将刑事责任能力，故意或过失与期待可能性区别开来，刑事责任能力，故意和过失是主观的责任要素，期待可能性则属于客观的责任要素。持有该种观点的学者主要是弗兰克、大塚仁。根据本观点，可以得出一个结论，那就是期待可能性作为责任要素的必备要件必须出现于每个犯罪构成之中。这种观点明显夸大了期待可能性的地位。

第二种观点采用罪过要素说，认为期待可能性是故意过失的构成要素，有

---

① ［日］佐伯千仭：《刑法中的期待可能性的思想》，有斐阁1985年版，第335页。
② 刘宪权：《刑法学专题理论研究》，上海人民出版社2009年版，第86页。

期待可能性则有罪过心理，无期待可能性则无罪过心理。日本学者小野清一郎持该种观点。在这种观点之下，期待可能性失去了其独立的地位，在责任要素中成为故意过失这种主观要素的组成部分，这与期待可能性的实际地位不符合。而且故意过失与期待可能性有着本质的区别，故意是对犯罪事实的认识和容忍，过失是对义务的违反，他们是责任判断的主体，而期待可能性是规范评价要素，是从客观情况分析行为人的行为是否有意志选择自由。所以期待可能性不应该被包含在故意和过失之中。

第三种观点采用例外要素说，认为刑事责任能力，故意过失是责任的基本要素，而期待可能性是例外要素。在特定情况下，如果没有期待可能性，则会成为阻却责任的事由。也就是说，在一般情况下，有刑事责任能力和故意过失这两个基本要素就有责任，但是特殊情况下，可以突破基本要素，有期待可能性则有责任。正如日本刑法学家佐伯千仞所说，"责任能力和故意、过失这种过去被认为是责任要素的东西，与期待可能性的要件在逻辑上绝不是单纯并列于同一平面上，两者毋宁说是处在前提和从前提引出的结论的关系上。法律允许进行相应的推定。即行为人既然是责任能力者，具有故意或过失，那么，就可以说能够期待他实施合法行为（即他是有责的）。""责任能力和故意或过失合在一起构成一个责任的原则型，这个原则型的充足就相应地推定期待可能性的存在。然而，这仅仅只是相应的推定，如果存在例外的特殊情况，就自然可以打破这种推定。"①

相较于前两种观点，笔者比较赞同例外要素说。正如前所述，前两种观点具有自身的局限性，虽然第三种观点也并非完美的，亦存在不足，但是它在一定程度上弥补了前两种的不足之处。例外要素说将刑事责任能力，故意过失作为责任的基本要素，期待可能性作为特殊情况下的补充要素，相较于责任三要素说，能够避免责任三要素说对期待可能性的夸大，期待可能性只是例外要素，不需要在每个犯罪中都要证明其存在。而对比故意过失说，则肯定了期待可能性的独立地位，所以该说更具合理性。

（二）期待可能性在我国犯罪论体系中的地位

我国的犯罪构成要件体系沿袭苏联的模式，不同于大陆法系的递进式犯罪构成要件体系，我国的犯罪论体系是耦合式犯罪构成要件体系，只要行为符合犯罪构成的四要件则行为即为犯罪。大陆法系国家中，行为要成为犯罪，需满足三个要件即该当性、违法性、有责性。如前所述，大陆法系学者对于期待可

---

① 刘宪权：《刑法学专题理论研究》，上海人民出版社 2009 年版，第 87 页。

能性的争议主要在于其在责任要素中的位置，而对于其属于责任要素这一问题毫无争议。在我国主观和客观相统一的犯罪构成要件体系中，期待可能性处于何种地位，是否可以引入期待可能性，如何将之由大陆法系引入我国犯罪体系论之中，成为一个非常关键的问题。在这一问题上学者们分别有不同的看法。有的学者赞同罪过要素说，认为应当将期待可能性引入罪过即故意过失这些主观方面进行研究，由无期待可能性阻却罪过进而阻却责任。也有的学者认为应该将之引入刑事责任能力来研究。还有的学者则认为，"期待可能性理论在我国犯罪构成理论找不到契合点，引进期待可能性理论对我国刑法理论实际价值不大。主张期待可能性理论重视人性的价值以及提出的一些涉及法律与文化冲突及其解决的内容，无疑有值得我国刑法理论借鉴的地方。但是，须根据我国犯罪构成理论的特点，将其思想内核和精神实质融入相关理论区域以完善我国刑事立法和司法，而不宜机械地将整块的理论移植过来。"① "在刑法理论上，我国的犯罪构成是耦合式、封闭性体系，没有为司法者提供期待可能性审查的出罪机制。因此，要真正使期待可能性合理地成为超法规的责任阻却事由，还有待于刑事立法对罪刑法定原则的修正和刑法理论对犯罪构成体系的完善。"②

我国的犯罪论体系的四要件决定了行为要构成犯罪必须得满足四个要件，每个要件都具有非常重要的地位，缺一不可。犯罪客体是我国刑法所保护而为犯罪行为所侵犯的社会主义社会关系。犯罪客观方面即犯罪活动在客观上的外在表现，其中包括危害行为、危害结果、因果关系等。犯罪主观方面是犯罪主体对其实施的危害社会的行为和危害结果所抱有的心理态度，包括故意和过失等。③ 由犯罪客体和犯罪客观方面的内涵和本质所决定，期待可能性不可能引入其中。从对罪过要素说的分析，我们可以看到期待可能性引入犯罪主观方面是不可能的。犯罪主体就自然人来说是达到法定年龄，具备刑事责任能力，实施了危害社会行为的人。④ 期待可能性是否能够纳入犯罪主体这一要件之中，主要在于是否可将期待可能性纳入刑事责任能力之中。笔者觉得不可以将其纳入刑事责任能力。因为期待可能性是一种规范评价，它不适用于无责任能力的人。将期待可能性作为刑事责任能力的下位概念是不可行的。因此，综合上述的分析，笔者认为，期待可能性理论是游离于我国犯罪论体系之外的，但是在坚持我国的犯罪构成四要件的基本上，将期待可能性作为特殊情况下的例外因

① 梁根林：《事实上的非犯罪化与期待可能性》，载《中外法学》2003 年第 2 期。
② 陈兴良：《本体刑法学》，商务印书馆 2001 年版，第 217 页。
③ 张明楷：《刑法学》（第 4 版），法律出版社 2011 年版，第 102 页。
④ 张明楷：《刑法学》（第 4 版），法律出版社 2011 年版，第 102 页。

素来弥补我国犯罪构成理论的不足也是非常重要的。期待可能性可以作为行为人责任减免的依据。

四、期待可能性理论与我国的合理借鉴

虽然期待可能性理论并没有融入我国犯罪论的四要件之中，但是其思想对我国刑法的影响是显而易见的。我国刑事立法和刑事司法在一定程度上都借鉴了该理论。

（一）期待可能性理论与我国的刑事立法

虽然我国刑法中并没有明确的提到期待可能性，但是我国刑事立法中很多条款和规定都体现了期待可能性的思想。

1. 刑法第 14、15 条关于故意过失的规定。我国刑法第 14 条规定："明知自己的行为会发生危害社会的结果，并且希望或者放任这种结果发生，因而构成犯罪的，是故意犯罪。故意犯罪，应当负刑事责任。"第 15 条规定："应当预见自己的行为可能发生危害社会的结果，因为疏忽大意而没有预见，或者已经预见而轻信能够避免，以致发生这种结果的，是过失犯罪。过失犯罪，法律有规定的才负刑事责任。"从法条的规定可以看出行为人明知自己的行为会产生危害社会的结果，这时就有期待可能性的问题。我们的法律是期待行为人在这个情况下实施合法行为，如果行为人在这种期待下没有实施期待的行为而是希望或者放任结果发生，因为疏忽大意或者轻信导致结果发生的，则就构成故意或者过失。

2. 刑法第 16 条关于不可抗力、意外事件的规定。刑法第 16 条规定："行为在客观上虽然造成了损害结果，但是不是出于故意或者过失，而是由于不能抗拒或者不能预见的原因所引起的，不是犯罪。"本条是从无期待可能性否定了行为人的责任。行为人的行为虽然造成损害结果，但是是由于不能抗拒或者不能预见的原因所引起的，这种情况下不能期待行为人实施合法行为，这时通过阻却罪过，进而阻却了责任。

3. 刑法第 20 条关于正当防卫的规定。刑法第 20 条第 1 款规定："为了使国家、公共利益、本人或者他人的人身、财产和其他权利免受正在进行的不法侵害，而采取的制止不法侵害的行为，对不法侵害人造成损害的，属于正当防卫，不负刑事责任。"通过分析法条可以看出，法律不能期待行为人在国家、公共利益、本人或者他人的人身、财产和其他权利正在遭受不法侵害的情况下，实施其所期待的合法行为，这种期待不具有合理性，是与刑法的人道主义相违背的，因此，在这种情况下，行为人违背期待所实施的行为是合法的。

4. 刑法第 21 条关于紧急避险的规定。刑法第 21 条第 1 款规定："为了使国家、公共利益、本人或者他人的人身、财产和其他权利免受正在发生的危险，不得已采取的紧急避险行为，造成损害的，不负刑事责任。"在危险发生的紧急状况下，法律不能期待行为人悖于人类的本能放弃避险，这种期待不可能成为阻却行为人责任的事由。

5. 刑法第 28 条关于胁从犯的规定。刑法第 28 条规定："对于被胁迫参加犯罪的，应当按照他的犯罪情节减轻处罚或免除处罚。"通过对条文的解读得出，如果行为人被胁迫参加犯罪时只是心理受到强制和胁迫仍然可以身体动静的话，此时行为人是有期待可能性的，只是此时的期待可能性程度较低，法律仍然可以期待行为人实施合法行为，因此行为人需要为他的违法犯罪行为负责，只是此时是减轻处罚。如果行为人被胁迫参加犯罪时身体受到强制，这时法律就不能期待他实施合法行为，无期待可能性阻却了行为人的责任，此时免除处罚。

除了上述所述的几种情形外，我国刑法分则中妨害作证罪等也体现了期待可能性思想。

（二）期待可能性理论与我国的刑事司法

我国刑事司法在很大程度上受到期待可能性理论的影响，其对我国刑事司法的影响主要体现在以下三个方面。

1. 在定罪方面，期待可能性是定罪的前提，对行为人定罪之时需要考虑期待可能性的存在，如果不能期待行为人实施合法行为，则不能给行为人定罪。对特殊情况下重婚的行为人定罪时应当考虑其是否有期待可能性。如果行为人因为自然灾害的原因被迫逃难，为生活所苦而重婚的或者因为婚姻关系存续期间受到虐待外逃再婚的，或者被拐卖于他人被迫重婚的，在这种情况下，法律不能期待行为放弃自保不结婚，即使行为人选择再婚也不构成重婚罪。①

2. 在量刑方面，期待可能性与刑事责任具有很大的联系。期待可能性程度大，则刑事责任也越大，期待可能性小，刑事责任也就越小。法官在量刑时将期待可能性作为一个考量因素，期待可能性小时可以降低行为人的刑事责任，从而可以从轻处罚。例如，都是一个杀人案件，长期受被害人虐待而杀人与报复杀人，民间纠纷引发的激情杀人与谋杀，两者的期待可能性不同，在这种情况下对两者的量刑考量也不同，所以导致的是两者的刑事责任

① 王鹏祥：《期待可能性理论与我国刑法理论的借鉴》，载《河南师范大学学报》（哲学社会科学版）2006 年第 5 期。

的轻重是不同的。①

　　3. 期待可能性理论对提高我国司法工作人员的办案质量也有很大影响。② 司法工作人员在对具体案件进行量刑的时候，不仅仅要考虑法律所具体规定的量刑情节，期待可能性也是需要进行考量的一个因素。如果对一个案件，仅仅严格按照法律的规定进行裁量，而忽视期待可能性，则可能会过重裁量或者过轻裁量。期待可能性理论为司法工作人员的办案提供了自由裁量的空间，便于提高他们办案的效率。

　　① 张红艳：《西方期待可能性理论借鉴》，载《北京人民警察学院报》2004 年第 3 期。
　　② 王鹏祥：《期待可能性理论与我国刑法理论的借鉴》，载《河南师范大学学报》（哲学社会科学版）2006 年第 5 期。

"检察文化+"的要素驱动与公信力的提升路径

余建平[*]

当前，司法改革、检察改革正在深化，以新理念引领新发展，以新举措服务新常态，积极适应司法改革，着力提升司法公信力，是新时期检察机关使命所在，检察人员职责所系。检察机关强化法律监督、规范司法行为、深化司法改革、加强队伍建设，在工作思路上不仅要考虑"硬发展"，而且要关注"软实力"。透析这场深刻变革，"检察文化+"参与其中，其条件日趋成熟，其优势得天独厚，一方面"检察文化+"是这场变革不可或缺的内生动力和路径选择；另一方面这场变革也为"检察文化+"提供了难得的发展机遇。

一、唤醒检察文化价值功能

检察文化探究已久，且相当繁复，回到逻辑原点，检察文化是检察活动深厚的精神沉淀，是检察机关的基石，是检察人员的灵魂，体现了作为文化属性和人的本质属性的高度统一，是精神文化、物质文化、规则文化、制度文化、管理文化的有机复合体。一个地区、一个时期的检察文化基本反映了检察人员的思想境界、精神面貌、道德情操、职业修养、专业素能、履职能力和司法公信。检察文化不单是机关文化，而是机关文化的再升华；不单是精神文化，而是精神文化的再凝缩；不单是管理文化，而是管理理念的再提升；不单是书画影像的物态展示，而是各种艺术形式的涵养蕴藉，总之，是"知识、信仰、艺术、道德、法律、习惯等凡是作为社会的成员而获得的一切能力、习性的复合整体"。[①] 检察文化发展到一定阶段，应该是一种系统人文，一种司法哲学，一个职业境界。

（一）检察文化具有价值导向性

源头既清，波澜自阔。价值观绝非天然形成，需要培育、引导、纠编和矫

---

* 作者单位：马鞍山市人民检察院。
① 参见［英］泰勒：《原始文化》，连树声译，广西师范大学出版社 2005 年版。

正，其中检察文化不可或缺。检察价值观附着于检察文化，检察文化的作用就是通过树立标杆、建立示范、奖励绩优，倡导司法价值取向，传递检察"正能量"。我国宪法、《人民检察院组织法》明确规定了检察性质、地位和作用，长期以来，也逐步形成了检察人员所普遍遵从的检察价值观。检察文化在引导检察人员培育社会主义法治理念、社会主义核心价值观以及司法价值取向等方面发挥着重要作用，"它用特定的文化力量去影响检察人员的思想、观念、道德与精神，从而使其产生归属感和使命感，指导检察人员朝着正确的方向前进。"① 忠诚、为民、公正、廉洁，是每一位检察人员司法价值观取向的核心要件。忠诚，是检察人员核心价值观的政治本色；为民，是检察人员的司法宗旨；公正，是检察人员的神圣职责；廉洁，是检察人员的基本操守。这既是检察人员司法价值观的重要要素，又是检察文化的重要内容，要通过检察文化持续教化、熏陶、培育和引导。

（二）检察文化具有理念传承性

"灭人之国，必先去其史"，道出了文化层面的传承性和重要性。综观世界法治史，诸多法律观念、法治理念都有其悠久的历史文化传承。从家喻户晓的"米兰达警告"到沉默权，从纽伦堡大审判到"恶法非法"，从温莎堡草地上的羊皮纸到英国《大宪章》②，文化理念、法治理念至今深入人心。检察机关长期以来在法治建设进程中形成和倡导了一系列社会主义司法理念。这些司法理念是体现社会主义法治内在要求的系列观念、信念、理想和价值的集合体，是指导和调整司法活动、法律监督的方针和原则，系统地反映符合中国国情和人类法治文明发展方向的核心观念、基本信念和价值取向。现阶段，我国检察机关和检察人员遵循的法治理念是从社会现代化建设事业的现实和全局出发，借鉴世界法治经验，对近现代特别是改革开放以来中国经济、社会和法治发展的历史经验的总结；它既是当代中国社会主义建设规划的一部分，同时也是执政党对中国法治经验的理论追求和升华，它们作为检察文化的一部分得以传承、延续和发扬。

（三）检察文化具有精神辐射性

检察精神是一种良性的法治文化心态和法治文化氛围的塑造。检察文化作为一个完整的文化系统，对整个社会文化活动、公民文化素质、司法环境、司法文明具有强烈示范引领和精神辐射作用。检察文化的辐射功能，就是通过检

---

① 王守安主编：《中国检察》，中国检察出版社出版 2013 年版，第 63 页。
② 参见余定宇：《寻找法律的印迹——从古埃及到美利坚》，法律出版社 2010 年版，第 88 页。

察机关和检察人员的各种司法活动、检察文化建设活动，反映出检察文化倡导的整体价值观念、文化内涵，展示出检察机关和检察人员的良好形象，增进社会对检察工作的理解、信任和支持①。新的历史时期，检察精神主要体现为民司法、服务群众的公仆情怀，尊崇法律、守望正义的法治理念，敢于担当、无私奉献的职业操守，严守纪律、清廉有戒的职业素养。这些精神，通过检察文化的辐射引领，成为全体检察人共同的精神信仰和使命追求。

（四）检察文化具有"公""信""力"的凝聚性

公信力，先从文本主义角度理解，"公"即公正、公平、公开，其责任主体是司法机关；"信"即信任、信赖、信服，其承载感受的是社会公众。公是信的基础和前提，信是公的目标和归宿。随之，存在一个假言关系命题，即司法机关的"公"是否能赢得社会公众的的"信"，或者说社会公众的"信"，是否能换来司法机关的"公"。进一步说，司法机关应体现何种程度、何种类别的"公"，社会公众应表达何种性质、何种形式的"信"。再者，公信力之"力"是基于"公"与"信"的效能和相互作用的结果，现时普遍观点认为，司法公信力是社会公众基于司法机关的司法公正程度以及司法效能、司法效果而产生的信任感、认同感和满意度。但这一观点显然忽略了公信力之"力"的交互性和非独占性，偏颇之处在于这种"力"似乎完全是社会公众给予的，公众"给力"，司法机关就具有公信力；公众"不给力"，司法机关就丧失公信力。健全检察文化建设机制，旨在司法机关和社会公众之间架连"桥梁"，利用文化优势，消解司法机关和社会公众的误解、误读，弥合"公""信""力"在真正法治意义上的内涵分歧。通过文化的导向作用，凝聚司法共识，共筑法治理想，建立互信共赢，真正使司法能"公"，公众能"信"。

二、"检察文化＋"的要素驱动

"检察文化＋"是文化向检察机关、检察人员、检察职能全领域的融合和渗透，核心是赋予检察活动的文化内核、文化属性、文化精神、文化活力、文化形态、文化价值和创新创造精神。"检察文化＋"为检察机关一切司法活动植入 DNA，从而孕育文化司法，文化司法在文化基因中裂变升级，使公信力在检察文化的承载下绽放。当前，应结合司法改革的实践和路径，积极发掘优秀检察文化中的元典精神，解决司法改革进程中的矛盾冲突，使"检察文化＋"成为提升司法公信力的驱动要素。

---

① 陈剑虹：《检察文化的价值功能与实现路径》，载《人民检察》2008 年第 4 期。

（一）"检察文化＋"是保障司法改革顺利推进的强大动力

人类文明活动的过程，本质上是文化逐步演进的过程。我国检察机关从无到有、从小到大、从单一职能到多元发展，其过程经历无数次变动、变革和改革，形式上是政治体制、司法体制、制度机制的情势变迁，实质上每次都是司法理念、思想观念、发展理念、检察文化的革新与阵痛。十八届三中全会部署的本轮司法改革，事关检察机关重点有四大项，即推进司法人员分类管理、司法责任制、司法人员职业保障和省以下地方检察院人财物统一管理改革，每一项都关系到检察机关和检察人员的切身利益，在检察人心中掀起不小波澜，引起不小纠结。首先，"检察文化＋"，要提前介入本轮司法改革各项部署，为司法改革提供理论指引、精神文化支撑，为改革扫清思想认识障碍，指明改革愿景；其次，"检察文化＋"要积极帮助检察人员转变思想观念，为适应司法改革提供理念指导、思想准备，提供精神动力和条件支持；最后，"检察文化＋"要积极运用司法改革成果，努力服务地方党委政府工作大局，为"五位一体"总体布局、"四个全面"战略布局提供新的司法供给，为经济社会建设植入新的检察元素和法治因子。

（二）"检察文化＋"是消解司法改革所遇问题矛盾的重要渠道

国学大师钱穆先生曾指出："一切问题，由文化问题产生；一切问题，由文化问题解决"。当前，司法改革已入"深水区""攻坚期"，随着改革逐步深入，人员入额、机构归并、检务管理、薪酬待遇、工作机制等深层次问题日益暴露，改革带来的"阵痛"涉及的人和事是全方位的，必然面临许多需要亟待解决的问题和矛盾。第一，"检察文化＋"，要澄清检察人员对司法改革的模糊认识，引导大家正确认识改革、正确对待改革，充分认识到司法改革是历史必然，对于推进依法独立行使检察权、深化司法公开、加强检务保障、维护社会公平正义的深远意义。第二，"检察文化＋"，要引导检察人员正确对待个人的进退留转，司法改革既要看局部，又要看全局；既要看当前，又要看长远；检察人员在改革中要放宽眼量，摆平心态，不为私心所扰，不为名利所累，不为物欲所惑，淡泊名利，克己奉公，自始至终努力实践检察人崇高的人生价值，做到"进"者奋发前行、"退"者心情愉快、"留"者意气不馁、"转"者迎接挑战。第三，"检察文化＋"要为后改革时期扶上马送一程。司法改革后，检察机关有的内设机构需要重新组合，岗位分工重新洗牌，检察管理文化、环境文化、行为文化、组织文化、监督文化将进行新一轮建设和发展。

（三）"检察文化+"是提高司法质量和司法效益的重要手段

本轮司法改革打破了长期积累形成的检察办案模式、行政审批制度、单一人员管理、同工同酬待遇，通过自上而下转换体制机制，实行人员分类管理，区别保障待遇，突破了一系列制约"瓶颈"。提升司法质量和司法效益，最终还是要检察机关法治文化建设，要靠检察人员的文化涵养和文化底蕴，而"检察文化+"是最直接、最有效、最根本的手段之一。其一，"检察文化+"，以文化灵魂的注入，让法治文化真正植入检察人的内心，在司法活动中，坚持司法质量优先、案件质量和司法效益优先，使人民群众在每一起案件中感受到公正。其二，"检察文化+"，以文化基因的融入，渗透于每一司法办案环节，在规范司法行为专项整治中，检察机关、检察人员要做检察文化的拓荒者，坚持定规范、学规范、说规范、用规范、评规范，使司法规范文化在整个司法活动中得以繁荣和发展。其三，"检察文化+"，以文化创新精神的引领，积极推进各项诉讼制度改革。尤其在探索检察机关提起公益诉讼、以审判为中心的诉讼制度改革、刑事案件速裁程序试点、深化司法公开、涉法涉诉信访改革等领域，通过采取新举措、摸索新规律、积累新经验，为司法质量和司法效益滋养新动能、增强新动力、实现新跃升。

（四）"检察文化+"是防控风险和补齐短板的重要途径

习近平总书记对政法工作作出重要指示强调，全国政法机关要增强忧患意识、责任意识，防控风险、服务发展，破解难题、补齐短板，提高维护国家安全和社会稳定的能力水平，履行好维护社会大局稳定、促进社会公平正义、保障人民安居乐业的职责使命。"检察文化+"，作为经济发展新常态下服务经济社会建设的重要途径，运用法治思维和法治方式保障经济社会发展，应着力提升哲学文化素养。一要树立服务大局的战略思维，检察机关履行法律监督职能要开阔视野、把握大局，找准工作的切入点和着力点，做到因势而谋、应势而动、顺势而为。二要树立解析矛盾的辩证思维，习近平总书记强调："要有强烈的问题意识，要以重大问题为导向，抓住关键问题进一步研究思考，着力失去解决我国发展面临的一系列突出矛盾和问题。"检察机关要结合办案，认真观察分析社会问题，掌握了解社会矛盾，既要抓主要矛盾，又要牵住"牛鼻子"。三要树立居安思危的底线思维。要增强忧患意识，善于排查各种潜在风险，制定风险防控的检察举措。坚持未雨绸缪、手握戒尺，补齐对内对外、对人对事各个检察环节的工作短板，守住各种风险的底线。

三、"检察文化 +"：提升司法公信力的路径选择

提升司法公信力是一项复杂的社会系统工程，应当在现有的法治条件下进行，既要从立法层面自上而下有序推进，又要从文化层面自下而上夯实基础；既要司法机关的主动作为，又要社会公众的积极呼应；既要建立健全法治文化机制，又要营造法治文化环境氛围。总之，应当充分考虑当前影响司法公信力的各种因素，全方位、多层面采取措施，以实实在在的努力赢得社会公众对司法机关的最大信任和认可。

（一）加强良法善典文化建设是提升司法公信力的前提

完善法律体系是构建司法公信力的制度基石，或者说提高司法公信力不是简单的有法可依，而是有良法可依。作为司法依据的法律应该是"可信的""善良的"，要真正体现人民群众对公平正义的价值取向和理念认同。可依可信的法律体系是国家利益与人民利益、立法者与司法者、守法者相互权衡的结果，既是观念价值的调整，又是权益秩序的配置，而不是法的制定者、解释者对法律文本做简单的感性推理、概念判断和"自由心证"，否则"有法必依"势必会陷入"被公正""被公信"的泥淖。虽然我国特色社会主义法律体系已基本形成，但并不等于没有立法空间和拓展领域，如专门以法律形式保障司法活动独立、在"公权"扩充中保障"私权"、加强司法执法衔接等方面还有很多"真空"，亟待探索规划。从立法层面，要"坚持以人为本、人文关怀，把立法和教化人心相结合"①。正如罗尔斯在《正义论》中指出："社会和经济的不平等只有在其结果能给每一个人，尤其那些最少受惠的社会成员带来利益时，它们才是正义的。"在立法过程中，既要考虑国家创新管理、国家法治推进的宏观战略，又要考虑公众维护尊严权益、实现正义自由的微观考量。"只有在人民中活着的法才是唯一合理的法。"② 这样在司法活动中，公众通过对立法精神的感知、理解和判断，司法机关通过对立法意图的贯彻、运用和执行，就会建立起基于法律信赖和执行"良法"的公信力。

（二）增强公众法治文化观念是提升公信力的基础

弘扬法治精神，树立健全健康的法治观念，是提高司法公信力客观基础。意大利著名法学家贝卡利亚指出："法律的力量应当跟随着公民，就像影子跟随着身体一样"。美国法学家伯尔曼也进一步阐明"没有信仰的法律将退化成

---

① 参见樊崇义：《刑事诉讼法修正案（草案）的哲学之思》，载《人民检察》2012 年第 5 期，第 35 页。

② 参见张宏生主编：《西方法律思想史》，北京大学出版社 2000 年版，第 367 页。

为僵死的教条，而没有法律的信仰将蜕变成为狂信。"培育健全健康的法治观念，要引导公众树立三种意识：一要树立诚信意识。诚信是道德基本的标准，更是法治精神的圭臬。在推进法治社会建设进程中，以诚信为基础的道德力量不可或缺。只有以诚信为基础，在资源配置、利益调整、解决纠纷、化解矛盾、促进和谐等方面，社会公众与司法机关做到彼此信任、互动配合，才能在公平正义、人格操守、道德品质上拥有共同的对话平台，共同促进公信力建设。二要树立规则意识。规则是得到公众一致认同并需要共同遵守的，带有普遍性。法治本质就是规则之治。树立法治观念，首先要树立规则意识。规则或显或隐于政治、经济、文化生活等各个方面，种种规则维持社会生活和个人生活的全部秩序，不管是人为设定的还是客观存在的，只要是规则，便具有制约性，就要遵守。而法律只是特殊的带有强制性的规则，由于法律自身性质的局限，它阻止不了道德沦陷、伦理滑落，规则倒能填补法律空白，所以规则意识是法律意识的重要根基。三要树立司法终局意识。司法终局意识是社会公众对司法机关最终依法处理案件或纠纷的认同、意见和态度。司法是实现社会公平正义的最后一道防线，司法终局所体现的是"良法必依"。"法治是以和平理性的方式解决矛盾纠纷的最佳途径"。公众只有基于对法律信赖，对正当性的利益诉求向法律寻求救济，执行司法最终裁决，才不会出现"缠访""闹访"，搞"无限申诉"。同时，只有破除行政权对司法权的干涉，司法裁决才不至于形同虚设，出现"翻烧饼"案件。如果社会选择救济的最后方式不是司法救济，这不仅践踏法律尊严，也是法治时代的悲哀①。

（三）弘扬法治思维和法治文化是提升公信力的关键

法律的生命在于执行。司法机关是法律执行的主体，司法活动的裁量度、程序性、公正性直接影响公信力。公平公正执行法律，一要加强司法规范化文化建设。要紧紧围绕群众反映强烈的司法公信力下降等问题，着力深化社会主义法治理念教育和政法干警核心价值观教育，强化宗旨意识，转变司法理念，端正价值取向，改变司法作风。针对容易发生司法不公的司法环节，细化司法标准，严密司法程序，规范司法环节，健全完善相关程序规定和标准。二要加强问责机制文化建设。对疏于教育、管理不严、督查不力、司法过错、玩忽职守等不履行或不正确履行职责造成司法公信力下降、在社会上造成不良影响，要坚持责任自负、罚当其过的原则，严格实行责任追究制，以强化司法人员责任意识，规范司法行为，促进公正廉洁司法。三要推进司法素能文化建设。加

---

① 参见周玉华：《准确把握角度，弘扬法治精神》，载《法制日报》2012 年 5 月 9 日第 9 版。

强司法绩效综合考评，把司法绩效与干部使用、提拔、任用、奖惩挂钩。纯洁队伍构成，对不适合司法工作和法律法规规定的人员，坚决予以辞退、调离，使无德、无才、无能及违法违纪人员及时清理出政法队伍。加强党风廉政建设，坚持自身廉洁自律，健全政法机关惩治和预防腐败体系。四要推进司法公开文化建设。进一步深化检务公开，不断拓展公开的范围和内容，创新公开方式和渠道，涉及公众最关心、最直接的利益问题及时全面公开，变"关门"为"阳光司法"。主动接受社会各界和新闻媒体监督，畅通与社会公众沟通渠道。正确认识和处理新闻媒体作用，准确把握媒体需求和公众心理，建立新闻发布和舆论引导机制，为提升司法公信力营造良好舆论环境。

（四）加强考评文化机制建设是提升司法公信力的手段

司法机关是否具有司法公信力，不能凭主观臆断或舆论印象评价，应当引入科学合理、要素全面、指标量化的考核评价机制，作为衡量司法公信力的依据。一是确定考评体系。例如，将规范司法行为列入司法公信力的考评内容，对各司法机关重点司法环节进行分解测评，然后得出总体评价；也可以把各司法机关分为司法业务、司法队伍和司法管理几个类别进行考核，然后加权，得出考评分值。二是引入考评设计。强化公信力考评的技术性设计，可以借鉴社会治安综合治理考评经验，如对因不履行职责或不正确履行职责而发生错案、司法人员违法违纪的司法单位，对其公信力实行"一票否决"。三是引导公众参与。公信力考评应该坚持走群众路线，提高公众和媒体的参与度、知情度、透明度；考评对象向基层延伸、社区延伸、司法一线延伸，实行全方位立体覆盖；坚决克服"上级评下级"封闭式的自家"评功摆好"，力争考评客观公正。四是丰富考评手段。对司法公信力考核考评，要通过民主测评、民意调查、召开座谈会、查阅资料、案件评查、专项调查、发放征求意见表以及实绩分析、综合评价等多种方式，多渠道、分层次组织考评，要让司法公信力真正以"看得见"的方式得到社会公众的认同。

【实务探讨】

非法证据排除之检察实务略论

高少勇*

一、非法证据的内涵界定与排除规则理解

(一) 非法证据的内涵界定

谈到非法证据的排除，我们首先必须对何谓非法证据要有一个清醒的认识。从广义上来讲，非法证据是一个相对于合法证据的"镜像"概念，即凡是与刑事诉讼法规定的合法证据标准不符合的证据均是非法证据。但是在笔者看来，修改后的《刑事诉讼法》中所规定需要排除的非法证据则是狭义的，即只有那些严重违反法律基本规定所收集的证据才是需要依法予以排除的非法证据。换句话说，非法证据不能等同于不具有合法性的证据。从逻辑关系而言，不具有合法性的证据是属概念，而非法证据是种概念。不具有合法性的证据的外延要大于需要排除的非法证据。那么不具有合法性的证据与非法证据的区别何在呢？这就要回溯到有关证据合法性的理论来加以说明。

从传统通说的证据理论而言，一个具有完全证明能力、能够作为定案依据的证据，其基本特征必须具有客观性、关联性、合法性三个紧密联系的基本属性。长期以来许多学者甚至把它作为刑事证据的基本特征[1]。随着修改后的《刑事诉讼法》对证据概念的重新定义[2]，其作为刑事证据的基本特征显然不再适合，但其作为判断能否作为定案依据的证据特征则仍然具有不可替代的科学性。就定案依据的判断标准而言，客观性、关联性主要解决的是证据的实质

---

* 作者单位：马鞍山市人民检察院。

[1] 参见陈光忠、许静村主编：《刑事诉讼法学》，中国政法大学出版社 2007 年版，第129—133 页。

[2] 1979 年、1996 年《刑事诉讼法》均是将证据的概念定义为"证明案件真实情况的一切事实，都是证据"，由该概念引申出来的证据"三性"是符合该定义要求的。但修改后的《刑事诉讼法》将证据概念重新定义为"可以用于证明案件事实的材料，都是证据。"材料有真有假，能否作为定案依据，需要通过此后的法庭审理查证，因此再将客观性、关联性作为证据本身的基本特征显然不再合适了。

性证明能力问题，即证据对于案件待证事实的证明作用（通说所称的"证明力"）；而合法性需要解决的则是证据能否作为定案依据的程序性证明能力或称"准入性"证明资格问题（通说所称的"证明能力"）。从程序正义的角度而言，合法性对于证据能否作为定案依据具有首要的、先导性的把关作用，即便某种证据具有了客观性和关联性，但其合法性严重缺失，仍然从一开始就不能作为定案依据。非法证据排除所要解决的正是刑事证据的证明资格问题。但并非所有的不具有合法性的证据都应当予以排除，其与修改后《刑事诉讼法》非法证据排除程序中的"非法证据"的区别主要体现在如下三个方面：

1. 从不合法的内容来看

不具有合法性的证据中所说的"法"是广义的，即作为定案依据的刑事证据的所有法律要求，包括客观性、关联性以及证据收集程序的合法性，而"非法性证据"所言的"法"则特指收集程序的法定要求，尤其是收集手段的法定要求。

2. 从定案资格的判断时间来看

非法证据从一开始就不能作为定案依据使用，无论是在审查逮捕、审查起诉还是在审判的证据运用之中，而不具有合法性的证据之中某些证据则可能要经过法庭查证后才能得出结论。

3. 从缺陷弥补的许可条件来看

不具有合法性的证据中蕴含着大量可以通过事后补正、解释而转化为合法性的证据，而非法证据则是不可以通过事后补正、解释而转化为合法性的证据。

在区别不具有合法性证据与非法证据的外延之后，笔者接下来所要阐释的是非法证据的具体内涵。具体而言，非法证据包括三类程序违法的证据，即侵权性程序违法、伦理性程序违法以及不能补正和解释的技术性程序违法。

所谓侵权性程序违法，指的是通过侵犯公民人身权利、民主权利等宪法规定的公民基本权利方法所收集的证据，例如，采用刑讯逼供所收集的证据侵犯了公民的人身权，而未经允许采用窃听等技术侦查手段侵犯的则是公民的通信自由权。由于其采用的证据收集方法明显侵犯了公民的基本权利而不被刑事诉讼法所容许，所收集的证据应当作为非法证据而予以排除。

所谓伦理性程序违法指的是通过反人性的、突破社会基本道德底线的不当取证，所获证据应视为非法证据予以排除①。例如，以吸毒人员的生理弱点，在其毒瘾发作时，允诺提供毒品供其吸食，以引诱其作出供述，则为非法取

---

① 参见《非法证据争议 学者法理破题》，载《检察日报》2011 年 8 月 17 日第 5 版。

证，所获证据应予排除。

所谓不能补正和解释的技术性程序违法，是指那些收集证据方法和手段虽然没有侵犯公民的基本权利、没有违反基本的伦理规范，但其收集手段的技术性失误已严重影响了司法公正，同样需要作为非法证据予以排除。例如，《关于办理死刑案件审查判断证据若干问题的规定》第 8 条所列举的不能反映原物的外形和特征的原物的照片、录像或者复制品，第 13 条所列举的询问证人没有个别进行而取得的证言等即属此类。

就非法证据内涵的具体法律界定而言，以"两个证据规定"颁布为时间节点，其前后规定事实上是发生着微妙变化的。"两个证据规定"之前，1996年的《刑事诉讼法》第 43 条规定："严禁刑讯逼供和以威胁、引诱、欺骗以及其他非法的方法收集证据。"最高人民法院《关于执行〈中华人民共和国刑事诉讼法〉若干问题的解释》第 61 条：严禁以非法的方法收集证据。凡经查证确实属于采用刑讯逼供或者威胁、引诱、欺骗等非法的方法取得的证人证言、被害人陈述、被告人供述，不能作为定案的根据。《人民检察院刑事诉讼规则》第 265 条第 1 款："严禁以非法的方法收集证据。以刑迅逼供、威胁、引诱、欺骗以及其他非法手段获取的犯罪嫌疑人口供、被害人陈述、证人证言，不能作为指控犯罪的根据。"而"两个证据规定"和 2012 年《刑事诉讼法》对非法证据则作了这样的规定：一是在非法言词证据问题上，规定"采用刑讯逼供等非法手段取得的犯罪嫌疑人、被告人供述和采用暴力、威胁等非法手段取得的证人证言、被害人陈述，应当予以排除。二是在非法实物证据问题上，《排除非法证据规定》第 14 条规定"物证、书证的取得明显违反法律规定，可能影响公正审判的"；2012 年《刑事诉讼法》第 54 条规定"收集物证、书证不符合法定程序，可能严重影响司法公正的，应当予以补正或者作出合理解释；不能补正或者作出合理解释的，对该证据应当予以排除"。

对比"两个证据规定"颁布前后的法律和相关司法解释的规定，我们不难发现，其前后在非法证据内涵界定上是有张有缩的。其扩张性表现在，将非法证据的种类从言词证据扩大到了实物证据，而其收缩性则表现在"以威胁、引诱、欺骗方法获取的犯罪嫌疑人、被告人供述"以及"以引诱、欺骗方法收集的证人证言"等言词证据没有规定在"应当予以排除"之列。这样就未免让人们产生这样的疑问，既然修改后的《刑事诉讼法》第 54 条对此没有作出"应当予以排除"规定，那么采用"威胁、引诱、欺骗"尤其是"引诱、欺骗"方法所获取的言词证据就是合法的吗？

（二）非法证据排除规则的理解

对上述问题，笔者认为，简单地以肯定和否定结论来予以回答都是不可取的，而是应当根据威胁、引诱、欺骗性取证手段的性质和强度，进行具体分析。基于打击严重刑事犯罪的需要，各国法律和司法实务中对于"威胁、引诱、欺骗"性取证，一般都采取了一定的"容忍"态度，除了那些反人性的、突破基本社会道德底线的威胁、引诱、欺骗性取证手段之外，一般情况下侦查机关采取威胁、引诱、欺骗性取证，并不视为违法。美国著名法理学家波斯纳指出："法律并不绝对地防止以欺骗手段获得口供；在审讯中是允许一定的小诡计的。特别是夸大警察已经获得的、对犯罪嫌疑人不利的其他证据，让犯罪嫌疑人觉得招供不会失去什么的预告战术设计，都是许可的。"[①] 美国刑事审讯专家英博也说："审讯人员也应该了解法律所允许的审讯策略和技术，这些策略和技术建立在以下事实基础之上：即绝大多数罪犯不情愿承认罪行，从而必须从心理角度促使他们认罪，并且不可避免地要通过使用包括哄骗在内的审讯方法来实现。"[②] 当然，对于明显违反法律基本规定、突破基本社会道德底线的威胁、引诱、欺骗性取证手段所获证据，仍然应当视为非法证据予以排除。对此，实务中要把握好三条判断标准：

1. 合法性标准

合法性标准，即禁止以法律不准许的措施相威胁，禁止以法律没有规定的利益相许诺等。例如，审讯人员对一杀人嫌犯说："你说吧，说清了我们放你回家"。杀人嫌犯具有严重的社会危险性，即便认罪态度好，也不能放到社会上。显然审讯人员的许诺超出了法律规定的范围，因此是非法的。

2. 合理性标准

合理性标准，即不能过度地以社会道德难以容忍的方式实施威胁、引诱、欺骗。例如，警察装扮成律师以提供法律帮助为名引出犯罪嫌疑人的供述。

3. 真实性标准

真实性标准，则是最后的也是最重要的标准，即这种方法使用在当时的特定情景之下，是否会让一个没有犯罪的人承认自己实施了犯罪。如过度使用欺骗手段，拿出虚构的他人交代被讯问人参与犯罪的材料，使事实上完全没有参与犯罪的被讯问人认为别人已经指认了自己，再作辩解也无济于事，为争取态度好而承认自己犯了罪[③]。

在阐释完非法证据基本内涵的基础上，这里顺便讨论一下非法证据的处理规则问题。修改后《刑事诉讼法》颁布以后，理论界普遍观点认为，修改后

---

① ［美］波斯纳：《法理学问题》，苏力译，中国政法大学出版社1994年版，第231页。

② ［美］弗雷德·英博：《审讯与供述》，何家弘等译，群众出版社1992年版，第275页。

③ 参见龙宗智：《威胁、引诱、欺骗的审讯是否违法》，载《法学》2000年第3期。

的《刑事诉讼法》在非法证据排除处理采取的是两种规则：即对非法言词证据实行绝对排除；对非法实物实行裁量排除①。而在笔者看来，这种观点是不正确的。其一，它混淆了非法证据与瑕疵证据的区别，容易导致实务中对证据资格审查上的误区。按照这种观点，似乎言词证据只要收集程序违法，均要一律予以排除，而非法实物证据无论收集程序违法程度多么严重，只要予以补正都可以作为定案的依据。事实上即便是言词证据，对于那些纯粹属于收集方法技术性错误的言词证据，例如，询问笔录没有记录告知证人应当如实提供证言和有意作伪证或者隐匿罪证要负法律责任内容的证人证言，讯问人没有签名的犯罪嫌疑人供述；经过有关办案人员的补正或者合理解释，同样可以作为合法证据使用；而那些严重违法收集的实物证据，例如，审查中发现书证有更改的，即便作出补正和解释也应当予以排除②。其二，它是仅着眼于修改后《刑事诉讼法》第 54 条内容所得出的片面解读，事实上该法第 57 条第 2 款及其后相关条文的规定均蕴含有对于不具有合法性的瑕疵言词证据许可补正解释的内容，侦查人员或者其他人员出庭"说明情况"实际上就是对证据收集合法性不足的一种补正和解释过程。

因此，笔者认为，以证据的种类区分非法证据的排除处理规则逻辑上欠缜密，是不科学的。修改后的《刑事诉讼法》在非法证据的处理上只有一个规则，即凡是非法证据都应当一律排除。而那些不具有合法性的瑕疵证据之所以被赋予证据资格（证明能力），不是其所属的证据种类的优越性所致，而是通过补正或者作出合理解释，消弭了非法性，转而成为合法证据所致。

二、非法证据排除程序之检察实务运作

尽管从修改后的《刑事诉讼法》第 54 条第 2 款的规定来看，非法证据排除程序贯穿于整个刑事诉讼活动之中，在侦查、审查起诉、审判阶段发现，有关办案机关都负有应当予以排除的责任。但是，由于检察机关所承担的任务（侦、诉）与诉讼中所处的地位（中间程序）特殊性，决定了其在非法证据排除问题上担负着更为重要的责任。因为排除非法证据的目的，其根本着眼点在于防范冤假错案的发生，而"大多数刑事错案都与检察活动相关：不是在检察环节上发生，就是在检察环节上发展，这意味着刑事错案预防的重点环节在

---

① 参见章建明主编：《新刑事诉讼法的理解与适用》，中国检察出版社 2012 年版，第 81—83 页。

② 参见"两院三部"《关于办理死刑案件审查判断证据若干问题规定》。

检察机关，检察环节预防错案有着特别重要的意义①。"同理，检察诉讼环节排除非法证据也就具有了特别重要的意义。

那么，检察机关排除非法证据的具体实务工作有哪些呢？笔者认为，大体上包括筛选审查、调查核实、确认排除、处理应对4个工作环节。

（一）关于非法证据筛选审查的检察实务问题

所谓的筛选审查，指的是检察机关在审查逮捕和审查起诉工作中，对于侦查机关（部门）移送过来的证据，要本着一方面应当对侦查建立基本的信任，另一方面对侦查的行为和成果应当保持必要的警惕的态度，在保持客观中立原则的前提下，对侦查机关（部门）收集来的书面证据的合法性进行初步的核查，及时发现那些在合法性问题存有疑问的证据，从而为是否启动下一步的调查核实工作做好铺垫。具体来说该环节需要做的主要有两项工作：一是对审查标准的恰当把握，二是对审查方法的科学设计。

1. 关于非法手段的把握

（1）刑讯逼供。关于刑讯逼供的含义，《人民检察院刑事诉讼规则（试行）》第65条将其定义为"刑讯逼供是指使用肉刑或者变相使用肉刑，使当事人在肉体或者精神上遭受剧烈疼痛或者痛苦的行为。"结合《联合国禁止酷刑和其他残忍、不人道或有辱人格的待遇或处罚公约》第1条相关表述②，笔者认为：修改后《刑事诉讼法》第54条所称的"刑事逼供"至少应当包括：第一，使人身体产生剧烈疼痛的肉刑；第二，使人疲劳、饥渴的变相肉刑；第三，使人意志力和判断力丧失的服用药物和催眠术③。

（2）严重影响司法公正。关于"严重影响司法公正"的含义，《人民检察院刑事诉讼规则（试行）》第66条将其解释为：可能严重影响司法公正是指收集物证、书证不符合法定程序的行为明显违法或者情节严重，可能对司法机关办理案件的公正性产生严重损害；补正是指对取证程序上的非实质性瑕疵进行补救；合理解释是指对取证程序的瑕疵作出符合常理及逻辑的解释。

---

① 李建明：《刑事错案的深层次原因——以检察环节为中心的分析》，载《中国法学》2007年第3期。

② 该条指出："酷刑"是指为了向某人或第三者取得情报或供状，为了他或第三者所作或"涉嫌的行为对他加以处罚，或为了恐吓或威胁他或第三者，或为了基于任何一种歧视的任何理由，蓄意使某人在肉体或精神上遭受剧烈疼痛或痛苦的任何行为，而这种疼痛或痛苦是由公职人员或以官方身份行使职权的其他人所造成或在其唆使、同意或默许下造成的。纯因法律制裁而引起或法律制裁所固有或附带的疼痛或痛苦不包括在内。

③ 参见陈光忠主编：《〈中华人民共和国刑事诉讼法〉修改条文释义与点评》，人民法院出版社2012年版，第69页。

最高人民法院《关于适用〈中华人民共和国刑事诉讼法〉的解释》第 95 条在如何判断上指出："可能严重影响司法公正"应当综合考虑收集物证、书证违反法定程序的严重程度，以及被告人涉嫌犯罪的性质和危害程度等情况作出认定。

（3）"等非法方法"的含义。根据《人民检察院刑事诉讼规则（试行）》第 65 条的解释：其他非法方法是指违法程度和对当事人的强迫程度与刑讯逼供或者暴力、威胁相当，迫使其违背意愿供述的方法。

2. 审查的方法

（1）审查犯罪嫌疑人供述。

①检察工作环节第一次讯问犯罪嫌疑人，应当讯问其供述是否真实，并记入笔录。

②对被羁押的犯罪嫌疑人要结合提讯凭证的记载，核查提讯时间、讯问人与讯问笔录的对应关系。

③对提押至看守所以外的场所讯问的，应当要求侦查机关（部门）提供必要性的说明，审查其理由是否成立。

（2）审查证人证言、被害人陈述。审查证人证言、被害人陈述，应当注意对询问程序、方式、内容以及询问笔录形式的审查，发现不符合规定的，应当要求侦查机关（部门）补正或者说明。

对证人、被害人在法律规定以外的地点接受询问的，应当审查其原因，必要时对该证言或者陈述进行复核。

对证人证言、被害人陈述的内容是否真实，应当结合其他证据综合判断。

这里需要注意的是要正确把握补正与合理解释的界限：

其一，关于补正。①补正即补充和纠正。主要适用于程序活动中疏忽、遗忘某些内容致使证据要素不全的情况，或者证据的形式或内容出现某种错误（如笔录中的笔误）而可能弥补的情况。②补正需以真实性为原则，不能制造假证。禁止"倒签时间""强凑合法性条件""无中生有的增加侦查人员与见证人"等弄虚作假的行为。如果时过境迁，难以补正的，只能如实作出说明即进行合理解释，或以其他证据对相关情况予以佐证。

其二，关于合理解释。①合理解释应严格限制，需要具备解释情况的真实性，坚决反对弄虚作假编造虚假解释理由。②解释要具有针对性，即提出的理由确实可以解释证据瑕疵的形成原因。③解释理由要具有充分性。该理由的存在，足以使法庭忽略已出现的瑕疵。例如，制止因缉拿罪犯的紧急情况导致的正常法律手续不全，成为忽略瑕疵的充足理由。

（二）关于非法证据调查核实的检察实务问题

关于在侦查和审查起诉阶段的调查，要着重把握：

（1）关于调查程序的启动。关于调查程序的启动，《刑事诉讼法》第55条规定，人民检察院接到报案、控告、举报或者发现侦查人员以非法方法收集证据的，应当进行调查核实。《人民检察院刑事诉讼规则（试行）》第68条规定，人民检察院发现侦查人员以非法方法收集证据的，应当报经检察长批准，及时进行调查核实。人民检察院决定调查核实的，应当及时通知办案机关。

从上述规定可以看出，检察环节启动对非法取证行为的调查核实程序，实务中要把握好两个环节：

一是在启动原因上，有客观来源。①公民的报案、控告、举报；②人民检察院在工作中发现，如前述的筛选审查。

二是在工作步骤上，要严格规范。①报检察长批准决定；②将决定调查的原因等情况告知被调查单位；③调查核实工作应公开进行，允许侦查人员解释和说明。

（2）调查的承办部门。根据《人民检察院刑事诉讼规则（试行）》第69条规定，对于非法证据的调查核实，在侦查阶段由侦查监督部门负责；在审查起诉、审判阶段由公诉部门负责。必要时，渎职侵权检察部门可以派员参加。

（3）调查的方法。根据《人民检察院刑事诉讼规则（试行）》第70条规定，"人民检察院可以采取以下方式对非法取证行为进行调查核实：

（一）讯问犯罪嫌疑人；

（二）询问相关办案人员；

（三）询问相关在场人员及证人；

（四）调取讯问笔录、讯问录音、录像；

（五）调取、查询犯罪嫌疑人出入看守所的身体检查记录、看守管教人员的谈话记录及相关材料；

（六）听取辩护律师的意见；

（七）进行伤情、病情检查或者鉴定；

（八）其他调查核实方式。"

（4）调查的终结。根据《人民检察院刑事诉讼规则（试行）》第71条规定，人民检察院调查完毕后，应当制作调查报告，根据查明的情况提出处理意见，报请检察长决定后依法处理。

对于经检察长决定将相关证据定性为非法证据后，被排除的非法证据以及调查核实情况还应当随案移送。以便后续办案环节对排除的过程有清晰的了解。

（三）在出庭公诉阶段排除非法证据的具体操作规程

1. 启动

（1）依职权启动。法庭审理过程中，审判人员认为可能存在本法第54条规定的以非法方法收集证据情形的，应当对证据收集的合法性进行法庭调查。

（2）依申请启动。当事人及其辩护人、诉讼代理人有权申请人民法院对以非法方法收集的证据依法予以排除。申请排除以非法方法收集的证据的，应当提供相关线索或者材料。

无论审判机关以哪种方式启动非法证据排除程序，出庭公诉人员都应当利用修改后刑事诉讼法第182条第2款规定的庭前会议制度，在开庭以前，与审判人员、当事人和辩护人、诉讼代理人，就非法证据排除问题，了解有关情况，听取各方意见。从而为出庭做好准备相关材料、选择出庭说明情况人员等应对策略。

2. 出庭公诉人员的证明及证明方法

（1）依据现有证据。讯问笔录、出入看守所的健康检查记录、看守管教人员的谈话记录以及侦查（部门）对讯问过程合法性的说明，录音录像。

（2）要求侦查人员或者其他人员出庭。现有证据材料不能证明证据收集的合法性的，出庭公诉人员可以提请人民法院通知有关侦查人员或者其他人员出庭说明情况；人民法院可以通知有关侦查人员或者其他人员出庭说明情况。有关侦查人员或者其他人员也可以要求出庭说明情况。经人民法院通知，有关人员应当出庭。

（四）非法证据被排除之后应对处理的检察实务问题

1. 能否重新取证问题

检察环节发现侦查人员以刑讯逼供或者暴力、威胁等非法手段收集犯罪嫌疑人供述、被害人陈述、证人证言的，应当提出纠正意见，同时应当要求侦查机关（部门）另行指派侦查人员重新调查取证，必要时也可以自行调查取证。

2. 其他不同时间所作的供述、证言或陈述的证据能力

对于犯罪嫌疑人受到某一次刑讯逼供或者证人、被害人受到暴力、威胁而获取的言词证据被排除后，那么之后的所有供述、证言或者陈述是否具备证据能力，实务中有不同的看法。以犯罪嫌疑人受到刑讯逼供为例，一种观点认为应当实行"一排到底"，全部作为非法证据予以排除，仅以当庭供述作为定案根据。理由是犯罪嫌疑人受到一次刑讯逼供后，一直处于恐惧的心理阴影之下，其后的供述不能保证其真实性。另一种观点认为，既然修改后《刑事诉

讼法》第 54 条规定 "采用刑讯逼供等非法手段取得的犯罪嫌疑人的供述" 是非法证据予以排除，那么就应仅排除其受到刑讯逼供的那一次笔录，其后的历次供述只要没有受到刑讯逼供，就可以作为证据使用。

笔者认为，非法言词证据的排除应限于同一主体。理由是，如果犯罪嫌疑人在公安侦查机关被讯问时受到刑讯逼供，那么在看守所时尽管没有受到刑讯逼供，但是由于讯问的主体仍然是公安机关，特别有时还是同一个侦查人员，犯罪嫌疑人可能基于恐惧心理，仍可能作出不真实的供述。但当由另外一个不同的讯问主体如检察机关讯问时，则因为不同的主体而产生 "隔断效应" 能够消除其恐惧心理，所以此时的供述可以作为定案根据。

3. 派生证据是否被排除问题

对于非法言词证据收集过程所派生出来的实物证据即 "毒树之果"，在非法言词证据被排除后是否一并予以排除，历来是个有争议的问题。一种观点是 "砍树弃果"，其价值取向是保护犯罪嫌疑人的利益优于惩罚犯罪；另一种观点则是 "砍树食果"，其价值取向是惩罚犯罪优于保护犯罪嫌疑人的利益。这两种观点要么肯定一切，要么否定一切。对此，笔者认为，不能一概而论，应视具体情况加以区别对待。对于那些用一般侦查手段则必然可发现的实物证据，则可以不必排除，能够作为定案依据；而对于那些在一般侦查手段下，不可能发现的实物证据，犯罪嫌疑人、被告人的口供是获取该实物证据的唯一途径时，从不得强迫任何人证实自己有罪的角度，则应当予以排除。其界限如何把握，还需要在实践中予以探索。总之，在派生证据的取舍问题上，要兼顾保护人权和打击犯罪两方面的需要，力求实现两者之间的适度平衡。

4. 对案件的处理

对于在检察环节查实侦查部门取证严重违法，而将相关证据认定为非法证据依法予以排除后，应当结合该被认定排除的非法证据对证明案件事实的影响程度，分别作出不同的处理。（1）在审查批捕阶段，不批准或者决定逮捕。（2）在审查起诉阶段，根据非法证据的影响情况，将案件退回侦查机关（部门）或者作出不起诉决定。（3）在出庭支持公诉阶段，对于影响定罪量刑的关键证据被法庭认定为非法证据予以排除的，则应当撤回起诉，将案件退回侦查机关（部门）或者直接作出不起诉决定。

5. 对非法取证的办案机关和办案人员的处理

修改后《刑事诉讼法》第 54 条对非法证据排除作出的规定，是对非法取证行为的程序性制裁；而该法第 55 条规定的 "对于确有以非法方法收集证据情形的，应当提出纠正意见；构成犯罪的，依法追究刑事责任。" 则是赋予了人民检察院对有关办案机关和办案人员非法取证行为的实体监督和制裁权利。

检察实务中，落实该条的规定，具体有如下三个方面：一是提出纠正意见。对于情节轻微的违法取证行为，检察人员可以以口头方式向侦查人员和侦查部门提出，要求纠正；对于情节较重的非法取证行为，检察人员应当报请检察长批准后，向侦查机关发出纠正违法通知书。二是移送有关部门追究刑事责任。检察机关在审查逮捕和审查起诉等检察工作中，发现侦查机关非法取证行为违法情节严重，构成犯罪的，应当根据刑事案件管辖规定，移送相关部门追究刑事责任。①

---

① 实践中，以"非法方法收集证据，构成犯罪的"所触及的罪名主要有以下几种：《刑法》第247条规定的刑讯逼供罪、暴力取证罪；因刑讯逼供致人伤残、死亡而构成故意伤害罪、故意杀人罪；《刑法》第238条规定的非法拘禁罪；《刑法》第245条规定的非法搜查罪、非法侵入住宅罪；《刑法》第252条规定的侵犯通信自由罪；等等。

行贿罪中"不正当利益"的实务认定

——以司法活动中的两则行贿案为例

李生林　印　莉[*]

2015 年《刑法修正案（九）》在反腐败制度方面进行了重要修改和完善，进一步细化了贪污受贿犯罪的定罪量刑标准，同时，加大了对行贿犯罪的处罚力度，主要是严格了行贿犯罪从宽处罚的条件，严密了惩治刑事犯罪的法网，增加规定了向国家机关工作人员的近亲属等关系密切人行贿的犯罪。严厉打击行贿犯罪，关键在于对该罪名如何认定，我国现行刑法将行贿罪规定为"为谋取不正当利益而给予国家工作人员以财物"的行为，谋取不正当利益就成为构成行贿罪的必要条件。这种立法的本意和初衷是为了避免刑罚的扩大化，免除了对一些不得已而为之的行贿行为的处罚，但是这种规定也带来了司法实践中的困扰，尤其是在司法活动中对不正当利益的认定出现了问题和障碍，以下面两个案件为例：

一、基本案情

案例一：2011 年赵某因朋友裴某开设赌场案找到当地政法委书记黄某，在黄某办公室对他说现在案子已经移送到检察院，希望他能帮帮忙，给检察院的领导打个招呼，确保案子能不起诉，由于长期跟赵某关系不错，黄某便答应了赵某的请求，说会从中协调处理，没过多久，裴某的案件就被检察院作了不起诉决定，事后赵某为此事给了黄某 2 万元表示感谢。

案例二：2012 年，赵某因自己女婿在某旅游景点与人打架被当地派出所扣留的事向黄某请求帮忙，黄某为此事打电话给当地公安局的政委沟通协调，没过多久赵某的女婿在补偿对方 15000 元医疗费后被派出所放出来，事后赵某为此事给了黄某 1 万元表示感谢，而最终帮忙的公安局政委并未收受赵某的钱物。

---

* 作者单位：马鞍山市博望区人民检察院。

　　以上两个案例均发生在司法活动领域，行贿人向政法委书记行贿，目的是为了使司法资源向己方倾斜，但受贿人是否采用了非法手段为他们谋取利益尚待讨论。另外，这两个案例中都存在国家工作人员拥有自由裁量权的情况，即存在不确定利益，该种不确定利益在政府采购、税务、工商、行业管理等其他领域也大量存在，如何才能认定为不正当利益也值得研究。同时，两个案例中事后送礼的情形也具有典型性，需要详细探讨。

　　本文将在分析司法解释相关规定的基础上，结合不确定利益理论和司法实践中遇到的疑难问题对"不正当利益"的范围加以界定，从而正确地认定行贿犯罪中"谋取不正当利益"这一要件。

二、"不正当利益"的司法认定及理论观点

（一）我国《刑法》及相关司法解释之规定

　　最高人民法院和最高人民检察院在 1999 年联合发布了《关于在办理受贿犯罪大要案的同时要严肃查处严重行贿犯罪分子的通知》（以下简称《通知》），在该《通知》中对"谋取不正当利益"进行了明确的定义，即"谋取不正当利益是指谋取违反法律、法规、国家政策和国务院各部门规章规定的利益，以及要求国家工作人员或者有关单位提供违反法律、法规、国家政策和国务院各部门规章规定的帮助或者方便条件。"基于此，对行贿罪"谋取不正当利益"这一构成要件的认定具有了明确统一的认识，但是这一规定较为笼统，对于司法实践行贿犯罪的界定应用指导意义并不大。直至 2008 年最高人民检察院和最高人民法院又联合颁布实施了《关于办理商业贿赂刑事案件适用法律若干问题的意见》（以下简称《意见》），在该《意见》中对行贿犯罪中的"谋取不正当利益"又进行了进一步的解释，即"在行贿犯罪中，'谋取不正当利益'是指行贿人谋取违反法律、法规、规章或者政策规定的利益，或者要求对方违反法律、法规、规章、政策、行业规范的规定提供帮助或者方便条件。在招标投标、政府采购等商业活动中，违背公平原则，给予相关人员财物以谋取竞争优势的，属于'谋取不正当利益'。"

　　按照 2008 年《意见》的规定，"谋取不正当利益"的范围明显扩大，对于司法实践中认定行贿犯罪也提供了更加具体明确的指导。2012 年"两高"印发的《关于办理行贿刑事案件具体应用法律若干问题的解释》（以下简称《解释》）对行贿罪的打击领域进一步扩大到其他经济活动领域，规定了"违背公平、公正原则，在经济、组织人事管理等活动中，谋取竞争优势的，应当认定为谋取不正当利益"。该规定将"谋取竞争优势"纳入"谋取不正当利

益"的范畴是司法解释的进步，这也为很多行贿问题的解决提供了帮助。

（二）"不正当利益"的理论纷争及评述

长期以来，我国理论界和司法实践部门对"不正当利益"的理解，主要有以下几种观点：第一，手段不正当说，该说认为只要通过行贿手段谋取了利益，则不再考量利益的合法与非法性，都可直接认定为"不正当利益"；第二，非法利益说，该说认为不正当利益就是根据法律法规、政策、规定等不应得到的利益，即将不正当利益等同于非法利益；第三，不应得利益说，该说认为"不正当利益"既包括非法利益还包括其他不应得利益，其中"其他不应得到的利益"是指违反社会主义道德而取得的利益；第四，受贿人是否违背职务说，此观点认为，"不正当利益"应从受贿人为行贿人谋取利益是否违背职务的要求加以限定；第五，不确定利益说，该说认为"不正当利益"包括两类：非法利益和以不正当手段谋取的不确定利益。

笔者认为，上述五种观点各自具有合理性，但也都存在一些理论中的弊端。"不确定利益说"是目前的通说以及实践中采用的观点，但是"手段"能否作为利益正当与否的一个判断标准，值得商榷。

三、"不正当利益"在司法实践中的疑难问题

关于"谋取不正当利益"依然还存在理论争议，在司法实践中也很难把握，存在颇多疑难问题，笔者针对具体案例，罗列了以下四点主要问题进行探讨：

（一）"不正当利益"的范围界定

从 2008 年《意见》的规定来看，笔者认为，行贿犯罪中的"不正当利益"应该包括以下三种类型：

一是违法性利益，即违反法律、法规、规章或者政策规定的利益。这类利益或是违反法律、法规、规章，或是违反政策规定，其本身具有违法性，所以也可称之为实体违法的利益。违法性利益可以分为绝对违法的利益与相对违法的利益，前者是指对任何人在任何情况下都是非法的利益，如因实施犯罪所得的利益；后者指并非对任何人都是非法的，而只是对行为人而言是非法的，如不符合录取条件的考生被录取。

二是违法性帮助，即违反法律、法规、规章、政策、行业规范的规定提供帮助或者方便条件。这里的帮助或者方便条件不是指利益本身，而是指为谋取利益所提供的帮助或者方便条件。此种不正当利益的特点是利益本身不违法，但是谋取利益的程序（手段）违法，所以也可称之为程序违法的利益。有学

者指出，"程序违法的利益之所以被界定为不正当利益，主要理由是：其一，因为程序与实体紧密相关，程序合法是利益正当的重要保证。受贿人通过违反程序，使请托人得到了本来得不到或者不一定得到的利益，同时，使其他的合法竞争者失去了本来可以得到或可能得到的利益，因而其所谋取的利益就具有不正当性。其二，因为程序具有独立的价值，它可以使运作和决定的过程具有公正、民主的外观，从而提高实体决定的公信度和可接受性。"

三是以不正当手段谋取的不确定利益，根据《意见》第 9 条第 2 款和《解释》第 12 条第 2 款的规定，在这些情形中，参与竞争的人经常通过给予相关人员财物，将不确定利益转化为确定的利益，从而在与其他竞争对手的竞争中获得较为明显的优势，确保中标。这些行为严重破坏市场公平竞争秩序，其中的贿赂腐败行为非常恶劣，用于行贿的钱最终又转嫁到消费者身上。司法解释将这种行为定义为"谋取不正当利益"，为司法机关严厉打击这一类贿赂腐败行为提供了坚强有力的依据，对于整顿市场竞争秩序，维护广大人民群众的利益具有重要意义。

（二）明确司法解释中的"法律""法规""规章""政策"等概念

在司法实践中，要精准地认定利益违法，就需要对司法解释中的"法律""法规""规章""政策"等相关概念予以明确。根据我国《立法法》规定，法律是全国人大及其常委会制定或通过的各种具有强制力的规定或决定；法规则包括三部分，一是行政法规，即由国务院根据全国人大的授权而制定的各种规范性文件，二是地方法规，即各省、自治区、直辖市地方人大及常委会制定的各种规范性文件，三是较大市的人民代表大会及其常委会根据本市的具体情况和实际需要，在不同宪法、法律、行政法规和本省、自治区的地方性法规相抵触的前提下制定的地方性法规；而规章范围较广，包括行政规章、组织规章、业务规章、一般规章。最常见的行政规章中，又可划分为国务院部门规章和地方政府规章。政策是国家或者政党为实现一定历史时期的任务和执行其路线而制定的活动准则和行为规范。按照不同标准，政策可以有多种分类方式，司法解释中的"政策"包括国家政策和全国性政策当无异议，但司法实践中，有人对其是否包含党的政策和地方性政策存有疑虑。笔者认为，"政策"不仅包括国家政策，而且包括党的政策。

在案例一中当裴某开设赌场案已经移送到检察院进入审查起诉的阶段后，赵某此时跟黄某沟通，希望其能与检察院的领导打个招呼，确保该案不被起诉，这种要求明显是在干涉国家司法机关正常的司法活动，因为是否对该案提起公诉有法定的程序，不是个人说了算，黄某作为政法委书记，无权干预检察机关的司法活动。

《中华人民共和国刑事诉讼法》（以下简称《刑诉法》）第 3 条明确规定，对刑事案件的侦查、拘留、执行逮捕、预审，由公安机关负责。检察、批准逮捕、检察机关直接受理的案件的侦查、提起公诉，由人民检察院负责。审判由人民法院负责。除法律特别规定的以外，其他任何机关、团体和个人都无权行使这些权力。《刑诉法》第 5 条也有规定，人民法院依照法律规定独立行使审判权，人民检察院依照法律规定独立行使检察权，不受行政机关、社会团体和个人的干涉。本案中黄某给检察院领导打电话沟通此事明显违反《刑诉法》第 3 条和第 5 条以及中纪委下发的相关规定，即使最终检察院对裴某作出了不起诉决定，赵某当时的主观目的仍然属于谋求不正当利益，这属于"程序违法的利益"。其次，"为谋取不正当利益"是行贿罪的主观构成要件，只能从行贿人的角度出发分析，而不能从受贿人的角度来分析，无论黄某在本案中是否违法违规或者违反何种法律法规都不影响赵某当时的主观心态。

（三）对于向"中间人"行贿的问题如何分析

所谓向中间人行贿，指的是利用媒介方进行行贿，其行贿的直接对象不是权力拥有者本人，而是其亲友、情人等媒介人，该中间人可能是国家工作人员，也可能不是。

《刑法修正案（九）》在刑法第 390 条后增加一条，作为第 390 条之一，其内容是：为谋取不正当利益，向国家工作人员的近亲属或者其他与该国家工作人员关系密切的人，或者离职的国家工作人员或者其近亲属以及其他与其关系密切的人行贿的，处二年以下有期徒刑或者拘役，并处罚金；情节严重的，或者使国家利益遭受重大损失的，处二年以上五年以下有期徒刑，并处罚金；情节特别严重的，或者使国家利益遭受特别重大损失的，处五年以上十年以下有期徒刑，并处罚金。这是刑法中第一次明文规定向关系密切的人行贿也同样构成行贿罪。但是对于主体不是关系密切人，而仅是普通的中间人，这个问题应该如何分析？有中间人参与的行贿行为其结构我们可以简化为：请托人为谋取不正当利益——给中间人（可以是国家工作人员，也可以不是）以财物——中间人通过其他国家工作人员职务上的行为——为请托人谋取了不正当的利益。

笔者尝试用案例二来具体分析这个问题，首先要明确一个观点，既然我们是从请托人的角度来讨论赵某的行为是否构成行贿犯罪，就不应以中间人黄某的行为是否构成犯罪为前提，因为不管黄某的行为是否构成犯罪，都不会影响行贿人行为的性质。其次，我们分析行贿犯罪仍然要回到法条本身来探讨，不管黄某是否参与，发挥了什么作用，判断行为是否构成行贿犯罪都无外乎两个条件：行为侵犯的客体是否是国家机关的正常管理和公职人员职务行为的不可收买性，第二个就是其主观目的是否为谋取不正当利益。本案中，赵某的主观目的是为了让其女婿早点从派出所放出来，但是其女婿是否涉嫌犯罪、是否需要通过违法的程序或手段才能被释放，都未可知，故在此情形下，认定赵某此时的主观目的是为谋取不正当利益实在困难。

其次，本案中，赵某的行为能不能根据《刑法修正案（九）》中新增的向关系密切人行贿罪来认定为犯罪，笔者觉得还需慎重考虑。因为在本案中要认定赵某行贿罪还有两个问题没有得到解决，一是现有书证、口供、证人证言无法明确本案中赵某谋取的是不正当利益，二是本案中的公安局政委是否为关系密切人有待商榷，而法条中明确规定要认定此罪主体必须是关系密切人。

（四）送钱的时间点对于行贿罪认定的影响

对于这个问题，我们可以分为事前、事中、事后三个阶段来探讨。事前送财物，无非两个目的：一是现时有求于受贿人；二是为将来可能有求于受贿人作铺垫、打基础，以备将来一时之需，即行贿人既可能有求于他人，也可能不求他人。预期利益就是行送财物时并没有确切的目的或要求，只是有可能在未来的某个时候有求于相关国家工作人员的情形。如果行贿人因各种原因，一直没有请求受贿人提供任何帮助，行贿人行送财物的行为应如何定性？从行贿人的主观来看，如果其本来是想谋取不正当利益（包括前面论述的实体不正当与程序不正当两种），则应成立行贿罪；如果行贿人并没有确定的目的，只是为将来未知的某种可能利益而结交国家工作人员，在司法实践中也无法认定其目的的不正当性，行贿人的行为则不能认定为行贿罪。对于事中送钱这种情况，一般目的比较明确，也是较常见的情形，对于认定行为人是否构成行贿罪争议不大。

实践中有一种事后感谢型行贿，其"谋取利益"与"给付贿赂"是相分离的。行为人在谋取利益时并没有给付国家工作人员财物，但在取得"不正当利益"以后，给国家工作人员送去财物以表示感谢。在此情形下，行为人是否构成行贿罪，也需要区别对待。第一，如果行为人事前承诺，待"不正当利益"实现后，依约兑现的，应当构成行贿罪。第二，如果国家工作人员暗中主动帮忙，客观上为行为人利益的获取提供了帮助，行为人事后知晓而给予财物的，应根据"不正当利益"的具体形态，作不同处理。如果是"非法利益"，行为人明知且认可，并且给予财物感谢的，应当构成行贿罪；如果是"不确定利益"，由于其事前没有"谋取竞争优势"，其行贿行为没有直接与不确定利益的获取勾连，不能认定为行贿罪。

所以在案例一中，即使赵某是事后给予黄某 2 万元钱，但是这笔钱与赵某之前的请托事由是紧密关联的，这个也可以通过口证和证人证言查实，故该 2

万元也应认定为行贿数额。

四、结论

行贿罪中的不正当利益，既是构成犯罪的要件，还是量刑的依据。不正当利益数额的多少，直接反映了行贿罪给社会带来的危害及其程度。司法实践中，对不正当利益的认定仍存疑惑，需要构筑完善的"不正当利益"的司法实践认定标准，以利于对行贿罪的认定和判决。只有对不正当利益有了清晰的认识和定位，才能正确认定行贿罪，正确处理相关案件，实现刑法惩治犯罪的目的。

公诉工作应对以审判
为中心的诉讼模式措施的研究

李生林　潘春燕[*]

"以审判为中心"的诉讼模式带给公诉工作的影响并非是一朝一夕的，绝大多数都是一直面临的问题。因此，公诉部门必须及时调整自我，恰当地处理好与侦查机关、审判机关、辩护方之间的关系，才能在庭前、庭中、庭后三个阶段游刃有余地转换自己的角色，以更好地状态应对诉讼模式的革新。

一、庭前阶段的应对措施

（一）认清自身，找准定位

古语云："知人者智，自知者明"。公诉部门在此次诉讼模式的转变中最根本的是需要认清自身的地位，从而引导应对工作的开展。

有学者曾以"传菜者"这个角色来形容公诉部门在公检法之间的地位，而公诉部门似乎也是以这个身份来定位自己，认为自身的地位并非那么重要。但此时此刻，公诉部门应该在诉讼结构中找准自己的定位，改变"传菜者"的身份。笔者认为，现下的侦诉审三者之间关系应为——侦查机关为买菜者、公诉部门为做饭者、审判机关为吃饭者。

公诉部门之所以是"做饭者"，实乃现代诉讼制度赋予之职能使然。因为"做饭"包括"洗菜""择菜""烧菜"等一系列工序。"洗菜"——当侦查机关买回菜后，公诉部门需要审查其移交的案卷材料，并核实相关证据，加大排除非法证据的力度。"择菜"——并非侦查机关移送的所有证据，公诉部门都需使用，即使不存在非法证据，公诉部门需要自行选择与案件有关的、能够证明案件事实的证据。"烧菜"——没有配料，菜焉能入口？因此，《刑事诉讼

---

* 作者单位：马鞍山市博望区人民检察院。

法》赋予检察机关的公诉部门两次退侦的权利，让侦查机关在公诉部门的引导下完善相关证据的补充；公诉部门再根据在案的有效证据重新构造指控事实，最大限度地还原案件事实。最后烧出"成品"——写好起诉书，提起公诉。

（二）严把证据审查关

公诉部门在刑事诉讼结构中找准定位后——"烧菜者"，应该从角色出发，提高公诉人相应的业务素质和技能，尤其是审查证据方面的能力。

1. 审查证据的证明能力。证据能力是指一定的事实材料作为诉讼证据的法律上的资格，故又称作证据资格。如果一个材料连作为证据的能力都没有，如何指控犯罪事实！公诉人审查一个材料是否具备证据能力时，是看其是否具备证据的三性，即关联性、客观性、合法性。最常见也是最重要的是审查证据的合法性——取证手段是否合法，即是否需要启动非法证据排除规则。

公诉人在审查证据的证明能力时，要加大排除非法证据的力度，尤其要高度重视事实不清、供述前后矛盾、主要证据之间存在矛盾的案件，对待此类案件必须要求侦查机关及时补充完善或作出合理的解释，并且要依法监督纠正取证程序中的违法问题。再者，要求侦查机关对移送的所有案件应附有同步录音录像，同时移送在押犯罪嫌疑人的入所身体检查记录表及彩色免冠照片。一旦发现存在以刑讯逼供或者威胁、引诱、欺骗等非法手段取得的证据，必须坚决予以排除。公诉人需切实做到把侦查活动中存在的规范执法小问题当成影响审判活动开展的大隐患来认真对待，不给非法证据一点生存的空间，坚决将其"扼杀在摇篮里"。

2. 审查证据的证明力。证据的证明力，是指证据在证明案件事实方面所起的作用。所有的证据都具有证明案件事实的作用，但其证明作用力的大小却有所不同，即证据证明力的强弱不同。一个证据能证明什么、证明到什么程度，公诉人的判断既不能高也不能低。有些证据在案件中就只是间接证据，需要与其他证据相印证。一个案件若只存在单独的、间接的证据，就不能指控他人具有犯罪事实。

3. 注重证据的复核。公诉人审查证据要全面，不仅需审查有罪、罪重的证据，还要审查无罪、罪轻的证据，要避免先入为主的错误思想。例如，审查书面卷宗证据与同步录音录像时，若发现两者间存在根本性冲突，应当采信同步录音录像；对易反复的但对定罪量刑起关键作用的言词证据应当面复核，不可一味地相信"纸质文字"。

另外，对于有些疑难复杂案件，应从"在卷证据"审查到"在案证据"，改变传统的卷宗证据的审查方式。例如，当发现犯罪嫌疑人在某些细节的描述上与证人或者被害人陈述的内容有出入，而这些差异足以影响全案的定罪量刑，公诉人应及时询问证人或被害人，找出原因，并筛选出虚假的证据；再者，当遇到某类财产性案件的犯罪嫌疑人提出辩解时，公诉人不妨到案发现场进行实地查看，以求客观、公正地揭示证据与证据之间、证据与客观事实之间的联系，再现案件原貌。

（三）做好证人出庭作证的应对准备

《刑事诉讼法》明确规定"证人可以出庭作证"，而作为言词证据的证人证言的客观性和稳定性均不强，其受主观因素的影响较大，且易失真。特别是已经在侦查阶段形成询问笔录的证人，可能会受到某种外界因素的影响，导致其出庭改变证言。如果公诉人不能妥善应对此类突发情况，很可能陷入尴尬被动局面。因此，公诉人应在庭前充分做好准备，例如，预测可能推翻证言的证人类型、推翻证言的原因等，以确保庭审的顺利进行。

（四）善于利用庭前会议制度

《刑事诉讼法》设置了庭前会议制度，而庭前会议的主要内容之一就是控辩双方对证据进行展示和交换。准备出席庭审的公诉人应利用这一过程，有效掌握被告人及其辩护人对犯罪事实或者罪名的认识，结合全案证据，作出分析和判断，并做好充足准备，在庭审中充分证实被告人的罪行。另外，控辩双方还可在庭前会议程序解决非法证据排除等程序性争议，为优质高效庭审打下坚实基础。

当然，并非所有的辩护人都能遵从此项规定，将辩方的证据完全展示给控方。因此，公诉人应坚持控辩双方"对等展示，防止证据突袭"的原则，要求辩护人将所收集到的证据和盘托出，进行全面证据交换，尤其是对做无罪辩护、证明被告人为从犯或胁从犯、有重大立功表现、传唤证人、询问笔录等方面的证据。另外，对于没有完全履行证据展示义务的辩护人，参加庭前会议的公诉人可以向法官申请，强制辩护人履行展示义务；对于在庭前会议未展示而在庭审中展示的证据，公诉人可以要求延期审理，做好诉讼准备后再提请恢复庭审，并要求辩护人说明未能展示的合理原因，对辩护人有意不展示应当展示的证据，致使该证据因时机丧失难以核实的，公诉人可以向法庭申请，裁定对该证据不予采纳。

（五）引导侦查活动，确保取证到位

按照刑事诉讼原则，侦查机关与检察机关之间的关系应是"互相配合、分工合作。"但毕竟两者在工作中把握的关键点不同，侦查机关更侧重取证、查证等侦查活动。侦查机关在侦查时，可能会受思维方式、逻辑判断等主观因素的影响，造成证据链条不完整的问题。对此，公诉部门应加强对侦查活动的引导和规制，指导侦查人员在办案过程中严格依取证程序合法取证，排除非法证据及补正瑕疵证据，以免被辩护人抓住"把柄"，利用侦查环节的非法证据和瑕疵证据大做文章，以此来否定整起案件的合法性。

另外，对于一些疑难复杂案件应适时提前介入，若出现取证不到位、证据间不能相互印证等一系列证据链尚未形成的情况，也应当适时引导侦查取证或者补正瑕疵证据，确保进入庭审环节的案件达到事实清楚、证据确实充分的要求，保证案件能够经得起法律和历史的双重检验。

（六）积极听取辩护律师的意见

《刑事诉讼法》第 170 条规定，"人民检察院审查案件，应当讯问犯罪嫌疑人，听取辩护人、被害人及其诉讼代理人的意见，并记录在案。辩护人、被害人及其诉讼代理人提出书面意见的，应当附卷。"这就要求公诉人在努力提高自身能力的同时，还要善于倾听来自外界的声音——辩护律师的意见。

古语云："知己知彼，百战不殆"。其实认真听取律师意见是公诉人防范冤假错案最低成本、最具效率的途径和方法，通过听取辩护律师意见，既可以对自身规范执法行为进行检视，又可以在指控犯罪和保障人权中找到最佳平衡点。当然，在听取律师意见的同时，并非要求公诉人与对方交换意见，所谓"君子藏器于身，待时而动"，双方真正交锋的时刻应当是在庭审环节。公诉人只有在关键的时刻展现技艺，才能牢牢地掌控住庭审活动的节奏，让被告人"俯首认罪"。

二、庭中阶段的应对措施

一个优秀的公诉人除了要具备审查证据的能力，还须具有掌控庭审节奏的能力，将主动权牢牢把握在自己的手中。庭审过程是公诉人与辩护人全方位斗智斗谋的过程，公诉人要在吃透案情的基础上与辩护人据法据理力争。法庭上的情形虽不是瞬息万变，但至少是多变，在面对可能出现的变化时，公诉人不能像话剧演员一样，一直按照既有脚本照本宣科，而是应当具有灵活的临场应变能力，及时修正之前准备的出庭预案，迅速地形成应变对策的思路和方式方法，给予对方有力的反击。

（一）讯问阶段

法庭讯问具有明显的目的性。公诉人在庭上想通过讯问达到什么目的直接决定了公诉人所采取的讯问方法。因此，公诉人为自己的法庭讯问设定怎样的目标是至关重要的。

首先，目的要明确。公诉人在法庭上讯问被告人属于"明知故问"，带有强烈的目的性。而且公诉人通过庭前提审，对被告人的认罪态度一般已经掌握，对其可能出现的辩解也有所预测。因此，应根据被告人的认罪态度，设置相应的讯问提纲。

其次，针对性要强。公诉人在庭上讯问无须像在审查起诉阶段讯问地那样仔细、全方位，而是应当有所侧重，对关键问题应当重点发问。例如，在被告人不供述或者供述不理想的案件中，公诉人应当有针对性地对其辩解的事实与理由深入发问，使被告人不能自圆其说或者无法作出合理的解释。

最后，及时更改讯问提纲。公诉人在讯问时可以按照预先准备的提纲进行发问，但若发现被告人出现翻供现象时，应及时改变讯问方向，选择相应的方法有效应对。例如，讯问其作出与庭前供述不一致的原因，若其提出非法证据，公诉人可要求法庭当庭播放同步录音录像或者提交其入所体检表等证据；对于被告人供述极不稳定的案件，公诉人可通过对被告人历次供述内容的对比，找出其中的异同进行分析论证，以揭示其当庭翻供的不合理之处。

（二）举证和质证阶段

公诉人在庭上应当灵活运用多种示证方式，加强示证过程的说理性，充分履行指控犯罪的职能。公诉人举证并非是对案件证据的简单罗列，而是应围绕构成要件和争议焦点安排举证的顺序、详略，便于法庭准确、高效地查明案情。在举证过程中可以采取"分组举证和单个举证相结合"的方法，有针对性地对多个待证事实分别予以证明。若遇到复杂、疑难案件，可充分结合多媒体示证系统，有图有声地传递诉讼信息，强化法官对案件事实的认知程度。

对于质证，公诉人质证的思路应视辩护人质疑的问题是否确实存在和动摇公诉证据的证据能力而定。对于质疑无碍公诉证据能力的，应简明、扼要地表达质疑不能成立或不能否定证据能力，不必详细阐述；对于质疑的问题可能模糊公诉证据能力的，应据理力争，直接指出其谬误或者不合逻辑之处，并阐明控方出示的证据不仅具有证明能力，且能与其他证据相互印证。

现今很多辩护人会利用《刑事诉讼法》第187条的规定，申请证人出庭作证。此时，公诉人应沉着区分应对：若是属于与被告人有利害关系的证人改变证言，应及时阐明其证言证明力的大小，并表达控方列明的证据足以形成一个完整的证据链，其证言不足以撼动完整的证据体系。若证人是受到其他因素影响，应区分是何种因素，若是自身的主观因素，公诉人应考虑到庭审时间距离案发时间已相隔许久，人的记忆出现偏差实属正常，此时只需耐心引导证人作出客观的证言即可；若是受到外界因素，例如受到威胁或者收受贿赂，公诉人应观察证人的一些行为举止，包括语序的停顿、十分流畅的背诵等，并及时提醒法庭注意，也要向证人阐明作伪证的法律后果。

（三）辩论阶段

公诉人出席法庭如同参加一场没有硝烟的战斗，而战斗中最为激烈的当属法庭辩论。很多公诉人庭前准备内容极其丰富的答辩提纲，但发现在庭上实际用到的却少之又少。究其原因有二：第一，没有充分预测庭审可能出现的辩论焦点；第二，临场应变能力不足。解决这两点的对策其实是相通的，均与公诉人有无吃透案情有关。

法庭是释理说法的地方，公诉人要做到用自己的观点去说服对方认同自己的观点，就必须先吃透案情、了解案情，充分预测本案中有哪些辩点，而又有哪些辩点是值得辩护人作为辩护策略的。其次，无论是谁都不可能百发百中地预测庭审情况，辩护人也不可能都按常理出牌。因此，公诉人必须要灵活应对，快速地找到辩护观点的要义以及漏洞、矛盾之处。大部分辩护人在发表辩方观点时，基本上都用大量、繁冗的语句表达了一个观点，这时公诉人可以直接指出"辩护人用了很长的时间，实际上只表达了一个观点，是认为被告人符合……而公诉人则认为……"，此刻的控辩双方给旁人的印象就是辩方拖沓讲不到重点，而公诉人却能既驳斥对方的观点，又能简明、扼要地发表了自己的观点，使控制庭审的节奏掌握在自己手中。同时，公诉人还要做好应对庭审中可能出现的"证据突袭"的情况。此时的公诉人无须慌乱，可以向法庭明确指出，辩护人、被告人的做法直接违反了《最高人民法院关于适用〈中华人民共和国刑事诉讼法〉的解释》第182条第1款第3项关于辩护人、被告人应当在开庭5日前向法庭提供证据的规定，有"证据突袭"之嫌，请法庭注意，然后再遵从质证的法则，从证据的三性去审查辩方提交的证据。

三、庭后阶段的应对措施

前文在论述"以审判为中心"的诉讼模式的本质内涵时，有提到"以审判为中心"的诉讼模式并不与检察机关行使的监督职能相冲突，所有的审判活动仍然需要接受检察机关的监督。公诉部门在收到案件的裁判之后，应及时查阅裁判文书和翻看庭审笔录，以此确定一审的审判活动是否存在违法之处。公诉部门在履行监督职责时，应改变过去"抗轻不抗重""只抗实体、不抗程序"的狭隘观念，而是应遵循"全面审查"的原则。不仅需要查看最后的判决是否判得准确，还要确保所有的程序均系合法。当然，提出的抗诉理由必须有理有据。实践中，有的公诉部门提出的抗诉理由虽然正确，但理由论证不充分，说服力不强。因此，要有效利用《刑事抗诉书》《提请抗诉报告书》等法律文书的表达作用。"抗诉词"不仅要揭示诉讼争议焦点，还要发挥释理说法、说服二审审判机关的作用，充分表达合理意见。

综上，"以审判为中心"诉讼模式的推进，意味着公诉部门面临一项重大的整改任务。公诉部门必须在深刻把握"以审判为中心"诉讼模式的本质内涵上，找准自身的定位，及时转变司法理念，并积极采取有效地应对措施，确保案件能"立得住、诉得出、判得了"，确保公诉部门起诉的每一起案件都能得到公正的裁判。

逮捕必要性审查对逮捕工作的影响

沈海涛*

一、逮捕必要性审查法律依据的演变

2012 年 3 月 14 日，第十一届全国人民代表大会第五次会议通过了《关于修改〈中华人民共和国刑事诉讼法〉的决定》，并于 2013 年 1 月 1 日起施行。修改后《刑事诉讼法》第 79 条规定："对有证据证明有犯罪事实，可能判处徒刑以上刑罚的犯罪嫌疑人、被告人，采取取保候审尚不足以防止发生下列社会危险性的，应当予以逮捕：

（一）可能实施新的犯罪的；

（二）有危害国家安全、公共安全或者社会秩序的现实危险的；

（三）可能毁灭、伪造证据，干扰证人作证或者串供的；

（四）可能对被害人、举报人、控告人实施打击报复的；

（五）企图自杀或者逃跑的。

对有证据证明有犯罪事实，可能判处十年有期徒刑以上刑罚的，或者有证据证明有犯罪事实，可能判处徒刑以上刑罚，曾经故意犯罪或者身份不明的，应当予以逮捕。

被取保候审、监视居住的犯罪嫌疑人、被告人违反取保候审、监视居住规定，情节严重的，可以予以逮捕。"

比较 1996 年刑事诉讼法第 60 条的规定：对有证据证明有犯罪事实，可能判处徒刑以上刑罚的犯罪嫌疑人、被告人，采取取保候审、监视居住等方法，尚不足以防止发生社会危险性，而有逮捕必要的，应即依法逮捕。对应当逮捕的犯罪嫌疑人、被告人，如果患有严重疾病，或者正在怀孕、哺乳自己婴儿的妇女，可以采用取保候审或者监视居住的办法。我们可以发现有以下变化：第

一，重点修改了逮捕必要性条件，逮捕必要性条件是逮捕三个条件中自由裁量成分最大，最容易被忽视的条件。第二，通过列举方式固化和细化了社会危险性的具体情形。第三，规定了对有证据证明有犯罪事实，可能判处十年有期徒刑以上刑罚的，或者有证据证明有犯罪事实，可能判处徒刑以上刑罚，曾经故意犯罪或者身份不明的，应当予以逮捕。

实际上，修改后刑事诉讼法关于逮捕必要性的细化规定并非首创，在司法机关内部早已有类似的要求。

根据 2001 年 8 月 30 日最高人民检察院、公安部发布施行的《关于依法适用逮捕措施有关问题的规定》第 1 条第 2 项规定，具有下列情形之一的，即为"有逮捕必要"：

（1）可能继续实施犯罪行为，危害社会的；

（2）可能毁灭、伪造证据、干扰证人作证或者串供的；

（3）可能自杀或者逃跑的；

（4）可能实施打击报复行为的；

（5）可能有碍其他案件侦查的；

（6）其他可能发生社会危害性的情形。

这一解释对于公安机关、检察机关正确理解逮捕必要性的法律内涵起到了积极的帮助和促进作用。之后，最高人民检察院又对"有逮捕必要"逐步进行了细化和固化。

根据 2006 年 8 月 17 日最高人民检察院颁布的《人民检察院审查逮捕质量标准（试行）》第 6 条规定，具有下列情形之一的，即为"有逮捕必要"：

（1）可能继续实施犯罪行为，危害社会的；

（2）可能毁灭、伪造、转移、隐匿证据，干扰证人作证或者串供的；

（3）可能自杀或者逃跑的；

（4）可能实施打击报复行为的；

（5）可能有碍本案或者其他案件侦查的；

（6）犯罪嫌疑人居无定所、流窜作案、异地作案，不具备取保候审、监视居住条件的；

（7）对犯罪嫌疑人不羁押可能发生社会危险性的其他情形。

2007 年 1 月最高人民检察院颁布的《关于在检察工作中贯彻宽严相济刑事司法政策的若干意见》中第 7 条规定，对把握"有逮捕必要"条件时，可以综合考虑以下因素：主体是否属于未成年人或者在校学生、老年人、严重疾病患者、盲聋哑人、初犯、从犯或者怀孕、哺乳自己婴儿的妇女等；法定刑是否属于较轻的刑罚；情节是否具有中止、未遂、自首、立功等法定从轻、减轻或者免除处罚等情形；主观方面是否具有过失、受骗、被胁迫等；犯罪后是否具有认罪、悔罪表现，是否具有重新危害社会或者串供、毁证、妨碍作证等妨害诉讼进行的可能；犯罪嫌疑人是否属于流窜作案、有无固定住址及帮教、管教条件；案件基本证据是否已经收集固定、是否有翻供翻证可能等。

2010 年 8 月 25 日最高人民检察院发布的《人民检察院审查逮捕质量标准》第 5 条规定又对之前的试行稿第 6 条进行了再次确认。

从以上规定演变可以看出，关于逮捕必要性的规定不断出台，屡次强调，逮捕必要性条件逐渐细化、固化，这在一定程度上约束了侦查机关和检察机关随意的适用逮捕强制措施。修改后刑事诉讼法在总结近年来司法实践的经验基础上，明确了逮捕必要性的具体内容，符合保障犯罪嫌疑人的人权这一刑事诉讼中重要的价值追求。

二、修改后刑事诉讼法对逮捕必要性审查工作提出了新要求

修改后刑事诉讼法对逮捕必要性提出了明确的条件，彰显了新时期刑事诉讼活动打击犯罪与人权保障并重的司法理念，同时对侦查监督部门审查逮捕必要性工作提出了新要求。

（一）转变重打击、轻保护的执法理念，确立逮捕必要性原则

在重打击、轻保护的执法理念下，一个公民一旦被列为犯罪嫌疑人，似乎就成为公平正义的对立面，重打击的理念影响着侦查监督审查工作的客观性要求的实现。修改后刑事诉讼法将尊重和保障人权写入了总则当中，就是从人权保障角度确立了逮捕必要性原则，禁止滥用逮捕权，尽可能少捕，只有不得不逮捕犯罪嫌疑人时，才适用逮捕措施。

（二）贯彻慎捕理念，坚决抛弃构罪即捕错误观念

刑事强制措施只是在保障人权和保障刑事诉讼顺利进行两大价值追求发生冲突时，所作出的牺牲犯罪嫌疑人利益的一种临时性抉择。理论界和司法实践中一直要求贯彻慎捕理念，修改后刑事诉讼法更是从立法层面充分体现慎捕理念。这就要求侦查监督部门在审查逮捕过程，必须坚决贯彻慎捕理念，考虑尽可能适用逮捕替代措施，审查逮捕环节不仅要防止错误逮捕，还应当防止对没有逮捕必要的犯罪嫌疑人予以逮捕。

（三）进一步强化和严格审查逮捕程序

修改后刑事诉讼法第 86 条规定，"人民检察院审查批准逮捕，可以讯问犯罪嫌疑人；有下列情形之一的，应当讯问犯罪嫌疑人：（一）对是否符合逮

捕条件有疑问的；（二）犯罪嫌疑人要求向检察人员当面陈述的；（三）侦查活动可能有重大违法行为的。人民检察院审查批准逮捕，可以询问证人等诉讼参与人，听取辩护律师的意见；辩护律师提出要求的，应当听取辩护律师的意见。"审查逮捕中讯问犯罪嫌疑人的规定，是对犯罪嫌疑人申辩权的保障，有利于全面了解案情，正确查明犯罪事实，正确掌握逮捕标准，有利于及时发现侦查中的违法行为。

（四）强制措施应当体现人文关怀

修改后刑事诉讼法第 65 条关于适用取保候审的规定，即患有严重疾病、生活不能自理，怀孕或者正在哺乳自己婴儿的妇女，采取取保候审不致发生社会危险性的；羁押期限届满，案件尚未办结，需要采取取保候审的。第 72 条关于监视居住的规定，即人民法院、人民检察院和公安机关对符合逮捕条件，有下列情形之一的犯罪嫌疑人、被告人，可以监视居住：

（1）患有严重疾病、生活不能自理的；

（2）怀孕或者正在哺乳自己婴儿的妇女；

（3）系生活不能自理的人的唯一扶养人；

（4）因为案件的特殊情况或者办理案件的需要，采取监视居住措施更为适宜的；

（5）羁押期限届满，案件尚未办结，需要采取监视居住措施的。

对符合取保候审条件，但犯罪嫌疑人、被告人不能提出保证人，也不交纳保证金的，可以监视居住。从上述取保候审、监视居住措施的规定可以看出，充分体现了法律以人为本的人文关怀精神。

三、逮捕必要性法律内涵的理解和把握

正确理解和适用逮捕必要性，应当从两个方面分析：一是具有法律规定的社会危险性。二是有证据证明采取取保候审不足以防止发生这种社会危险性。二者有机结合，才能完整的构成逮捕必要性的法律内涵。二者之间是一种层进关系，即在满足第一个层次的条件后，还需要满足第二个层次的条件。

（一）社会危险性不同于社会危害性

社会危险性是指犯罪嫌疑人给社会带来新危害的可能性，它不同于现实的社会危害性。社会危害性是犯罪的本质特征，是主观危险性和客观危害性的统一。社会危险性与社会危害性相比，不具有危害后果的现实性特点，只是一种可能性。其具体内容包括两个方面，即犯罪嫌疑人人身危险性和罪行危险性。

人身危险性是指基于犯罪嫌疑人人身因素可能给社会带来的危险性；罪行危险性是指基于犯罪嫌疑人的罪行因素致使犯罪嫌疑人可能给社会带来的危险性。二者共同构成社会危险性的法律内涵。

（二）逮捕必要性不同于社会危险性

逮捕必要性包括两个方面含义，一是具有社会危险性，二是采取取保候审、监视居住不足以防止发生这种社会危险性。认定犯罪嫌疑人是否有逮捕必要，仅仅考察犯罪嫌疑人是否具有社会危险性是不够的。在考察犯罪嫌疑人具有社会危险性之后，还需要考量：（1）对该犯罪嫌疑人适用取保候审、监视居住，是否足以防止发生社会危险性。对该问题的考察，必须综合分析犯罪嫌疑人所具有的社会危险性的具体内容及其危险程度，分析犯罪嫌疑人犯罪前后表现等因素。（2）对犯罪嫌疑人采取取保候审、监视居住，犯罪嫌疑人不能违反刑事诉讼法第56条之规定，即不能干扰作证、毁灭证据、串供、逃跑等行为。

因此，在决定对犯罪嫌疑人是否适用逮捕措施时，仅仅因为犯罪嫌疑人构成犯罪，具有社会危险性，而不考虑犯罪性质和程度，不考虑适用取保候审、监视居住是否可以防止发生这种危险性，就适用逮捕措施，显然不符合逮捕必要性的要求。

（三）逮捕必要性审查不同于羁押必要性审查

修改后刑事诉讼法第93条规定，犯罪嫌疑人、被告人被逮捕后，人民检察院仍应当对羁押的必要性进行审查。对不需要继续羁押的，应当建议予以释放或者变更强制措施。有关机关应当在10日以内将处理情况通知人民检察院。这条规定明确赋予检察机关对羁押必要性进行审查监督的职责。

羁押必要性的内涵与逮捕必要性存在一些共性，其不同点主要是审查捕后羁押公正性即羁押的合法性和合理性问题。包括以下内容：一是继续羁押的合法性审查。主要包括犯罪嫌疑人的行为是否真正构成犯罪，也就是对逮捕质量的间接监督；决定逮捕以后，案件的事实、证据有没有变化，犯罪嫌疑人的行为是否还构成犯罪；延长羁押是否按照程序报批、羁押是否超期等。二是继续羁押的合理性审查，即根据案件的发展变化，是否还需要对犯罪嫌疑人、被告人继续羁押。对于犯罪嫌疑人具有不妨害刑事诉讼顺利进行的情形，不再具有社会危险的，即使羁押期限没有届满，也应当改变为非羁押性强制措施。

四、逮捕必要性审查在实践中存在的问题及原因

（一）逮捕必要性审查在实践中存在的问题

修改后刑事诉讼法体现了立法者的良好意愿，但过去长期形成的司法习惯及司法理念会影响新法实施的效果和落实周期。在司法实践中，逮捕是刑事案件使用率最高的强制措施，侦查监督部门往往构罪就捕，逮捕适用尺度一再放宽。逮捕必要性的审查往往变成了逮捕"可行性"的审查，即只要不是无罪案件，可捕可不捕的往往予以逮捕。具体表现在以下几个方面：

1. 注重对定罪证据的收集和审查，忽视对量刑等影响逮捕必要性的证据的收集和审查。侦查机关注重有罪证据而忽视无逮捕必要性证据的搜集和运用，将大部分犯罪嫌疑人先刑拘后报捕。侦查监督部门宽泛的批捕适用条件，进一步强化了侦查机关对逮捕必要性证据的忽视，造成了侦查机关构罪即报捕的执法理念。同时，案件一旦批准逮捕，侦查机关对于捕后侦查羁押环节进一步补充、完善证据尤其是羁押必要性的证据缺乏源动力。

2. 逮捕必要性审查变为逮捕可行性审查。在审查逮捕环节，侦查监督部门更多地会考量逮捕后是否能够起诉，是否有罪判决，而不是考虑逮捕的必要性。逮捕就意味着有罪判决，使逮捕这一保障诉讼活动进行的暂时性的强制措施，变成了实质的审判，使逮捕的适用成为刑事案件有罪判决的一道无形保障。

3. 对可捕可不捕的轻刑案件选择批捕。侦查机关具有较高的提捕率，检察机关从配合侦查机关和预防发生社会危险性的角度，在无证据证明有发生社会危险性的情况下，为保障诉讼活动的顺利进行，将构罪的犯罪嫌疑人"一捕了之"。另外，被害人及社会舆论的压力，导致轻刑案件逮捕措施的运用受到了被害人态度的影响。例如，一些涉及人身损害赔偿的案件，如果双方当事人没有达成一定的协议，为了避免上访、缠访现象，往往予以逮捕。逮捕措施有时甚至沦为一方当事人获取民事赔偿的一种协商砝码，这在交通肇事、故意伤害等案件中表现的尤为明显。

（二）原因分析

对犯罪嫌疑人以适用逮捕措施为主的司法现状，在短期内，还不能根本扭转，究其原因，主要有以下几点：

1. 重刑主义传统思维的影响。我国历来有着重刑的传统，有"以眼还眼，以牙还牙"的法律报应刑理念，犯罪了就应该被羁押的思想根深蒂固。如果有人犯罪了没被羁押而被采取其他强制措施，群众往往会对此产生误解。如果

犯罪嫌疑人不被逮捕，公众的普遍认知，便是该人不会受到较为严厉的刑罚，关了几天就放了，这样会有各种各样的猜想，甚至认为存在司法腐败。从执法理念上看，有的执法人员片面强调逮捕的作用，认为只有逮捕才能体现对犯罪分子的打击力度。

2. 社会危险性的列举貌似具体实则模糊。修改后刑事诉讼法虽然对社会危险性进行了细化，规定了具体适用情形，但大量"可能"字眼的使用弱化了逮捕必要性的适用。司法实践中执法人员往往对"可能"作扩大解释、任意解释。因为任何一个犯罪嫌疑人都可能实施修改后刑事诉讼法第79条第一款五种行为的可能，尽管可能性有大有小，因人因案而异，但是很难说一个犯罪嫌疑人绝对没有实施上述五种行为的可能。因此，这个貌似具体实则模糊的规定，仍不能有效防止构罪即捕情况的发生。

3. 修改后刑事诉讼法没有明确无逮捕必要的概念、范围，从反面限制逮捕过高适用率。虽然修改后刑事诉讼法从正面就把握逮捕必要性做了具体列举，且没有设置兜底条款，可见不符合法定应当逮捕情形的均不应当逮捕，似乎没有必要再从反面规定无逮捕必要的情形及范围。但是，如果不进一步明确无逮捕必要的范围及情形，侦查机关可能随意提请检察机关逮捕，而检察机关因缺乏刚性的无逮捕必要的法律依据，对一些可捕可不捕的作出了批捕决定。

4. 社会危险性证明机制未充分建立完善。司法实践中侦查人员很少收集和提供犯罪嫌疑人有逮捕必要的证据，往往笼统说明犯罪嫌疑人有实施刑事诉讼法第79条第1款5种行为的可能，致使检察人员在审查逮捕案件时很难判断犯罪嫌疑人是否有逮捕必要。需要建立完善社会危险性证明机制，明确公安机关对提请批准逮捕的案件，除移送证明犯罪嫌疑人已涉嫌犯罪，可能判处徒刑以上刑罚的证据外，还应当移送证明犯罪嫌疑人具有社会危险性的证据材料，并说明其社会危险性理由。

5. 维稳等外部制约因素的影响。近年来，刑事案件持续高发，在日益严峻的治安形势下，公安机关作为承担维护社会稳定的首要责任单位，为完成维稳任务，利用考核手段进行刺激，将逮捕视为促进社会稳定的一种重要手段，积极追求高逮捕率。公安机关往往忽视对逮捕必要性的条件的调查与运用，将绝大多数犯罪嫌疑人先刑事拘留后再提请批捕。而检察机关同样基于维稳外部制约因素的压力，批准逮捕率较高。

6. 业务考评机制的影响。侦查机关和检察机关都从自身需要出发，制定了本系统内部绩效考核办法。公安机关通常以拘留数、逮捕数等量化指标进行业绩考核，这就会导致部分办案人员选择构罪即报捕，而不考虑是否确有报捕必要。而在检察机关，对不捕案件有严格的条件和程序，各类执法检查活动都将其作为重点予以检查，对办案人员来说，适用无逮捕必要不但增加工作量，而且还存在一定的风险。考虑到与侦查机关的配合关系，也考虑到一些案件如果不捕可能发生涉检上访，往往对侦查机关报捕可捕可不捕的案件，也作出逮捕决定。

五、完善制度保障逮捕必要性条件的适用

审查逮捕质量是审查逮捕工作的生命线，而逮捕必要性的审查判断随着人权保障的深入人心，逐渐成为审查逮捕质量优劣的重要衡量标准。必须完善制度保障逮捕必要性条件的适用。

（一）转变执法观念，树立保障人权的思想，贯彻宽严相济精神，正确适用逮捕措施

刑事强制措施是为了保障刑事诉讼活动的顺利进行而对犯罪嫌疑人、被告人采取的手段，逮捕是强制措施中最为严厉的一种，极容易对公民人身权利和其他相关权利造成损害。作为检察人员要进一步转变执法观念，在执法中既要考虑以保障刑事诉讼和被害人的权利为出发点，又要兼顾到对犯罪嫌疑人合法权利的保护，尽量减少对未成年人犯罪，过失犯罪和其他轻刑犯罪嫌疑人逮捕措施的适用，逐步过渡到轻刑犯罪实行"不捕为一般，逮捕为个别"的原则。从而突出打击刑事犯罪的重点，节约司法资源，提高诉讼效率，彰显司法文明。

（二）确立和完善无逮捕必要的概念及范围，建立不捕直诉机制

根据社会危险性的判断标准，可以从反向研究犯罪嫌疑人犯罪的性质、人身危险性、主观恶性等综合判断。2010年8月25日《人民检察院审查逮捕质量标准》第6条规定，犯罪嫌疑人涉嫌的罪行较轻，且没有其他重大犯罪嫌疑，具有以下情形之一的，可以认为没有逮捕必要：（1）属于预备犯、中止犯或者防卫过当、避险过当的；（2）主观恶性较小的初犯、偶犯，共同犯罪中的从犯、胁从犯，犯罪后自首、有立功表现或者积极退赃、赔偿损失、确有悔罪表现的；（3）过失犯罪的犯罪嫌疑人，犯罪后有悔罪表现，有效控制损失或者积极赔偿损失的；（4）因邻里、亲友纠纷引发的伤害等案件，犯罪嫌疑人在犯罪后向被害人赔礼道歉、赔偿损失，取得被害人谅解的；（5）犯罪嫌疑人系已满14周岁未满18周岁的未成年人或者在校学生，本人有悔罪表现，其家庭、学校或者所在社区以及居民委员会具备监护、帮教条件的；（6）犯罪嫌疑人系老年人或者残疾人，身体状况不适宜羁押的；（7）不予羁

押不致危害社会或者妨碍刑事诉讼正常进行的其他无逮捕必要的情形。对应当逮捕的犯罪嫌疑人，如果患有严重疾病，或者是正在怀孕、哺乳自己婴儿的妇女，可以取保候审或者监视居住。从这个规定可以看出，最高人民检察院在无逮捕必要方面做出了积极努力，但该项工作需要进一步推动，能够为公安部及最高人民法院认可，三方达成共识并共同实施，这样也为建立不捕直诉机制奠定了法律基础。

（三）强化取保候审等替代性强制措施的适用性

许多国家都规定了保释制度，审前羁押属于例外情形，而犯罪嫌疑人、被告人在审前被保释在外则是一项原则。犯罪嫌疑人、被告人在被法院判定为有罪之前，除了几种特殊情况外，犯罪嫌疑人、被告人在通常情况下都能获得保释。这种保释制度是基于无罪推定的理念设计的，是对犯罪嫌疑人、被告人人权的有效保障。我国的取保候审、监视居住制度保障犯罪嫌疑人、被告人在审前处于不被羁押状态，但人身自由受到一定限制，以保证其随传随到，如能正确适用，是对犯罪嫌疑人、被告人人权的一种重要保障。但在我国的刑事司法实践中，取保候审、监视居住却较少适用。主要因为取保候审脱保成本低，犯罪嫌疑人逃避、妨碍刑事诉讼的风险大，犯罪嫌疑人在取保候审期间再违法犯罪的情况也有发生。监视居住操作困难，成本过高。在司法实践中，为了控制犯罪嫌疑人，保障刑事追诉，司法机关往往选择逮捕犯罪嫌疑人。因此，需要采用法治、科技等手段进一步提高取保候审等替代性强制措施的适用性。

（四）完善逮捕必要性双向说理制度

要求侦查机关提高报捕案件质量，全面收集案件证据，注意收集证明逮捕必要性的证据。要求侦查机关在提请报捕的文书中写明提请逮捕的理由和依据，对犯罪嫌疑人的逮捕必要性进行分析论证，将逮捕必要性纳入对侦查机关监督的一部分。侦查监督部门要对逮捕必要性重点审查，对无逮捕必要而不逮捕的案件要充分说理。对不批捕的案件建立风险评估机制，防止因处理不当出现逃跑、涉检上访等情况的发生。

（五）建立逮捕必要性公开听证制度

在审查逮捕过程，将诉讼参与人的意见纳入逮捕必要性论证材料中，对其意见进行分析，仔细说明采纳与否的原因。对于一些重大、特殊的案件，举行听证，邀请社会人员进行评估，对是否有逮捕必要进行公开审查。通过多方参与、共同见证的方式，将诉讼参与人的制约提前到审查逮捕过程中，打开检察机关与社会之间的沟通屏障，避免检察官对于逮捕必要性自由裁量不当的情况。

（六）推进羁押必要性审查制度

修改后刑事诉讼法，明确规定了犯罪嫌疑人被逮捕后，人民检察院仍应当对羁押必要性进行审查，这对完善羁押制度，尊重和保障人权具有重要意义。羁押必要性审查制度克服了一捕了之，办案期限不满羁押不终止的问题，厘清了办案需要和羁押必要的界限，将对限制人身自由的审查从逮捕延伸到捕后羁押全过程，在保障诉讼的同时控制和减少了羁押，是对逮捕必要性审查制度的完善。

查办职务犯罪案件如何把握
逮捕必要性的证据收集

高仁军[*]　马云飞　徐淑洁^{**}

一、查办职务犯罪案件把握逮捕必要性的重要意义

在查办职务犯罪案件中，树立逮捕必要性的全局性观念、人权观念，把握逮捕措施在侦查、诉讼中的作用，具有重大意义。

（一）把握逮捕必要性是打击犯罪、保障人权的重要手段

我国刑事诉讼的目的是惩罚犯罪、保障人权，而要达到此目的前提是必须查获犯罪嫌疑人和查明犯罪事实，这就必须由侦查机关依照法律规定，收集证据以证实犯罪。反贪工作中，侦查人员在侦查活动中依据刑法规定的罪轻、罪重的各种情况，全面收集犯罪嫌疑人无罪、有罪、罪轻、罪重的各方面证据，以保证准确的适用法律、恰当地运用刑罚手段。准确地把握逮捕必要性的证据收集，提高逮捕案件的质量，有利于打击犯罪、保障犯罪嫌疑人合法权益，达到维护司法公正的法律效果，同时体现宽严相济的政策。适用不当则会直接导致对人身自由的剥夺和对公民基本权利的侵害，不仅侵犯了当事人的合法权益，而且造成相当程度的司法浪费。

（二）把握逮捕必要性是诉讼程序有效进行的重要保证

逮捕是我国刑法规定的一种刑罚手段，也是诉讼活动中的关键环节。反贪工作中，准确把握逮捕必要性，可以有效防止犯罪嫌疑人、被告人逃跑、自杀、毁灭罪证和继续犯罪，有助于侦查机关收集证据、证明犯罪和查明案情，从而保证侦查、起诉、审判活动的顺利进行。如果侦查工作中存在任何疏漏和

---

  * 作者单位：马鞍山市人民检察院。

  ** 作者单位：马鞍山市花山区人民检察院。

偏差，都将影响起诉和审判工作的顺利进行，影响案件正确、及时、合法的处理。

（三）把握逮捕必要性是提升执法公信力的重要表现

检察机关的执法公信力体现在社会公众对检察机关的信赖感、认可度和满意度，对检察机关作出肯定的信任评价。这种信任评价基于检察机关法律监督权力的有效运作和职能的有效行使。反贪工作中，准确把握逮捕必要性的证据收集，保证审查逮捕案件质量，有助于提升检察机关的执法公信力，达到良好的社会效果。例如，在查办涉农惠民领域、生态环境领域案件时，目的是预防和惩治群众身边的腐败，把握逮捕必要性时既要考虑犯罪嫌疑人的社会危险性，更要考虑群众利益和社会效果。如果审查逮捕案件 20% 被认为有质量问题，将动摇社会公众对检察机关的信赖，严重的话引起民愤和不断的上访，严重影响执法公信力，群众利益亦得不到保障。

（四）把握逮捕必要性是提高侦查艺术性的重要举措

强制措施本身具有一定的侦查属性，在侦查过程中，将侦查艺术融入把握逮捕必要性之中，对反贪工作尤为重要。司法实践中，由于证据的不稳定性，侦查部门在报请上级逮捕时存在两大“瓶颈”：一是侦查监督部门在审查案件逮捕必要性的标准拔高，审查的证据往往已经达到起诉的证据标准；二是提请逮捕时间是 7 天，侦查部门在需要在 7 天查明犯罪事实、巩固证据，由于时间的限制，侦查部门在有限的时间内仅能查证一小部分事实，大大限制了对犯罪嫌疑人其他犯罪事实的查处。侦查工作中，发挥逮捕强制措施对犯罪嫌疑人的威慑力和取保候审对犯罪嫌疑人的感召力，综合全案的侦查需要，准确把握逮捕必要性，有利于侦查机关查明事实、巩固证据。

二、准确理解逮捕必要性的条件

《刑事诉讼法》第 79 条规定了逮捕必要性包括附条件逮捕必要性和无附加条件逮捕必要性。

（一）附条件逮捕必要性

《刑事诉讼法》第 79 条第 1 款列举了附条件应当逮捕的三个条件：有证据证明有犯罪事实；可能判处徒刑以上刑罚；采取取保候审监视居住等方法尚不足以防止发生社会危险性，即防止发生社会危险性：（1）可能实施新的犯罪；（2）危害国家安全、公共安全或者社会秩序的现实危险；（3）可能毁灭、伪造证据，干扰证人作证或者串供的；（4）可能对被害人、举报人、控告人实施打击报复的；（5）企图自杀或者逃跑的。以上三个方面是一个统一不可分割的整体，逮捕必要性分为两个层次，首先是犯罪嫌疑人具有社会危险性，其次是采取取保候审、监视居住等方法不足以防止发生这种社会危险性。二者之间是一种层进关系，即在满足第一个层次的条件后，还需要满足第二个层次的条件。因此，判断逮捕必要性的关键因素是社会危险性，而具有社会危险性应当包括犯罪嫌疑人具有妨碍刑事诉讼顺利进行的危险和继续危害社会的可能。在上述五种情形中，前者是指第（3）、（4）、（5）项，后者是指第（1）、（2）项。

据全市贪污贿赂案件统计，在侦查阶段，不存在一例实施新的犯罪、危害国家安全、公共安全或者社会秩序的案件。因为反贪工作客体是侵害国家公职人员的廉洁性，打击对象都是有身份、高智商的国家工作人员，在被检察机关立案以后，其实施新的犯罪和实施危害国家安全、公共安全或者社会秩序的现实危险性不大。所以，检察机关在把握附条件逮捕必要性应注意以下三种情形：

一是可能毁灭、伪造证据。例如，我院办理的含山环保局系统职务犯罪案件金某涉嫌的受贿犯罪案件，金某在归案前得知检察机关查处和县环保系统职务犯罪案件，金某为了逃避法律制裁，已经着手将部分受贿款退还给相关行贿人，有实施毁灭证据、伪造证据的可能，有逮捕的必要。

二是可能干扰证人作证或者串供的。例如，原金家庄区检察院办理的征迁案件中，肖某伙同他人采取申报虚假材料，骗取征迁安置补偿款 50 万余元，贪污犯罪数额特别重大，涉及多人贪污犯罪，在其他同案犯没有归案前采取取保候审措施有干扰证人作证或者串供可能；例如，本院办理的马钢公司章某受贿案件，涉嫌共同犯罪的犯罪嫌疑人崔某仍然在逃，在其他同案犯没有归案前采取取保候审措施，章某可能干扰证人作证或者串供，有逮捕的必要。

三是可能对被害人、举报人、控告人实施打击报复的、企图自杀或者逃跑的。例如，其他区县院办理的征迁案件系群众举报或上访的案件，采取取保候审、监视居住可能对被害人、举报人、控告人实施打击报复的，不足以防止发生社会危害性，有逮捕的必要。比如犯罪嫌疑人在归案后情绪波动大，曾企图自杀的或者逃跑的，采取取保候审、监视居住不足以防止发生社会危害性，有逮捕的必要。

（二）无附条件逮捕必要性

《刑事诉讼法》第 79 条第 2 款列举了无附加条件应当逮捕的三种情形：一是有证据证明有犯罪事实，可能判处十年有期徒刑以上刑罚，应当予以逮捕；二是有证据证明有犯罪事实，可能判处徒刑以上刑罚，有曾经故意犯罪记录，应当予以逮捕；三是有证据证明有犯罪事实，可能判处徒刑以上刑罚，犯罪嫌疑人、被告人身份不明，应当予以逮捕。上述三种情形具有可能再次犯罪的社会危险性，所以在审查逮捕时，只要符合上述情形就应当逮捕。

司法实践中，一般可以准确把握无附加条件应当逮捕的三种情形：

一是有证据证明有犯罪事实，可能判处十年有期徒刑以上刑罚，应当予以逮捕。根据法律规定和提请逮捕前收集到的证据即可以作出是否需要逮捕的判断。以贪污贿赂案件为例：个人贪污在10万元以上的，处10年以上有期徒刑或者无期徒刑；个人受贿在10万元以上的，处10年以上有期徒刑或者无期徒刑。马鞍山市政建设总公司王某采用虚列职工工资和福利的方式贪污公司100万余元，原马钢第二钢轧总厂孙某收受他人贿赂100万元，按照刑法规定，均可能判处10年以上有期徒刑，应当逮捕。

二是有证据证明有犯罪事实，可能判处徒刑以上刑罚，有曾经故意犯罪记录，应当予以逮捕。在反贪工作中，侦查部门只要查明是否有前科、是否是累犯就可以判定逮捕必要性。

三是有证据证明有犯罪事实，可能判处徒刑以上刑罚，犯罪嫌疑人、被告人身份不明，应当予以逮捕。在反贪工作中一般不发生此种情形，因为贪污贿赂案件都是身份犯，当无法确定身份时，此人就不涉嫌此类犯罪。

三、把握逮捕必要性的证据收集

侦查工作中，要正确掌握贪污贿赂案件中收集逮捕必要性证据的方法和技巧，形成贪污贿赂案件证据体系的严密性和真实可靠性。侦查工作中以全面取证为立足点，一要收集犯罪嫌疑人主观故意和犯罪行为的证据；二要善于以间接证据为导向捕捉直接证据；三要注重收集再生证据，提升审查逮捕案件质量。笔者认为，把握逮捕必要性的证据收集应当从以下三个角度入手：

（一）固定犯罪嫌疑人的主观故意和实施犯罪的行为证据

根据犯罪主观方面和客观方面来确定是否符合逮捕必要性。具体来说，就是要紧紧围绕犯罪嫌疑人的主观故意和实施的犯罪行为来收集固定证据。以下以贪污犯罪和受贿犯罪为例：

1. 收集贪污案件逮捕必要性证据的基本方法。在侦查实践中，贪污犯罪嫌疑人对抗方式有两种，一种是隐瞒贪污的书证；二是辩称没有犯罪的故意。他们常常否认自己有占有故意，辩称贪污款物用于为公支出了，向有关部门和人送礼了，把罪行转嫁给别人。当侦查机关查实犯罪嫌疑人有以上行为，证明犯罪嫌疑人在侦查机关以后的侦查活动中有可能毁灭、伪造证据和干扰证人作证或者串供，有逮捕必要性。具体从以下三个方面来收集证据：

首先，厘清国家财产的所有权的转移与犯罪嫌疑人行为之间的关系。即厘清国家财产所有权的转移是犯罪嫌疑人的个人问题还是集体问题；犯罪嫌疑人报销账是否经过领导批准；虽然经过领导批准但是领导是否知道报销的是假账；等等。如果这笔钱不是经过领导批准，那么是完全的个人行为，犯罪嫌疑人辩解准备用于其他的开支也就不存在了。如果虽然经过领导批准，但是领导并不知道报销的是假账，更不知道要用于其他的什么开支，那么犯罪嫌疑人辩解准备用于有关领导"走关系"的开支也就不存在了。

其次，采取措施查封、冻结全部财务账面的银行存款和库存现金，包括账外的"小金库"以及存放在办公室内的不属于个人所有的现金。这样犯罪嫌疑人再想把已经拿走的钱放回来已经不可能了。这样什么错账问题、"小金库"问题、"走关系""钱虽然取出但是没有拿走"等也就清楚了。

最后，控制账外存单或存折，清点收入的来源和支出的去向。在清点收入的来源上，查清是否有报销的假账收入。如果没有，其他地方的现金库存也没有，那么报销假账的公款的去向也就清楚了。在清点支出的去向时，支出的去向不是用于公共事业或公务，而是用于个人挥霍、消费、赌博等，其退路便自然消失。

2. 收集贿赂犯罪嫌疑人逮捕必要性证据的基本方法。贿赂案件中，犯罪嫌疑人常常是否认受贿性质，把受贿行为辩称为双方的礼尚往来，或已经交公或退还或否认自己是利用职务之便，没有为对方谋取利益等。当侦查机关查实犯罪嫌疑人有以上行为，证明犯罪嫌疑人在侦查机关以后的侦查活动中有可能毁灭、伪造证据和干扰证人作证或者串供。具体从以下两个方面收集证据：

一方面，收集行贿受贿行为证据。近几年来贿赂犯罪的行为方法多，行贿方一般不直接把钱交给受贿人，而是经过中间环节才转到受贿人的手里，有的由犯罪嫌疑人家属代为收取，有的受贿人为他人办完了事情以后的若干年才收取钱财。当侦查机关调查时，犯罪嫌疑人称不知道别人送了钱，其家属也谎称自己没有告诉犯罪嫌疑人，这样犯罪嫌疑人本人就不存在受贿犯罪的问题。侦查人员可以直接寻找行贿人行贿的理由，将行贿人与受贿人的职务联系起来分析研究，从寻找犯罪嫌疑人为行贿人办了哪些事情入手分析取证，另外还可以通过行贿人或者相关人员来证明，全面收集受贿行为。

另一方面，侦查机关采取措施堵其逃避惩罚的退路。根据贿赂案件的个案特点，在有条件的情况下提取犯罪嫌疑人的个人存款和可疑物品，可以通过银行提取个人的存款，通过获取的信息，扣押已经被转移出去的财物。在没有提取条件的情况下，利用财物存在的空间，进行假设提取。例如，行贿人直接把钱交给受贿人，赃款赃物已经被转移，侦查机关就可以采取侦查措施处理被转移的财物。若经过中间环节才转到受贿人的手里或受贿人为他人办完了事情以后的若干年才收取钱财，侦查机关可以分析财物存在的空间，进行假设提取以固定证据，堵住犯罪嫌疑人逃避法律惩罚的退路。

（二）以间接证据为导向捕捉直接证据

在侦查的过程中由于犯罪嫌疑人的积极对抗，获取直接的犯罪证据比较困难，须先从收集间接证据开始，以间接证据证明直接证据，充分发挥间接证据的定案作用，达到证实犯罪的目的。例如，贿赂犯罪案件的特点是一对一的形式，贿赂犯罪分子为了掩盖犯罪事实，常会制造一些假象，这就决定了大部分贿赂犯罪案件，除行贿与受贿双方的供述或证言之外，大都没有其他证据佐证，需要收集间接证据，以辅证供述和证言的真伪性，以此固定犯罪嫌疑人毁灭、伪造证据、干扰证人作证或者串供的证据，对被害人、证人、举报人、控告人实施打击报复的证据。

提取间接证据，从不同的角度来证明犯罪嫌疑人存在社会危险性的证据，主要方法有：一是犯罪嫌疑人的供述矛盾与客观存在关系，证明犯罪嫌疑人的谎言证据。二是赃款赃物的去向，经济上不正常的暴富，不正常的消费证据，证明犯罪嫌疑人隐匿、转移赃物的证据。三是犯罪嫌疑人为行贿人谋取利益的行为次数、特征、违章表现的证据，证明犯罪嫌疑人的主观故意危险性。四是行贿、受贿双方权钱交易的表现、产生的条件、关系的延续、反常现象和可能的条件，证明犯罪嫌疑人的行为危险性。五是确定行、受贿双方是否存在矛盾恩怨、陷害的可能性，证明犯罪嫌疑人是否可能对被害人、证人、举报人、控告人实施打击报复。

（三）广泛收集再生证据

当原生证据灭失或无法获取时，可以运用再生证据证明原生证据的存在。在办理案件过程中利用再生证据的反证性，一旦掌握犯罪嫌疑人毁灭、篡改证据的事实，就可以反证其狡辩和翻供事实的不真实性，从而提高原生证据的证明力，对案件起到完全证明的作用。从各方面收集再生证据，以此收集犯罪嫌疑人社会危险性证据，固定逮捕必要性证据。

一是收集犯罪嫌疑人在串供、翻供、订立攻守同盟、胁迫利诱证人作伪证过程中产生的再生证据，特别是贿赂犯罪中，犯罪嫌疑人一旦意识到自己处于被侦查境地，多会竭尽所能，与关系人联系、沟通，采取各种形式干扰侦查，掩盖犯罪事实，形成的伪证性再生证据。例如受贿案，获取了行贿方和受贿方串供、订立攻守同盟的信件、电话等再生证据，如原金家庄院办理的王某受贿人民币10万元案中，王某为了掩盖犯罪事实，先以借款、还款方式说明自己不存在受贿行为，再让行贿人以其他人名义将 10 万元钱打入王某账户。

二是收集犯罪嫌疑人在隐蔽、转移赃款赃物、销毁罪证过程中产生的再生证据。职务犯罪案件中，犯罪嫌疑人往往视赃款赃物等证据为定时炸弹，为防止暴露自己的犯罪行为，案发前犯罪嫌疑人多采取各种手段予以隐蔽、转移赃款、赃物和毁灭罪证。例如，我院办理的马钢公司四钢轧总厂龚某涉嫌的受贿案件，龚某在归案前得知了检察机关查处马钢四钢轧总厂谈某职务犯罪案件后，为逃避法律制裁，龚某已经着手将部分受贿款退给马鞍山市红十字会。

三是犯罪嫌疑人在询问举报人、知情人、刺探侦查秘密、情报过程中产生的再生证据。每一个犯罪嫌疑人在被侦查时，都渴望了解侦查人员手中掌握的证据和犯罪情况的真实底数，以便谋划反侦查对策。因此，职务犯罪分子多会四处活动，打听有关消息，形成了刺探性再生证据。例如，我院在办理含山环保系统葛某受贿案时，葛某归案前到当地的法院、检察院等机关多方打听有关消息，获取侦查机关掌握其罪证的信息，策划反侦查措施，归案后拒不承认自己的罪行，综合全案侦查需要，具有逮捕必要性。

综上所述，在侦查实践中，侦查部门要准确理解和把握逮捕条件，全面收集把握逮捕必要性证据，从情、法、理高度统一的角度收集证据。审查部门不仅要提高审查逮捕案件质量，又要考量侦查部门全案侦查需要。侦查部门和侦查监督部门做好案件沟通交接工作，为案件准确、及时、公正侦查、起诉、审判服务。

审判为中心的诉讼改革视野
下庭前审查程序之重构

黄　宁* 莫　莉**

党的十八届四中全会中明确提出："推进以审判为中心的诉讼制度改革，确保侦查、审查起诉的案件事实证据经得起法律的检验"。"以审判为中心"也为审前程序中的诉讼活动指明了标准和要求，庭前审查程序的司法运行是对"以审判为中心"的诉讼制度的重要补充。基于我国庭前审查程序在司法实践中存在的诸多问题，下面笔者就庭前审查程序的概念与功能、两大法系主要国家庭前审查制度考察及借鉴、我国庭前审查程序存在的问题以及重构设想等方面进行探讨，以期对我国庭前审查程序在立法修改与司法适用中有所裨益。

一、庭前审查程序制度概述

（一）庭前审查程序的概念

《刑事诉讼法》第 181 条规定：人民法院对提起公诉的案件进行审查后，对于起诉书中有明确的指控犯罪事实的，应当决定开庭审判。由以上法律规定可知，我国刑事庭前审查程序在立法中体现为对公诉案件的审查程序，即人民法院对提起公诉的案件是否受理予以审查。人民法院对公诉案件的审查对象是检察机关提交的诉讼材料是否齐备，起诉是否有明确的指控犯罪事实。只要公诉案件诉讼材料齐备且有明确的指控犯罪事实，即应终结对公诉案件的审查程序，将案件交付审判。综上，笔者认为，刑事庭前审查程序，是指在刑事诉讼过程中，法院依法对检察院准备起诉的案件进行审查，依据审查结果确定案件是否达到起诉条件并交付法庭审判的一种程序。

---

* 作者单位：马鞍山市含山县人民检察院。
** 作者单位：马鞍山市人民检察院。

（二）庭前审查程序的功能

刑事庭前审查程序是连接起诉环节和审判环节的一个中间程序，对整个刑事诉讼活动的正常运行起着至关重要的作用。通过对两大法系主要国家庭前审查制度的研究，笔者认为，此程序具有以下几方面的功能：

1. 抑制公诉权滥用，保障人权。公诉权是检察机关提起公诉的权力，也即追诉权。在刑事诉讼活动中，检察机关具有追诉犯罪的职权。因此检察机关在行使追诉权时有一种天然的权力扩张倾向，权力扩张的结果必然导致权力的滥用，最终将损害被指控人的合法权益[①]。刑事庭前审查程序就是一个公诉审查程序，该程序通过对检察机关提起的公诉进行形式上和实质上的审查，可以将检察机关提起的不当公诉排除在法庭的正式审判程序之外，进而公诉案件刑事庭前审查程序可以抑制公诉权的滥用，从而使无辜者免受无端诉累，起到保障人权的作用。

2. 案件分流功能。案件分流即法院通过对检察机关提起的公诉进行审查分析，从而得出了案件的基本情况，根据其得出结论，按照起诉事实是否构成犯罪、案件繁简、难易、被告人认罪与否等情况将案件不起诉或者按不同程序交付法庭审判的做法。社会上各类案件层出不穷，而诉讼资源又十分有限，面对各种各样的案件，不可能也没有必要将所有案件都按普通程序进行审判，因此需要在案件进入审判程序之前设置各种机制或者程序，对案件进行分析分流，从而减轻法院繁重的工作任务，节约司法资源，使法院能够集中精力应对各种审判工作，这样也能保证诉讼效率，使司法公正的这一价值能够更好的得到体现。

3. 证据开示功能。证据开示功能可以说是刑事庭前审查的一个附属功能。刑事诉讼中，由于控辩双方在取证能力和诉讼资源分配上的不平衡，使控辩双方在获取证据信息方面明显不对称，因此在庭审前通过设置证据展示来实现控辩双方证据信息的交流。当今世界无论是大陆法系还是英美法系都在庭前审查程序中设置了证据开示制度，英美法系尤为发达。通过在庭前审查程序中设置证据开示制度，使关于被追诉人的一切证据，无论为追诉人掌握还是由被追诉人掌握，都应当在庭前审查法官的主持下进行开示，使得双方都能掌握对方的证据更好地准备庭审。这样也能最大限度地预防证据突袭现象的发生，从而提高诉讼效率，节约诉讼资源。

4. 明确诉争焦点。明确诉争焦点也是为庭审作准备的一个功能，是证据

[①]　潘金贵：《刑事预审程序研究》，法律出版社 2008 年版，第 91 页。

开示的一个延伸功能。在刑事庭前审查过程中，控辩双方通过证据交换，双方的质证答辩，可以使证据固定下来，法官通过把没有争议的证据记录下来，双方在正式庭审时即不必进行举证质证了。然后针对双方的分歧点，也就是我们所说的诉争焦点，可以在这个阶段明确下来，这是之后庭审的重点。这样在庭前将庭审的焦点整理出来，便于控辩双方更有目的性地准备庭审，从而提高诉讼效率。

二、庭前审查程序的域外考察及借鉴

刑事庭前审查程序对抑制不当公诉、保障人权具有重要的功能，因此，尽管对这一程序在称谓上有所差异，但有关国家和地区对这一制度都有所规定。我国刑诉法也规定了刑事庭前审查程序，但和国外的庭前审查程序相比存在较大的差异，且我国刑事诉讼法规定的刑事庭前审查程序在司法实践中暴露出来了较大的问题，因此研究国外的刑事庭前审查程序，借鉴其程序运作的优点，对我国的刑事庭前审查程序的改革具有重要意义。本文就庭前审查程序的域外考察将在两大法系主要国家中展开论述，并通过比较法研究得出我国庭前审查程序应该向预审程序借鉴的功能和价值。

（一）英美法系国家庭前审查程序

1. 英国。在英国，对正式案件的追诉，其进入法院之前必须经过治安法官进行预审。其庭前审查程序成为预审程序。且预审法院的这种预审权不受地域的限制，无论案件发生在何地，预审法院都有预审的权利。预审的任务是预审法官对提起公诉的案件进行审查，并确定证据是否充分，起诉是否符合法律规定，根据审查结果作出相应决定，符合条件则交付刑事法院进入正式的审判程序；不符合条件则驳回。英国以前的预审程序有书面预审和言辞预审两种形式。书面预审是指起诉方将起诉书以及证据全部以书面的形式提交法院，治安法官将控方的书面陈述告知被告方，如果被告方表示控方的书面陈述及证据自己没有异议，则法庭就会接受控方的控告，不经口头辩论，不审查证据内容而移送起诉的一种预审方式。言辞预审则是在被告人没有律师出庭或者控方提供的被告人有罪的证据不够充分，被告方提出异议而进行的一种预审方式[①]。自20世纪80年代以来，英国不断修改其预审程序，对预审程序进行了较大幅度的改革，在预审方式上取消了言辞预审，确立了不审查证据的移送和审查证据的移送两种方式。通过对这两种审查方式的分析可以发现，其实"通过审查

---

① 程味秋：《外国刑事诉讼法概论》，中国政法大学出版社 1999 年版，第 30 页。

证据的移送"这种方式和之前的言辞审查方式相似，是指被告人在没有辩护律师帮助的情况下以及被告认为控方证据不够充分的情况下，法官组成合议庭对控方证据进行审查，并在合议庭的主持下控辩双方进行口头陈述，从而决定是否将其交付法庭审判。英国对预审程序的处理以及救济也作出了相应规定。治安法官根据自己的审查情况作出相应的处理，如果法官认为控方提供的证据充分，能够证明相关的犯罪事实，则可决定将案件移交法庭进入正式审判程序；如果法官认为控方的证据不够充分，法官可作出不起诉决定并立即释放被告人。英国也对治安法官的不起诉决定做出了相应的救济设置，如果起诉人对治安法官的不起诉有异议，则起诉人可以在经过高等法院法官同意的情况下向刑事法院自行提出起诉①。

2. 美国。美国的刑事庭前审查程序比较复杂，其审查程序可分为两个阶段，即审查预审阶段和提审阶段。同时在审查预审阶段审查主体又可以分为两类，即大陪审团和预审法官。《美国宪法修正案》规定，陪审团制作的控告书，是进行刑事控诉的前提条件。然而根据最高法院的相应规定，修正案的规定并不必然适用于各州。因而每一州可以自己决定，是否利用大陪审团开始正式的刑事诉讼程序②。在实行大陪审团审查起诉的州，检察官不能直接向法院提起公诉，而只能将起诉书和材料提交大陪审团进行审查，取得大陪审团签发的起诉书后才能向法院提起诉讼。如果大陪审团审查后认为控方证据不足以认定被告人有罪，就会驳回起诉；但是经审查认为被告人可构成轻罪或轻微罪的，则有权指令检察官直接向有权法院提起诉讼③。除实行大陪审团审查起诉的州外，其他州实行地方法官预审。预审是被告人的一项诉讼权利，被告人有权视自己情况放弃预审，因此预审阶段并不是刑事诉讼的必经阶段。

美国的庭前审查制度中还有一项比较特殊的规定，即治安法院预审裁定交付法庭审判后，主管法院在进行实体审判之前应当组织提审；在大陪审团审查起诉的情况下，法院也应当组织提审。提审阶段法院应当让被告方了解到相应指控的性质以及他们的诉讼权利，告知被告人有权提出答辩，即认罪、不认罪、既不认罪也不愿辩护；此外，在提审阶段法院还应组织证据展示、证据保全事项，处理当事人提出的异议和申请。

---

① 参见龙宗智：《刑事庭前审查程序研究》，载《法学研究》1999年第3期，第62页。

② 参见宋冰：《美国与德国的司法制度及司法程序》，中国政法大学出版社1998年版，第342页。

③ 参见陈卫东主编：《刑事审前程序研究》，中国人民大学出版社2004年版，第228页。

（二）大陆法系国家刑事庭前审查程序

1. 德国。德国的刑事诉讼程序可分为前程序、中间程序和主审程序三部分，而具体到庭前审查程序就是德国的中间程序。检察机关提起公诉之后，并不是直接进入到庭审阶段进行审判，而是有一个中间程序来决定案件是否要开庭审判，经审查后再确定，以避免不必要的开庭。这个决定是否开庭的程序即德国的庭前审查程序，在德国被称为中间程序或居间程序。中间程序由庭审法官主持，预审法官与庭审法官并未分离，因此在德国刑事诉讼程序运作中也出现了很多问题。德国刑事诉讼法对于不同的案件规定了不同的处理程序。"对于特定轻罪，检察机关认为可以省略主审程序的，可以提出量刑请求，交付处罚令程序处理；对于案情简单或者证据充分适于立即审理的案件，检察院可以书面或口头申请以简易程序判决，这种案件可以不经中间程序裁定而立即或在最短的时间内进行审判。①"而对于以上两种案件以外的案件，则必须进入中间程序，经中间程序法官审查后，决定是否进入主审程序进行审判。对于需要进入中间程序审查的案件，检察官提起公诉时，应当将起诉书连同案卷一并移送管辖法院。法院依据起诉书上显示的侦查结果连同本阶段指定法官的相应报告确定被告人是否有足够的犯罪嫌疑。若有，则裁定案件交付主审程序；若没有，则不能开始主审程序，而应立即将被追诉人释放。

2. 日本。日本在庭前审查程序方面跟其他国家相比存在极大的不同。日本曾废除了预审制度，对起诉方式进行了改革，由原来的全案卷移送改为了起诉书一本主义。日本之所以废除预审制度，一方面与尽可能避免程序重复以提高诉讼效率有关，另一方面也是以追诉机关侦查、起诉的精密化为前提的。虽然从法理上分析其不利于保护被追诉人利益的保护，也不利于抑制不当公诉，但也存在其合理的地方。日本废除预审制度后，在起诉方式上实行起诉书一本主义②。起诉书一本主义在防止法官预断，实现庭审实质化方面有着积极意义，但从另一方面来看，它也剥夺了辩护方的阅卷权，同时也极易导致法庭上出现证据突袭、诉讼拖延现象的发生。因此，日本后来通过立法增加了争点及证据的整理程序，控辩双方可以在这个程序中进行证据展示，以确定争点，为后面的庭审做好准备，对于采取起诉书一本主义而产生的弊端进行了弥补。

（三）对上述国家庭前审查程序的评析

通过对以上国家刑事庭前审查程序进行分析，可以发现，除较为特殊的日

---

① 李昌珂译：《德国刑事诉讼法典》，中国政法大学出版社1995年版，第158页。
② 孙长永：《日本刑事诉讼法导论》，重庆大学出版社1993年版，第206页。

本外，各国都通过立法确立了预审制度，并把预审制度放在了庭前审查程序中，尽管各国的司法环境、传统习惯不同，庭前审查程序在具体运作上会出现很多差异，但通过比较我们也可以发现，各国的刑事庭前审查程序也存在很多共同之处：

1. 在制度功能上，各国庭前审查程序都具有对公诉进行审查，抑制不当公诉，保护被追诉人利益的功能。由于公诉权是由检察机关代表国家行使的权力，具有公权力性质，如果不对其加以限制，极有可能被滥用，进而损害被追诉人的利益。

2. 在庭前审查程序的适用范围上，各国基本上规定的是只适用于严重的犯罪案件。各国也是基于诉讼效率的考虑，如果所有的案件都要进行庭前审查的话，势必会造成诉讼程序的重叠且造成诉讼资源的浪费。

3. 强调程序的参与性。通过比较我们可以发现，庭前审查不论是实行书面审查还是实行言辞审查，都强调控辩双方的同时在场，因此形成了控辩裁三方都参与其中的类似于法庭审判的一个模式，具备较为典型的诉讼构造特征。美国的预审程序中要求被告人必须到庭，辩护人可以到庭；英国经过立法改革，取消了言辞预审，只实行书面预审，但是也规定了辩方可对撤销案件或移送刑事法院作口头陈述；德国的中间程序也规定了被告人针对控方的指控提出反驳和本方证据的权利。因此可以看出强调程序的参与性是为了保证该程序的公正性，保护本来就处于弱势地位的被追诉方的权益。

通过比较我们发现以上各国关于庭前审查程序的一些共性，共性揭示了关于庭前审查程序立法上的大趋势，是我们进行立法改革、重构刑事庭前审查程序时所要借鉴和注意的地方。

三、对我国刑事庭前审查程序的反思

我国刑事诉讼法对刑事庭前审查程序也作出了规定。通过这些立法上的改进，我国的庭前审查制度取得了一定程度上的改善，但是却将庭前审查程序的基本功能抛弃了。所谓"徒善不足以为政，徒法不足以自行"，我国庭前审查程序在缺乏明确的权力主体和审查对象以及完整的诉讼构造等情况下，片面要求其发挥如国外庭前审查程序那样诉讼功能也是不现实的。

（一）缺乏完整的诉讼构造

刑事诉讼构造是由一定诉讼目的所决定的，刑事诉讼法确立的诉讼基本方式及控诉、辩护、裁判三方的法律地位和相互关系。[①] 陈瑞华教授将我国的刑事诉讼构造概括为"流水作业式",认为我国公、检、法三机关可以被视为刑事诉讼流水线上三个主要"操作员",他们前后接力共同致力于实现刑事诉讼的主要任务。我国这种"流水作业式"的刑事诉讼构造,一方面使庭前审查程序仅仅只是完成控方与法院对案件的惯例性交接工作,法院无法对控方的起诉进行实质审查,无法在庭前排除不正当的起诉;另一方面庭前审查程序中缺乏最基本的三方诉讼构造,该程序缺乏辩护方的介入,这是典型的职权主义诉讼模式下的做法,不利于被告人的人权保障。再加上我国法院独立行使审判权而非具体到某个法官独立行使审判权,且庭前审查法官与庭审法官不分离,不可避免地使法官在庭审前形成被追诉人有罪的预断。

(二) 庭前审查程序缺乏权力主体

在我国庭前审查程序的权力主体是法院,由法院在庭前审查程序中行使国家司法权,对公安机关、检察机关的诉讼请求进行审查并依据不同的审查结果作出相应裁判。而两大法系主要国家庭前审查的权力主体多数为治安法官或者预审法官。由此可以得出两点结论:其一,庭前审查的权力主体明确,且主体地位明确为法官。其二,庭前审查权力主体与庭审法官分离,分属不同的诉讼程序,履行各自的诉讼职责,互不干涉。而依据我国《刑事诉讼法》第181条规定对公诉的审查主体为人民法院,但是具体由人民法院的哪些人员进行审查活动没有明确规定。在司法实践中,真正对公诉进行形式审查的主体基本上是立案庭的工作人员,而这些工作人员往往不具有法官职称,其选拔或任职条件也不及法官严苛。立案庭工作人员的刑事职责就是审查检察院提起公诉的诉讼材料形式上是否齐备,对于诉讼材料齐全的案件即决定付诸审判程序,遂将案件进行编号,分派到刑事审判庭确定审判法官。

(三) 庭前审查程序缺乏明确的审查对象

如前所述,我国《刑事诉讼法》仅对公诉案件的审查进行了概括性规定,庭前审查程序缺乏证据开示等配套法律措施。且不说立案庭的工作人员是否有进行前述审查活动的法律意识,即便有也会因无法律依据和指导程序而无法进行。虽《刑事诉讼法》第182条规定"在开庭以前,审判人员可以召集公诉人、当事人和辩护人、诉讼代理人,对回避、出庭证人名单、非法证据排除等与审判相关的问题,了解情况,听取意见。"但是该条将这些本应在庭前审查程序中开展的活动安排在开庭前准备程序中,并由审判人员负责主持,笔者认

---

① 陈瑞华主编:《刑事诉讼前沿问题》,中国人民大学出版社 2005 年版,第 325 页。

为是不恰当的。尚且不论该规定恰当与否，这一规定将诸多审查内容归结在一起，并未逐一设置具体的实施程序亦未设置相应的救济措施，可见我国庭前审查程序及配套法律措施尚有待完善。

四、我国刑事庭前审查程序的重构

（一）构建预审制度

基于以上我们对我国庭前审查程序缺陷以及国外相关立法情况的分析，笔者认为在我国重构公诉审查程序借鉴国外的立法经验建立预审制度是十分必要的。从上文我们可以看到预审程序有其独立的主体、独立的运作模式等方面。具体而言，包括以下几个方面：

1. 机构及人员设置。结合我国的司法实际以及原有机构的设置，笔者认为，目前我国法院系统内部设有专门的立案庭，专门负责受理案件，虽然立案庭的工作与我们所讨论的预审还是存在一定差别的，但是他们也是有些相似之处。因此，我国可以在对现行的立案制度进行改革的基础上建立我国的预审法官制度。[①] 以此来改造我国的立案庭，使之发挥公诉审查的功效，既是一种务实的做法，也能达到我们所追求的目的。另外对该庭前审查庭的权利主体，即预审法官的要求也应当严格。预审法官应当具备法律职业资格，具有法官资格，精通刑事诉讼业务。尽管在现实中我国法院内部法官不独立，法官之间的联系较为紧密，这种设置可能也会存在一些问题，但是这也是比较可行的一种做法。

2. 案件审查范围。对于预审程序适用的案件范围，世界上绝大多数国家都将案件限定在了较为严重的犯罪案件。我国绝大多数学者也认为应当限定在较为严重的犯罪案件，对于较轻的犯罪案件，可以赋予检察官是否请求预审的自由裁量权。[②] 笔者认为，预审程序的案件审查范围应当限定为重罪案件，即可能判处 3 年以上有期徒刑的案件，对该类案件，法律应当规定必须进行预审，以保证诉讼质量，更好地保护当事人的利益。对于轻罪案件可以规定检察机关可直接向法院提起诉讼，不必经预审程序，因为现实中，检察机关没有对较轻犯罪案件申请预审的必要。因此，关于预审程序的案件适用范围可以这样规定：重罪案件应当进行预审，轻罪案件一般情况下可不经预审直接审判，对于一些犯罪嫌疑人提出申请的轻罪案件则也应当进行预审；预审法官认为较为

---

① 潘金贵：《刑事预审程序研究》，法律出版社 2008 年版，第 376 页。

② 参见汪建成：《比较法视野下的刑事庭前审查程序之改造》，载《刑事法评论》2002 年第 6 期。

复杂的自诉案件也应当进行预审。

3. 程序的启动。我国预审程序的启动上不应当像美国那样"一刀切"，全部由犯罪嫌疑人申请来启动，而应当结合我国实际，具体而言，对于重罪案件即可能判处 3 年以上有期徒刑的刑事案件由检察官依职权申请启动预审，这既是检察官的职权也是其义务；对于轻罪案件不需要经过预审，检察机关的起诉直接导致了审判的发生，为了维护犯罪嫌疑人的合法权利，可以赋予犯罪嫌疑人对轻罪案件申请进行预审的权利，如果犯罪嫌疑人要求进行预审，则应当进行预审，以保证诉讼的质量，维护犯罪嫌疑人的合法权益；而对于自诉案件则要求预审法官进行判定，如果自诉案件较为简单，不需要进行预审，可以直接交审判庭进行审判，但若自诉案件较为复杂，则预审法官可依职权启动预审程序。

4. 审查内容。我国现行刑事诉讼法规定的庭前审查程序的审查方式是形式审查，并没有起到庭前审查程序应当发挥的作用，因此应当规定，庭前审查庭在对案件进行形式审查的同时也应当对案件进行实体审查。具体而言，预审法官应当对起诉书是否符合法定形式要件、法院对案件是否具有管辖权、所附证据是否合法、证据是否具有关联性、证人是否适格、证据是否达到了法定起诉的证明标准以及侦查机关的侦查行为是否合法进行审查。之前我们总是顾忌如果实行实体审查，法官会在庭前接触到大量的案卷材料，会形成庭前预断，造成庭审流于形式。现在将庭前审查庭独立出来，预审法官与庭审法官实现了分离，这样可以防止庭前预断的发生。所以也不存在这方面的顾忌了。

5. 审查方式。预审程序的审查方式上我们应当借鉴相关经验实行书面审查为主，言辞审查为辅的方式。具体而言，根据案件性质的不同采取不同的审查方式，对于重罪案件预审法官认为案件事实清楚，可以采用书面形式进行审查。预审法官决定采用书面形式进行审查后，应当书面通知被告方，控辩双方应在法定期限内到法院在预审法官的主持下进行证据开示，但不需要进行预审开庭和质证辩论，这只是一个简单的证据交换程序，然后提出己方对案件的书面意见。对于预审法官审查后认为事实不清楚的重罪案件以及比较复杂的自诉案件、犯罪嫌疑人申请预审的轻罪案件应当采取言辞审查的方式进行预审。因为这些案件在事实和证据方面都存在一定的瑕疵，需要谨慎对待。言辞审查应当开庭进行，控辩双方应当出庭进行质证辩论。

6. 救济机制。如果一项程序没有了救济机制，那么这个程序也将会被架空。建立预审程序的救济机制是保证预审程序正常运行的必要条件，也是对检察机关的公诉权、犯罪嫌疑人的合法权益的尊重和保障。对此，我国刑事诉讼法应当规定人民检察院对预审法官驳回起诉的裁定有权向上级机关提出抗诉的权利。此外，对于法院驳回的起诉裁定，检察院如果发现新的犯罪事实和证据，则可以重新向法院提起预审请求。同时也应当对法院驳回起诉的裁定做出一定的限制，基于我国检法之间的关系，预审法官如果认为检察机关移送的证据材料不全，应当给检察机关补全材料的机会，如果移送材料后，预审法官认为仍然达不到案件的证明标准，则法院可以作出驳回起诉的裁定。

（二）建立预审制度的配套措施

1. 实行起诉书一本主义。为了防止预断，我们在实行庭前审查法官与庭审法官分离后，建立起诉书一本主义就显得十分必要了，否则，前面预审制度建立的一些努力很可能变为徒劳。只有把这两种制度结合，将起诉书一本主义作为预审程序的配套制度，才能更好地防止法官预断。从各国的立法例来看，检察机关违反起诉书一本主义的相关规定，附带移送了其他能够引起法官产生预断的材料的，属于严重的程序违法事件，法院应当作出驳回起诉的裁定，并且这种驳回起诉检察机关不得再次提起诉讼。起诉书一本主义在预防法官庭前预断方面起着重要的作用，体现了刑事案件被告人有权获得法院公正审判的权利，它切断了侦查程序和审判程序之间的直接联系，避免法官庭前形成先入为主的偏见，从而作出有罪的心证，为法院作出公正的判决创造了条件。

2. 建立证据开示制度。在审判制度中，证据开示是一种审判前的程序和机制，用于诉讼一方从另一方获得与案件有关的实施情况和其他信息，从而为审判作准备。庭前审查程序中的证据开示应该包含开示时间、开示主体、开示范围、开示结果四方面内容。一是开示时间。我国刑事司法实践已经在证据开示方面作了试点工作，北京市海淀区人民检察院就证据开示已进行了相关实证研究，将证据开示安排在人民检察院审查起诉期间。① 但是笔者认为，审查起诉期间在缺乏中立的第三方的情况下进行证据开示，由于检察院和辩护人的地位不平等，势必会影响证据开示的效果，无法解决证据突袭等问题。因此，证据开示应该设置在庭前审查程序中，开示的时间限定于律师办理相关手续后至开庭3日前，由预审法官择定日期进行。二是开示主体。证据开示作为预审法官主持下的控辩双方交换证据信息的诉讼活动，其程序主体应为预审法官、检控方、辩护方和被告人。控辩双方作为证据开示程序的主体，是毋庸置疑的。而预审法官作为客观中立的第三方，在证据开示中主要起着组织、引导和审查监督的作用，同时也是控辩双方就证据问题存有争议时的裁决者，对于证据开示也是不可或缺的。由于证据开示是非法证据排除的前提，因此，为充分了解

---

① 赵志坚：《证据开示制度试行状况之实证分析》，载《人民检察》2004年第1期，第339页。

控方的取证是否存在刑讯逼供等非法行为，保障被告人的诉讼权利，被告人应该作为证据开示的主体之一。三是开示范围。一般认为，证据开示的原则应当是双向但不对等。所谓双向，是指控辩双方都应当交换所掌握的证据；所谓不对等是指，公诉方的开示义务重于辩护方。① 依据刑事诉讼法相关规定，公诉方的开示范围是其掌握的针对被告人的全部证据，即包括指控被告人有罪、罪重的证据，也包括对被告人有利的或罪轻的证据。由于辩护人的责任是根据事实和法律，提出证明犯罪嫌疑人、被告人无罪、罪轻或者减轻、免除其刑事责任的材料和意见，维护犯罪嫌疑人、被告人的合法权益，并且法律免除被告人自证其罪的义务。因此，辩护方的开示范围仅限于证明被告人无罪、罪轻或免除处罚的证据。四是开示结果。预审法官组织证据开示后，应该就开示情况分别作出相应处理结果：其一，对所有控辩双方开示的证据进行登记，对于控辩双方没有正当理由拒绝向对方展示证据，且由此使对方丧失收集相关证据来核实或反驳该未被展示的证据的，法庭可拒绝采用该证据，使其丧失证据效力；其二，对于控辩双方没有争议的证据进行整理，以供庭审法官审阅；其三，对于控辩双方有争议的证据进行整理，并注明控辩双方针对该证据的争议焦点。

---

① 参见张军、郝银钟：《刑事诉讼庭审程序专题研究》，中国人民大学出版社 2005 年版，第137 页。

从检察视角看刑事被害人救助制度

王　敏[*]

　　刑事被害人救助是指刑事被害人在遭受犯罪行为侵害，无法及时获得有效赔偿的情况下，由国家给予适当经济救助的一项制度。2009 年 3 月，中央政法委、最高人民法院、最高人民检察院等八部委联合印发《关于开展刑事被害人司法救助工作的若干意见》（以下简称《若干意见》），从政策上确立了刑事被害人救助制度，最高人民检察院于 2009 年 4 月下发了《关于检察机关贯彻实施〈关于开展刑事被害人司法救助工作的若干意见〉有关问题的通知》（以下简称高检院《通知》），推动了该制度在全国检察机关的开展。新刑诉法的修改突出了权力保障部分，体现了尊重和保障人权的原则，但是在保障被害人权益方面还不完善。

一、刑事被害人救助的意义

　　在司法实践中刑事被害人的权利往往难以得到保障，被害人要得到补偿，一般是通过刑事附带民事诉讼，由犯罪人来进行赔偿。这样的赔偿途径有明显的缺陷：其一，如果刑事案件不能侦破，无法确定犯罪人，那么受害人则难以落实具体的索赔对象；其二，如果犯罪人缺乏足够的赔偿能力，"附带民事诉讼"也会因无法得到执行而成为"法律白条"。从张某某抢劫杀人案（杀死或伤害 50 余人）、杨某某流窜杀人案（杀死 67 人）到邱某某案（杀死 11 人），几乎没有一个受害人获得过被告人的赔偿。"恢复性司法"着眼于修复因犯罪行为而被破坏的社会关系，力图改变"被告人中心论"造成的刑事被害人权利被忽略、伤害难弥补的局面，认为国家是对被害人经济赔偿的一类主体，国家对被害人的经济赔偿是国家责任的一种形式。刑事被害人救助，既缓解了被害人的生活困难，又化解了矛盾纠纷，促进了社会和谐稳定。

---

　　[*] 作者单位：马鞍山市人民检察院。

二、刑事被害人救助制度现状分析

（一）立法层级低

虽然八部委的《若干意见》从政策上确定了刑事被害人救助制度，在司法实践中进行了较大规模的应用，形成了一定的工作机制，但目前大多以地方性专门文件和工作制度建设的方式进行探索，上升到省级、市级地方性法规的立法实践尚在少数，适用范围和补偿标准差别很大。

（二）救助范围过窄

根据八部委《若干意见》规定，当前救助重点是被害人遭受严重暴力犯罪至严重伤残或死亡，而对于因犯罪行为造成财产重大损失却无法追回或获得赔偿而造成生活困难的情形没有纳入。且人民检察院相关规定明确只能对于不起诉案件中，符合救助条件的刑事被害人或其近亲属，提出救助意见，在一定程度上进一步限制了救助范围，不利于救助工作的开展。

（三）被害人处于被动地位

在司法实践中，救助程序的启动往往是检察机关依职能启动，一般是控告申诉部门在接受刑事被害人或其近亲属信访、申诉的过程中，或者公诉部门在办案过程中发现刑事被害人符合救助条件的，由控告申诉部门审查后认为可以救助的即告知刑事被害人或其近亲属提出救助申请，办案单位审查，报政法委审批，再由同级财政部门拨付。但被害人是否属于救助范围，检察机关承办人员往往很难发现，很大部分被害人也不会主动到相关部门提出申请。在救助程序中，救助程序的启动、救助金额、救助方式等均由职能部门自行掌握，虽然刑事被害人可以选择是否接受救助，但总体处于被动地位，且没有对救助事项提出意见的途径，亦缺乏后续救济手段。

（四）救助迟滞

刑事被害人救助的价值，就是在被害人及其家属在急需医疗救助或走出生活困境的时候，给予其雪中送炭式的救助，具有救急抚慰性质。一般来说，离案发时间越近，救助效果越好。而且司法实践中许多被害人是需要即时救助的，例如有的被害人身负重伤需要立即抢救，有的需抚养近亲属急需生活费等。因此，及时原则应成为被害人救助工作的基本要求。在确保不影响刑事诉讼推进的前提下，应尽量缩短救助时限，避免造成久拖不决，对被害人及其亲属造成"第二次伤害"。被害人救助制度初衷虽为解决被害人及其近亲属生活急需，但从刑事被害人提出救助申请的时间来看，在结案后提出申请的所占比例较大，其救助功能表现方面具有一定的滞后性。

三、完善刑事被害人救助制度的思考

（一）准确刑事被害人救助工作的价值定位

刑事被害人救助制度是国家履行扶弱济贫，实施公平正义责任的体现，应当从实现司法公正、尊重和保障人权的高度来认识刑事被害人救助制度的价值。但当前在很大程度上将开展刑事被害人救助制度作为"花钱买平安"的维稳手段，救助工作往往以被害人承诺息诉息访为附加条件。刑事被害人救助制度的实施应该重点体现在救助方面，其对象不是所有的刑事被害人，只需针对因犯罪行为侵害致生活困难的部分被害人。其首要价值在于扶危济困，重点在于"救急"，这是刑事被害人救助制度最本质的属性；其次要价值是化解社会矛盾，防止被害人二次被害和向犯罪人转变，减少申诉上访，维护司法权威，促进社会和谐稳定。

（二）加强刑事被害人救助立法

刑事被害人救助制度是国家基于社会责任对其成员的一种体恤和关怀，并非是国家的法律责任，不宜由国家立法加以规定。为保证其规范性、统一性和执行力，以具有"准法律属性"的政策性文件予以规定最为适宜。[①] 首先，建议在中央层面以现有的《若干意见》为基础，结合各地刑事被害人救助工作的经验，进一步完善该指导性意见，以增强刑事被害人救助工作的操作性和指导性。其次，由于我国经济发展不平衡的现状，导致各地社会救助水平和能力各不相同，各地可根据本地实际制定关于刑事被害人救助的实体性规范，如江苏省无锡市人大常委会于 2009 年 4 月 19 日制定了全国首个地方刑事司法救助立法《无锡市刑事被害人特困救助条例》，开启了对刑事被害人救助制度地方立法的先河，该经验足资借鉴。由于刑事被害人救助的资金主要来源于地方财政拨款，且地方人大制定的法规在范围内较各司法机关自行制定的规范性文件，有利于协调各部门之间的关系，便于刑事被害人救助工作的开展。因此，在完善中央指导意见的同时，应该进一步强化符合各地实际的地方立法。

---

① 陈彬、李昌林、薛兹、高峰：《刑事被害人救济制度研究》，法律出版社 2009 年版，第 60 页。

（三）刑事被害人救助应体现及时性、有限性

一是及时性，有些刑事被害人在案发初期就需要得到救助，以解决医疗、生活困难；二是有限性即适当性，以帮助被害人脱离基本生存困境为原则。[①]首先刑事被害人救助工作应该保持公开透明性，加强宣传工作，对外公开救助的范围、条件、对象等，确保救助工作公正、有序；其次刑事被害人救助应该一次性，对被害人只救助一次，救助金一次性发放，之后生活仍困难的，应纳入城乡最低生活保障体系。

（四）完善刑事被害人救助实施程序

1. 扩大救助范围应该涵盖两个方面：一方面是对象，另一方面是救助内容。首先在对象方面，八部委《若干意见》中明确救助重点是遭受严重暴力犯罪至严重伤残或死亡的被害人或近亲属，对于遭受财产损失而导致生活困难的群体却不在救助范围内，这一点有违刑事被害人救助的本意，刑事被害人救助涵盖的范围应该是由于遭受刑事犯罪导致生活困难、急需救助的群体，因此救助对象应该扩大。其次在救助内容方面，当前对刑事被害人的救助仅限于对被害人的物质损害进行救助，而不包括对其精神损害的救助。但实践中，刑事被害人的情况形形色色，除了物质上的帮助，一些被害人可能还急迫地需要心理干预，以及会同民政等部门为被害人办理社保、低保、安排就业、技能培训等救助，延伸救助的宽度，以增强救助效果，更好地达成救助的目的。

2. 完善告知和申请程序。由于现阶段刑事被害人救助工作仍处于探索阶段，公众对此还不甚了解，大部分刑事被害人在遇到困难时还不知此种救助途径，更不会主动到司法机关申请救助。这就需要在办理刑事案件的过程中，发现有需要救助情形的，应当主动予以告知，履行告知义务既是实现公平性原则的必然要求，也是贯彻及时性原则的前提条件。另外，在审查程序方面，由于我国现行的救助制度是被害人提出申请，办案单位审查报政法委审批。虽然有公检法之外的政法委进行审批有利于保证救助资金的公正合理使用，但是在一定程度上也推迟了救助的及时性，因此可以授权办案单位在一定数额内的直接审批权，这样就能够及时对刑事被害人进行救助，及时地解决相关问题。对于授权数额外的救助审批，也应该对审批时限做出具体规定，有利于救助工作的便捷高效运转。

---

① 范利萍：《浅析刑事被害人救助制度》，载《时代报告》2011 年第 9 期。

　　3. 建立追偿制度。① 由于刑事被害人救助具有应急性、及时性的特点，在被害人无法及时通过诉讼获得赔偿的情况下，可以启动救助程序，因此刑事被害人救助中国家履行的是次要救助义务，处于补充地位。建立追偿主要在两方面：首先是对犯罪人的追偿，当事后犯罪人具有赔偿能力而已启动赔偿程序的，应该向犯罪人在赔偿金范围内追偿；其次是对被害人的追偿，救助金发放后，发现申请人采用虚假手段骗取救助金的，或者已从犯罪人处或其他途径获得足够赔偿的，应在救助金范围内予以追偿。

---

① 吴晶晶：《检察机关刑事被害人救助的实践与思考》，载《法制与社会》2011 年第 13 期。

运用技术侦查措施提升反贪办案效能探析

——以修改后刑事诉讼法为视角

范方荣*

修改后刑事诉讼法第 2 条增加规定："尊重和保障人权"，保障被追诉人的权利是保障人权的重心所在；第 33 条增加规定："犯罪嫌疑人自被侦查机关第一次讯问或者采取强制措施之日起，有权委托辩护人"，律师的辩护地位提前到侦查阶段；第 50 条增加规定："不得强迫任何人证实自己有罪"，赋予犯罪嫌疑人选择是否供述犯罪的自由；第 54 条明确了非法证据排除规则；等等，进一步加大了反贪部门的破案难度。针对本次刑事诉讼法修改，检察机关要采取倒逼机制，完善办案手段，增加科技含量，提升办案能力，检察机关查办贪污贿赂犯罪，越来越离不开科技的支持，适时运用新刑事诉讼法赋予检察机关的技术侦查措施突破大要案是现实的选择。

一、技术侦查措施的界定

修改后刑事诉讼法规定技术侦查是指公安机关、安全机关和检察机关等具有侦查权的国家机关在刑事诉讼过程中，为了应对社会危害性较大、隐秘性较强、侦查难度大的犯罪行为，依靠专门的侦查技术，在法律规定的范围内，严格依照法定程序实施的不为当事人知晓的侦查行为。技术侦查，又称技术侦察、技侦手段或行动技术手段，简称"技侦"，是指为了侦查犯罪而采取的特殊侦查措施，包括电子侦听、电话监听、电子监控、秘密拍照或录像、秘密获取某些物证、邮检等秘密的专门技术手段[①]。是利用现代科学知识、方法和技术的各种侦查手段的总称。

技术侦查通常具有以下特征：一是侦查主体的法定性。即技术侦查的主体

---

* 作者单位：马鞍山市人民检察院。

① 转引自童建明主编：《新刑事诉讼法理解与适用》，中国检察出版社 2012 年版，第 175 页。

必须是宪法和基本法律规定的有侦查权的国家机关，如公安机关、国家安全机关、检察机关等。二是侦查程序的法定性。技术侦查必须是在刑事诉讼过程中，依照严格的审批程序，在法定的范围内实施。三是侦查对象的特定性。由于技术侦查对公民隐私权有所侵犯，检察机关在查办贪污贿赂案件时适用范围应严格限定在重大的贪污、贿赂犯罪案件。修改后刑事诉讼法之所以将技术侦查措施限定在查办重大贪污、贿赂犯罪案件，是从谦抑性的角度出发，在打击犯罪与保障人权之间寻求一个平衡点。四是侦查方法的技术性。随着科技的不断发展，贪污贿赂犯罪的手段也在不断变化。这就要求侦查手段跟得上犯罪方式智能化的变化，借助通讯技术、计算机技术、录音录像技术等高科技手段来侦破案件。五是侦查手段的秘密性。技术侦查要想取得实效，通常情况下都是在秘密的情况下进行的，否则技术侦查的作用就很难发挥。

二、技术侦查措施在反贪办案中的价值

（一）技术侦查措施提供了全新的思维理念和行动路径

将科学技术手段运用于刑事案件的侦查，是科学技术不断发展与进步在刑事诉讼领域的反映①。科技的运用大大增强了侦查主体的认识能力和范围，有利于侦查主体更深刻而准确地把握犯罪的动态和规律。特别是在侦查陷入困境时，科技手段往往能从另一个维度的关键点上形成突破，最终实现对犯罪事实的正确认识，锁定证据，从而破获案件。科技手段的侦查运用能在一定程序上为侦查活动注入更多文明要素和人文关怀。在侦查与贪污贿赂犯罪的"动态对抗"中，技术侦查手段所体现的突破作用，能使侦查力量在与犯罪力量的抗衡中总体上处于优势地位，从而能有效遏制和打击贪污贿赂犯罪。这也是和谐社会的重要特征。

（二）技术侦查措施的采用有力提高了侦查效率

把科学技术转化为侦查力量，改变以"口供"为中心的侦查模式，提高侦查效率，是现代刑事诉讼的必然要求。修改后刑事诉讼法第148条第2款规定：人民检察院在立案后，对于重大的贪污贿赂犯罪案件，根据侦查犯罪的需要，经过严格的批准手续，可以采取技术侦查措施，按照有关规定交有关机关执行。修改后刑事诉讼法第152条规定："依照本节规定采取侦查措施收集的材料在刑事诉讼中可以作为证据使用。"赋予了技术侦查措施取得的证据可以被法庭采纳。技术侦查是在当事人不知晓的情况下，及时准确掌握侦查信息、

---

① 宋英辉：《刑事程序中的技术侦查研究》，载《法学研究》2000年第3期。

获取犯罪证据，往往能取得常规侦查措施所远不能及的侦查效果。使用电话监听、电信侦控、手机定位等技术侦查措施，在成功侦破案件、抓捕逃犯等方面具有不可替代的作用。技术侦查措施对发现犯罪线索和衍生证据具有重要价值。对于解决职务犯罪侦查工作中的取证难、突破难、抓逃难，对提高贪污贿赂犯罪案件侦查效率具有重要作用。

（三）技术侦查措施在反贪办案的运用是人权保障的使然

打击犯罪和保障人权是我国刑事诉讼中并重的价值取向。修改后刑事诉讼法在辩护制度、证据制度、强制措施、侦查程序等方面进一步完善了对犯罪嫌疑人的权利保障措施，明示不得强迫自证其罪，确立非法证据排除规则。现代刑事诉讼从人权的基本需要出发，禁止以侵害犯罪嫌疑人人身及其他非人道的逼供方法进行侦查，而事实上"口供"在贿赂犯罪窝串案侦查中的价值比其他证据都大。禁止逼供式的侦查，就必须依托现代科技变革侦查模式①。在以人为本，人权保障日益加强的当下，在强调保障犯罪嫌疑人人权的同时，修改后刑事诉讼法赋予检察机关可以使用技术侦查措施。一手抓保障人权规制办案，一手抓科技强检支持办案。促使反贪办案从"由供到证"向"向证到供"转型，是顺应科技发展和时代要求。针对查办重大贪污贿赂犯罪使用技术侦查措施，突破案件，是保障犯罪嫌疑人人权的需要，也是保护广大人民权利的有效手段。

三、利用技术侦查措施是提升反贪办案效能的现实选择

修改后刑事诉讼法增加"不得强迫任何人证实自己有罪"规定的同时，赋予检察机关在查办贪污贿赂案件可使用技术侦查措施。技术性侦查对贪污贿赂犯罪案件真实发现，对诉讼过程中的人权保障以及对诉讼效率的提高等诸多方面都有不可估量的促进作用。

（一）技术侦查有助于贪污贿赂犯罪案件的侦破

对于犯罪最强有力的约束力量不是刑罚的严酷性，而是刑罚的必定性②。贪污贿赂犯罪案件，大多带有秘密性和隐蔽性，具有智能化的特点。有些犯罪过程中双方"一对一"，外围证据很难突破，被动侦查在关键问题上难以深入。有的案件一接触犯罪嫌疑人，与之有关的涉案人就闻风而逃。这就严重制约了对贪污贿赂犯罪的有效揭露和打击。因而，贪污贿赂犯罪的严峻形势，挑

---

① 任慧华主编：《职务犯罪侦查实务》，中国检察出版社 2010 年版，第 402 页。
② ［意］切萨雷·贝卡利亚：《论犯罪与刑罚》，黄风译，中国法制出版社 2002 年版，第 68 页。

战着检察机关侦查能力，在新技术迅速发展的今天，检察机关依靠传统调查方法，已不能适应形势的需要。而技术侦查措施的运用，提高侦查活动的技术含量，增强控制和打击贪污贿赂犯罪能力，不仅有利于检察机关搜寻和掌握犯罪嫌疑人的重要犯罪证据，也有利于对犯罪嫌疑人的控制，技术侦查是预防和减少贪污贿赂犯罪的重要举措。对于突破案件具有简约而理想的效果，也能有效抵御其反侦查活动，摆脱来自其他方面的干扰。很多地方在运用技侦手段方面进行了有益的尝试并成功地侦破了多起有影响的重特大贪污贿赂犯罪案件。例如上海市原市委书记陈良宇的社保资金案、国家药监局原局长郑筱萸受贿案、北京市原副市长刘志华受贿案、湖南省高级人民法院原院长吴汉振受贿案，等等。这些高级领导干部本身就是司法干部出身，或者主管过政法工作，如果没有技侦手段的支持，一般办案机关则很难或无法掌握他们涉嫌犯罪的事实和证据。通过技术侦查措施的使用，可以提高贪污贿赂案件侦破率，更好地预防此类犯罪的发生。

（二）技术侦查是发现和扩大重案线索的手段

随着信息技术快速发展，犯罪嫌疑人利用手机、网络等工具进行串供、订立攻守同盟、转移赃款，甚至实施反侦查的现象日益突出，携款潜逃甚至逃到国外的屡见不鲜。这些特点决定了检察机关在侦查职务犯罪中迫切需要使用技术侦查措施[①]。其功效如下：一是提供追逃线索。利用现代化技侦手段，对逃跑的犯罪嫌疑人及其亲友的电话进行监听、截获电子邮件、手机信息记录、日常信件以及对相关场所或人员布控，从中获取犯罪嫌疑人潜逃线索，一举将其抓获归案。二是提供深挖余罪的线索。侦查机关在开始侦查时并不是对犯罪嫌疑人的犯罪事实全部掌握，往往只掌握了一部分，甚至是很少的一部分。在侦查过程中，利用技侦手段发现犯罪嫌疑人处理大量赃款赃物情况、巨额财产来源不明情况、极度挥霍腐化情况，就可推断出犯罪嫌疑人还有其他犯罪事实未被侦查机关掌握而有待深挖和揭露。尤其是在得知自己的问题被调查后，由于不知侦查机关掌握了自己的多少问题，往往会就自己所有的问题全面进行反侦查活动。如与所有的相关人员串供、订立攻守同盟等，利用技侦手段对其串供、订立攻守同盟的情况进行监控，就会发现未被纳入侦查视线的其他犯罪事实，从而为确定下一步的侦查方向和重点、深挖其他犯罪事实事提供明确导向和证据。三是提供追赃线索。贪污受贿的目的就是敛财，因而作案后转移赃款赃物便成为惯用的伎俩。利用技侦手段获取犯罪嫌疑人及有关人员转移赃款赃

---

① 童建明主编：《新刑事诉讼法理解与适用》，中国检察出版社 2012 年版，第 177 页。

物的证据，不仅可以直接揭露证实犯罪，顺利追缴赃款赃物，还可以让犯罪嫌疑人的贪利目的不能得逞，为国家挽回经济损失。

（三）技术侦查是获取关键证据的捷径

对于一些难以突破的贪污贿赂犯罪大要案，如果采取公开方式调查取证，不仅难度大、风险大而且难以奏效，也容易惊动犯罪嫌疑人，并给其充分时间进行反侦查活动。在这种情况下，利用技侦手段直接从被侦对象处获取有关犯罪的证据，就能够迅速突破案件。一是为客观准确地侦查破案提供第一手资料。针对贪污贿赂犯罪作案手段日趋智能化、隐蔽化、群体化、新型化以及跨区域作案等新特点。在侦查工作中运用技术手段，已具有越来越重要的作用。如监听通讯、录像监视被侦查对象行踪等，及时将有关犯罪的证据保全固定，进而突破案件。二是为分析案情侦破案件提供依据和方向。针对难以有更大突破的案件，可以将犯罪嫌疑人放回，采用监视、监听等技术侦查手段获取其为串供而隐匿的证据，使案件及时突破。技术侦查是打击高智商、高智能犯罪的必要武器，也是拓宽案件证明渠道、加强证据可采性的有力保障①。

（四）技术侦查是揭穿对抗伎俩的利器

贪污贿赂犯罪嫌疑人在犯罪后畏罪对抗和侥幸心理严重，不约而同地进行订立攻守同盟、串供、毁灭及指使他人作伪证等反侦查活动。而反侦查活动越多，暴露出来的蛛丝马迹则可能越多，给检察机关提供了获取犯罪证据的机会和途径。利用技侦手段获取反侦查活动的再生证据，戳穿反侦查活动伎俩是成功侦破案件的重要方法。一是毁灭证据、隐匿证据、制造虚假证据方面的证据。收集这方面的证据可以证实毁证、制造假证的过程，顺着这些证据就能够直接掌握犯罪动态直至查获主要罪证。二是串供、订立攻守同盟方面的证据。贪污贿赂等犯罪嫌疑人为逃避惩罚，在案发后常常会聚在一起密谋共商如何统一口径，隐瞒事实真相，出伪证、假证，利用他们这种心理运用技侦手段掌握他们会面串供、攻守同盟的谈话内容，运用这些证据，能够一举彻底揭穿他们的谎言，摧毁他们的心理防线，突破案件时会事半功倍。三是指使证人作伪证或翻证方面的证据。犯罪嫌疑人一旦得知自己的问题被调查时，便会四处活动，通过许愿、威胁、暴力利诱等手段，促进证人推翻原来不利于自己的证词或者阻止证人作证，或用金钱或其他利益贿买证人作伪证，以达到逃避打击的目的。利用秘密监控等手段密切注意他们的一举一动，及时获取该方面的证据，揭穿伪证的真相，还事实本来面目，这样才能阻止犯罪嫌

---

①　何家弘主编：《证据调查》，中国人民大学出版社 2005 年版，第 141 页。

疑人逃避法律追究的目的得逞。

四、技术性侦查应遵循的原则

（一）重罪原则

重罪原则是世界各国技术侦查措施运用的普遍要求。重罪即处罚较重的犯罪；以可能判处 5 年有期徒刑作为能否适用特殊侦查的分界点，也符合世界主要法治国家和地区的通例[①]。

（二）必要性原则

只有在采用一般侦查措施收效甚微或无收效时，才可使用技术侦查措施。技术侦查措施具有补充性，应在最后考虑。在采用技术侦查措施和一般侦查措施均能达到同样的侦查目的的情况下，当然应选择对公民自由权利侵害较小的一般侦查措施；只有在采用一般侦查措施无法达到侦查目的的情况下，侦查机关才采用技术侦查措施。同时，对于是否使用技术侦查所获取的材料作为指控犯罪的证据时，应当坚持证据最后使用原则[②]。

（三）相关性原则

主要包括人的相关性原则和物的相关性原则。一是人的相关性原则。是指一般情况下，技术侦查只能针对被指控人及其相关人员。只有在基于一定事实可以推断其他人员与行为人有联系或者可以建立这种联系，使得措施将导致查清案情、侦查出被指控人居所，并且采用其他方式很难或者不可能取得这种成果的时候，才允许针对其他人员采用。二是物的相关性原则。即指技术侦查的范围应尽量限制在与侦查目的有关的内容上。明确规定侦查机关用机器设备排查、传送个人情况数据的只能使用与侦查犯罪有关的数据，对其他数据不得使用。

（四）司法审查原则

即检察机关采用技术侦查措施必须要经过严格的批准，以决定书或批准书的形式载明采取技侦措施的对象、种类、执行期限。修改后刑事诉讼法规定，技术侦查措施期限批准决定签发之日起 3 个月内有效，对于复杂、疑难案件，期限届满仍有必要继续采取技术侦查措施的，经过批准，有效期可以延长，每次不得超过 3 个月。检察机关使用技术侦查措施查办案件具体审批程序建议高

---

① 樊崇义：《走向正义——刑事司法改革与刑事诉讼法的修改》，中国政法大学出版社 2011 年版，第 62 页。

② 陈卫东：《理性审视技术侦查立法》，载《法制日报》2011 年 9 月 21 日。

检院尽快出台实施细则，逐步推广技术侦查措施的适用。

　　总之，适时适当借助技侦手段，开展侦查工作，对顺利查处贪污贿赂等职务犯罪案件，深入开展反腐败斗争是十分必要的。在提升反贪侦查效能上，是其他侦查手段所无法比拟的。它是掌握案件发展动态、深挖扩大犯罪的重要手段，是获取犯罪证据的捷径，是同重大贪污贿赂犯罪作斗争的利器，对提升反腐败侦查能力具有深远的意义。

如何规范调查核实权的行使

王华杰 夏 磊[*]

我国的民事诉讼法是中国特色社会主义法律体系的重要组成部分，是国家的基本法律和规范民事诉讼活动的基本规则，它与检察机关的民事行政检察监督职能息息相关，是检察机关开展民行检察的基本法律依据。

2013 年 1 月 1 日正式实施的修改后民事诉讼法进一步明确了检察机关法律监督的地位和作用，检察监督范围、方式、手段也得以增扩和强化，这为全面正确开展民行检察工作奠定了坚实的法律基础，但同时修改后民事诉讼法在完善调解与诉讼相衔接机制、进一步保障当事人的诉讼权利、完善当事人举证制度、完善简易程序、强化法律监督、完善审判监督程序、完善执行程序等方面所做的修改与完善，也对民行检察工作产生了重大影响。尽快适应、准确把握修改后民事诉讼法，进一步加强民事诉讼监督，充分发挥检察职能，成为今后民行检察工作面临的重大课题。修改后民事诉讼法实施后如何规范调查核实权的行使，便是其课题之一。

一、我国民行检察中调查核实权的概念及发展

民行检察中的调查核实权，指依据法律规定检察机关享有的对民事诉讼及其裁判执行中的违法行为进行调查并提出处置建议的权力。

作为诉讼证据收集方式之一，民事调查取证权在我国修改前的民事诉讼法和现行行政诉讼法中均未被明确赋予检察机关。2001 年最高人民检察院颁布《人民检察院民事行政抗诉案件办案规则》（以下简称《办案规则》），才明确规定了检察机关拥有调查取证权。《办案规则》第 18 条规定："有下列情形之一的，人民检察院可以进行调查：

（一）当事人及其诉讼代理人由于客观原因不能自行收集的主要证据，向

* 作者单位：马鞍山市雨山区人民检察院。

人民法院提供了证据线索，人民法院应予调查未进行调查取证的；

（二）当事人提供的证据互相矛盾，人民法院应予调查取证未进行调查取证的；

（三）审判人员在审理该案时可能有贪污受贿、徇私舞弊或者枉法裁判等违法行为的；

（四）人民法院据以认定事实的主要证据可能是伪证的。"

2011年3月，"两高"联合会签了《关于对民事审判活动与行政诉讼实行法律监督的若干意见（试行）》，该意见第3条规定："人民检察对于已经发生法律效力的判决、裁定、调解，有下列情形之一的，可以向当事人或者案外人调查核实：

（一）可能损害国家利益、社会公共利益的；

（二）民事诉讼的当事人或者行政诉讼的原告、第三人在原审中因客观原因不能自行收集证据，书面申请法院调查收集，人民法院依法应当调查收集而未调查收集的；

（三）民事审判、行政诉讼活动违反法定程序，可能影响案件正确判决、裁定的。"

这是"两高"第一次以会签文件形式明确了检察机关民行部门在办理民行申诉案件中的调查取证权。但由于《办案规则》和"两高"会签文件未经立法制定，实践中检、法两家分歧较大，对检察机关依法行使调查权所取得的证据，有时存在法院不予认可其效力的情况，这无疑对检察机关的权威性和调查取证的严肃性产生负面影响。同时，在办案实践中当事人举证能力有限，对法院在审判过程中是否存在程序违法、审判人员是否存在贪污受贿、徇私舞弊、枉法裁判等行为的证据，当事人一方往往很难举证。此类证据与案件审判是否公正密切相关，且属法定抗诉条件，必须依赖检察机关的调查取证，因为惟有国家公权力才具备相应的取证能力，所以从现实角度检察机关也迫切需要以立法形式确立其调查取证权。再者，任何权力的行使都必须经过法律授权才符合法制原则，因而对调查取证权以法律的形式作出明确规定，也是国家法治建设的根本要求。因此，2012年8月十一届全国人大常委会第二十八次会议通过了《全国人大常委会关于修改〈民事诉讼法〉的决定》。修改后民事诉讼法首次以法律形式确认了检察机关对民事诉讼的调查取证权，并于2013年1月1日正式实施。修改后的民事诉讼法第210条规定："人民检察院因履行法律监督职责提出检察建议或者抗诉的需要，可以向当事人或者案外人调查核实有关情况。"通过立法明确赋予了检察机关民事调查取证权，将当事人或案外人向检察机关提供证据确立为法定义务。检察机关的监督范围得以扩大、监督方式得以增加、监督手段进一步强化，检察机关法律监督地位由此更为凸显。

二、调查核实权与检察机关的案件侦查权之区别

检察机关的案件侦查权是指检察机关依法对案件进行专门调查和采取有关强制措施的权力，其侦查对象的身份为特定，只针对国家工作人员职务犯罪和有犯罪事实但未被公安机关查清的犯罪嫌疑人所实施，而并非对任何公民都可以使用。

调查核实权与检察机关的案件侦查权的区别为：

（一）范围不同

案件侦查权的范围是：

1. 对贪污贿赂、渎职侵权类职务犯罪负责侦查的案件的侦查权。

2. 对公安、安全机关等侦查机关负责侦查的案件的补充侦查权。

3. 人民检察院认为需要自己直接侦查的职务犯罪案件，经省级以上检察院批准行使侦查权。

调查核实权的范围则是可能证明法院生效裁判"确有错误"和"违反法律、法规规定"的相关证据。主要为《人民检察院民事行政抗诉案件办案规则》第 18 条所规定的四种情形。

（二）目的不同

案件侦查权的目的在于追诉犯罪，引导、促进和保证行政司法活动不脱离法治轨道，确保法律的实施。

调查核实权的目的则在于通过对审判权的监督实现对私权的救济，以弥补当事人诉讼能力的不足，维护司法公信力。

（三）性质不同

案件侦查权具有独立判断和处罚等司法强制性。调查取证权则一般为非强制性，不能对被调查人的人身、财产采取强制措施，不得限制和剥夺被调查对象的人身权利，不得查封、扣押、冻结被调查对象的财产，不得开展秘密调查。只有当审判人员涉嫌职务违法犯罪时，才使用如侦查等强制性手段，同时必须注意不能破坏诉讼平衡而助力于一方当事人。

（四）方式不同

案件侦查权的方式涵盖：讯问犯罪嫌疑人；询问证人、被害人；勘验、检查；调取、扣押物证、书证和视听资料；鉴定；查询、冻结存款、汇款以及对犯罪嫌疑人采用拘传、取保候审、监视居住、拘留、逮捕等。

调查取证权的方式则为:

1. 询问。即向当事人或者案外人询问情况,制作笔录。

2. 查询。向有关单位查询情况,由其出示相关证据材料。

3. 鉴定、勘验。即对与案件有关的专门性问题,检察机关委托有鉴定资格的机构进行鉴定。对应当勘验现场或物证而法院没有勘验的,检察机关可以进行勘验并制作勘验笔录。

4. 初查与侦查。此系针对审判人员职务违法犯罪而言。

三、明确规定检察机关对民事诉讼具有调查核实权的基础意义

"民事诉讼法的首要目的就是发现真实"。案件的真实状况就是通过证据来进行展示和表达,如果不能取证到位,事实真相将无法得以还原,当事人势必承担败诉风险,裁判必然与真实公正相违背。作为法律监督部门的检察机关,其履行监督职能的目的不在于对当事人纠纷进行评判,而在于对法院裁判的正确性、公正性进行监督。如果检察机关不具有调查权,那么在当事人举证能力受到限制的情况下,法院的判决、裁定是否正确便将无法得到证明,从而无法真正正确有效地行使法律所赋予的监督权。

修改后民事诉讼法实施以前,立法的滞后导致检察机关的调查取证权一直游离于法律之外,长期处于立法盲点。对于检察机关民事案件中的调查取证权,理论界和学术界始终存在不同意见:一种观点认为,检察机关办理民行案件不具有调查权。理由:

1. 检察机关举证无法律依据。刑事诉讼法赋予了检察机关调查权,民事诉讼法并未赋予这样的权力。

2. 民事案件举证责任主体仅限于案件当事人(原告、被告、第三人、其他诉讼参加人),检察机关非法律规定的举证主体,不应承担举证责任。

3. 与当事人平等抗辩原理相悖。检察机关在办理民事案件中处于居中地位,与双方当事人均无直接利害关系,若调查取证客观上会造成为一方当事人收集证据的事实,有失公允,易使对方当事人对司法机关公正性产生怀疑,导致平等的诉讼格局被打破。

另一种观点认为,检察机关办理民事抗诉案件具有完全调查权,可以主动取证。"谁主张,谁举证"是民事诉讼的一项基本原则,但据此片面理解继而完全否定检察机关的调查取证权,则与法律监督、公平正义的要求不符。司法实践中,有些证据会受多种客观条件所限而无法取得,如果检察机关不主动发挥调查收集证据职能,案件的最终处理结果必然会导致形式公正掩盖实质上的不公正。因此检察机关调查收集证据有利于案件事实得以最大限度地查明,提

高了诉讼效率，符合民事诉讼追求客观真实的诉讼目的。

我国民法的调整对象是平等主体的公民之间、法人之间、公民和法人之间的财产关系和人身关系。如果过于强调检察机关的调查取证权，公权力过多介入证据收集，易使诉讼双方主体关系处于不平等状态，从而导致诉讼机制缺乏平衡。但完全否定检察机关的调查取证权也是错误的。检察机关进行民事法律监督的目的，旨在查明法院的民事裁判是否正确，即通过调查证据，准确判定裁判是否有错误；为在原审中申请法院查证而法院未查的当事人提供司法救济；通过对司法人员徇私枉法等违法行为的调查，纠正因司法腐败导致的司法不公。因此检察机关的调查取证，其着力点并不仅在于对民事案件事实的查清，更是对法院民事审判的公正性实行监督，以使错误扭曲的审判通过监督审查得以修改和纠正。

我国的民事检察监督实质是一种事后监督，即监督对象的行为发生终了后，检察机关通过审查、核实、评断、裁决等过程来纠正违宪违法的事实及消除负面影响，其事后特性决定了检察人员无法了解民事诉讼的全过程。因此，对于审判过程中究竟是否存在违法情形，检察机关只有通过调取证据材料进行审查判断才能发现问题。如果在办理民事抗诉案件中不具备调查取证权，那么检察机关的事后监督将无法有效进行。而此项监督的有力保障就是检察机关对监督对象拥有调查取证权。如果匮失，则当事人因取证手段不足造成的缺憾无法弥补，民事抗诉案件质量难以保障，检察机关自行发现的线索因依靠当事人举证的不现实而无法开展审查核实，司法公正的有效实现无疑将是一句空话。

《人民检察院民事行政抗诉案件办案规则》第 17 条规定："人民检察院审查民事、行政案件，应当就原审案卷进行审查。非确有必要时，不应进行调查。"据此可知，检察机关审查民事抗诉案件，应当以书面审查为主，确有必要时才可调查取证。修改后民事诉讼法第 210 条则规定："人民检察院因履行法律监督职责提出检察建议或者抗诉的需要，可以向当事人或者案外人调查取证核实有关情况。"新法明确赋予了检察机关的调查取证权，这为有效行使民事监督权提供了强有力的法律保障，符合事后监督的内在需要与运行规律。

四、调查核实权的规范行使与调取证据的效力认定

检察机关进行调查核实的目的是了解掌握有关生效裁判、调解及审判执行活动等的必要信息，以决定是否提出抗诉或检察建议。鉴于检察机关在办理民事案件中的居中地位，因此调查核实权的行使应当规范和运用正确，不能将其作为刑事诉讼中的侦查权来理解，更不能任意行使而干扰正常的审判执行活动，对超出必要范围的调查及因对该权力的行使而致对当事人应负的举证责任

产生替代的情况应当避免，以防止造成对诉权的不当干预。

首先，检察机关应当保持居中地位。作为法律监督机关，检察机关对民事审判活动实行监督就是为了实现和达到公平正义，因此在调查取证时应该保持一种居中地位，充分听取各方当事人陈述，平等保护双方当事人的合法权益，不能偏向申诉人，不能将检察机关当成申诉人的代理人。

其次，明确行使调查核实权的前置条件。《人民检察院民事行政抗诉案件办案规则》第 17 条规定："人民检察院审查民事、行政案件，应当就原审案卷进行审查。非确有必要时，不应进行调查。"即检察机关审查民事抗诉案件，应当以书面审查为主，确有必要时才可调查取证。据此可知：

1. 办理抗诉案件的主要方法是书面审查，不能因调查取证权而过多介入当事人的实体纠纷。检察机关审查民行案件，其实就对法院的诉讼活动和裁判的合法性进行监督，这一过程主要通过对案卷材料的审阅来进行和实现。调查只是阅卷的补充和辅助手段。

2. 检察机关不应主动进行调查。调查取证过程中一些强制措施和侦查手段会不可避免地需要运用，鉴于在民事案件中的居中地位，为防止职权滥用，检察机关不应主动进行调查，不得代行当事人的举证责任，否则即违反了"谁主张，谁举证"的民事诉讼证据规则。并且由于民事申诉案件面广量大的特性，主动调查取证在人力、精力、时效等方面也无法达到完全实现的可能。

3. 检察机关调查权的行使必须确有必要。《人民检察院民事行政抗诉案件办案规则》规定："非确有必要时，不应进行调查。"也就是说，只有在当事人举证不能、无法举证等特殊情况下，检察机关才可以主动行使调查权，否则不应主动行使。

最后，应当规范行使调查核实权的细化范围。检察机关的调查取证就是为了核实疑问，验明证据。但此证据必须是为庭审已出示之证据所需要的，不能是为对一方证据进行补充而重新调取的证据。因此调查范围应当包括一切可能证明原审判决和裁定是否合法、公正的证据：

（一）对涉及可能有损国家利益、社会公共利益或第三人合法权益的证据，原审中当事人申请法院调查取证，法院依法应当调查而没有调查

法院的未尽职责必会造成一方当事人与对方当事人平等举证的不能，从而承担败诉风险。此种情形下，败诉方不可能再有后续诉讼机会。作为社会公共利益的维护者，在审判机关未对该类事实予以查明的情况下，检察机关理应调查取证，查明是否涉及国家利益、社会公共利益或者第三人合法权益，这既是对在诉讼中处于劣势的一方当事人提供的必要救济，更是对国家利益、社会公

共利益的保护。

（二）法院在审理案件过程中是否存在程序违法、审判人员是否存在贪污受贿、徇私舞弊、枉法裁判等行为的证据

此类证据属于法定抗诉条件，与案件是否公正审判息息相关，且贪污、受贿、枉法裁判行为属于职务违法，甚至可能构成犯罪，极具隐蔽性，不可能在案卷材料中有明显的记载和反映，申诉人一般也不能够掌握这类证据，由当事人举证比较困难，必须经过调查，甚至需要通过专门手段才能掌握，这唯有国家公权力才具备相应的取证能力，从而能够及时收集证据查明真相，实现司法公正。

（三）法院认定事实的主要证据存在重大瑕疵

人民法院据以认定事实的主要证据可能是伪证的，包括证据形成来源不合法和证据本身系伪造、变造的。当事人在原审庭审中对上述证据提出了质疑或反驳，而原审法院却偏听偏信了上述伪证予以定案，在此情形下检察机关的调查取证则是对原审工作失误的弥补，如不进行必要的调查，就难以揭露当事人伪造或变造证据的事实，也无法针对这类错误裁判提出确有依据的抗诉，浪费司法资源。

《人民检察院民事行政抗诉案件办案规则》则规定了检察机关调查取证权介入的四种情形："（1）当事人及其诉讼代理人由于客观原因不能自行收集的主要证据，向人民法院提供了证据线索，人民法院应予调查未进行调查取证的；（2）当事人提供的证据互相矛盾，人民法院应予调查取证未进行调查取证的；（3）审判人员在审理该案时可能有贪污受贿、徇私舞弊或者枉法裁判等违法行为的；（4）人民法院据以认定事实的主要证据可能是伪证的。"该规则对检察机关调查取证范围进行了明确与细化，即是防止和避免因过多行使调查权而牵涉当事人之间的实体纠纷，导致对私权处分的干涉。

（四）正确认定检察机关所取证据的效力

检察机关依法行使调查核实权所取得的证据，其效力如何，现行法律没有明确规定。但修改后民事诉讼法第 68 条规定："证据应当在法庭上出示，并由当事人互相质证。"而检察机关的调查取证权来源于抗诉权，所取得的证据并不直接证明案件事实，只能证明检察机关的抗诉理由，具有一般证明力，并不具有一定推翻原审裁判认定事实的证明力。因此，检察机关行使调查核实权所取得的证据在再审程序中与当事人提交的证据、法院调取的证据一样，必须接受庭审阶段的审查核实。只有经法庭质证属实的证据，才能作为推翻原裁判的证据而被采信和确认，否则不能直接作为定案依据。实践中一般由申请抗诉

方提出，由对方当事人进行质证，或由法庭出示，询问双方当事人的质证意见，记录在案后根据证据规则决定是否采纳。

（五）规范检察机关调查核实权的启动方式

修改后民事诉讼法第 210 条规定："人民检察院因履行法律监督职责提出检察建议或者抗诉的需要，可以向当事人或者案外人调查核实有关情况。"据此可知，检察机关调查核实权的启动方式有两种：一是检察机关主动启动；二是因当事人的申请和上级指令而启动。

检察机关的调查取证在性质上不是侦查行为，而是开展民行检察监督的一种方式和手段，检察机关通过调查取证来实现抗诉纠错，对当事人进行司法救济，也对正确裁判进行释法说理以促成服判息诉。而检察机关在调查取证过程中又存在有发现、获得新证据的可能，如果以当事人申请启动调查为前提，出现上述可能后，当事人一般不会过于抵触排斥检察机关所获取的证据而予以认可。因此在调查核实权的启动方式上，应当以当事人申请为主，检察机关主动启动为辅，尽量保证调查性质不转变成侦查性质，避免检察监督的不当介入、过多介入而破坏了诉讼结构的平衡，也尽量避免、化解了社会矛盾。

当然，特殊情形下，检察机关主动启动调查也势在必然。修改后民事诉讼法第 208 条规定："最高人民检察院对各级人民法院已经发生法律效力的判决、裁定，上级人民检察院对下级人民法院已经发生法律效力的判决、裁定，发现有本法第二百条规定情形之一的，或者发现调解书损害国家利益、社会公共利益的，应当提出抗诉。地方各级人民检察院对同级人民法院已经发生法律效力的判决、裁定，发现有本法第二百条规定情形之一的，或者发现调解书损害国家利益、社会公共利益的，可以向同级人民法院提出检察建议，并报上级人民检察院备案；也可以提请上级人民检察院向同级人民法院提出抗诉。"可见对涉及国家利益、社会公共利益的重大复杂案件，即使当事人没有提出申请，检察机关仍然可以启动调查。

浅议民事案件
适用抗诉与检察建议的程序和条件

孙靖宁*

根据民事诉讼法规定，人民检察院发现人民法院已经发生法律效力的判决、裁定确有错误或者发现调解书损害国家利益、社会公共利益的，应当提出抗诉或者检察建议（司法实践中称再审检察建议）。虽然法律规定了抗诉、再审检察建议的监督方式，但抗诉案件法院必须再审，而再审检察建议缺乏强制力，是否再审由法院决定，并且多年来的司法实践表明，人民法院对人民检察院再审检察建议采纳不多，再审检察建议的实际监督效果并不理想。实践中面临着对抗诉与再审检察建议如何选择的问题，因此必须厘清民事案件适用抗诉或者再审检察建议的程序和条件，以期正确适用。

一、抗诉与再审检察建议适用的程序

根据民事诉讼法规定的当事人向人民检察院申请检察监督的情形看，由于法院纠错在先，绝大部分裁判确有错误的案件经过法院的再把关，基本上都能得到合理的解决，检察机关办理民事申诉案件数量肯定会减少。这就要求检察机关的民行检察部门在提出抗诉或者提出再审检察建议时必须严格把关，规范办案程序，保证案件质量，增强监督效果。

（一）严格规范办案程序

《人民检察院民事行政检察办案规则（讨论稿）》（以下简称《办案规则》）是检察机关办理民事行政案件的指导性、规范性文件，《办案规则》第6条规定："人民检察院办理民事、行政检察案件，由检察官承办，集体讨论，办案部门负责人审核，检察长或者检察委员会决定。"民事案件提出抗诉或再

---

* 作者单位：马鞍山市含山县人民检察院。

审检察建议的办案程序应当严格按照《办案规则》和《安徽省检察机关民事行政检察工作业务流程规范》的规定执行，从证据采信、事实认定和法律适用等方面严格把握标准，履行受理、立案、审查、审批、送达、文书制作等批准手续，保证办案程序规范、公开。

（二）检察委员会审议决定

"两高"《关于对民事审判活动与行政诉讼实行法律监督的若干意见（试行）》（以下简称《意见》）规定人民检察院向同级人民法院提出再审检察建议应当经检察委员会决定；安徽省人民检察院《关于进一步加强和改进全省检察机关检察委员会工作的意见》规定对拟提出再审检察建议或提请抗诉的民事案件应当提请检察委员会审议决定。这些意见对提出抗诉或提出再审检察建议的民事案件具有指导性作用，是民行检察部门必须遵照执行的。因此对符合规定情形的判决、裁定或调解的案件，民行检察部门必须报经检察委员会决定后，才能提请上级人民检察院抗诉或向同级人民法院提出再审检察建议。

（三）法律文书格式化

法律文书是客观反映案件事实、证据、程序及案件质量的载体，《办案规则》规定人民检察院提出抗诉的案件应当制作《抗诉书》；提出再审检察建议的案件，应当制作《再审检察建议书》。提出抗诉或再审检察建议的目的都是为了启动再审程序，其文书格式化内容应当包括：案由、案件来源、当事人基本情况、审查认定的事实、诉讼过程、抗诉或建议再审的事实、理由和法律依据等，"两高"的《意见》规定了人民法院收到再审检察建议后的书面回复时间，因此《再审检察建议书》应比《抗诉书》增加法院书面回复审查结果时间的内容。并且文书要说理清晰充分，论证严密透彻，尽量使用法言法语，充分阐述人民检察院抗诉或建议再审的观点、理由以及法律依据。

（四）再审检察建议报上级人民检察院备案

实践中，下级人民检察院提请上级人民检察院抗诉的案件，需制作《提请抗诉报告书》连同案件卷宗一并报送上级人民检察院审查。民事诉讼法规定了人民检察院向同级人民法院提出再审检察建议的案件要报上级人民检察院备案。根据这一规定，提出再审检察建议的人民检察院在将《再审检察建议书》连同检察卷宗一并移送同级人民法院的同时，要将《再审检察建议书》副本报上一级人民检察院备案审查，主要是便于上级人民检察院对报备案件的把握和指导，在发现下级人民检察院发出的再审检察建议不符合法律规定时，能及时指令下级人民检察院撤回或直接撤销再审检察建议。下级人民检察院在同级人民法院无正当理由拒不接受再审检察建议时，可以及时向上级人民检察院反映情况、请求指导。

二、抗诉与再审检察建议适用的条件

民事诉讼法规定了当事人对于已经发生法律效力的判决、裁定、调解书，应当依法向人民法院申请再审，在三种情况下才可以向人民检察院申请检察建议或者抗诉：一是人民法院驳回再审申请的；二是人民法院逾期未对再审申请作出裁定的；三是再审判决、裁定有明显错误的。当事人向人民法院申请再审是向人民检察院申请检察建议或者抗诉的前置程序，因此人民检察院提出抗诉或者再审检察建议的案件必须是当事人已穷尽审判救济途径，且是"有明显错误的"案件。

（一）抗诉的适用条件

一般来说，抗诉是上级人民检察院对下级人民检察院提请抗诉的案件审查后向同级人民法院提出，其效力直接作用于人民法院，抗诉案件法院应当再审。所以人民检察院提出抗诉的案件应当符合民事诉讼法规定的再审条件。

1. 民事判决、裁定提出抗诉的条件。人民检察院对同级人民法院发生法律效力的民事判决、裁定，有《中华人民共和国民事诉讼法》第 200 条规定情形之一的应当提出抗诉：（1）有新的证据，足以推翻原判决、裁定的；（2）原判决、裁定认定的基本事实缺乏证据证明的；（3）原判决、裁定认定事实的主要证据是伪造的；（4）原判决、裁定认定事实的主要证据未经质证的；（5）对审理案件需要的主要证据，当事人因客观原因不能自行收集，书面申请人民法院调查收集，人民法院未调查收集的；（6）原判决、裁定适用法律确有错误的；（7）审判组织的组成不合法或者依法应当回避的审判人员没有回避的；（8）无诉讼行为能力人未经法定代理人代为诉讼或者应当参加诉讼的当事人，因不能归责于本人或者其诉讼代理人的事由，未参加诉讼的；（9）违反法律规定，剥夺当事人辩论权利的；（10）未经传票传唤，缺席判决的；（11）原判决、裁定遗漏或者超出诉讼请求的；（12）据以作出原判决、裁定的法律文书被撤销或者变更的；（13）审判人员审理该案件时有贪污受贿，徇私舞弊，枉法裁判行为的。

2. 调解书提出抗诉的条件。人民检察院对同级人民法院发生法律效力的损害国家利益、社会公共利益的民事调解书，应当提出抗诉。

（二）再审检察建议的适用条件

再审检察建议可以强化同级监督，人民检察院正确运用再审检察建议，有利于发挥其在检察监督中的效率和作用，实现"同级建议、同级审理"。

1. 民事判决、裁定提出再审检察建议的条件。由于再审检察建议"同级再审"的特殊性，决定了民事判决、裁定提出再审检察建议的案件不但要符合抗诉条件，还要符合适宜原审法院再审的条件，因此人民检察院提出再审检察建议的案件比提出抗诉案件的范围要小。民事诉讼法规定经该人民法院再审过的案件抗诉后不可以再由该法院再审；《最高人民法院关于适用〈中华人民共和国民事诉讼法〉审判监督程序若干问题的解释》第 29 条规定，不得指令原审人民法院再审的四种情形包括：原审人民法院对该案无管辖权的；审判人员在审理该案件时有贪污受贿，徇私舞弊，枉法裁判行为的；原判决、裁定系经原审人民法院审判委员会讨论作出的；其他不宜指令原审人民法院再审的。因此对符合抗诉条件又可以由原审人民法院再审的案件都可以提出再审检察建议。

2. 调解书提出再审检察建议的条件。人民检察院对同级人民法院发生法律效力的损害国家利益、社会公共利益的民事调解书，可以提出再审检察建议。

三、需要注意的问题

抗诉与再审检察建议作为法定的监督方式，根本出发点都是为了纠正法院的错误裁判，尽可能实现司法公正，维护司法权威。抗诉已被人民法院接受，而再审检察建议作为一种新的监督方式，处于起步阶段，缺乏相应操作规则，若运用不当不被人民法院接受，不仅影响检察监督效果，也影响人民检察院的形象。在实践中需要注意：

（一）上下级人民检察院应加强指导配合

提出再审检察建议的人民检察院要加强对上级人民检察院的请示汇报，便于上一级人民检察院对案件的具体指导。"两高"的《意见》规定了人民法院收到再审检察建议后 3 个月的书面回复时间，对于出现人民法院收到再审检察建议后 3 个月没有将审查结果书面回复人民检察院的，或者人民检察院认为人民法院不予再审的决定不当的情形，下级人民检察院应当及时提请上一级人民检察院抗诉，上一级人民检察院经审查后应当依法提出抗诉。只有上、下两级人民检察院加强指导配合，综合运用抗诉和再审检察建议两种监督形式，才能形成优势互补，实现监督效果最大化，以保证检察监督的实效性和连续性。

（二）加强与人民法院的沟通和联系

再审检察建议可以实现案件同级审理，具有简化诉讼程序、缩短办案周期、提高司法效率、实现司法便民的明显优势，有利于检法两家工作协调，共同维护司法公正和司法权威。因此作为提出再审检察建议的人民检察院，一定要加强与同级人民法院的沟通和联系，争取同级人民法院的理解和认同，最好能在双方协商一致、达成共识后提出再审检察建议，让人民法院变被动为主动，接受再审检察建议，自行启动再审程序，减少抗诉的适用，节约司法成本，营造和谐检法关系，逐步确立再审检察建议与抗诉并重的法律地位，提升民行检察法律监督实效。

虽然再审检察建议同抗诉一样，已成为法定的监督方式，但抗诉具有法律赋予强制启动再审的效力，而再审检察建议属于建议的性质，不具有启动再审的强制力。从长远看，有抗诉作支撑，再审检察建议能够起到启动再审的实际作用，虽然不能完全代替抗诉，但比较而言，再审检察建议具有程序简、周期短、效率高等优势，既然民事诉讼法赋予人民检察院对人民法院生效的判决、裁定、调解书有纠错的选择权，在办理具体民事案件中，只要符合再审检察建议条件的就应当考虑优先适用。

浅析检察机关对民事执行的监督

——以民事诉讼法修改为背景

温龙龙*

随着我国司法改革的深入，人民对司法公正要求越来越高，而在诉讼活动中执行难、执行乱等民事执行方面的问题，已经成为群众和舆论关注的焦点。新民事诉讼法明确规定检察机关"有权对民事执行活动实行法律监督"，虽然有关民事行政检察办案规则还没有正式出台导致对执行检察监督还缺乏可操作性的具体措施，但至少为检察机关打开了一扇门，相信通过全国各地检察机关不断的司法实践，一定能够使民事执行活动规范有序的运行。

一、民事执行现状

《最高人民法院关于加强民事执行工作维护法制权威和司法公正情况的报告》提出："执结率虚高与执行实际到位率偏低形成鲜明对比。十年来，全国法院案件的平均执结率为85.39%，而占比重最大的民事案件平均实际执行到位率仅为42.97%，相差近43个百分点。在已执结案件中，当事人自动履行、和解或经法院强制执行结案的只占65.50%，而34.50%的案件因各种原因裁定不予执行、中止执行或终结执行，形成执结率高、执行标的到位率偏低的现象，致使当事人的权益不能得到完全实现"，报告还指出"执行队伍的政治、业务素质亟待提高、执行领域存在的消极腐败现象较为严重"。可见民事执行方面的问题早已暴露出来且在很长一段时间内这些问题都没有得到解决，这也是容易滋生职务犯罪的温床。检察机关作为法律监督机关有权对法院进行监督，但此前由于修改前民事诉讼法对于检察机关在民事执行监督方面没有具体的规定再加上最高人民法院的一系列司法解释及批复，使检察机关对于法院民事执行的监督一直处于于法无据的状态。而此次修改后《民事诉讼法》赋予

---

* 作者单位：马鞍山市和县人民检察院。

检察机关对法院民事执行的监督权力，使得对民事执行环节的监督不再局限于法院系统内部。相信在民事执行领域有了检察机关强有力的外部监督，民事执行将会得到更好的规范，执行矛盾也会大大减少，同时对于在执行中那些渎职侵权分子也是种巨大的震慑。

二、阻碍检察机关对民事执行进行有效监督的原因

（一）法律的漏洞

修改前民事诉讼法作为规范民事执行的基本法对民事执行的监督并没有作出专门的明确的规定。只是在总则第 14 条规定了"人民检察院有权对人民法院的民事审判活动实行监督"，但从多年来的司法实践来看，民事执行活动是否属于民事审判活动的范畴在认识上仍然存在分歧，总则第 14 条规定"人民检察院有权对民事审判活动实行法律监督"，人民检察院理应从广义上认为"民事审判活动"是指从起诉阶段到审理阶段再到执行阶段的诉讼活动全程，对民事审判活动监督当然应当包括民事执行程序，否则检察机关的监督就是不全面的，也不利于民事审判和民事执行活动的有序开展。但人民法院则从狭义上把"民事审判活动"理解为仅指执行前的审理活动。正是检法两家对关键条文的理解存在巨大分歧，直接导致了在司法实践中民事执行程序的疏于监督。

（二）检察机关内部的监督方式不明朗

由于民事诉讼法中对民事执行的监督缺乏相关的具体程序和措施，检察系统内部也没有一套统一的操作规程和工作机制，应采取什么方式进行监督、如何启动监督程序、如何实现有效监督仍处在摸索阶段。尽管修改后民事诉讼法已经颁布实施但是对民事执行监督这一领域仍然是盲人摸象，各地做法不一。

（三）法院的排斥

基于对法律条文的不同理解，最高人民法院还多次以批复文件的形式，排除了检察机关对民事执行的监督。如最高人民法院在《关于对执行程序中的裁定的抗诉不予受理的批复》中规定：其在民事执行过程中作出的裁定，不属于抗诉的范围。实践中检察院若要坚持抗诉的，人民法院就以此批复。这一方面折射出了检察机关在民事执行监督力度的不足，另一方面也反映了法院对检察机关介入民事监督的一种排斥。

（四）法院系统内部监督与检察监督相互矛盾

《人民法院组织法》第 17 条规定："下级人民法院的审判工作受上级人民

法院监督"，据此法院系统都认为法院之间已存在业务上的监督关系。使得检察机关对民事执行的监督没有介入的缝隙，困难重重。我们不否认上级法院对下级法院的监督是认真的也是严肃的，但多数都是出于本位主义思考，绝对的权力导致绝对的腐败，任何权力缺乏监督都会失控，任何权力失控都会膨胀并被滥用，本系统内的监督难免会有包庇之嫌最终使监督流于形式，起到的效果并不好，全国在执行领域发生的职务犯罪案件也屡见不鲜，因此将民事执行纳入检察监督是形势所迫，现实之需。

三、民事诉讼法修改后如何完善民事执行检察监督

此次修改后民事诉讼法关于执行的规定共有 5 条。其中第 14 条、第 235 条规定了监督民事执行的依据，第 208 条规定了监督的手段，第 209 条规定了监督的顺序，第 208 条和第 209 条共同规定了监督程序的启动方式，第 210 条规定了监督的保障。这些条文从监督的依据、手段、顺序和保障四个方面修订完善了民事执行检察监督制度。

（一）在民事执行检察监督的范围方面

此次《民事诉讼法》修改后，明确了检察机关可以对民事执行活动进行监督，但我们都知道民事执行应当包括两个主体，即法院的执行机关和被执行当事人。鉴于此，一个新的问题摆在了检察机关面前，即检察机关对法院执行机构进行监督是理所当然，因为执行机构是公权力机关而检察机关的职责就是对公权力进行监督，但是检察机关能否对执行活动中的当事人进行监督纠错呢？如果检察机关对被执行人进行了检察监督是否涉嫌侵犯私权呢？民事纠纷本来就是平等主体之间的财产纠纷或人身纠纷，法院居中裁判，当事人双方相互举证，呈现天平式诉讼结构，而这时检察机关插足而入会不会破坏原有的诉讼平衡？对此笔者认为，尽管当事人在执行活动中处于弱势地位，但也不能排除有违法行为存在，实践中当事人与执行机关进行勾结侵犯国家、集体或第三人的财产的案例也屡见不鲜。与此同时，既然检察机关有权对民事执行活动进行监督，那当事人作为执行活动中必不可少的一方，当然也必须纳入检察监督的范围内。在执行活动中，法院已经不能充当居中裁判的角色了，因为若此时法院再充当居中裁判者的话明显就有倾向执行机关之嫌，更容易破坏诉讼平衡，因此应当由检察机关充当天平中的支点，执行机关和当事人居于两边，这样才能维持公正。综上，把当事人纳入到民事执行检察监督的范围之中，既能扩大检察机关的监督范围，也能弥补法律法规中的一些盲点。相信会取得良好的司法效果和社会效果。

（二）在民事执行检察监督的程序方面

首先，本次《民事诉讼法》的修改只是从大的方向上为检察院指明了途径，但在具体细节方面没有细化。笔者认为对民事执行的监督的程序要想在《民事诉讼法》修改后进一步完善，使其更趋于合理。那么最重要一点就是要对民事执行检察监督设置明确的期限。此期限应当包括当事人申请检察监督的期限（即救济时效）和检察机关受理立案后审查处理的期限。笔者认为对当事人申请监督的期限应设置较长，以便充分保障当事人的救济权利。而检察机关审查处理的期限宜设置较短，防止拖沓不决从而损害检察权威。

其次，检察机关要对执行监督案件的受理立案不应仅仅局限于当事人的申诉，对于一些特殊案件或特殊情况下，检察机关还应当主动介入。例如在执行机关确实存在违法行为并侵害了当事人的财产权、人身权而当事人又无法及时或无能力申诉的情况下，检察机关应当积极主动的介入而不能依靠当事人单头提供线索。另对于执行中存在的损害国家利益、公共利益或不能执行回转的案件，检察机关也应当及时主动的介入启动监督程序，以求最大限度地发挥检察监督权。

（三）在民事执行检察监督的方式方面

首先，要树立检察建议的权威。检察建议顾名思义，作为一种建议其效力是微弱的，能否被采纳取决于检察机关与接收机关之间的沟通，通俗的说就是，检察机关有建议的权利，其他任何机关包括公民也有建议的权利，但是否接受建议在于法院自己。实践中有的检察院为了缓和检法两家的关系，经常使用检察建议来取代抗诉，鉴于修改后民事诉讼法颁布以前能够给检察建议提供效力依据的文件较少而且效力较低这一境况，"两高"曾出台《关于在部分地方开展民事执行活动法律监督试点工作的通知》规范了对部分检察建议的效力。修改后民事诉讼法第 208 条规定"地方各级人民检察院对同级人民法院已经发生法律效力的判决、裁定，发现有本法第二百条规定情形之一的，或者发现调解书损害国家利益、社会公共利益的，可以向同级人民法院提出检察建议，并报上级人民检察院备案；也可以提请上级人民检察院向同级人民法院提出抗诉。""各级人民检察院对审判监督程序以外的其他审判程序中的审判人员的违法行为，有权向同级人民法院提出检察建议。"该条规定了监督民事执行的方式为检察建议和抗诉。表面上看检察机关监督的方式似乎增加了，其实不然，因为修改后民事诉讼法并没有规定检察建议的效力，也没有区分检察建议和抗诉在什么情形下适用，这或多或少在司法实践中影响到检察建议的权威性。因此对于检察建议这种监督方式进行必要的完善补充，笔者认为是很有必要的。因此要想充分利用好检察建议就必须要建立检察建议反馈与保障机制，否则就是一纸空文。

其次，完善纠正违法通知书的使用机制。修改后民事诉讼法施行后，检察机关法定的监督方式增加为两种，即抗诉和检察建议，但我们不能否认纠正违法通知书也是司法实践中相当重要的一种监督手段，只要稍加完善相信完全可以媲美抗诉和检察建议。纠正违法通知书是指人民检察院在办理检察业务过程中，发现侦查机关的侦查活动、执行机关的执行活动或审判机关的民事行政审判活动有严重的违反法定程序的情形依法予以纠正制作的法律文书。纠正违法通知书的发出对象当然包括严重违法民事执行程序的执行活动。但是纠正违法通知书也有其不足之处，例如，对违法行为的范围没有具体规定，容易陷入范围扩大或缩小的危险。另外，如果执行机关没有在规定的期间将纠正情况或处理情况反馈给检察机关的话，那么下一步检察机关该如何处置呢？据此，笔者认为要想最大限度地发挥纠正违法通知书的效力就应当建立其效力保障机制，特别是建立被监督机构的反馈机制并且最重要的还是要明确无故不执行的法律责任，这一点与先前提到的检察建议完善手段大同小异。如执行机关在收到检察院的纠正违法通知后应当及时的就通知是否执行及不予执行的理由答复检察院。检察机关认为答复意见不成立的，应及时的与法院进行沟通，若法院仍然不予采纳则可提交上一级检察机关向同级人民法院提出意见，监督下一级法院限期纠正。

最后，适当引入暂缓执行建议制度。暂缓执行建议是针对法院的强制执行行为可能存在错误并且难以执行回转的情况下所提出的一种建议。尽管最高人民法院曾在《关于如何处理人民检察院提出的暂缓执行建议问题的批复》中否定了检察院提出的暂缓执行建议的效力。但笔者认为暂缓执行建议对检察机关进行民事执行监督不失为一种重要举措，可以防止强制执行后造成的不能挽回的损失，增强检察监督的效果。但是暂缓执行建议必须依法进行，不能随意适用，否则会干扰正常的执行活动，更加剧了执行难、执行乱。因此检察院在提出暂缓执行建议之前必须要求当事人提供足够担保，以防止该项监督权被滥用。

浅谈单位实施纯正自然人犯罪

——以最新立法解释为视角

潘春燕[*]

2014 年 4 月 24 日全国人民代表大会常务委员会对《中华人民共和国刑法》第 30 条出台了立法解释，规定"公司、企业、事业单位、机关、团体等单位实施刑法规定的危害社会的行为，刑法分则和其他法律未规定追究单位的刑事责任的，对组织、策划、实施该危害社会行为的人依法追究刑事责任"。由此解释可以看出，立法机关认为单位实施纯正自然人犯罪应当由组织、策划、实施该犯罪行为的自然人承担刑事责任。

这条解释自出台以来在理论界引起了广泛的讨论，有学者赞扬此解释不仅解决了之前最高人民法院、最高人民检察院在如何处理这个问题上存在的分歧，也给予司法机关一个明确的指示，使其不再处于进退维谷的境地，可谓意义重大。但仍有学者指出，此项解释有违立法本意，因为单位犯罪在刑法上属于法定犯，只有在刑法分则中明确规定单位可以成为某种犯罪的行为主体时，才有可能认定为单位犯罪；换言之，如果主体不适格，那么应当遵从刑法基本原则——罪刑法定原则"法无明文规定不为罪""法无明文规定不处罚"，即单位不承担刑事责任，非犯罪主体的自然人也不承担刑事责任。也有学者指出，若因为单位不构成犯罪，就由自然人承担刑事责任，那么刑法第 30 条将成为一纸空文，毫无意义。笔者对立法机关的解释持赞同态度，并针对个别学者的反对观点在本文中提出几点看法：

一、此项解释具有合法性和合理性

（一）从刑法原则来看，此项解释符合罪刑法定原则

在立法机关作出此项解释之前，我国刑法学术界关于单位实施纯正自然人

---

* 作者单位：马鞍山市博望区人民检察院。

犯罪问题的观点存在对立性，主要有肯定说和否定说。支持否定说的学者认为，如果单位实施了非单位犯罪行为，但法律上没有对此种行为进行规定，司法机关理应坚持罪刑法定原则，既不能违法追究单位的刑事责任，也不能追究单位中直接负责的主管人员和直接责任人员的刑事责任。笔者认为，此观点的错误根源在于对罪刑法定原则的片面、机械化理解。《中华人民共和国刑法》第3条规定："法律明文规定为犯罪行为的，依照法律定罪处罚；法律没有明文规定为犯罪行为的，不得定罪处罚。"此法条即为著名的"罪刑法定原则"，其要求正确运用刑罚权，惩罚犯罪，保护人民。其本意不仅在于限制立法权随意"入人于罪"，还在于防止随意作除罪化处理，体现了我国刑法有罪必罚的精神。

另外，否定说支持者坚持的"法律没有明文规定"，其真实含义应当是指行为人实施的行为对法益的侵害性较低、社会危害程度低于刑法入罪的最低标准或者其行为的性质不属于刑法分则的任何条款，此行为才不构成犯罪。因此，若单位实施纯正自然人犯罪的行为侵犯了刑法保护的法益，社会危害性也已达到刑罚最低入罪标准，并且性质上属于刑法分则所列的条款，司法机关理应对这种行为进行处罚，这才与罪刑法定原则的基本精神相符。

（二）从犯罪构成来看，处罚自然人具有合理性

一个行为是否需要入罪，要看其是否符合犯罪构成理论，即结合刑法总则、刑法分则的规定，再从主体、主观方面、客体、客观方面四个构成要件去判断。关于单位犯罪的法条是规定在刑法总则之中，刑法第30条、第31条只对单位负刑事责任的范围及处罚作了界定，根本没有涉及当单位主体不构成犯罪时对自然人如何处理的问题，因此解决单位实施自然人犯罪这个问题需要回归本质——运用刑法基本理论去分析是否构成犯罪。

刑法将单位犯罪界定为法定犯，限制了其主体范围，但是并没有限制自然人犯罪的主体范围。只要单位中的行为人具有完全刑事责任能力，符合主体要件；如果是单位集体决策，体现了单位的集体意志，符合主观要件；另外，行为人实施了犯罪行为且侵害了法益，符合客体及客观方面要件。只要这些要件符合自然人犯罪的构成要件，即可定罪。

（三）从立法本意来看，单位犯罪主体可以自然人化

我国1997年《刑法》第一次在总则中规定了单位犯罪，并在分则中规定了具体的单位犯罪。到《刑法修正案（八）》出台，刑法分则的罪名包括350多个，有100多个涉及单位犯罪的罪名，可见刑法分则是以自然人犯罪为主，单位犯罪应当是特别规定。立法机关制定法条时，考虑到单位犯罪的特殊性，

因此规定立案标准时多数以"情节严重"作为前提，其起点比一般的自然人犯罪要高，例如刑法第 389 条的"行贿罪"，自然人犯罪的立案数额在 1 万元以上；而第 393 条的"单位行贿罪"，单位犯罪的立案数额在 20 万元以上。由此可看出，单位犯罪在司法实践中是当作一种轻罪处理，如果还以"法无明文规定不为罪"不处理此行为，恐有放纵之嫌。

另外，在单位中自然人是最基本也是最重要的因素，单位本身无行为能力，其行为需要通过作为其组成部分的自然人来实施，单位意志也是在单位成员自身意识的作用下形成的。换言之，单位的行为即成员的行为，只不过此行为体现了单位的意志且为了单位谋取利益而实施的。因此，当法律没有明确规定单位犯罪时，将单位犯罪的主体自然化合情合理。

二、阐释此项解释的含义

笔者支持此项解释，同时也认为对此解释不可生搬硬套，而需理解解释背后的含义，才能在司法实践中准确适用。笔者认为可从三个步骤来理解：

第一，根据《最高人民法院关于审理单位犯罪案件具体应用法律有关问题的解释》（以下简称《单位犯罪解释》）第 1 条，审查此单位主体是否适格，尤其注意一些独资、私营等公司、企业等是否具备法人资格。

第二，审查此犯罪行为的本质，即是否经单位领导集体决定或者负责人决定实施且体现单位意志，是否为本单位谋取非法利益。因此根据《单位犯罪解释》总结得出，有三种情形不得以单位犯罪论处：其一，个人为进行违法犯罪活动而设立的单位实施犯罪的；其二，公司、企业、事业单位设立后，以实施犯罪为主要活动的；其三，盗用单位名义实施犯罪，违法所得由实施犯罪的个人私分的。当发生这三种情形之一时，应直接认定自然人犯罪，而非本文中的"单位实施纯正自然人犯罪"。

第三，符合前两个条件后，即可对比刑法分则，判断是否为法律明文规定的单位犯罪。若刑法分则和其他法律未规定追究单位的刑事责任，再判断此犯罪行为是否符合自然人犯罪的构成要件。

例如，在实践遇到单位盗窃案件时，首先要审查此单位主体是否适格及是否经单位集体决策，为本单位谋取利益，再看单位盗窃是否构成法律规定的单位犯罪。审查后发现盗窃罪的主体只能由自然人构成，因此排除单位犯罪；其次明确盗窃罪的构成要件，判断案件事实是否符合盗窃罪的构成要件，即可得出是否构成犯罪的结论。可能有学者会以行为人不是以本人占有为目的，而是为单位非法占有为观点进行驳斥，但笔者认为这恰恰符合单位犯罪的前提，即单位利益的体现。因为盗窃罪中的非法占有为目的，并不局限于以行为人本人非法占有，而是包括以使第三者非法占有为目的，其中的"第三者"当然包括单位。

三、对此项解释的建议

这条立法解释自出台后，解决了司法实践中的难题，意义重大。但笔者认为此解释仍有需完善之处：

（一）责任人员的量刑

刑法对于单位犯罪，实行双罚制或单罚制。双罚制中处罚责任人员分为两种情况：第一，对直接负责的主管人员和其他直接责任人员的法定刑与自然人犯罪的法定刑相同。以生产销售伪劣商品罪为例，刑法第 150 条规定："单位犯本节第一百四十条至第一百四十八条规定之罪的，对单位判处罚金，并对其直接负责的主管人员和其他直接责任人员，依照各该条的规定处罚。"第二，对直接负责的主管人员和其他直接责任人员规定了较自然人轻的法定刑，以受贿罪为例，刑法第 387 条规定了单位犯受贿罪的处罚，规定单位犯罪的立案标准为受贿数额达 10 万元以上，且情节严重的，才能判处刑罚，并对其直接负责的主管人员和其他直接责任人员，处 5 年以下有期徒刑或者拘役。刑法第 386 条规定了自然人犯受贿罪的处罚，当个人受贿数额在 10 万元以上的，处 10 年以上有期徒刑或者无期徒刑，可以并处没收财产。

而在此项解释中，当不构成单位犯罪时，只要责任人员的犯罪行为符合自然人犯罪的构成要件，即可定罪，因此处罚此责任人员的法定刑应比照自然人犯罪的法定刑，承担与自然人相同的刑事责任。对比得出，当单位主体适格且符合法律规定时，处罚责任人员的法定刑等同或低于自然人犯罪的法定刑；当单位主体不适格时，"非单位犯罪"责任人员的法定刑与自然人犯罪的法定刑相当，恐有不公之嫌。因为本文中所指的"单位实施纯正自然人犯罪"，其本质仍为"单位犯罪"，但法律未规定其主体资格，所以追究相关人员的刑事责任。若仅因为主体的不适格，使得相关人员承担较重的刑事责任，不符合刑罚的精神。因此笔者认为，对"单位实施纯正自然人犯罪"中的有责人员的法定刑应比照单位犯罪中的有责人员的法定刑。

（二）责任人员的范围

解释中指出"对组织、策划、实施该危害社会行为的人依法追究刑事责任"，那么"组织、策划、实施该危害社会行为的人"是否等同于刑法第 31 条中的"直接负责的主管人员和其他直接责任人员"，需要慎重地考虑。

直接负责的主管人员，是在单位犯罪中起决定、批准、授意、纵容、指挥等作用的人员，一般是单位的主管负责人，也包括法定代表人。笔者认为，从上述定义可看出，解释中"组织、策划该危害社会行为的人"指的即"直接负责的主管人员"，是对整个犯罪行为起关键性作用的人，即单位犯罪的"最高指挥官"。而"实施该危害社会行为的人员"指的是不是"其他直接责任人员"，笔者认为，解释需要进一步地界定。其他直接责任人员，是指在单位犯罪中具体实施犯罪并起较大作用的人员，既可以是单位的经营管理人员，也可以是单位的职工，包括聘任、雇用的人员。其本质在于不但要实施犯罪还需要具备以下特点：

第一，区别于"直接负责的主管人员"，大都是单位内部某些职能部门的具体工作人员，或是单位内部某些具体职能部门的负责人，一般不属于单位的领导。

第二，是按照犯罪单位决策机构的指示实施单位犯罪行为，其行为体现的是单位整体意志。

第三，主观上需明知自己实施的行为是犯罪行为，且以单位而非个人名义着手进行。

第四，客观上需要在单位犯罪的整个环节中起较大作用，行为人将犯罪作为自己的行为目的，并且积极采取措施促使其实现。

只有主客观相统一，同时具备以上四点，此行为人才是需要承担刑事责任的"实施者"。

综上所述，在司法实践中解决单位实施纯正自然人犯罪问题时，需要从三个方面进行审查，即主体资格、意志体现、犯罪构成。在具体操作中，还需注意量刑问题和责任人员范围的划分。随着经济发展，单位犯罪会呈现复杂化，为适应预防和打击单位犯罪需要，相关的解释需要进一步完善。

公益诉讼检察要素的若干检视与发展方向

余建平[*]

推行国家治理，如何植入法治因子；维护社会公益，如何发挥监督职能；纠察政府怠于履责，如何凸显诉讼力量，是当下司法机关尤其是检察机关必然面对和必须回答的问题。检察机关作为公益诉讼的重要参与者，只有对诉讼要素进行再检视，对诉讼逻辑关系进行再梳理，对公益诉讼发展路径进行再探讨，才能真正使该项制度在发展中完善、在完善中创新，从而更好地促进社会管理、推进国家治理、普及维权观念、提升法治化水平，也才能真正使公益诉讼在"公"与"益"博弈中实现双赢。

一、公益诉讼检察要素检视

公益诉讼在西方早就是辅助立法、推动司法的通用原则。当下，我国论者普遍认为，公益诉讼是指同被诉行为无法律上直接利害关系的公民、法人和其他组织（包括检察机关）都可以根据法律法规的授权，对违反法律、侵犯社会公共利益的行为，有权向人民法院提起诉讼，由法院追究违法者法律责任的一种诉讼制度[①]。建立检察机关提起公益诉讼制度，有必要对主体定位、诉讼范围、诉讼诉求及诉讼价值等参与要素进行审阅和检视。

（一）诉讼主体的法定性

关于公益诉讼的检察机关作为起诉主体资格问题，司法界和法学界一直存在争议。有观点认为，检察机关是国家法律监督机关，是国家和社会公共利益的代表者，是提起公益诉讼的应然主体。否定者认为，按照传统诉权理论，检察机关作为公益诉讼的起诉主体应由法定，没有法律明文规定不得享有法定诉

---

　* 作者单位：马鞍山市人民检察院。

　① 邓思清：《公益诉讼制度的程序构建》，载李如林主编：《检察理论重点问题》，中国检察出版社 2015 年版，第 739 页。

权。因为诉讼信托运作前提是起诉人有实体法的授权，它是一种法定诉权①。

2012 年修改的《民事诉讼法》第 50 条规定，"对污染环境、侵害众多消费者合法权益等损害社会公共利益的行为，法律规定的机关和有关组织可以向人民法院提起诉讼。"有论者据此认为，检察机关是提起公益诉讼的法定主体，享有法定诉权。但否定者坚持认为"法律规定的机关"并非就是指检察机关，民事诉讼法第 50 条和相应司法解释还没有明文规定。2014 年，十八届四中全会明确提出："探索建立检察机关提起公益诉讼制"。有论者进一步指出，党领导人民制定宪法和法律，但是党的文献不能直接作为法定依据，应该履行法律程序。直到 2015 年 7 月 1 日，第十二届全国人大常委会第十五次会议作出《关于授权最高人民检察院在部分地区开展公益诉讼试点工作的决定》，授权最高人民检察院在 13 个省、自治区、直辖市的检察机关进行提起公益诉讼试点。至此，旷日持久的争论尘埃落定，检察机关提起公益诉讼于法有据，具有法定适格主体资格。

（二）诉讼诉求的公益性

公益诉讼的标的是"公益"，随之而来的问题是，何为公益，如何界定公益。就词义而言，公益是公共利益的简称，但"公益"在法学界有不同的表述和内涵。英国学者认为，"公共政策"是指社会的普遍公共利益或福利，一种极不明确的道德价值②。美国学者庞德认为，公益是从"政治组织社会生活角度出发，以政治组织社会名义提出的主张、需要和愿望。"③ 我国学者认为，社会公共利益是一个抽象的范畴，包括我国社会生活的基础、条件、环境、秩序、目标、道德准则及良好风俗习惯等，既包括物质文明建设方面的利益，也包括精神文明建设方面的利益；既包括国家、集体的利益，也包括公民个人的合法利益。④ 综合国内学者的观点，我国诉讼活动中的"公益"内涵一般包括国家利益、社会利益和公民私有权益。其中，国家利益包括国家主权、领土完整、公共安全、社会秩序等；社会利益包括社会公众的人身安全、财产权利、社会福利、公共生活、公众心理。公民私有权益包括公民人身安全、身心健康、私有财产、诉讼权利等。总之，公益诉讼的公益性主要体现在除国家利益、社会利益之外，涉及不特定的多数人广泛的合法性私有权益。

---

① 王福华：《对我国检察机关提起民事诉讼的质疑》，载《上海交通大学学报》（哲学社会科学版）2003 年第 3 期。

② ［英］戴维·M. 沃克：《牛津法律大辞典》，光明日报出版社 1998 版，第 699 页。

③ 梁慧星主编：《民法》，四川人民出版社 1988 版，第 129 页。

④ ［美］庞德：《通过法律的社会控制》，沈宗灵译，商务印书馆 1984 版，第 34 页。

（三）诉讼范围的限制性

一般来说，公益诉讼是对损害国家和社会公共利益的违法行为，由法律规定的机关和组织向人民法院提起诉讼的制度。从逻辑学角度看，在概念外延上，从"公益"到"公益活动"再到"公益诉讼"，三者范围并非同等无限扩大。《民事诉讼法》修改前，全国各地检察机关对公益诉讼作了尝试，提起公益诉讼案件门类较多，主要是对"公益"内涵的理解有分歧，因而诉讼案件的性质涉及领域较为宽泛。2012年修改后的《民事诉讼法》第55条规定的公益诉讼案件是"二分法"：一是环境污染案件，二是侵害众多消费者合法权益案件。2015年7月1日，全国人大常委会授权高检院试点明确规定，对检察机关提起公益诉讼案件的范围作了严格的限制性规定，作"四分法"：（1）生态环境和资源保护案件；（2）国有资产保护案件；（3）国有土地使用权出让案件；（4）食品药品安全案件。这四类案件明显比《民事诉讼法》公益诉讼案件"二分类"更明确更具体。在全国人大常委会决定中，有这样的阐述："授权最高人民检察院以生态环境和资源保护、国有资产保护、国有土地使用权出让、食品药品安全等领域开展提起公益诉讼试点"。有细心的论者在这句话中的一个"等"字上做文章："等领域"并非特指上述四种领域，还应包括其他类似侵害公益的领域。笔者认为，全国人大决定中的"等"，是"等内"，非"等外"，即公益诉讼案件范围仅为此四类，不再扩大范围。在现代汉语中，"等"的用法基本有两种，一种是列举未尽，如学习数学、语文等课程；另一种是列举后煞尾，如北京、上海、广州三大城市。人大常委会决定中的"等领域"应属后一种情形。

（四）诉讼效益的预防性

预防公共利益的不法侵害是系统性工程，涉及社会各行业各领域，必须采取政治、经济、思想、教育、法律、心理等手段，进行综合治理。其中提起公益诉讼是最为严厉的法律手段，是一种诉讼预防功能。[①]"离开对权利的司法救济和对权力的司法审查这两点，司法权的介入就可能在很大程度上是奢侈和多余的。"[②]检察机关提起公益诉讼，其目的是使被诉对象停止对国家利益和社会公共利益的不法侵害，并阻止类似尚未造成侵害或潜在侵害公益事件的发生，诉讼目的带有阻止性、救济性，更具有预防性、效应性。公益诉讼是揭露

[①] 杨锦炎：《论法院的诉讼预防功能——以社会管理创新为背景》，载《武陵学刊》2012年第4期。

[②] 陈瑞华：《司法权的性质——以刑事司法为范例的分析》，载《法学研究》2000年第5期，第35—42页。

违法、证实违法和惩处犯罪的专门活动，检察机关要在诉讼中要自觉运用特殊预防和一般预防理论，充分发挥诉讼效应，增加诉讼效益。检察机关要结合具体的公益诉讼案例，把以案说法、释法说理，贯穿整个公益诉讼过程和全部的诉讼活动之中。在实地勘察、调查取证、询问证人等环节，在诉前程序、支持起诉、督促起诉等阶段，都要结合本案突出增强各方诉讼参与人的环保意识、维权意识和法治理念。在审判阶段，尤其要利用开放审理案件中充分发挥法制宣传的庭审教育作用，讲清楚法律支持什么行为，禁止什么行为，惩处什么行为，争取社会效益、法律效益、预防效益等诉讼效益最大化。

二、公益诉讼的逻辑导向

公益诉讼从最初理念雏形初探、理论模型实证到现时制度实施，始终坚持学术理论引领，始终坚持以问题为导向，始终坚持司法实践探索，始终坚持科学价值取向。其中，理论引领是基础，问题导向是关键，实践探索是途径，价值取向是目标。

（一）理论导向

恩格斯说："一个民族要站在科学的最高峰，就一刻也不能没有理论思维"。回顾我国公益诉讼历程，从最初理念探讨、实践摸索，到政策出台、立法试点，一路走来始终离不开理论探讨和理论指引。司法界和学界，紧紧围绕中国特色社会主义法律体系，立足于中国特色社会主义检察制度，着力研究"公益"和"公益诉讼"在民法、民事诉讼法、行政法、行政诉讼法体系中面临的矛盾与问题、困境与机遇、应对与挑战，对诉讼内涵、诉讼范围、诉讼原告主体资格、诉讼程序、举证责任、判决执行等方面实行"百家争鸣"，作理论实证和学术研讨，为后来的政策出台和立法实践提供了成熟的理论依据和智力支持。十八大中央提出经济建设、政治建设、文化建设、社会建设、生态文明建设"五位一体"总体布局，以及创新、协调、绿色、开放、共享"五大发展理念"，笔者认为，"生态文明建设"和"绿色发展理念"是催生公益诉讼制度出台的两个重要基点。十八届四中全会正式提出探索建立检察机关提起公益诉讼制度，为公益诉讼全面开展揭开了历史性序幕。成熟理论呼唤生动实践，伟大实践催生科学理论。司法实务界的积极探索，法学界的鼓与呼，党和国家倡行的治国理政发展理念，为推行公益诉讼制度提供了科学的理论导向。

（二）问题导向

国学大师钱穆先生指出："一切问题，由文化问题产生；一切问题，由文化问题解决。"在法治化进程中，以公益诉讼制度的法治化方式维护公共利益，必然要面临一系列司法理论和现实问题，要求贯穿强烈的问题意识和鲜明的问题导向，同时要有发现问题的敏锐、正视问题的清醒、解决问题的自觉。一方面，就公益诉讼本体论而言，还存在诸多不容忽视、亟待完善的问题。如跨区域案件管辖、公益诉讼时效、诉讼范围侵略性、前置程序规范、诉前调解、支持起诉形式、督促起诉方式、诉讼费用承担、审判管辖、公益诉讼法典归属等，这些都是当前一般民事诉讼理论和民事诉讼程序不足以支撑或尚未规范的，需要结合司法实践深入研究探索。另一方面，当下我国环境污染相当严重，侵害公益重大事件时有发生，社会公众、媒体舆论反映强烈，检察机关作为推行依法治理的"主力军"和"国家队"，公益诉讼理应站在前台，义无反顾，彰显责任担当，正视问题，解决问题。仅关于空气污染问题，在 2015 年空气检测中，全国 338 个地级以上城市，只有 73 个城市环境空气质量达标，占 21.6%；265 个城市环境空气质量超标，占 78.4%。2015 年，480 个监测降水的城市（区县）中，出现酸雨的城市比例为 40.4%。① 这说明，在改革攻坚期、经济发展转型期、经济下行阵痛期，我国面临的环境问题形势严峻，公益诉讼在解决自身制度设计问题的同时，发展前景广阔。②

（三）实践导向

任何先进理念、创新理论和制度设计，如果不付诸实践，最终会失去生存土壤，丧失发展机遇。公益诉讼作为崭新的制度设计，既是依法治理的"助推器"，又是维护公益的"航向标"，有力推动了法治思维向实践的转化和法治的实现。③ 从公益诉讼试点的司法实践看，2015 年 7 月至 2016 年 6 月，全国 13 个地区试点检察机关共发现公益诉讼案件线索 1942 件，办理诉前程序案件 1106 件，向法院提起公益诉讼 30 件，其中民事公益诉讼案件 11 件，行政公益诉讼案件 18 件，行政附带民事公益诉讼 1 件。其中，共发现生态环境和资源保护领域的公益诉讼案件线索 1416 件，进入诉前程序 809 件，提起诉讼 23 件，分别占授权领域四类案件总数的 72.91%、73.15% 和 76.67%。其中，提起环境民事公益诉讼 11 件，提起环境行政诉讼 11 件，提起环境行政诉讼附带民事公益诉讼 1 件。④ 以上数据表明，公益诉讼制度试点在司法实践中切实增强了"获得感"，实现了试点经验和理论成果双丰收，为完善相关制度立法提供了实证依据和理论支撑。

---

① 参见《2015 年中国环境状况公报》，载中华人民共和国环境保护部部官方网站。
② 本文在撰写过程中，山东德州全国首例大气污染公益诉讼案宣判，企业被判赔 2198 万元。
③ 魏胜强：《法律发现：贯彻法治思维的首要方法》，载《河南财经政法大学学报》2014 年第 4 期。
④ 王治国：《检察机关公益诉讼试点全面"破冰"》，载《检察日报》2016 年 7 月 19 日第 1 版。

（四）价值导向

由检察机关提起公益诉讼真正体现了国家法律监督机关的职能作用，提高了检察机关的地位、作用、影响力和话语权，深层次的意义是，能促进公共利益代表机制的社会化，能倡导解决侵害公共利益争端的民间化，能推动形成特定社会组织维护公共利益的遴选机制。① 司法实践经验表明，针对环境公害、资源垄断、侵害消费者权益、国有资产保护、食品药品安全等领域的公益诉讼，往往会引起特定主体对相关公益问题的热点关注和重点讨论，从而促进相关行政部门出台公共政策和行政手段加以救济和干预，使公益利益保护纳入规范化、常态化和法制化。检察机关提起民事公益诉讼，能发挥检察人员专业知识、职业素能方面优势，同维护公益意识高度认同的审判机关一起，在政策理解、公众支持、法律把控和权力配置上共同发力，因而更容易在公共政策方面达成高度共识，而不致使公益诉讼陷入私益纷争的纠缠之中。② 因此，检察机关作为公益诉讼主体，能够实现从办理一般公益性案件逐步走向创新社会管理、促进国家治理更高层次的价值目标，使"公地悲剧"不再重复上演。

三、检察机关公益诉讼发展方向

鲁迅先生曾说："只有外国人说我们不问公益，只知自利，爱金钱，却还是没法辩解。"③ 中国经济社会发展到今天，国家层面、社会层面和公众层面都高度重视公益，随着"顶层设计"落地衔接，公众法制观念、环保意识和维权意识空前增强，"不问公益"状况彻底改观，检察机关推行公益诉讼制度真正迎来了发展的"春天"。

（一）坚持以司法改革为契机，积极探索制度创新

在全面深化改革的大背景下，本轮司法改革的力度和深度前所未有，为检察机关提起公益诉讼提供了难得发展机遇。十八届四中全会决定"探索检察机关提起公益诉讼制度"，检察机关内部实行司法责任制和省以下人财物统一管理等改革，使公益诉讼制度具有强大后盾和推力，提供了重要机制保障。检察机关要紧紧抓住机遇，应对挑战，积极探索公益诉讼具体环节的制度创新。要建立与相关部门、公益组织、社会团体的信息共享，整合资源，提高社会对

---

① 汤维建：《检察机关提起民事公益诉讼势在必行》，载《团结》2009 年第 3 期。

② 唐晋伟、邵建东：《比较法视野下的中国社团公益诉讼价值新论——以德国反不正当竞争法中的团体停止侵害诉讼制度为范本》，载《经济法研究》2011 年第 1 期。

③ 鲁迅：《鲁迅自编文集 15 准风月谈》，北京联合出版社 2014 年版。

新法规、新政策、新制度的晓喻度，积极拓展公益诉讼案件线索渠道。要围绕以审判为中心，积极探索和深入研究涉及审判及相关诉讼程序规范、调查取证、权益损失评估、诉讼保全、诉权处分、败诉风险等制度创新和理论探讨，为公益诉讼顺利进行提供制度保障。

（二）坚持以保护公益为核心，突出环境资源保护

习近平总书记在中央全面深化改革领导小组审议检察机关提起公益诉讼改革试点方案时突出强调，检察机关要牢牢抓住公益这个核心。按照中央的要求，检察机关在试点期间要抓住人民群众反映强烈的侵害公益事件及其背后的监管不力问题，以生态环境和资源保护领域为重点，集中力量办理重大有影响的案件，探索向法院提起公益诉讼，要从保护青山绿水、服务绿色发展入手，保障和促进美丽中国、健康中国建设，努力实现好、维护好、发展好最广大人民根本利益。正如最高人民检察院民事行政检察厅厅长郑新俭指出"要以重点领域的重点案件为抓手，避免自行其是、全面开花"。①

（三）坚持以诉前程序为主导，努力推动依法行政

检察机关依法履行法律监督职责，一定程度上让公益保护主体缺失的状况得到有效改变。试点经验表明，新设置的诉前程序发挥出巨大作用。习近平总书记在审议试点方案时强调，诉讼是最后的手段，之前要充分发挥检察建议等手段的作用。要充分利用好高检院工作方案中专门设置的诉前程序，在检察机关提起公益诉讼之前，应当依法督促或者支持法律规定的机关或有关组织提起公益诉讼；或者向相关行政机关提出检察建议，督促其纠正违法行为或依法履行职责。推行公诉诉讼制度的最终目的，是推动依法行政，而非公益诉讼本身。

（四）坚持以诉讼监督为手段，全力维护社会公正

检察机关提起公益诉讼，其优势在于法律监督属性及其司法权力配置，有效改善了以往因行政机关的违法行为，使国家和社会公共利益遭受损害，但无人诉、无法诉、不愿诉而导致违法行为缺乏有效司法监督的现象，有效改变了公益保护主体缺位的状况。② 在充分发挥诉前程序作用的同时，要随时准备提起公益诉讼的梯次跟进，充分发挥诉讼监督职能的刚性作用，扩大司法最后一道防线的震慑力、强制力和影响力，严格规范公益诉讼活动的司法行为，在实践中检验检察机关提起公益诉讼制度的合理性、可行性和有效性。

---

① 彭波：《公益诉讼推动依法行政》，载《人民日报》2016 年 7 月 27 日第 19 版。
② 王治国：《检察机关公益诉讼试点全面"破冰"》，载《检察日报》2016 年 7 月 19 日第 2 版。

"以审判为中心"的诉讼制度改革的内涵和实现路径

李勤勤[*]

党的十八届四中全会明确提出要推进"以审判为中心"的诉讼制度改革，确保侦查、审查起诉的案件事实经得起法律的检验。习近平总书记在全会决定说明中对这项改革进行了专门阐述，提出充分发挥审判特别是庭审的作用，是确保案件处理质量和司法公正的重要环节。但是，何为审判中心，法律界的认识和解读未必一致；如何实现推进"以审判为中心"相关诉讼制度改革是一项全新的课题。基于此，本文拟对审判中心的内涵以及如何推进"以审判为中心"的诉讼制度改革作初步探讨，以期有助于贯彻十八届四中全会《决定》的相关精神，努力让人民群众在每一个司法案件中感受到公平正义。

一、"以审判为中心"的诉讼制度改革的内涵

（一）"以审判为中心"改革的背景

我国长期以来司法实践中存在"以侦查为中（重）心"的弊端，侦查权、检察权、审判权之间"强调配合多，相互制约弱"，严重影响了司法的公正性，由此造成的重大刑事冤假错案严重损害了司法的公信力。构建"以审判为中心"的诉讼制度，就是要打破刑事诉讼的"阶段论""流水线"等传统观念和习惯做法，以及由此带来的"侦查中（重）心"问题。十八届四中全会在《决定》中提出这一命题有其深刻的时代背景。

第一，建设具有中国特色的社会主义法律体系和具有中国特色的法治国家，保证司法公正，提高司法的公信力，必然要进行诉讼制度的改革，使刑事诉讼走科学发展之路。要科学发展必然要遵循诉讼规律，诉讼的阶段论，即三

＊ 作者单位：马鞍山市当涂县人民检察院。

道工序、三个车间、流水作业的方法一定要改革，一定要实现审判的功能和作用，实现刑事诉讼最后一道工序的决定性作用。审前程序的侦查和起诉必须适应庭审的要求，"以审判为中心"，这样才能保障作出公正的裁决。因此，"以审判为中心"是由诉讼的规律决定的。

第二，近年来我国的司法实践中存在办案人员对法庭审判重视不够，常常出现一些关键证据没有收集或没有依法收集，进入庭审的案件没有达到案件事实清楚、证据确实充分的要求，使审判无法进行。造成这种状况的原因就是重侦查、轻审判。审查起诉把关不严，刑事审判走过场，其根本原因是证据裁判原则和非法证据排除规则尚未形成法律制度，取证规则和行为规范出了问题，导致刑事裁判的质量不高。

第三，对我国宪法规定的分工负责、互相配合、互相制约基本原则的理解和执行出现偏差。在一个时期内，有人大力鼓吹"以侦查为中心"，"公安是做饭的，检察院是端饭的，法院是吃饭的"，"强势的公安，优势的检察，弱势的法院"流行一时，司法审判的权威丧失了，司法公正不见了。"以审判为中心"，就是要纠正这些错误的理解和做法。

第四，人民群众和诉讼当事人对人民法院的生效裁判的既判力和司法权威漠视或观念淡薄。人民法院的判决或裁定落实难、执行难，甚至个别当事人抗拒执行，信访不信法，诉讼无终结，缠诉不止，案结事不了，乃至个别地方花钱买平安，用人民币息诉化访，司法公正丢失，给社会公正带来严重损伤。"以审判为中心"就是在这种背景下，为有针对性地解决当前的实践问题应运而生。

（二）"以审判为中心"的内涵

"以审判为中心"这一提法，其实在诉讼理论界早已有之，学者们又称之为"审判中心主义"。起初"以审判为中心"并没有引起人们的广泛关注，如今在我国刑事司法改革逐渐深入的当口，在"纠正防范冤假错案、保障司法公正，推进诉讼制度改革、维护司法公信"的时代大背景下，中央重提"以审判为中心"，足见其意义重大，"以审判为中心"又重新进入了人们的视野。

有学者认为，"以审判为中心"是控、辩、审三种职能都要围绕审判中事实认定、法律适用的标准和要求而展开，法官直接听取控辩双方意见，依证据裁判原则作出裁判。[1] 该观点将"以审判为中心"从三个方面予以诠释：一是审前程序的侦、诉两种职能，即公安和检察机关要形成合力，执行控诉职能；

---

① 参见樊崇义：《解读"以审判为中心"的诉讼制度改革》，载《中国司法》2015年第2期。

二是要充分发挥刑事辩护职能的功能和作用，坚持有效辩护、实质辩护，充分行使诉讼权利；三是审判法官要坚持审判中立原则，做到兼听则明，认真听取控辩双方的意见，严格依法断案，作出公正裁判。对此，有学者提出了不同的观点，认为"以审判为中心"的内涵主要有三点：第一，整个刑事诉讼程序要围绕审判展开；第二，庭审是审判的关键和决定性环节；第三，侦查机关的侦查、检察机关的起诉，要为审判服务，所有刑事诉讼阶段的标准都要向审判看齐，这是从前两点中派生出来的原则。[①] 对第二种观点，有学者做了进一步的延伸，认为"以审判为中心"强调三个方面的内容：一是在实体意义上，定罪权属于法院，任何人未经法院判决不得确定有罪；二是法院裁决的作出必须以"审判"的方式进行；三是一审在整个程序中处于中心地位。[②] 结合上述几位学者对"以审判为中心"内涵的解释，笔者将"以审判为中心"的内涵概括如下：

第一，"以审判为中心"是指侦查、起诉、审判阶段要以审判为中心，具体体现在程序和实体两方面：在程序上，审判机关对于案件诉讼活动中涉及当事人重大程序性权益等事项具有重大的影响力；在实体上，审判机关在诉讼活动中对于案件的实体性内容有决定权，法院作为审判机关，具有统一的定罪权，任何人未经人民法院依法判决，都不得确定其有罪。

第二，"以审判为中心"要求审判程序必须以庭审为中心，尤其是一审程序。根据我国刑事诉讼法的相关规定，一审必须全部开庭审理，二审程序则是部分案件依法应当开庭审理，死刑复核则不开庭审理。所以，"以审判为中心"就是整个诉讼活动以审判为中心，审判以庭审为中心，一审二审程序和审判监督程序要以一审为中心。

二、"以审判为中心"诉讼制度改革实现路径

（一）明确诉讼制度改革视野下的审前关系

为适应"以审判为中心"的诉讼制度改革，检察机关应构建以公诉为主导的刑事指控体系。为此，需要强化侦查的基础性作用，突出审查逮捕的关键性作用，确立公诉的主导性作用，发挥诉讼监督的保障性作用。检察机关在审前程序中以公诉为主导并不是以公诉部门为主导，而是在审前关系中以公诉目

---

① 参见陈光中：《推进"以审判为中心"改革的几个问题》，载《人民法院报》2015 年 1 月 21 日第 005 版。

② 参见陈卫东：《以审判为中心推动诉讼制度改革》，载《中国社会科学报》2014 年 10 月 31 日第 A05 版。

标和标准为主导，形成大控方的指控合力。这就要求在审前程序上进行创新，着力介入侦查引导取证，把法律监督工作的重点转移到侦查监督上，并注重将工作的行政属性向司法属性转变。同时，要协调处理与刑事指控体系相适应的检警关系，依法加强一下三个方面的关系：一是突出加强配合关系，检警双方要带着共同的责任与使命讲配合、讲合作，力求使制约侦查取证质量的问题在合作的框架与氛围下得以有效解决；二是要落实依法制约的关系，检察机关要严把批捕关、起诉关，依法充分行使不批捕、不起诉的权力，发挥好审前过滤和分流功能；三是要回归监督属性、理顺监督关系，针对近年来监督范畴扩大化、影响监督效果与检警关系的问题，厘清监督权与诉权、监督与制约的界限，抓住侦查活动违法违规的关键问题进行有重点的监督。

（二）规范侦查行为，严格取证规则

侦查是基础。侦查是刑事诉讼的起点，是犯罪事实的发现者，案件证据的收集者，犯罪嫌疑人的抓捕者，所以侦查工作的成果是指控犯罪的基础。因为刑事诉讼的核心是证据，有了良好的证据基础，检察机关的指控何往而不胜？相反，如果侦查取证质量粗糙、漏洞百出，再优秀的公诉人也难以招架法庭的盘问，正所谓基础不牢、地动山摇。侦查职能由"中心"易位于"基础"，一方面取决于它所承担的以侦查取证为主的职责，凸显其基础性的重要地位；另一方面这也给侦查机关提出了要求。它必须打好基础，案件方能向前推进，否则将不能依法进入下一个程序。

但是，就侦查行为而言，当前我国无论是职务犯罪案件的自侦，还是普通刑事案件的侦查，所面临的问题必须引起高度重视。这些问题可概括为：刑讯逼供屡禁不止、冤假错案时有发生、侦查违法乱象丛生。针对这些问题，必须推进严格执法，做到以下几点：一是侦查中拘留逮捕的必须送往看守所羁押；二是讯问必须在看守所进行；三是讯问的方法要由刚变柔；四是讯问全程录音录像；五是侦查模式必须由"口供为本"转向"物证优先"和"实物证据为本"；六是调整办案程序，先取证后讯问。需要特别指出的是，必须坚持执行我国刑事诉讼法规定的严禁刑讯逼供的机制，一是对证据的收集必须做到不得强迫自证其罪；二是对非法证据一定要排除；三是讯问要全程录音录像。只有这样，才能保证打牢刑事诉讼的基础，才能从根本上防止刑事错案。

（三）提高公诉质量，把好关口，严防刑事错案的发生

公诉检察官应当从庭前证据审查和庭上举证辩论两个方面寻找改善工作的切入点，严把证据关。

首先，应当更加重视庭前的证据审查工作，对证据的客观真实性、与案件

的关联性、取得证据的合法性进行全面、细致、严格审查，做到存疑必问，有疑必查，防止问题案件的发生。同时，应当特别注重对言词证据的审查，既审查真实性，还要审查其合法性，防止刑讯逼供、暴力取证等产生的非法证据进入审判环节。同时，还应从整个证据体系出发，审查全案证据能否构成完整的证据体系。另外，为从源头上确保证据质量，检察机关应当积极与侦查机关协调，加强引导取证工作，提出具有针对性和引导性的补充侦查提纲，确保案件全面审查到位、案情细节核实到位、办案程序规范到位、罪名定性确切到位。

其次，"以审判为中心"就是要求庭审实质化，庭审实质化使得庭审活动更具对抗性和不可预测性。公诉检察官必须不断增强业务素质，提高交叉讯问能力和当庭应变能力，真正通过扎实的证据和严密的论辩，履行好对犯罪的追诉职能。一是要提升证人、鉴定人出庭诘问技能。公诉人要做好充分的庭前准备工作，积极培养和锻炼在庭审中的应变能力和询问技巧，制定《办案指南》，为公诉人办理证人、鉴定人出庭案件提供技术指引。完善相关配套措施，为公诉人办理证人、鉴定人出庭案件提供必要的制度支撑。二是提升非法证据等程序性控辩对抗技能。在司法实践中，出现过辩护人滥用非法证据排除规则，这对公诉人而言是一项新的挑战。对此，检察机关应当做好相应的准备工作，在审查起诉阶段应当就非法证据、瑕疵证据做好充分的审查，力争将问题证据挡在庭审前。

（四）做好审前程序分流

在"以审判为中心"的诉讼制度改革过程中，庭审的地位被凸显，大量的证据都要在法庭上直接查明，庭审贯彻直接言词原则，证人应当积极出庭，法庭的盘问程序也更加精细，这些都要花费大量的人力、物力、财力以及时间。而随着办案数量呈井喷式增长的今天，法院普遍存在案多人少、办案力量不足的压力，"以审判为中心"的诉讼制度改革必将进一步加大审判人员的办案负担。因此，审前程序分流机制就显得十分必要。

2012年修改的刑事诉讼法赋予了检察机关更多的审前程序分流手段，如对未成年人特别程序案件中，检察机关可以作出附条件不起诉，在部分公诉案件的刑事和解程序中，检察机关可以作出酌定不起诉等。检察机关的不起诉制度所发挥的程序分流效应本身就是对"以审判为中心"诉讼制度改革的有力保证。这些分流机制的广泛应用对于缓解"以审判为中心"背景下法官的审判压力、调整诉审关系有着重要的价值和意义。

刍议民事关系对刑事犯罪的影响

——以合同诈骗罪与合同欺诈为例

魏一方 [*]

一、合同诈骗罪与合同欺诈的界限

（一）民法与刑法中关于合同的法理界定

合同，又名契约，从广义上讲，是以发生司法上效果为目的的一切合意的总称，既包括物权的变动、债权的让与，也包括身份关系的成立，如婚姻、收养，等等。在狭义上，仅包括债权契约。[①] 《中华人民共和国合同法》中第 2 条将合同定义为"平等主体的自然人、法人、其他组织之间设立、变更、终止民事权利义务关系的协议"。"婚姻、收养、监护等有关身份关系的协议，适用其他法律的规定。"这里，身份关系的协议被排除在合同法限定的"合同"之外。[②] 在我国刑法中，涉及合同的条款主要为第 224 条规定的合同诈骗罪。根据该条规定，合同诈骗罪，是指以非法占有为目的，在签订、履行合同过程中，以虚构事实、隐瞒真相的方法，骗取对方当事人财物，数额较大的行为。

合同诈骗罪中的"合同"与合同法中的"合同"在含义上能否与合同法中的含义等同，理论与实践中都众说纷纭。有观点认为，合同诈骗中的合同应解释为"经济合同"[③]，即合同关系所涉及的法律关系都与市场经济秩序密切相关，如常见的债权合同、抵押合同、质押合同、合伙合同、联营合同、承包

---

* 作者单位：马鞍山市雨山区人民检察院。

① 参见郑玉波：《民法债编总论》（修订二版），中国政法大学 2004 年版，第 22—23 页。

② 参见王利明、房少坤、王轶：《合同法》，中国人民大学出版社 2002 年版，第 4—5 页。

③ 姜伟主编：《刑事司法指南》，法律出版社 2004 年版，第 197 页。

合同等。也有观点认为，"经济合同"范围过窄，限制了合同诈骗的适用范围。① 还有观点认为，行政合同、劳务合同也应纳入到合同诈骗罪的范畴中。②

笔者认为，刑法并没有对合同诈骗罪中的合同进行明确界定，也没有任何司法解释对此进行说明。这充分说明，立法者在设定本罪的客体时，是立足于合同法律制度的整体，而不是某项具体的合同。也就是说，本罪的社会性危害性，集中体现在对合同法律制度的侵犯，而不是具体对某项合同的侵犯。因此，对本罪涉及的"合同"的种类进行适度的界定，从刑法调整的社会关系范围，来排除不属于刑法调整的合同行为，诸如行政法上的行政合同、国际法上的国家合同。另外，符合特别规定的合同诈骗行为的，应依照刑法的特别规定，不在此列。

(二) 合同诈骗罪与合同欺诈的界限

合同纠纷与合同诈骗罪都是合同制度的衍生物，都是源于合同的签订、履行过程之中。合同诈骗罪是指以非法占有为目的，根本没有履行合同的诚意，采取虚构或隐瞒真相等手段，通过签订经济合同，骗取数额较大的公私财产的行为。合同欺诈是指以获取不平等的经济利益为目的，在经济活动中故意以不真实的情况作为真实的意思表示，使他人判断错误，从而达到在发生、变更、消灭一定经济法律关系时获得优于对方当事人的经济利益的行为。

合同诈骗与合同欺诈都涉及合同双方义务的履行和权利的实现，都表现为当事人双方的利益冲突和纷争。一般而言，合同上的违约欺诈行为与合同诈骗具有同质性，都属于违法行为的范畴，都具有社会危害性，都采用了欺骗的手段获取了财物。但二者在社会危害性的程度上有着极为明显的分野，在制裁方式上也迥然有别。行为人主观上有无非法占有他人财物的目的，是区分两者的关键。合同诈骗的行为人在签订合同或履行合同时根本就不希望履行合同，只想享有合同约定的权利，没想承担合同规定的义务；而民事欺诈则恰恰相反是希望合同的履行，通过合同的履行实现骗得非法钱财的目的，如通过产品质量有瑕疵、合同延期履行、拖欠货款等方式实现非法获利的目的。这是罪与非罪的界限。

在经济交往中，一些合同当事人在没有资金情况下，依靠以虚构事实骗得的资金进行经营，盈利了可以履行合同，亏损了则无法返还骗取的资金。一般被称为"拆东墙补西墙"或"借鸡下蛋"的情况。这种情况在司法实践中，都没有确定为"借鸡下蛋"，特别是结合证据综合分析后，对是否构罪胜算较

① 参见莫红宪、曹坚：《论合同诈骗中的几个问题》，载《中国刑事法杂志》2000 年第 5 期。
② 沙君俊：《合同诈骗罪研究》，人民法院出版社 2004 年版，第 68—71 页。

小的情况下，很难确认是"借鸡下蛋"的主观心理还是合同诈骗的心理。所以一般都以签订合同时，就有犯罪故意认定。但在事实上如果有的证据确实能确定是"借鸡下蛋"的事实，应当按照民事欺诈处理。

二、检察实践中审查处理合同诈骗与合同欺诈的困惑

从理论上说，合同诈骗是一个刑法上的问题，合同欺诈是一个民法上的问题，界限似乎很清楚，但在司法实践中，合同诈骗与合同欺诈的界定与处理，一直就是颇为棘手的问题。这不仅因为合同诈骗与民事欺诈外观相似，难以区分，同时由于各执法机关在处理上方式不同，相似的情况结果有时却大相径庭，从而形成实践中的司法"瓶颈"。

（一）"非法占有目的"的主观故意难以把握，公、检、法在证明标准上容易产生分歧

区分合同诈骗罪与合同欺诈的关键是认定非法占有的目的，这个问题在理论上比较好理解，而司法实践中侦查机关面临的最大难题是如何查证和认定行为人"非法占有"的主观故意，许多合同诈骗案件由于受侦查技术及侦查人员能力的局限，难以查证行为人的主观目的而无法追究其刑事责任。

以马鞍山市雨山区人民检察院审查逮捕的案件为例，从 2012 年 12 月 26 日至 2014 年 10 月 25 日的统计数据来看，该院受理合同诈骗案件 4 件 4 人，其中批准逮捕 2 件 2 人，以事实不清、证据不足不批准逮捕 1 件 1 人，以不构成犯罪不批准逮捕 1 件 1 人。另有分析表明，公安机关立案侦查的合同诈骗罪案件，在排除了故意插手经济纠纷因素后，最终被法院判决无罪的比例仍比较高。探究造成这种后果的原因，多是因为合同诈骗与合同欺诈的界限不易区分，立案标准难以掌握，取证难、查处难。在侦查过程中，侦查人员在侦查思路及是否具有以非法占有为目的的取证上具有局限性，容易忽略能间接证明主观故意的相关证据材料的收集，如犯罪嫌疑人签订、履行合同过程中生产经营情况、个人财产情况等。另外，侦查人员在将证据及案件相关背景结合起来综合分析的能力相对欠缺。而这些证据及相关背景恰恰是证明犯罪嫌疑人是否具有非法占有故意的关键。

（二）疑罪从有、疑罪从轻的刑事司法理念根深蒂固

尽管我国早在 1996 年刑事诉讼法中就基本确立了无罪推定原则，尽管我国刑事诉讼制度在很多方面已经吸收了无罪推定原则的内涵及其引申规则，但从执法理念上来看，有罪推定的思想在一些司法工作人员的心中依然是根深蒂固的，将犯罪嫌疑人视为诉讼客体的现象仍不同程度存在，纠问式的办案思维

并未彻底消除，犯罪嫌疑人在诉讼中的主体地位仍不够稳固，其人格尊严和法定权利难以得到应有的尊重和保护，偏重于打击犯罪的思想导致对疑罪从无原则很难贯彻甚至明显抵触，从而使无罪推定理念在司法实践中的落实存在困难。

司法实践中，不少司法人员习惯戴着有色眼镜去看待犯罪嫌疑人，再加上受打处数这种量化考核指标的影响，刑讯逼供在一定程度上还存在。此外，司法机关还容易受到多方面的压力，比如部分党政领导的干预、被害人家属的威胁以及社会舆论的宣传。所以我国还存在大量"疑罪从轻"和"疑罪从挂"的案例，留下了有罪推定的阴影。

（三）利益裹挟公权力，民事纠纷容易产生刑事化倾向

我们国家有"先刑后民"的司法传统，这使得民事纠纷当事人趋向于借助公权力去解决民事问题，一些本来很明确可以用民事手段解决的案件却进入了刑事程序，等于是裹挟了公权力去实现私人利益。

司法实践中，一方面，从政法机关自身考量，有的政法机关及其工作人员因外部干预或自身因素，将刑事执法、司法权行使于民事纠纷之中，甚至因部门或个人利益驱动甚至司法腐败等故意为之。还有公安机关受量化考核指标影响，为了提高打击处罚数量，忽略了疑点利益归于被告的原则，急于求成。另一方面，从外界因素考量，许多经济纠纷当事人认为遭遇生意对方欠债不还，最便捷有效的讨债方式就是借助公安机关的权力逼迫对方还账。他们故意夸大欠债事实歪曲债务性质甚至虚构票据账目证据使公安机关相信发生了经济犯罪，诱导公安机关干涉经济纠纷，以经济犯罪案由入手变相追讨债务，迫使对方当事人处于不平等的被立案侦查进行刑事责任追究地位而达成所谓还款协议。借助侦查机关力量讨债，远比通过诉讼程序才能生效的做法快捷，又不担心经过法院审判胜诉后执行难问题。

三、关于妥善处理合同诈骗与合同欺诈的几点思考

（一）认真探究"非法占有目的"的立法本意，确保入刑案件质量

准确区分合同诈骗与合同欺诈需要准确理解"非法占有目的"，在司法实践中，应当根据其是不是刑法所规定的具体行为，并综合考虑事前、事中、事后的各种主客观因素，整合证据，进行整体判断，作出司法推定。

一是行为人在合同签订时有无履约能力。行为人的履约能力可分为完全履约能力、部分履约能力和无履约能力三种情形。实践中，完全履行能力与无履约能力相对易于区分，主要是部分履约能力难以辨别。如果行为人部分履行意

在诱使相对人继续履行，从而占有对方财物，或者行为人有部分履约能力，但行为人自始至终无任何履约行为，而以欺骗手段让对方当事人单方履行合同，占有对方财物，应认定为合同诈骗；如行为人有部分履约能力，同时亦有积极的履约行为，即使最后合同未能完全履行或完全未履行，应认定为合同欺诈行为；但是，如果行为人的履约行为本意不在承担合同义务而在于诱使相对人继续履行合同，从而占有对方财物，应认定为合同诈骗。

二是行为人在合同签订后有无实际履约行为。如果行为人在签订合同后，积极创造条件去履行合同。即使不能履行，也会承担违约责任，此种行为应属民事调整范畴；但如果行为人在签订合同后采取积极履约的行为，在尚未履行完毕时，行为人产生了非法占有对方财物的意图，将对方财物占为己有，此种情形应定性为合同诈骗罪。如果行为人在合同签订后，根本没有去履行合同或者是虚假地履行合同，不论其有无履行合同的实际能力，这种行为均可认定为非法占有的故意，应以合同诈骗罪论处。如果行为人在取得相对人财物后，不履行合同，迫于对方追讨，又与他人签订合同骗取财物，用以充抵前一合同的债务。这种连环诈骗在司法实践中被形象地称为"拆东墙补西墙"。这种行为实质上是行为人被迫采取的事后补救措施，不是一种真实的履行行为，应认定为合同诈骗罪。

三是行为人对取得财物的处置情况。如果行为人将取得的财物全部或大部分用以挥霍，或者从事非法活动、偿还他人债务、携款逃匿、隐匿财物且拒不返还等，显而易见，其行为构成合同诈骗。如果行为人将取得的财物全部或者大部分用于合同的履行，即使客观上未能完全履行合同之全部义务，一般不以合同诈骗论。如果行为人将取得的财物没有用于履行合同，而是用于其他合法的经营活动，只要在合同有效期限内将对方财物予以返还，应视为合同欺诈；当其没有履约行为时，应认定为合同诈骗。

（二）切实转变刑事执法理念

现代刑事司法理念的一个重要方面就是应当强化无罪推定理念。无罪推定是刑事诉讼的基本原则，是衡量一国刑事司法文明进步和法治化程度的重要标志。无罪推定要求在刑事诉讼中，对被告人是否有罪或罪行轻重有怀疑时，应当从有利于被告人的方面做出解释。在社会秩序能够得到有效管控、社会整体和谐稳定的情况下，更加侧重于保障人权是科学和理性的选择。刑事司法人员应当切实树立起无罪推定理念，彻底抛弃或多或少地有罪推定思想，才能保证无罪的人不受刑事追究。在经济犯罪，特别是合同诈骗犯罪案件审查中，一定要切实树立无罪推定、疑罪从无的理念和原则，依法查明事实、准确适用法律，保证无罪的人不受刑事追究，维护社会公平正义。

现代刑事理念的另一个重要方面是强化证据裁判理念。证据是诉讼的基石。在刑事诉讼中，从立案、侦查、起诉到审判，全部诉讼活动都围绕证据展开和推进。根据证据裁判原则，在刑事诉讼中认定被告人有罪和处以刑罚，必须以证据为根据，没有证据或证据不足则不能作出有罪裁判。修改后的刑事诉讼法首次对刑事诉讼举证责任作出明确规定，当控方不能履行举证责任，法院经过全面审查核实，指控犯罪事实仍处于真伪不明状态、达不到证明标准时，应当按照疑罪从无原则的要求作出无罪裁判。同时，刑事案件的证明标准从原来的客观上的证据确实、充分，提高到主观上的排除合理怀疑。而排除合理怀疑应当以裁判者内心对事实认知程度作为证明标准。刑事司法人员对一个案件的处理，在所有的环节上都不应当存在符合常理的、有合理根据的怀疑，否则就无法达到证据确实、充分的客观要求，从有利于被告人的角度也应当作出无罪裁判。

(三) 加强检察机关立案监督职能

刑事立案标志着刑事侦查活动的开始，立案后很可能对被立案者的人身、财产等权利进行限制、剥夺，尤其在涉及合同诈骗与合同欺诈界限不清晰的情况下，为避免公权力遭受绑架，有必要对侦查机关的立案活动进行监督。

《检察机关执法工作基本规范》第 5.97 条规定了检察机关立案监督的范围，其中包括公安机关不应当立案侦查而立案侦查的案件。司法实践中，检察机关监督公安机关在办理合同诈骗案件中，涉及不应当立案而立案的主要有以下情况：一是依法应当认为不构成犯罪而公安机关认为构成犯罪的。这包括从行为性质上依法不应当认定为犯罪的情形，也包括从情节严重程度上未达到定罪标准的情形；二是认定犯罪事实存在的证据明显不足，不应当立为刑事案件的；三是依法不应当追究刑事责任而公安机关立案侦查的；四是对明显不属于犯罪的事实或没有犯罪事实的人故意立案侦查，例如公安机关出于追求经济利益或其他不正当利益的目的，滥用职权，插手经济纠纷，等等。

刑法作为解决社会矛盾的最终手段，是社会秩序的最后保障，不应当被用于实现私人利益。因此，检察机关在审查行为是合同欺诈还是合同诈骗犯罪时要慎之又慎，从分析行为人是否具有非法占有目的入手，研判行为是否具有社会危害性，争取在个案中体现司法公正。只有从检察机关立案这一诉讼的源头上把住法律关口，才能实现对当事人基本人权的有效保护，有效保证刑事案件质量关，多渠道及时发现和有效纠正公安机关插手经济纠纷问题，如果侦查人员徇私枉法，滥用职权，对明知无罪的人而故意追诉的，检察机关侦查监督部门应移送职务犯罪侦查部门立案侦查。规范公安立案活动，保障整个刑事侦查活动依法，检察机关应充分发挥职能作用，不断加强立案监督。

【专题调研】

反渎职侵权检察工作调研报告

高成根[*]

一、查办案件基本情况

2015 年，马鞍山市人民检察院反渎职侵权部门按照高检院、省市院的部署，以办理渎职侵权案件为中心，狠抓司法规范化建设，始终保持惩治渎职侵权犯罪的高压态势。全市检察机关反渎部门共受理渎职侵权案件线索 40 件；立案 11 件 12 人，其中，要案 1 件，重特大案件 11 件；侦查终结 11 件 12 人；公诉部门提起公诉 15 人，相对不诉 1 人；法院作出生效判决 11 人，全部为有罪判决。

二、案件情况分析

（一）从涉案罪名看，滥用职权、受贿犯罪集中

查办的 12 人中，涉嫌滥用职权、受贿犯罪 8 人，滥用职权、受贿、贪污犯罪 1 人，滥用职权罪 1 人，玩忽职守罪 1 人，徇私枉法、受贿罪 1 人。

（二）从涉案人员身份看，国家行政机关工作人员多

查办的犯罪嫌疑人中，9 人为国家行政机关工作人员，3 人为国家机关聘用人员。

（三）从涉案领域看，案件涉及领域较分散

查办的 11 个案件涉及征地拆迁、采砂管理、人防工程建设、司法、审计等领域。

（四）重特大案件多，造成的危害巨大

全市检察机关反渎部门查办的 11 个案件均为重特大案件，共给国家造成

＊ 作者单位：马鞍山市人民检察院。

了 2179 万元经济损失。

（五）从作案手段来看，不同领域的渎职侵权犯罪作案手段各异

1. 征地拆迁领域的渎职侵权犯罪，其作案手段主要表现为相关人员利用负责征迁房屋丈量、套算、征迁资料报批等工作职权，违反规定虚增房屋面积或将违建房予以丈量、套算。

2. 人防建设领域渎职侵权犯罪案件，其作案手段主要表现为相关人员违反规定，减少工程建设项目人防地下室应建面积，或者明知减少工程建设人防地下室应建面积的情况，仍予以审批。

3. 采砂管理系统渎职侵权犯罪案件，主要表现为采砂管理局相关执法人员收受采砂人员贿赂后，对违法采砂行为以低于国家标准进行处罚。

4. 司法领域渎职侵权犯罪案件，主要表现为公安派出所个别执法人员收受贿赂后，明知相关人员盗窃，仍不依法予以处理。

5. 审计部门渎职侵权犯罪案件，其作案手段主要表现为审计机关相关工作人员在政府投资项目竣工审计中，玩忽职守，没有按照政府与开发商协议给予优惠，造成巨额国家财产损失。

三、主要做法

（一）工作早部署，实现开门红

全市反渎部门早谋划、快行动，年初召开了全市检察机关自侦工作会议，研究部署全市检察机关反渎工作。在市院反渎局的统一安排和领导下，雨山区院率先打响了全市反渎工作第一枪，查处了银塘镇征迁办工作人员李某某滥用职权、受贿案。随后，含山县院紧紧抓住建设领域一案件线索不放松，侦破了含山县房地产管理局房管股股长卜某某、副股长范某某滥用职权、受贿案。全市检察机关反渎部门 1 月即立案 2 件 3 人，实现了办案开门红。

（二）抓规范执法，提司法公信

根据高检院、省市院的安排部署，市院反渎局扎实开展了规范司法行为专项整治活动，坚持以案件评查为抓手，逐条对照专项整治活动聚焦的八个方面突出问题，持续深入排查，切实把问题逐一找准、把原因逐一研透、把制度逐一健全。在自身规范司法行为的同时，市院反渎局主动加强对基层院反渎部门的督促检查和调研指导，确保其直面问题、扎实整改提高，着力推动全市反渎部门严格规范公正文明办案水平整体提升，努力提升执法公信力。

（三）转办案模式，强证据运用

全市检察机关反渎部门牢固树立以证据为中心的侦查理念，在侦查环节始

终坚持证据意识，强化初查、侦查中各种证据的收集和运用，全面贯彻证据裁判规则，积极适应以审判为中心的诉讼制度改革。如和县院反渎局在调查政府投资项目"和州广场"工程竣工审计中可能存在渎职问题案件线索时，针对该案件线索比较隐秘，涉及大量专业的审计学知识，需要调取海量的证据，该局迎难而上，坚持从外围入手锁定犯罪事实。在收集了大量的物证、书证、证人证言、电子数据等证据同时，聘请专家对"和州广场"工程重新审计，成功锁定了和县审计局工作人员巫某某涉嫌犯罪。接触巫某某后，在铁的证据面前，他不得不承认自己在"和州广场"工程审计中玩忽职守，给国家造成了重大的经济损失的事实。2015 年 5 月，和县院反渎局依法对巫某某以涉嫌玩忽职守罪立案侦查。

（四）重惩防并举，提办案效果

开展渎职侵权犯罪查办工作时，我们并没有就案办案，而是主动纳入全市职务犯罪惩防工作的大局之中，案件办理后积极配合预防、宣传教育等部门，以开展职务犯罪预防讲座、参加普法宣传活动等方式参与到全市检察机关职务犯罪预防工作。截至 2015 年 10 月，全市检察机关反渎部门到市工商局、市科技局、马钢等单位开展职务犯罪预防讲座 10 余次，受到了上述单位的欢迎，取得了较好的效果。

四、存在问题及原因

（一）查办人数较 2014 年同期偏低，办案工作开展不均衡

虽然目前全市反渎部门各办案单位均消灭了立案空白点，但由于部分县区院反渎干警较少，办案力量不足，争先意识不强，造成全市反渎部门查办案件总量偏低、发展不均衡。如全市查办人数最多的花山区检察院已经立案查办了 3 名犯罪嫌疑人，而有的县区检察院只立案查办 1 人。这种不均衡的状况制约了全市检察机关反渎工作的健康可持续发展。

（二）执法不够规范

由于办案力量不足，个别干警工作不细致，造成相关办案程序履行不到位。如初查阶段接触被调查人，仅口头请示，未制作审批表报检察长审批同意；扣押、冻结涉案财物的相关法律文书未及时送本院案管部门和纪检监察部门等。

（三）线索发现难的问题依然突出

由于渎职侵权案件具有较强的隐蔽性和专业性，线索捕捉难度大，很多时

候虽下大力气排查，但有价值的线索挖掘较少；部分县区院反渎部门主动出击挖掘线索不够，存在畏难情绪、等靠思想；反渎干警知识面狭窄等问题也在一定程度上制约了线索发现能力的提高。

（四）办案风险高、工作压力大、工作积极性不够

现在的办案程序、质量、安全以及规范办案、文明办案等对干警提出的要求越来越高，再加上办案中不确定因素较多，办案手段较落后，责任追究越来越严格，干警办案时精神往往处于高度紧张状态，造成工作压力大，对办案工作缺乏积极性和主动性。

（五）反渎办案力量薄弱

目前，全市两级检察院反渎部门共 7 个办案部门，实有干警 22 人，因各种原因实际在岗人员更少，反渎工作的开展受到制约，影响了查办渎职侵权犯罪的力度。

五、对策建议

（一）进一步提升执法规范化水平

认真学习并贯彻落实高检院、省院规范司法行为专项整治活动文件精神，继续深入开展规范司法行为专项整治活动，以案件评查为抓手，采取自查和互查等方式深入排查执法不规范行为，并采取针对性措施，切实解决执法不规范的问题，提升马鞍山市反渎案件查办的规范化水平。同时强化教育，提高干警的责任、担当和程序意识，防止司法不规范现象死灰复燃。

（二）多措并举，破解案件线索发现难的痼疾

全市检察机关反渎部门要充分发挥主观能动性，创新工作机制，加大反渎职侵权工作的宣传力度，更加注重从人民群众反映强烈的问题中发现案件线索，加强与审计、纪检监察、质检等部门的沟通协作，扩大案件线索来源渠道。加强线索经营管理的意识和能力，仔细分析研究，采取措施，提高线索的成案率。在办案中，还要增强深挖线索的能力，努力挖掘窝串案。保障反渎工作可持续发展。

（三）进一步加强和完善侦查一体化机制

合理统筹两级院反渎办案资源，同时加强与反贪部门的协作，"贪渎并查"，进一步健全纵向指挥有力、横向密切配合的侦查一体化机制，推动我市检察机关反渎工作健康有序发展。

马鞍山市环保系统职务犯罪实证调研与预防对策

冷玉梅* 马云飞**

"中国梦"首先要实现"美丽中国"。随着地方各级党委政府提出既要"金山银山"更要"青山绿水"的生态文明建设方略，全省各地政府越来越重视环保问题，环保部门承担的职责和地位越来重要、越来越凸显，然而相关环保部门及相关人员在履行职责时与中央和地方政府的政策相比显得不接"地气"，环保系统职务犯罪呈现高发、易发、频发态势，从 2013 年 10 月的安徽省人民检察院反贪工作通报可以看出，全省环保系统共涉嫌贪污、贿赂、渎职犯罪案件 100 余人。2013 年 5 月以来，马鞍山市检察机关依据省院提供相关线索及自身摸排，一举侦办马鞍山市环保领域职务犯罪 13 件 13 人。笔者结合马鞍山市检察工作实际，通过对最近 3 年，特别是 2013 年 5 月以来马鞍山市检察机关查办环保领域案件情况的调查研究，初步总结出了这一领域中职务犯罪案件特点、易发环节、产生原因及预防对策。

一、环保领域职务犯罪案件特点

（一）发案数量呈爆发势，大案比例较高

2013 年 5 月以来，马鞍山市检察机关查处环保领域职务犯罪 13 件 13 人，其中包括马鞍山市环保局环境监察支队副支队长朱某、和县环保局局长邢某、和县环保局副局长洪某、和县环保局副局长范某、含山环保局局长金某等。与同类案件同时期相比呈爆发势。查办的上述案件中，3 名为正科级领导干部，5 名为副科级领导干部，在查办的该领域职务犯罪中，5 万元以上的案件 12 件 12 人，大案率达 92.3%。

---

* 作者单位：马鞍山市人民检察院。

** 作者单位：马鞍山市花山区人民检察院。

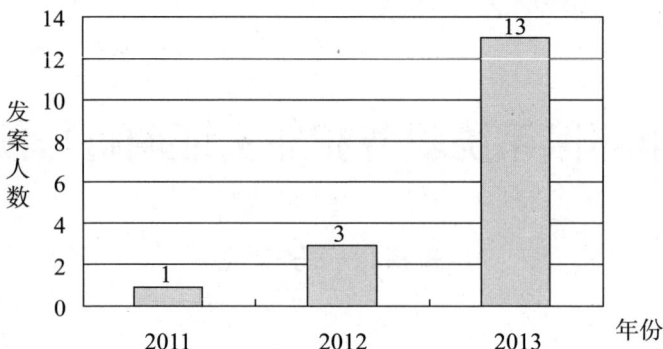

图1　2011—2013年马鞍山市环保系统职务犯罪

（二）　涉及环保部门"职权点"多

马鞍山市环保系统为加强公共权力运行的监督和制约，促进公共权力规范运行，从源头上预防环保系统违法违纪问题的发生，建立了公共权力规范运行预警机制并确定出四大类风险类别和五十一类廉政风险点。然而在马鞍山市检察机关查处的环保领域职务犯罪涉及的环保部门预警防控"职权点"包括环保执法、行政处罚、排污费征收、环境监测、环保改造工程预验收以及中央、省环保专项资金的申报领取等方面，几乎涉及环保部门所有重要环节。如和县环保局局长邢某利用对相关涉污企业的环保改造预验收、淮河巢湖流域水污染防治专项资金审核等职务便利，收受相关单位人员贿赂案；马鞍山市环保局环境监察支队副支队长朱某及和县环保局副局长范某，利用其负责环境执法、行政处罚以及排污费收取等职务便利，收受相关单位人员贿赂案。

表1　2013年马鞍山市环保系统涉及廉政风险情况

分类	廉政风险类别	廉政风险点
总数量	4 项	51 项
涉及数量	4 项	38 项
比重	100%	74.5%

（三）　窝案、串案特征明显

马鞍山市检察机关在办理安徽省人民检察院交办案件线索中，通过案件摸排，一共查办出马鞍山市环保局环境监察支队副支队长朱某等人受贿串案2件2人；含山县环保局局长金某、该局副局长汪某、该局办公室主任张某单位受贿、受贿、贪污涉案金额达200余万元的窝案3件3人；查办出和县环保系统相关涉污企业相关人员行贿案件、环保部门受贿窝案、串案6件6人，拔出萝卜带出泥，其窝案、串案特征极为明显。

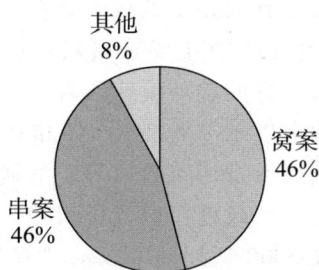

图2　2013年马鞍山市环保系统职务犯罪窝串案

（四）作案次数多、潜伏时间长，涉案人员广

在查办的环保领域职务犯罪案件中，大都为多次作案，作案时间跨度都在4年以上。特别是受贿（单位受贿）案件，不仅作案次数多、潜伏时间长且涉案人员也极为广泛，三者之间成正比关系。如含山县环保局局长金某受贿、单位受贿案，自2003年（其担任财政局副局长、建设局局长、环保局局长以来）至2013年，其先后收受他人贿赂或单位收受相关人员贿赂达60余次之多，涉案人员达100余人，作案时间长达10余年之久，涉嫌单位受贿数额达200余万元、个人涉嫌受贿总数达30余万元；再如和县环保局局长邢某受贿案，自2009年（其担任环保局局长开始）至2013年先后收受他人贿赂达30余次之多，每次金额2千元至3万元不等，受贿总数达20余万元，作案时间长达4年之久，涉案人员近20人。

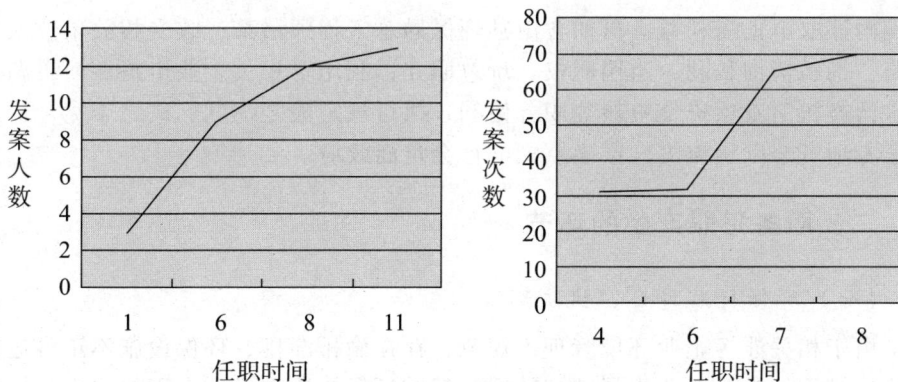

图3　发案人数、发案次数与任职时间的关系

（五）犯罪的客观方面表现形式日趋复杂

有的借逢年过节之机，以"红包""购物卡"等形式行贿；有的事发后以发票、付款等形式遮人耳目；有的在受到行政处罚后，为了少交罚款、不交罚款给予"关照费"；还有的采取双方主要亲属互相借贷、联营的方式，用合法民事行为掩盖职务犯罪行为；有的趁环境执法者购买车辆之际，投其所好、想其所想送给相关执法者加油卡以示"祝贺"。如和县环保局副局长范某，利用其负责环境执法、行政处罚以及排污费收取等职务便利，收受相关人员贿赂案件中，王某为感谢环境执法、行政处罚以及排污费收取等方面的关照，在范某购置私家车之际，送给范某 5000 元加油卡以示"祝贺"。

（六）社会危害大

淮河、巢湖流域水污染防治专项资金是重点支持政府性投资的区域水环境综合整治项目，以及列入省主要污染物总量减排计划的规模化畜禽养殖污染防治与工业企业污染防治项目，然而被查办的环保部门相关单位或人员在审核涉污企业申报资料、预验收环保治理工程中将给予企业水污染防治专项资金作为个人（或单位）"钱权交易"的"唐僧肉"，造成水污染防治专项资金随意被挪用、套用、占用。例如，2008 年至 2013 年，含山环保局党组书记、局长金某，伙同该局副局长汪某、该局总工程师葛某等其他领导班子成员，在经党组会议或领导班子会议研究确定后，多次牵头或安排他人以含山环保局的名义按照一定返还国家专项资金的比例向含山县下属乡镇党委政府、环评中介机构、环保项目资金申报单位和排污企业索要、非法收受贿赂 260 余万元用于单位发放工作人员绩效工资、吃喝招待、单位报刊征订、职工旅游费用等处理，含山环保局并为上述单位在环评报告审批、环保项目资金申报和排污费征收等职权范围内谋取不正当利益。再如含山县环保局总工程师葛某，收受相关单位人员贿赂，徇私情徇私利，滥用职权、玩忽职守，利用对相关企业申报淮河巢湖流域水污染防治专项资金审核等职务便利，执行规定失之与软、失之于宽，造成国家专项资金巨额流失，产生巨大的社会负面效应。

二、职务犯罪产生的环节

（一）环保行政许可、执法环节

由于相关涉污企业环境管理不规范，存在偷排漏排、环保设施不正常运行等违法排污行为。企业为了逃避处罚，行贿环保执法人员，个别执法人员接受企业受贿，对违法行为视而不见、发现后大事化小、隐瞒违法行为，导致执法人员"履职不到位、到位不履职"的现象时有发生，并出现环境执法"人情化""利益化"。从查办案件看，涉及该环节的环保行政事项及涉及程度（用星号表示）如下：

1. 依法应当举行听证而不举行听证。★★★★

2. 办理行政许可，索取或者收受他人财物或者谋取其他利益。★★★★

3. 对不符合法定条件的申请人准予行政许可或者超越法定职权作出准予行政许可决定。★★

4. 资料不齐全、不及时、不真实。★★★★★

（二）环保行政处罚环节

在行政处罚中，相关涉污企业为了减轻处罚或不受处罚，向环保部门工作人员行贿。致使环保人员对提出的违法处罚案件的处理上不按程序处理，或在处理中有失公平，不按规定随意大幅度降低处罚种类或处罚金额额度。从查办案件看，涉及该环节的环保行政事项及涉及程度（用星号表示）如下：

1. 违反法定的行政处罚程序。★★

2. 擅自改变行政处罚种类、幅度。★★★★

3. 玩忽职守，对应当予以制止和处罚的违法行为不予制止、处罚，致使公民、法人或者其他组织的合法权益、公共利益和社会秩序遭受损害。★★★

（三）排污费征收环节

相关涉污企业为了降低成本，少缴排污费，向环保工作人员行贿。在征收过程中，环保干部，尤其是领导干部利用征收排污费存在漏洞的空间不如实核定排污量或不依据排污量协商收费以及随意减免排污费等。从查办案件看，涉及该环节的环保行政事项及涉及程度（用星号表示）如下：

1. 不能严格按照下达的总量减排任务，做好分解落实，指标核算不精确。★★

2. 对目标责任单位要求不严，下达任务不准确。★★

3. 不认真实施督办，组织协调不力。★★★★

（四）环境监测环节

环境监测报告作为认定企事业单位是否达标排放的依据，企事业单位有可能为获得达标排放的依据而贿赂环境监测干部或技术人员，违反有关规定，为企业出具不符合实际的监测报告。从查办案件看，涉及该环节的环保行政事项及涉及程度（用星号表示）如下：

1. 工作玩忽职守，不能认真做好环境监测，数据采集失真。★★★

2. 环境质量报告编排马虎，无法形成科学的监测评价结果。★★

3. 不按照程序编制公报，并不按要求向公众发布。★★

4. 随意篡改环境监测数据。★

（五）专项资金审核环节

基层环保部门对相关企业申报的国家专项资金的审核只注重书面审理，不履行实地查看，导致企业申报专项资金随意性大，在预检收专项补助资金工程时，把关不严，失之以宽、失之以软。从查办案件看，涉及该环节的环保行政事项及涉及程度（用星号表示）如下：

1. 不严格执行项目环保管理法律规定。★★★★★

2. 程序不公开、信息不透明、信息欠真实、信息作用未发挥。★★★★★

3. 决策不科学、重大方案，未征求相关方面意见。★★★★

4. 徇私舞弊，在项目审批过程中收受好处。★★★★★

5. 对验收程序监督不严，不按工程质量标准处理。★★★

6. 项目审核不严，不能有效组织申报，不能认真落实补助资金。★★★★

7. 疏于监管，项目批完不管，不能积极履行环境监管职责。★★★★★

8. 收受好处，致使国家利益遭受损失。★★★★★

9. 管理失职，项目追踪不到位。★★★★

10. 以跑项目或跑资金为名中饱私囊。★★★★★

三、职务犯罪产生的主要原因

（一）滋生腐败的土壤仍然存在

改革开放以来，随着经济的发展，"新鲜空气进来了，苍蝇蚊子也进来了"，正确的价值观受到了严峻挑战，受拜金主义等社会不良风气的影响，人们为维持友情、保持关系、办成事情甚至本应该做的分内工作，都时兴以"礼"相待，在这种思维的支配下、在普遍认同的氛围下，久而久之，胆小的变胆大了，原来不敢干的也敢干了，不收白不收，不拿得罪人的观念很有市场，之所以要给你送礼，因为找你有事，如果不收，被人以为嫌少了、或是看不起人、或是不诚心帮忙。本不能或办不到的事情，因送给你未收，造成别人说你没下功夫、没放在心上。拒收礼品的人，常被人理解为性格古怪，假正经想提拔，不近人情架子大、装鬼！由此也会失去一批朋友，由于自己不是生活在真空之中，也有找这办那的事情，也有需要别人帮忙的时候，因此"多个朋友多条路、多个敌人多堵墙"深入人心。

另外"招商、亲商、安商、扶商"理念正在基层努力实践，之前不敢接近的老板，受不良环境的影响，极个别领导与一些老板吃喝玩乐在一起，不分彼此、勾肩搭背，划不出公私。

（二）执行案件移送制度缺失

"好人主义"和"利己主义"不仅在环保系统，在一些地方的主要领导中也存在，极个别领导对歪风邪气不敢抵制，不敢批评，对违法违纪不敢查处，除了有的自身不过硬不敢认真之外，怕伤和气、怕丢选票、明哲保身是重要因素。有的环保干部明明严重违纪违法了，而地方的领导干部却充当"说客"，寻求宽容，一些问题和案件，一涉及本地区、本单位的利益，就以"工作失误""大气候影响""要保护干部的工作积极性"等理由进行搪塞，不了了之；有的问题一涉及上级部门的人，就搞"到此为止"，不按照案件移送制度进行，这样助长了消极腐败现象的扩大和蔓延。在狭隘的部门利己主义和个人功利主义面前，"好人主义"已经异化为"保护主义"。保护上级的违纪违法是为了不得罪或不扳倒上级，以免失掉靠山，影响本地本单位特别是个人利益；保护同级的违纪违法是为了联络感情，投桃报李；保护下级的违法违纪是为了防止"拔出萝卜带出泥"，避免"丑了丫鬟丑了小姐"，不愿意"家丑外扬"，以维系部门或单位形象，在浓厚的这种大环境之下"动真格、敢碰硬"不过是纸上谈兵，案件移送制度也成为一纸空文。

（三）转型阶段，机制方面存在可规避之处

产业转型时期，污染企业不可能立即消除，由于相关污染行业有些属于财政、纳税的重点大户，打击过严，容易引发失业潮及影响财政收入。这使得监管机制陷入两难之中，因此，在批准建设新建企业和关停超标排污冶炼厂工作中，监管工作无意中会陷入能宽则宽的困境中，给环保部门的部分干部提供钱权交易可能的空间。另外，环保法律对违法行为的行政处罚规定是原则性的，对一些环境违法行为罚不罚、怎么罚、罚多少等，执法人员有较大的自由裁量权，这为权力寻租提供了可乘之机。

（四）环保系统领域缺乏有效的选人用人机制

环境是人的生存之本、发展之基，让老百姓喝上干净的水，呼吸清洁的空气，在良好的环境中生产生活，是关乎社会发展和人民福祉的大事，现阶段，环境问题不仅是经济问题、发展问题，更是政治问题、民生问题，有些地方对此认识不足，在选配领导班子、抓队伍上面失之以宽、失之以软，仍然按照以往的做法将一般领导干部交流到这样的岗位上来，致使一些素质相对不高的领导干部被选配到环保系统领导岗位上来，加之他们在执法和相关管理过程中的乱作为，无形中造成了国家巨额环保补偿资金款的流失。党管干部是党和政府选人用人的原则，各级党委政府组织、人事部门应当各尽职守，将那些在各种诱惑面前把握住自己，做到心不动、眼不红、嘴不馋、手不沾，并能够守得住清贫、耐得住寂寞、稳得住心神、经得住考验的优秀干部选派、遴选到重要岗位、关键环节。例如含山环保局局长金某在受到纪委监察部门违纪处理之后，有关部门在选用、任用、考核干部方面不能不说有失察之嫌。

（五）信息不公开、监督不到位

环保系统职务犯罪案件表明有些事项，特别是权力运作的过程在一定范围内没有公开，或者说是没有完全公开，虽然环保系统建立了详尽的行政事项公开制度，但是在运行的过程中，关键事项信息不透明、信息欠真实、信息作用并未发挥。例如，和县环保局局长邢某在推荐涉污企业作为国家环保专项资金补贴候选人时的决策过程、推荐过程，以及推荐原因并没有向广大人民群众意见，更没有听取相关利害关系人、关联人的意见，徇私情徇私利，直接将相关候选单位推荐至安徽省环保厅。

另外，环境执法、环境监察、环保工程预验收等工作具有很强的专业性，且公开信息不完全，广大群众以及相关利益关系人很难了解，无法实施有效监督；在环保系统内部监督机制虽有，但不健全或监督不到位。

（六）对环保干部的教育以及查处力度不够

由于环保系统贿赂案件多为"一对一"犯罪，职务犯罪趋于隐蔽化、智能化，检察机关发现难、查办难、未对环保系统职务犯罪形成高压态势。另外，对环保干部的预防教育抓得不够深入。廉政与业务工作结合不好，存在两张皮的现象，使得一些干部的思想政治素质不够高，法制意识淡薄，缺乏抵御各种腐朽思想的免疫力。这导致一些环保部门干部对廉政建设的认识还不到位，思想上不够重视，参加教育活动的积极性和主动性不够，有的认为工作重点是行业管理，搞廉政建设是政府部门的事；有的基层领导干部，认为没有多大权力，缺乏滋生腐败的土壤，觉得强调廉政建设是小题大做、与己无关，搞廉政建设太虚，不如其他工作能干出成绩。

四、有效预防职务犯罪的对策与措施

面对不断增加的廉政风险和出现的环保系统职务犯罪高发、频发的态势，环保部门既筑牢遏制环境污染和生态破坏的坚固防线，同时也应对环保部门积极构筑惩治和预防腐败的"惩防"体系。

（一）预防环保系统关键环节腐败的建议

1. 环保行政执法环节。进一步规范环保执法和许可行为，加大执法监督和责任追究。一是要严格落实环保执法人员的执法行为规范，明确权、责、利；二是定期开展执法监督专项检查，对存在的问题及时进行整改，防范失职与渎职行为发生；三是建立执法人员失职责任追究制度，并实行责任追究。

2. 环保行政处罚环节。进一步规范环保行政处罚程序，并实施处罚公开。一是在环保部门内部成立集体研究环境行政处罚决定的机构，并开展工作，形成集体决策机制。二是对各类环境违法行为的处罚标准严格按照环保部门规范的环境行政处罚自由裁量权的若干意见，防止滥用行政自由裁量权。三是要在新闻媒体上或环保网站上公开，既要确保执法公平，又要震慑违法行为。

3. 排污费征收环节。首先进一步规范排污费征收程序和环境执法的自由裁量权，坚决杜绝协商收费行为。其次是对排污费征收进行公开，同时对企事业单位核定的排污量进行公开。再次是加大对拒缴排污费行为的处罚力度，保障收费依法、公正、公平。最后对排污费的征收时限以及环保干部的责任要明确，并要建立责任追究制度，对未履行收费职责进行严肃处理。另外，要加大排污费征收工作的稽查和审计。

4. 环保专项资金补助环节。一是注重环保专项资金工程的初审核，不仅要重视程序性审查，更要注重实体性审查。二是建议环保项目审批与验收分离，具体验收可以委托环境评估机构对项目是否达到验收要求进行评估，提交评估报告，作为环保验收的依据，由另一部门组织验收。三是要明确环保部门、环评机构、评估机构三者之间在项目审批和验收工作中的权与责，建立责任追究制度，并加强监督。四是建立重大项目环保审批集体审议制度，重大决策和涉及群众切身利益的重要事项进行征求意见制度、专家咨询论证和举行听证制度等，促进环保审批和决策的民主化。五是建立环保咨询专家库，在建设项目评审中，采取随机抽取参加建设项目评审，有效预防项目审批过程中的腐败问题。

（二）预防环保系统职务犯罪的对策

对于马鞍山市环保系统队伍大面积塌方，笔者认为应当建立长效机制，把教育、制度、监督、纠风、惩治统一起来，以达到让环保部门干部"不敢为""不要为""不能为""不想为"的效果。

1. 加大对环保系统案件移送和查处力度，从"侥幸为"进而"不敢为"。

（1）保持惩治该领域犯罪高压态势，把好"查处关"。各级检察机关切实坚持有案必查、有腐必反，"老虎""苍蝇"一起打，对环保领域危害民生、危害群众身边利益、危害社会稳定的职务犯罪要"真打""狠打""善打"，既突出查办大案要案，又注意查办群众反映强烈的案件。同时按照党委、上级检察机关的部署，集中时间、集中力量、连续作战，迅速突破重大案件和复杂案件，快查快结。对此类职务犯罪犯罪应坚持依法惩处，防止量刑畸轻的倾向，在判处主刑之外，应当判处附加刑的，应当依法判处，不得姑息放纵。不但要让犯罪分子身陷囹圄，而且使其倾家荡产，人财两空，断绝其经济基础，加大法律威慑力度，让犯罪分子得到应有的惩罚，以震慑犯罪。针对这一时期这类案件有所蔓延的趋势，反腐败也要引入新的反腐观念，延长职务犯罪的追溯力，对犯罪分子不论离开原岗位时间有多长，都要依法追究其相关的刑事责任。

（2）严格把好"案件移送关"。腐败案件的发生有着复杂的经济和社会背景，各地也加大了在职务犯罪预警机制建设方面的投入。在构建和完善职务犯罪预警机制中，围绕环保系统重点领域、关键岗位和重要环节，以规范和制约权力运行为核心，从个人职权、部门职责、单位职能三个层面，对工作过程中存在的廉政风险点进行全面梳理，划分风险等级，列出有针对性的预防措施，加强对重点风险点的控制。在此基础之上相关部门发现职务犯罪线索应及时移送检察机关。"好人主义""保护主义"以及把案件在内部处理，客观上助长一些人的侥幸心理，所带来的直接后果是环保系统内干部对犯罪风险意识的淡薄，犯罪安全感增强，因此应当认真按照中纪委、最高人民检察院的相关规定，将职务犯罪案件及时移送检察机关或专门的纪检部门，提高廉洁风险预警预控工作实效。

2. 加强教育，惩防结合，全面提高环保干部的素质，从"不敢为"进而"不要为"。

（1）严格把好理想信念教育这个"总开关"。世界观是人生的"总开关"，广大干部，特别是领导干部在改造客观世界的同时，要进一步改造主观世界。否则，失去健康向上的工作和生活态度，就会失去坚定正确的政治方向，人生就会迷茫，就必然会走向堕落。首先抓好世界观的改造，就是让广大干部在工作实践中不断校正自己的世界观、人生观、价值观、权力观。其次是勇于担当、舍得放弃、甘于奉献。心中有大家，大家心中才有我，真正体现出"我为人人，人人为我"的价值所在，这也是一种大局观，世界观的体现，更是让付出的人，实现价值，让大家认同价值的真谛所在。严把"总开关"就是开展广大干部的世界观、人生观、价值观、权力观和党风党纪党性教育，让党员干部把确定坚定的共产主义理想信念放在事业和人生的首位，把加强理论学习作为坚定理想信念的必行之路，把注重世界观的改造作为理想信念的重要前提和基础，始终力行共产主义道德，培育和弘扬高尚的人格品质，实现政治坚定性与道德纯洁性、理论学习与人格完善的统一，牢固筑起拒腐防变的思想长城。

（2）严格把好环保干部的"预防关"。"预防职务犯罪也出生产力"。国家培养一个领导干部比培养飞行员的花费要多得多，一着不慎毁于一旦，不管以前做了多少有益的工作，功罪不能相抵，因此，应该把好环保干部的"预防关"。各级检察机关在切实履行好职责，保持对该领域职务犯罪高压态势的同时，应结合办案加强职务犯罪预防，增强抵御各种腐朽思想的免疫力，防治有些干部"只埋头拉车不抬头看路"。要用身边的典型"以案释法"，加强惩治腐败案例宣传，震慑和教育广大干部，防患于未然。在提高干部的思想政治觉悟的同时，要做好家庭预防。针对办案中发现的相关涉案人员将收受他人的购物卡、加油卡、贵重物品归家庭人员日常使用的现状，防治出现"贪内助""贪衙内""贪亲戚"现象，要通过多种形式将预防教育送进家庭，邀请环保系统家属至法院听庭、至监狱参观，提高其家庭成员对广大环保干部日常廉洁监督的"敏感性"，使家庭人员参与到反腐倡廉实际中，构筑"家庭廉洁防线"，把好家庭这一重要关口，做到有效预防。

3. 以规范"两权"行使为重点，强化权力运行过程的监督制约，从"不要为"进而"不能为"。

（1）严格把好环保部门的"用人关"。一是严把"入口关"。在选拔或调任环保部门工作人员，尤其是领导干部时，要经单位推荐、组织考察、严格筛选，调派任用认真负责、靠得住、信得过的干部，严防思想不纯，动机不正的人混入环保部门，确保环保系统干部员素质过硬。二是严把"培训关"。认真抓好对环保干部的岗前培训，进行环保业务、正常学习，注意职业道德、廉政和警示教育，以增强环保干部工作能力和拒腐防变能力。三是严把"考核关"。加强对环保部门领导，一般干部的考核。对责任心不强或有违法乱纪的干部，应坚决查处，以达到警示效果。

（2）严格把好"制度关"。习近平同志指出"要把权力关进制度的笼子里"。邓小平同志也曾经指出："制度好，可以使坏人无法任意横行，制度不好，可以使好人无法充分做好事，甚至会走向反面。"要从制度上解决问题，"以权力制约权力"，使腐败分子无机可乘。要加强对重点岗位、领导干部的监督力度。绝对的权力导致绝对的腐败，针对环保部门存在一言堂、一言九鼎的现象，重大决策事项的民主参与、科学论证流于形式、权力过分集中的现象。一是要充分发挥单位内的监督作用，加强对领导干部的监督，特别要加强对重点岗位、重点环节的监督。对重点岗位、重要环节加强监管力度，保证各项权力正确运行和使用。二是对实行权力合理配置和监督。例如在环保项目审批、验收、行政处罚环节采取"审"和"批"分人，"验"和"收"分离，"罚款"和"缴款"分离，对过度集中的权力要采取分权原则，以加强各个环节相互之间的监督和制约。

（3）严格把好"信息公开制度关"。"阳光是最好的防腐剂"。对权力的监督，最为有效的方式就是让其行为特别是权力运作的过程、结果在一定范围内进行公开，避免暗箱操作，接受人民群众监督，要将涉及人民群众切身利益的事项，以及作出决定的理由等情况，都要公开，增加透明度，减少随意性，把权力运作过程呈现在人民群众面前。首先，要公开办事制度。包括执行公务所涉及的环保法规、条例及相关的政策，本地制定的有关环保政策、办事程序、渠道和办法，环保行业道德规范和其他纪律，违反的惩处规定等都应该公布；其次，要公布办事结果。包括办事人的姓名、住址、职业和办事事由，承办人、批准人的姓名和职务以及承办时间和最终结果；再次，要公布不进行信息公开以及公开不全面的救济途径，这一点尤为重要，从查办马鞍山市环保系统案件的过程中，发现该系统有关信息公开制度虽然建立，但并为完全执行，群众和当事人也不知如何救济；最后，切实落实听证制度，国家环保专项资金补贴候选人推荐、涉污企业的项目审批等事项应当广泛听取广大人民群众意见，举行听证会，听取相关利害关系人、关联人的意见，保证政策和决定实施的科学性和民族性。

4. 激励与保障结合，从"不能为"进而"不必为"。严格把好"激励和保障关"。各级环保部门在加强对自己干部教育和自身制度建设的同时，必须让干部算好人生七笔账，"政治账""经济账""名誉账""家庭账""亲情账""自由账""健康账"。让每一个环保干部始终做到清廉本分，尽职尽责，勤奋工作，这样政治上就会得到组织上的充分信任和不断培养；就会有稳定的逐渐提高的经济收入；就会拥有良好的声誉，受人尊重；就会保持和促进家庭的幸福美满；就会得到亲朋好友的亲近；就能够自由自在地工作、学习和生活；也能够保持身心健康和愉快。反之，如果把握不住自己，走上违纪违法道路，就会断送自己的政治生涯；个人经济收入就会急剧下降；就会自毁声誉；就会给家庭带来巨大的痛苦；就会损害亲朋好友之间的情谊；严重者还会失去人身自由甚至一切自由权利；也会危及身心健康。

另外，应建立环保干部晋升激励制度，使职务晋升与级别晋升相结合，形成晋升"双阶梯"。相关组织人事部门应当：第一，增加环保干部的级别。第二，在设置职务与职级关系时，应采取"一职数级，上下交叉"的对应关系。第三，职级设置应向基层环保部门倾斜。这是规范环保干部职务层次与级别对应关系时须坚持的基本原则。职务层次越低，与级别的交叉对应幅度越大，对基层环保干部的激励效果将会越明显。

马鞍山市项目领域"双临"机构人员
职务犯罪调研报告

冷玉梅[*]　马云飞[**]

近年来，随着马鞍山市基础设施建设的投资力度不断加大，城镇一体化建设步伐加快，因重点工程或重大项目而专门设立的"指挥部""项目部""领导小组"等临时机构日益增多，抽调及聘用的临时工作人员也越来越多。这些临时机构、临时人员（以下简称"双临"）有力缓解了政府的机构配置及人员压力，对项目建设的有序开展起到了一定的作用，但是由于"双临"机构人员[①]权力集中、管理缺失、人员监督缺位等原因，"双临"机构人员职务犯罪呈现高发、易发、频发态势。2014 年 1—8 月马鞍山市检察机关侦办了项目建设（征迁）领域职务犯罪 36 件 42 人[②]。我们结合马鞍山市检察工作实际，通过对最近三年，特别是 2014 年 1—8 月马鞍山市检察机关查办项目建设（征迁）领域案件情况的调查研究，初步总结出了这一领域中职务犯罪案件特点、易发环节、产生原因及预防对策。

一、三年来项目建设（征迁）"双临"机构人员职务犯罪案件现状分析

（一）从案发数量看，发案数量逐年增高，且大案比例较高

马鞍山检察机关查处"双临"机构人员职务犯罪案件占查处案件比例以

---

　* 作者单位：马鞍山市人民检察院。

　** 作者单位：马鞍山市花山区人民检察院。

　① "双临"机构人员是指随着各地基础设施建设力度的加大，城镇一体化建设的加快，因重点工程或重大目而专门设立的"指挥部""项目部""领导小组"等临时机构，并由各单位、各部门抽调到该临时机构的人员，合成"双临"机构人员。

　② 该数字由马鞍山市人民检察院反贪局统计至 2014 年 8 月。

及发案人数居高不下，逐年呈上升态势。2012 年查办该领域 21 人次，占全市检察机关查办案件数的 25%；2013 年查办该领域 32 人次，占全市检察机关查办案件数的 36%；2014 年查办该领域 42 人次，占全市检察机关查办案件数的 56%（如图 1 所示①）。

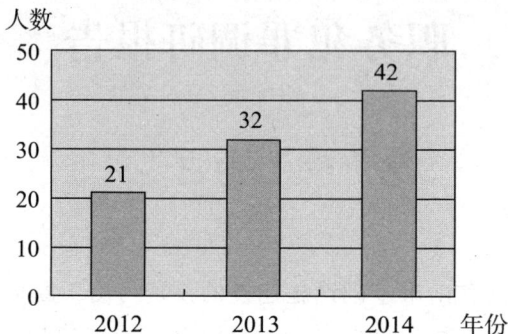

图 1　立案数

（二）从涉案金额看，大案占有相当比例

我院查处的"双临"机构人员职务犯罪案件中，立案查处的贪污贿赂案值均在 5 万元以上。其中，涉案数额 10 万元以上的案件有 32 件 40 人，比例为 42.1%，立案查处的贪污贿赂、渎职案件中涉案数额 100 万元以上案件有 8 件 11 人，比例为 11.1%（如图 2 所示）。

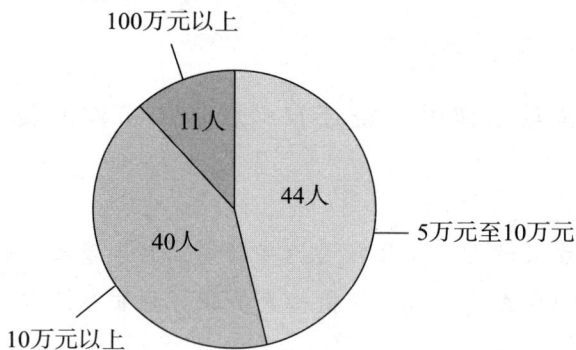

图 2　涉案金额

---

① 该数字由马鞍山市人民检察院反贪局统计至 2014 年 8 月。

（三）从发案领域看，贪污贿赂犯罪现象突出

所查"双临"机构人员职务犯罪案件中，贪污贿赂案件81人；渎职侵权案件14人。贿赂案件所占比重已大幅超过贪污案件，查办的渎职案件均为滥用职权、玩忽职守案，且涉案数据均巨大（如图3所示①）。

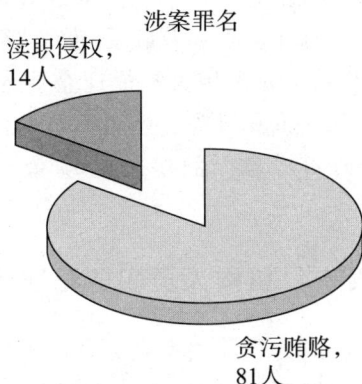

涉案罪名

渎职侵权，
14人

贪污贿赂，
81人

图3　涉案罪名

（四）从涉案环节看，案件涉及项目建设（征迁）犯罪环节的全过程

所查"双临"机构人员职务犯罪案件中，有的发生在招投标、房屋丈量、征地补偿环节，有的发生在工程监督、质量验收环节，有的发生在材料采购、设计变更环节，有的发生在工程款支付等环节，在项目建设（征迁）的每个环节都有发生（如表1所示②）。

表1　该领域职务犯罪涉及项目建设（征迁）环节情况

分类	基本环节	各分环节
总数量	9项	86项
涉及数量	8项	67项
比重	100%	77.9%

（五）从犯罪后果看，"双临"人员涉嫌项目建设（征迁）资金犯罪社会危害大

土地补偿、房屋补偿、建设资金是推进城市化建设资金的重要组成部分，

① 该数字由马鞍山市人民检察院反贪局统计至2014年8月。
② 该数字由马鞍山市人民检察院反贪局统计至2014年8月。

而现实中上述资金成为了相关人员"钱权交易"的"唐僧肉",造成国家建设(征迁)专项资金随意被挪用、套用、侵吞。例如,秀山城市森林花源项目征迁指挥部业务组组长、花山区征管局工作人员严某,在参与相关项目征迁工作过程中,利用其从事征迁业务工作,负责与相关被征迁企业进行洽谈、审查被征迁业所提供资料真实性进行审查和审核相关征迁补偿费用等职务便利,伙同他人或个人贪污公款 300 余万元;索要及收受相关被征迁企业人员所送的贿赂款折合人民币共计 80 余万元,并为相关被征迁企业谋取利益;另查其负责审查该项目中为谋取个人私利,徇私舞弊,严重不负责任,致使相关五家征迁企业证照不全,导致国家征迁补偿款巨额损失 2000 余万元,产生巨大的社会负面效应①。

二、项目领域"双临"机构人员职务犯罪的主要原因

如何预防职务犯罪,已成为当前关系到党和国家生死存亡之大事。职务犯罪预防的重要前提是职务犯罪原因研究,"只有透彻了解职务犯罪是如何发生和发展的,才能使我们对职务犯罪的预防措施真正做到有的放矢"②,因此我们只有透彻了解该领域职务犯罪的真正原因,才能透彻为该领域提供有建设性的预防措施。笔者以为,项目领域"双临"机构人员职务犯罪作为职务犯罪的一个研究分支,首先从分析职务犯罪本质角度入手研究职务犯罪原因是很有必要的,因为只有在弄清了职务犯罪的本质,即"职务犯罪是什么"的情况下,才能深入地揭示职务犯罪原因之所在。

(一)该领域职务犯罪的深层次原因

关于职务犯罪的本质问题,学界一般认为,腐败是公共权力被用来谋取私利的行为,是权力因缺乏有效监督制约而不规范运行的结果。如陈正云博士认为,职务犯罪无一不是公共权力的性质和功能的异化。可以说,无权力,则无职务犯罪;无权力的异化和滥用,则无职务犯罪;中国法理学副会长郭道晖教授曾鲜明地指出:权力私有化才是国有资产流失和一切腐败之源,这从根本上揭示了职务犯罪本质所在——"权力私有化"。

我们同意郭道晖教授观点,不过笔者以为,把权力看作是"公共权力"或者是包括所谓的"公共权力"正在内的范畴,是不妥当的。职务犯罪研究中所说的"权力"只能说国家权力,而不是"公共权力",也不包括所谓

---

① 相关资料来源于马鞍山市博望区人民检察院,由马鞍山市花山区人民检察院整理。
② 何秉松主编:《职务犯罪的预防与惩治》,中国方正出版社 1999 年版,第 108 页。

"公共权力"。

权力上述本质决定了"权力导致腐败，绝对的权力导致绝对的腐败"这一真理性认识，由于近代西方列强对古老中国的入侵压迫和新中国成立后对我们实行的封锁、遏制和渗透这一国情下，我们选择了"政府推进型"法治道路，这是历史的选择，这一法治道路的主要特征是"政府是法治运动的领导者和主要推动者，法治是政府的目标指导下设计形成的，是主要借助和利用政府所掌握的本土政治资源完成的，是人为设计出来和建构出来的[①]"，正因为如此，我国政府在经济社会建设过程中进一步加强了对社会生活的控制力度，即拓宽了权力的职能范围，这一方面促进了我们经济现代化进程加快，另一方面又为权力私有化提供了有利的大量机会，这就是我国为什么在经济飞速发展的过程中，腐败现象也不断滋生蔓延的根本原因。

（二）该领域职务犯罪的具体原因

1. 个人主观层面

（1）"放松学习"的麻木心理。许多涉案人员在"自我反省"过程中都谈到放松政治、纪律学习，放松思想警惕的主观原因，如马鞍山市东环路高速化改造指挥部副指挥长、花山区霍里街道办事处主任薛某某，在悔过书中写道："仔细想想，自己从一名受人尊敬的国家公职人员，沦落到受到法律制裁的犯罪分子，期间的过程，说是偶然，其实是必然，一是主观上自己放松了学习，放松了世界观的改造，单位组织学习，但本人流于形式，连笔记都交给别人代抄，从不思过，不警惕……造成了从一开始收受礼品，后来收受购物卡，慢慢地又开始收受现金，从小到大，一发不可收拾"[②]。

（2）拜金主义"的贪婪心理。职务犯罪行为人在写悔过书剖析自己蜕化变质过程中，绝大多数认为自己在金钱利益面前放松了思想警惕。如花山区丰收路西侧指挥部成员（从花山区卫生局借调人员）杭某在自我剖析中写道："我发现征迁时可以很轻易地得到一些实惠好处，那时我对做积极的自省似乎被自己深深的踩入脚底，我在外面的应酬活动越来越多，那种时刻被人捧在天上、阿谀奉承的感觉让自己仿佛在天上一样，在这个大泥潭中越陷越深……过于轻松得到钱让我平常变得大手大脚，时间长了资不抵债，于是我开始疯狂地敛财，仅存的一点警戒之心就这样被扔掉，迷失在灯红酒绿的世界"[③]。最终，杭某因受贿、滥用职权，已被移送法院司法审判。

---

① 蒋立山：《中国法治道路初探》，载《中外法学》1998年第3—4期。
② 该资料来源于马鞍山市花山区人民检察院反贪局侦办的××受贿案件悔过书。
③ 该资料来源于马鞍山市花山区人民检察院反贪局侦办的××受贿案件悔过书。

（3）"心态失衡"的补偿心理。在所办理的项目建设（征迁）领域人员职务犯罪案件中，很多人一开始并不是贪得无厌，不少人更是为马鞍山的建设事业作出过贡献，在犯罪的最初阶段，不具有利用职务非法谋利的主动性、积极性，错误地认为这是对自己工作多年的补偿。如花山区征管局原副局长、马濮旅游大道绿化带项目指挥部业务组组长范某某在"内心深处灵魂的剖析"中写道："（在）夜深人静、躺在床上，脑海里经常浮现出一些年经同事开轿车上下班，嘴叼软中华、身穿名牌、脚蹬名牌的场景，心中便闷闷不乐，心想我拼命工作一辈子，尤其是任霍里镇土管所所长的短短几年间，吃尽千辛万苦，完成了许多征迁项目，自己未捞任何好处，家里一贫如洗，真是亏大了，而那些同事则因善于笑脸纳贡，活的无比快乐、潇洒……正是从点点滴滴开始，心理的平衡点开始倾斜，心理逐步发生畸变，对政府和社会的感恩之情慢慢抛向脑后，心里想反正前途无望，趁着还自己工作，在安全无事的前提下，开始寻找发财的捷径"①。

（4）"以权谋私"的交易心理。一些临时性机构人员把职责范围内应该承办的事情与"按劳取酬"画等号，收受他人所谓"回报费""辛苦费"，为别人办了事，帮了忙，内心总期望"投桃报李"。例如花山区人大代表、原丰收村党总支书记杨某在悔过书上写道："工作中以自我为中心，结交了一帮做生意的朋友，以合伙的名义（和我）干工程，变相地给我送钱……我总以为是礼尚往来"②。

（5）"蒙混过关"的侥幸心理。由于机构的临时性，同时组成人员的临时性，"双临时"产生了"1＋1＞2"的犯罪风险的叠加效应。虽然检察机关加大了对职务犯罪的打击和预防，但仍有少数人员心存侥幸，甚至顶风作案。这些人往往都有一定的文化水平，智商较高，自认为见多识广，行为隐蔽、方法巧妙、手段高明、赃证藏匿天衣无缝，或相信朋友不会出卖自己，即使被发现，自己也可以百般抵赖，蒙混过关；有的人还错误地认为，作案的多，抓到的少，混过去的可能性很大。如马鞍山市检察机关连续数年在项目建设（征迁）领域查处了马鞍山发改委副主任、宁安铁路建设办公室主任曹某等人受贿案的情况下，2014年该领域又有近20余人因受贿被立案查处③。

2. 社会层面

（1）滋生腐败的环境是酝酿贪污贿赂犯罪的土壤。社会不正之风和社会

① 该资料来源于马鞍山市花山区人民检察院反贪局侦办的××受贿案件悔过书。
② 该资料来源于马鞍山市花山区人民检察院反贪局侦办的××受贿案件悔过书。
③ 该数字由马鞍山市人民检察院反贪局统计至2014年8月。

潜规则的存在，对涉案人员心理影响巨大。改革开放以来，随着经济的发展，"新鲜空气进来了，苍蝇蚊子也进来了"，正确的价值观受到了严峻挑战，并受到拜金主义等社会不良风气的威胁。尤其"双临"机构人员本身就存在"双临"身份，极个别人员抱着"多出开花、多处结果"的想法，在本单位得到相关"实惠"的同时在临时性机构中也分得"一杯羹"。有涉案人员在其悔过书中剖析社会大环境对其影响中写道："不收白不收，不拿得罪人的观念很有市场，之所以别人要送礼，因为找你有事，如果不收，被人以为嫌少了、或是看不起人、或是不诚心帮忙。本不能或办不到的事情，因送给你未收，造成别人说你没下功夫、没放在心上，这种认识深入民间，成为人们的惯性思维环绕在社会各个阶层。拒收礼品的人，常被人理解为性格古怪，假正经想提拔，不近人情架子大、装鬼！由此也会失去一批朋友，由于我自己也不是生活在真空之中，也有找这办那的事情，也有需要别人帮忙的时候，因此"多个朋友多条路、多个敌人多堵墙"深入人心①。

（2）执行案件移送制度缺失是该领域职务犯罪产生的催化剂。"保护主义"和不正确政绩观存在于项目建设（征迁）领域，极个别领导对歪风邪气不敢抵制、不敢批评，对违法违纪不敢查处，除了有的自身不过硬不敢认真之外，为了尽快推进项目早些提拔是重要因素。有的项目部干部明明严重违纪违法了，而领导领导干部却充当"说客"，息事宁人推进项目、寻求宽容，一些问题和案件，一涉及该项目的利益，就以"工作失误""离开了这个业务骨干工作无法开展""大气候影响""要保护干部的工作积极性"等理由进行搪塞，不了了之；不按照违法违纪制度进行处理，助长了消极腐败现象的扩大和蔓延。在狭隘的部门利己主义和不正确政绩观面前，以维系该项目部的形象，尽快推进项目早提拔，在浓厚的这种大环境之下"动真格、敢碰硬"不过是纸上谈兵，"两法衔接"②和案件移送制度也成了一纸空文。

3. 制度、机制层面

（1）缺乏行之有效的监督制约体系是该类犯罪的重要源头。"项目部""指挥部""领导小组"等临时机构的组成人员，多为相关职能部门派出或兼职的人员及抽调乡（街道）、村（社区）相关人员，其职责主要是代表派出机构以及乡（街道）、村（社区）行使相应职权（职责），由于临时机构主管部

---

① 该资料来源于马鞍山市花山区人民检察院反贪局侦办的××受贿案件悔过书。

② "两法衔接"（指行政执法与刑事司法衔接）是检察机关、监察机关、公安机关、政府主管部门和有关行政执法机关探索实行的旨在防止以罚代刑、有罪不究、渎职违纪等社会管理问题而形成行政执法与司法合力的工作机制。

门涉及多家，对临时机构以及关键人员如何进行监管缺乏行之有效规定。尤其是一些重点工程项目，指挥长（领导小组组长）多为由党委、政府授权的主要领导兼任，往往享有较大的权力，虽然在授权的同时采取了相应的监督制约措施，但实践中由于指挥长（领导小组组长）往往是兼职，出现指挥长（领导小组组长）"挂帅不领兵"现象，指挥长（领导小组组长）一般会授权相关其信任人员实际负责该项目，相关授权只是口头或实际默认，没有相应的监督制约措施，使得"关键人员"控制下的临时性组织极易脱离党委、政府及职能部门原有的监督制约机制，游离于纪检监察、审计、税务、工商等部门的监管之外，这也为一些人利用职权实施"权钱交易"提供了便利。

（2）临时机构缺乏规范化内控机制，为该类犯罪提供了可乘之机。临时机构一般是为了解决阶段性的一些重点工程项目而设立，具有阶段性和临时性特点。不少临时机构的日常运作工作随意性大，缺乏规范化管理，容易产生管理上的"盲区"和漏洞。受临时机构的工作时间紧、任务重、人员缺的影响，有一些不具备政治素质和业务技能的人员被安排在临时机构的领导岗位上，而工程项目推进人员，往往是从各职能单位、乡（街道）、村（社区）相关人员抽调以及从社会上临时聘用的，有些人员是相关部门（单位）的"闲人"，或是原有过经济问题的"带病上岗"人员，或是领导认为"难以管理的人"，纪律相对松散，管理弱化。表面上述相关人员是双重领导，既要受原单位的管理又要受临时机构领导的监督，实则本单位领导对其鞭长莫及，临时机构领导又分身乏术，结果是无人管理，逍遥自在。对于"双临"机构人员个体而言，只有共同的工作目标，但没有各自明确的岗位职责，基本脱离原来各自岗位的条条框框约束，更没有彼此监督的权力和义务。这样就造成权力寻租的空间和权钱交易的机会都陡然增大。加上主观上存在上述五种心理，有的人员往往步入犯罪的深渊。

（3）监管存在盲区，发现违法违纪查处困难，为该类犯罪提供了可乘之机。"项目部""指挥部""领导小组"等临时机构的共同特点是"谁都能管，谁都管不了，谁也不负责"，这导致许多临时机构成了政府权力运作下监管盲区，也成了职务犯罪重灾区。此外，由于有些职务犯罪以及违法违纪的后果具有延迟性的特点，有的案件，临时机构撤销几年了，才因其他因素导致发案，实践中，机构撤销后，人去楼空，人员各自回原单位，有关档案材料、财务账目随之存档或处理，这给发现和办理这类案件带来很大难度。另外，有的经办人甚至已经作古，相关的政府文件更是下落不明，要查清事实真相，完整取证并追究全部责任，已无可能。更何况，有的临时机构人员时至今日，已经位高权重，各种干扰和阻滞的因素都可能出现。另外，由于组成人员杂，日常管理松、存续时间短、工作任务重，检察机关和纪检监察部门对于临时机构进行职务犯罪的预防工作也不容易展开。

三、有效预防"双临"机构人员职务犯罪的对策与措施

对于马鞍山市"双临"机构队伍大面积塌方，笔者认为应当建立长效机制，把教育、制度、监督、纠风、惩治统一起来，以达到让"双临"机构人员"不敢为""不要为""不能为""不想为"的效果。

（一）明确职责，严格控制

对临时机构的成立要明确由专门机关审批，把好入门关，防止随意性，对于确需设立的临时机构，应按照法定程序，明确其工作任务、职责、撤销条件及期限等。对于临时人员的抽调或聘用更要严格把关，一是严把"入口关"。在选拔或调任"双临"干部，尤其是临时机构领导干部时，要经单位推荐、组织考察、严格筛选，调派任用认真负责、靠得住、信得过的干部，特别要任用有廉洁、奉献精神的干部，严防思想不纯，动机不正的人混入临时性机构，确保"双临"干部素质过硬。二是严把"培训关"。认真抓好对"双临"干部的岗前培训，进行业务、正常学习，注意职业道德、廉政和警示教育，以增强"双临"干部工作能力和拒腐防变能力。三是严把"考核关"。加强对临时性机构领导、一般干部的考核。对责任心不强或有违法乱纪的干部，应坚决查处，以达到警示效果。

另外，重点岗位兼职人员的任命要坚持常态化监督管理，规范职权，明确职责，临时机构指挥长（领导小组组长）要切实做到"挂帅又兵"。同时，相关主管部门要通过建章立制，强化监督，完善有效的权力监督和约束机制，通过公开、透明的运作，规范临时机构工作人员用权，尤其要通过制度限制领导干部通过临时机构直接插手工程建设的项目审批、招投标等重点环节，封堵权钱交易的空间。

（二）完善制度，规范管理

习近平同志指出："要把权力关进制度的笼子里"。要加强对重点岗位、领导干部的监督力度。绝对的权力导致绝对的腐败，要充分发挥项目部内的监督作用，加强对领导干部的监督，特别要加强对重点岗位、重点环节的监督。对重点岗位、重要环节加强监管力度，保证各项权力正确运行和使用。相关主管部门要制定临时机构的民主决策、财务管理、物资采购、工程招标等相关管理制度，做到权力运行有章可循。同时，要真正做到按章办事，临时机构的一切日常行为应该严格按照章程的规定进行。要指定专人分管财务，严格执行国

家财经法规和财务管理的有关制度规定，不能因为是临时机构，而放松要求，超越规定，例外行事。主管部门还要加强对临时机构的经常性管理工作，加强对项目审批、招投标等重点环节监管，健全和完善临时机构财务管理核算和审计监督，对发现的问题，及时提出整改意见，并监督实施，以保证临时机构的财务管理制度化、规范化。

（三）加强教育，惩防结合

相关部门要经常组织临时机构、临时人员学习有关法律法规，采取"以案释法""现身说法"等方式进行法制教育，从而增强他们学法、懂法、守法、用法的思想观念。各临时机构指挥部要按规定建立临时党支部，充分发挥党组织的战斗堡垒作用，定期对所属人员行使权力情况进行检查监督，促其依法行政，谨慎用权。对抽调及聘用到临时机构工作的人员要注重抓好上岗前的法律政策、廉洁自律培训教育。让每一个"双临"干部始终做到清廉本分，尽职尽责，勤奋工作，这样政治上就会得到组织上的充分信任和不断培养；就会有稳定的逐渐提高的经济收入；就会拥有良好的声誉，受人尊重；就会保持和促进家庭的幸福美满；就会得到亲朋好友的亲近；就能够自由自在地工作、学习和生活；也能够身心健康、愉快。反之，如果把握不住自己，走上违纪违法道路，就会断送自己的政治生涯；个人经济收入就会急剧下降；就会自毁声誉；就会给家庭带来巨大的痛苦；就会损害亲朋好友之间的情谊；严重者还会失去人身自由甚至一切自由权利；也会危及身心健康。同事认真落实预防职务犯罪措施，延伸职务犯罪警示教育领域，扩大职务犯罪预防效果，切实将职务犯罪预防落到实处。

（四）按章依律，做好"案件移送"

腐败案件的发生有着复杂的经济和社会背景，各地也加大了在职务犯罪预警机制建设方面的投入。在构建和完善职务犯罪预警机制中，围绕该领域重点领域、关键岗位和重要环节，以规范和制约权力运行为核心，从个人职权、部门职责、单位职能性的预防措施，加强三个层面，对工作过程中存在的廉政风险点进行全面梳理，划分风险等级，列出针对重点风险点的控制。在此基础之上相关部门发现职务犯罪线索应及时移送检察机关。在行政执法与刑事司法的衔接工作中，存在有案不移、有案难移、以罚代刑等现象，严重影响了对破坏社会主义市场经济秩序、妨害社会管理秩序、贪污贿赂、渎职犯罪等刑事犯罪的打击，另外"保护主义"以及把案件在内部处理，客观上助长了一些人的侥幸心理，所带来的直接后果是该领域内干部对犯罪风险意识的淡薄，犯罪安全感增强，因此应当认真按照最高人民检察院的相关规定，将职务犯罪案件及时移送检察机关或专门的纪检部门，提高廉政风险预警预控工作实效，为"两法衔接"工作向纵深推进，建立"两法衔接"的长效工作机制，有效整合执法信息资源，充分发挥检察机关监督的职责作用，确保涉嫌的职务犯罪案件及时进入司法程序的目的。

（五）依法打击，震慑犯罪

产生腐败的微观机制是，如果从事腐败或犯罪活动的收益比其成本或风险大得多，一个官员就可能会从事腐败；当潜在的收益足够大时，则"铤而走险"，这是产生腐败的主要诱因。防止腐败的根本措施是大幅度降低腐败收益，大幅度提高不腐败的收益，同时大幅度提高腐败的成本和风险。通过大幅度提高查出概率，使腐败行为从"低风险、高收益"变为"高风险、低收益"，经济上"破产"，道德上"遗臭万年"，法律上受到严重制裁。要充分发挥纪检、监察、检察机关职能作用。审计部门要将对临时机构的审计监督纳入工作计划，发现问题，及时整改。各级检察机关和纪检监察部门要切实坚持有案必查、有腐必反，"老虎""苍蝇"一起打，对检察机关也要将"双临"领域作为预防国家工作人员职务犯罪的重点，该领域危害民生、危害群众身边利益、危害社会稳定的职务犯罪要"真打""狠打""善打"，即突出查办大案要案，又注意查办群众反映强烈的案件。针对这一时期这类案件有所蔓延的趋势，反腐败也要引入新的反腐观念，建设（征迁）临时机构解散的，对犯罪分子不论离开该临时性机构岗位时间多长，都要依法追究其相关的刑事责任。检察机关也要将建设（征迁）临时机构作为预防国家工作人员职务犯罪的重点，在认真查办建设（征迁）项目"临时机构"领域违纪、违法案件同时，要及时有效地做好预防职务犯罪工作，积极向党委政府及相关主管部门提出检察建议，推动"双临领域"管理制度的不断完善，堵塞漏洞，遏制和减少该领域职务犯罪的发生。

刑事申诉案件调研分析

陈跟东　　王晓洁[*]

办理刑事申诉案件是司法救济程序的重要环节，承担着权利救济保障、司法活动监督、自身执法监督、社会矛盾化解等多重职能，是刑事案件当事人寻求司法救济、纠正检察机关错误决定和法院错误判决的重要途径。笔者现结合某院两年来办理的刑事申诉案件现状、特点、成因及对策作一分析谈谈自己的几点粗浅看法。

一、现状及特点

2014年至2015年2年来，马鞍山某区院共受理各类刑事申诉案件10件，10件均立案复查。其中当事人不服法院判决、裁定4件，受害人不服人民法院判决、裁定1件，当事人不服人民检察院不批准逮捕决定3件，受害人不服人民检察院不起诉决定2件。复查后，维持原处理决定9件，按审判监督程序提出抗诉1件。从其办理此类案件具体情况来看，主要呈现以下几个特点：

（一）刑事申诉案件普遍具有复杂性及疑难性

从刑事申诉案件原处理过程上看，其中多数案件都经过检委会或审委会讨论，有些案件还向上级检察院业务科汇报过。

（二）上级人民检察院交办刑事申诉案件占一定的比例

2年来所受理10件刑事申诉案件中，有4件是上级人民检察院交办刑事申诉案件，占总数的40%。

（三）不服人民检察院处理决定申诉案件有所上升

受理并立案10件刑事申诉案件中，其中2件是不服人民检察院不起诉决定申诉，3件是不服人民检察院不批捕决定申诉，不服人民检察院处理决定申

---

* 作者单位：马鞍山市花山区人民检察院。

诉案件占总数的 50%。

（四）刑事申诉案件的申诉主体多元化

在所受理的 10 件刑事申诉案件中，当事人自己提出申诉 7 件，受害人提出申诉 2 件，近亲属提出申诉 1 件。

（五）刑事申诉案件出现新的类型

受理 10 件刑事申诉案件中，有 3 件是不服人民检察院不批捕决定，申诉当事人是非正常越级上访的老上访户。

（六）经立案复查后，按审判监督程序提出抗诉案件有零的突破

立案复查的 5 件不服人民法院判决裁定案件中，按审判监督程序提出抗诉 1 件。

二、形成原因

（一）当事人及其近亲属的法律意识明显增强

随着我国法治进程推进，普法宣传力度的加大，全民的法律意识得到了进一步的增强。

（二）当事人及其近亲属对有关法律规定的理解有失偏颇

例如，尚某因寻衅滋事罪被雨山区人民法院判处有期徒刑 11 个月，在二审期间检举同监室的被告人仇某某向其告知的在仇某驾驶的苏牌轿车后排座椅中间扶手的储物盒有毒品麻古。后经公安机关侦查，查获了毒品麻古，但无法查证毒品麻古的归属，故二审人民法院对尚某的检举行为没有认定其立功，驳回上诉，维持原判。尚某认为其有立功表现，二审人民法院应减轻对其处罚而申诉。

三、存在的问题

（一）办案人员业务素质有待提高

刑事申诉案件的复杂性和疑难性，客观上需要办案人员有较强的业务素质和办案经验。

（二）办案力量有待补充

我院控告申诉工作人员仅 4 名，却承担着受理举报、控告申诉、刑事申诉、国家赔偿、案件线索受理与分流、处理涉检涉法信访维护社会稳定、法制宣传、清真寺少数民族法律服务点等多头的工作任务，投入刑事申诉工作时间

和精力有限，从而影响刑事申诉检察化解社会矛盾的整体精力。

（三）相关部门处理信访的方式失当

受理的 3 件不服人民检察院不批捕决定，申诉当事人是非正常越级上访的老上访户。公安机关为了维护社会稳定，强调要严厉打击犯罪分子，对非正常越级上访的老上访户，在政府有关部门多次做思想疏导工作无效果的情况下，就以寻衅滋事罪先行拘留，再向人民检察院提请批捕，后因不构成寻衅滋事罪，人民检察院不批准逮捕，造成当事人向人民检察院申诉，增加了人民检察院办理刑事申诉案件的工作量。

（四）申诉次数和时效的规定有待完善

人民检察院办理刑事申诉案件对申诉的时间和次数没有作适当的限制，也不收取费用，对申诉人来说成本低廉。因此大多数申诉人抱着试一试的心理反复申诉。

四、有效对策

（一）提高办案人员的素质，加强办案队伍的建设

人民检察院要提高法律监督水平，树立法律监督权威，就必须有针对性，讲究实效地加强检察人员的刑事申诉专业培训，实行经常培训和定期集中培训相结合，采取灵活多样的培训方式，不断提高检察人员的业务素养和专业水平。

（二）加强公安机关和人民检察院的合作

公安机关和人民检察院要实行联席通报制度，公安机关对疑难案件、政策性强的案件，在提请批准逮捕前向人民检察院相关部门通报，做到捕前把关，既便于公安机关及时补充完善证据，又便于案件的消化，避免不符合逮捕条件的案件移送到人民检察院处理，也减少了刑事申诉案件的产生。

（三）建立有限申诉制度，对申诉的时限和次数作适当的限制

《刑事诉讼法》第 241 条规定，"当事人及其法定代理人、近亲属对已经发生法律效力的判决、裁定，可以向人民法院或者人民检察院提出申诉，但是不能停止判决、裁定的执行。"该条款对申诉的时效没有规定，由此，一些案件判决、裁定已经执行 10 多年，而当事人仍向检察机关提出申诉，如此以来，由于时间久远，证人或难以寻找或死亡，相关的证据有可能已经灭失，受理申诉的人民检察院只能在复查申诉案件中仅局限于审查原来案卷的内容材料，也就是书面审查，很难做到客观公正。因此，建立有限申诉制度，对申诉的时

限、主体和次数作适当的限制，进一步完善办理刑事申诉案件程序性规定，有利于节约诉讼成本，避免当事人无休止的申诉，也利于人民检察院行使法律监督权。

（四）息诉机制贯彻办案始终

复查案件不仅要依法处理，还要注意息诉罢访，防止反复申诉，到省进京，非正常越级上访等不稳定因素的发生。首先，办案人要提高对刑事申诉息诉工作重要性的认识。息诉工作做得好坏直接体现出办案质量高低。其次，办案人员要充分认识到息诉工作的难度，在思想上要有做好息诉工作的充分准备，把释法说理贯穿于办案过程的始终，要与申诉人加强沟通协商，做好思想疏导工作，对符合刑事被害人救助条件的申诉人，给予司法救助，帮助解决刑事被害人或其近亲属的生活困难问题，促使申诉人息诉罢访，维护社会的稳定。

马鞍山市交通运输系统职务犯罪案件分析

张　敏*

近年来，我国交通事业在取得快速发展的同时，交通系统职务犯罪案件频发，容易引发交通安全隐患，威胁人民群众生命财产安全。仅 2014 年 1 月至 12 月，马鞍山市检察机关就办理交通运输系统职务犯罪审查逮捕案件 7 件 7 人，占同期职务犯罪审查逮捕案件 47 件 47 人的 14.89%。为进一步保障和改善民生，马鞍山市检察机关充分发挥检察职能，加大交通系统职务犯罪打击力度，并积极开展预防调研，认真总结犯罪特点，深入剖析案件根源，提出有针对性的预防对策建议。

一、犯罪特点

（一）犯罪主体以基层干部为主

基层交通系统人员虽然职级不高但握有交通工程建设、行政审批和行政执法等实权，被腐蚀、拉拢的可能性较大，导致职务犯罪的概率较高。查处的 7 名交通系统人员中，3 人系县交通运输局下设交通管理站站长或副站长，2 人系县交通局副局长，1 人系县交通局路管所所长、1 人系县交通运输局规划建设股股长，均为副科及以下职级。从年龄结构上分析，"70 后"中年基层交通系统人员成为该系统职务犯罪主力军，其中 4 人为 70 后，2 人"60 后"，1 人为"50 后"。从任职时间上分析，除 1 人在交通系统任职 6 年外，其余 6 人任职时间均为 10 年以上，最长达 23 年，大部分犯罪嫌疑人具有较长的交通系统工作年限，知晓交通领域工作操作流程及监管漏洞，容易产生逃避法律制裁的侥幸心理。

（二）犯罪类型集中为受贿罪

2014 年办理的 7 件交通系统职务犯罪审查逮捕案件犯罪类型较为集中，

---

*　作者单位：马鞍山市人民检察院。

均为受贿罪。从受贿数额分析，7件案件受贿数额均达到5万元以上，其中10万元以上的5人，且多以收受现金、银行卡和商场、超市购物卡为主，也有部分是收受摄像机、相机、手机等财物；部分受贿单笔金额较大，"小蚁大贪"现象日趋明显，如犯罪嫌疑人孙某在2014年春节期间，收受行贿人刘某单笔贿赂10万元；犯罪嫌疑人宋某在2010年秋天的一天晚上，收受夏某单笔贿赂7万元。从受贿地点分析，大多集中在犯罪嫌疑人和行贿人住所、办公室或车内、饭店等场所。从受贿时间分析，受贿时间跨度长且有持续性，受贿时间均为3年以上有的长达6年；具体受贿时间除了在行政审批、执法检查等履职重要环节外，还集中在中秋、春节等传统节日收受贿赂，受贿时间具有持续性，如犯罪嫌疑人翟某在履行对运营车辆监管职责中，自2009年至2013年，每年春节、中秋节分10多次共计收受蒋某2万余元。

（三）犯罪情节恶劣

索贿现象突出，严重影响了行政执法机关工作人员形象，2014年办理的7件7人交通系统职务犯罪中，索贿的有3人，如张某受贿案，张某作为道路总工程师，以检查验收方面给予关照为借口，在其儿子结婚、再婚之际，向承包道路工程的夏某分两次共计索贿4万元；再如孙某受贿案，孙某假借解决单位招待费为由，向安徽某工程咨询有限公司杨某索贿2万元，在收受该笔钱款后，孙某实际上并未用于单位招待而是用于个人消费，主观犯意较深。有的以合伙入股参与道路经营的形式定期收受贿赂，从而与行贿人形成一种"合作关系"，如孙某作为县交通局副局长期间，负责S105线、S226线路改建工程，分别帮助行贿人刘某、张某推销石子，按照1元/吨的"提成"方式分别收受刘某2万元、张某11万元。犯罪嫌疑人之间相互勾结，合伙作案较为猖獗，共同犯罪问题突出，如2009年至2011年，犯罪嫌疑人吴某和邢某在对营运车辆执法检查中，共同在吴某办公室2次收受行贿人朱某贿赂共计4万元、共同在行贿人陆某家中2次共计收受贿赂2万元。另外，存在将罚款中饱私囊，随意处置罚没款的现象，如在吴某和邢某共同受贿案中，邢某以为吴某给其的是罚没款上交至会计处，后得知是行贿人所给，吴某又将该款项从会计处拿回，与邢某共同私分。

（四）易发、诱发职务犯罪环节多

交通运输系统职务犯罪环节分布在交通管理的全过程，交通基础设施建设、道路执法检查、交通运输市场监管三个环节均容易滋生职务犯罪。

1. 交通基础建设环节。道路建设从立项开始，到竣工验收经过工程承包、工程质量和进度监督、工程量核定、竣工验收、工程监理监督、造价工程服务费拨付、监理费拨付、工程审计等很多环节，加之公路建设投资巨大，承建单位利润高，几乎每个环节都存在职务犯罪的可能。如孙某涉嫌受贿案中，孙某在负责 S105 线、S226 线改建工程中，利用职务便利收受工程承包人员、监理公司人员、审计公司人员共计 17 万元。

2. 道路执法检查环节。为了维护道路交通安全，交通局负有定期道路巡查，查处车辆改装、抛洒等超载现象。从查办的此类案件来看，犯罪嫌疑人在收受贿赂后，只对营运车主的部分改装车辆进行处罚，且在处罚幅度以内最低档进行处罚，甚至不处罚；并且均未按照规定责令车主恢复原状，放松了对超载营运车辆的监管，因此也加速了道路损毁。

3. 交通运输市场监管环节。交通局负有客运、货运、旅客、机动车维修、驾驶员培训等多项行政许可及审核职责，每项工作都有可能衍生出一连串的设租、寻租事件，交通系统人员伺机兜售"职务之便"，营商者不惜花钱绕开或加快程序。例如翟某受贿案中，翟某在对本辖区驾校、客运公司、公交公司日常监督检查中，多次收受运营者共计 9 万余元，并在增加运营车辆、调整班线班次、申报燃油补贴、驾校学员考试等事项中给予便利。

二、犯罪原因

（一）权力观念异化

行政执法者本应秉持"权为民所用，情为民所系，利为民所谋"的宗旨和理念，但部分交通系统人员宗旨意识淡薄，权力观扭曲，价值观移位，抵制不住金钱的诱惑，以执法权为筹码，与行政相对人进行权钱交易，颠倒了权力和权利的关系，使执法活动出现"商品化、私有化"的倾向，不惜为了个人利益践踏法律，滑向腐败的深渊，严重影响了公正执法，也可能威胁到群众生命财产安全。

（二）体制机制不健全

我国的交通执法体制仍存在职责不清、条块交错等问题，并且，针对行政执法部门和人员的监督制度、人事制度、管理制度、财政制度、审批制度等重要制度仍不完善，一直阻碍着行政执法的法治化进程。如交通建设投资体制，工程管理的立项、监管、计量、验收、拨付工程款等环节上权力过于集中，缺少必要的制约机制，国家建设项目存在"四位一体"（投资、建设、管理、使用）投资弊端，有关部门负责人在建设项目中既是建设者，又是管理者，导致政府权力部门，部门权力个人化，个人权力绝对化，为腐败打开了方便之门。

（三）行政执法监督缺位

权力只有在有效的监督中才能沿着公共的轨道运行，要消除对权力的滥用和误用，最根本的是对权力加强监督制约。现有的监督机构多是交通系统内部的自设机构，缺乏相对独立性，制约职能和手段不够有力，尤其是对主要负责人的监督形同虚设；现有的监督制度不够完善，在可操作性、规范性等方面有待提高，这使得现有监督制度难以发挥实效。

三、对策建议

（一）建立健全工作机制

通过完善机制，堵住交通领域滋生腐败的漏洞。理顺管理体制，优化权力配置，全面推行投资、建设、管理、使用"四分离"和设计、施工、监理、审计"四分离"，从根本上压缩腐败现象产生的空间。建立经常性、规范性的对罚没款进行审计监督的制度，及时揭露已发生的罚没款违法违纪问题。加大对行政审批窗口单位的监督，规范收费标准和自由裁量权，保证窗口单位的规范有限进行。依靠技术创新转变工程建设、交通稽查、客运服务等管理方式，化解和防范因体制脱节无序和失控产生的各种交通系统职务犯罪。公开行政执法依据、执法流程、执法结果，从而大力提高交通系统工作透明度和公正性，从源头上遏制职务犯罪现象。实行监督连带责任制，对因监督缺失造成职务犯罪发生的，要追究直接责任人的的连带责任。

（二）加强重点岗位风险防控

检察机关、纪检、监察机关及时介入工程施工建设，对工程立项、预算、设计、招投标、施工、验收等各个环节进行同步跟踪监督，有效遏制贪污贿赂犯罪发生；由审计部门参与工程质量认定、计量，保证工程实施的真实性；交通运输部门可以聘请廉政监督员、开展行风评议、群众接待日、公开举报电话和举报信箱等方式，主动接受社会各界监督；检察机关与纪检部门发挥职能作用，建立健全联席会议制度、廉政风险防控等工作机制，推进交通系统职务犯罪廉政风险防控。

（三）加强惩防一体化建设

坚持打防并举、标本兼治方针，一方面加强交通系统职务犯罪打击力度，依靠刑法的威慑效应，遏制犯罪势头上升的趋势，消除犯罪的土壤和条件。另一方面加强交通系统人员廉政教育，形成交通系统人员思想教育、法制教育、法制培训长期化、定期化机制，将预防工作纳入年度考核，坚持树立正面典型教育和反面警示教育相结合、常态预防和"节前预防"相结合的原则，引导执法人员树立为民服务的宗旨和公仆情怀，从内因上解决廉洁自律问题，提高防腐拒变的能力，着力纠正和克服"吃拿卡要"等不正之风，筑牢思想上抑制腐败的"防火墙"，做好职务犯罪的源头治理和防止工作。

当前基层农村开设赌场犯罪调查分析

柯卫东*

随着市场经济的发展，人民生活水平的提升，一些赌博等社会丑恶现象也随之抬头，基层农村开设赌场犯罪逐年上升，严重扰乱社会秩序，危害社会稳定。为有效惩治和预防开设赌场犯罪，笔者以某县检察院 2013 年以来受理、起诉开设赌场犯罪 23 件 53 人为例进行犯罪实证分析，并提出相应的防范对策和建议。

一、开设赌场犯罪的主要特点

（一）犯罪主体多为无业人员，且文化程度较低

20013 年至今该县人民检察院共起诉开设赌场罪 23 件 53 人，从职业看，犯罪嫌疑人全部为无业人员；从学历上看，文化教育程度低，53 人中，只有 3 人为高中文化程度，其余 50 人均为初中以下文化程度。

（二）作案呈现团伙化，分工精细化

起诉的 23 件案件均为团伙作案，且人数多时间跨度长。他们大多为同乡，有的为同村村民结伙，也有同学朋友互相介绍。他们相互结伙又有明确的分工，如兰某某、周某某等 6 人涉嫌开设赌场罪一案，涉案被告人均为该县某镇人，利用周边村民丧葬之机，长时间开设赌场，聚众赌博，从中抽头渔利，6 人分工明确，雇用解某等人"望风"，在赌场"放筹"收取高利息，并根据持有不同的股份分得赃款。

（三）犯罪地点隐蔽，流动性强

为逃避公安机关的打击，犯罪人员往往选择较为隐蔽的场所开设赌场，且随时变换场所。近年来，随着各级各部门打击开设赌场犯罪活动的不断深入，

开设赌场犯罪地点由最初的县城所在地，逐渐转移到乡镇集镇和农村，绝大多数集中在城乡结合部仓库、空置房、乡镇厂房以及城镇居民和农村村民家中。利用专门车辆运输参赌人员，在赌场周围设置卡哨，由专人放风。此外，很多赌博分子为维护整体不法利益，往往密切配合，互相隐瞒，形成反侦查联盟。

（四）易诱发、衍生其他犯罪，社会危害大

开设赌场人员复杂，有的有前科，容易因赌债或矛盾引发非法拘禁、故意伤害等案件。参赌人员多为没正当职业的社会人员，绝大多数是年轻人，收入较少，自制能力和法律意识偏低，容易赌博成瘾，越陷越深，很多人因此走上盗窃或抢劫的道路来获取赌资，从而引发新的犯罪。如2014年该和县人民检察院起诉的石某某等人开设赌场案，涉案犯罪嫌疑人因开设赌场还引发了聚众斗殴犯罪。

二、开设赌场犯罪易发多发的原因分析

当前基层农村地区开设赌场案件之所以高发，笔者认为主要有以下四个方面原因：

（一）犯罪成本低、收益高

从前述的开设赌场案件来看，赌场开设往往采取租赁场地，毋须很高的成本开支，犯罪人员从赢家获利中抽取2%—5%的利钱，而每局无论怎样都会有输赢，因此，赌场老板就可以"稳赚"且利润非常可观。

（二）法制意识淡漠，对赌博危害性认识不足

相当一部分群众存在"小赌怡情"、赌博违禁不违法等错误认识，对赌博行为缺乏羞耻感。在办案中，很多犯罪嫌疑人都会问同样一个问题："不就是赌博吗，怎么还要判刑？""我自己的钱想怎么花就怎么花！"

（三）农村文化建设滞后

基层组织作用乏力。尽管近年来农村文化事业有了很大进步，但是与人民群众日益增长的文化需求相比仍有很大差距。对于大多数农民而言，除了看电视以外，基本上无其他文化娱乐方式。许多村级基层组织对精神文明建设工作不重视，认为赌博活动是群众性娱乐活动而听之任之，导致农村赌博盛行。部分村组织对掌握的情况不及时、不积极上报，缺乏监管主动性和积极性，一定程度上助长了赌博活动的蔓延。

（四）对开设赌场犯罪的打击力度不够

侦查取证难。首先，开设赌场具有隐秘性，犯罪人员不仅选点隐蔽，而且布控人员望风，一旦有风吹草动，就迅速撤离，造成发现难。其次，被查获赌场内的人员一般经常参加赌博或者长期从事开设赌场雇工，部分曾多次受罚，有较强的抗审能力，查证固定证据较难。处罚力度不够。根据刑法规定，开设赌场的，处3年以下有期徒刑、拘役或者管制，并处罚金；情节严重的，处3年以上10年以下有期徒刑，并处罚金。但在实践中，审判机关对开设赌场犯罪往往判决轻刑化，判处缓刑的较多。对犯罪分子处罚偏轻，起不到惩戒、震慑作用，使其认为赌博被抓只要交了罚金便可了事，进而在交完罚金后又重操旧业。

三、多管齐下，遏制基层农村开设赌场犯罪

笔者认为要遏制当前农村地区开设赌场犯罪高发的趋势，亟须政府部门、政法机关和基层组织认真履职、加强协作。

（一）要加强法制宣传教育，引导群众自觉抵制赌博

各政法机关要积极协作，开展形式多样的"送法下乡"活动，深入农村、社区、城乡结合部等地，针对流动人口、青少年及农村人口宣传法律知识，让人们认识开设赌场罪和赌博行为的危害，积极参与赌博类犯罪预防工作，使广大群众自觉远离赌场，使开设赌场类犯罪永无市场。检察机关应发挥自身职能优势，出庭支持公诉时，可组织群众旁听，以教育群众。充分利用报纸、广播、电视等媒体，以案说法，加强宣传，扩大办案效果，增强群众法治观念，自觉抵制赌博。

（二）要加大农村文化投入，引导群众正确投资理财

要更加重视农村地区文化事业建设，倡导有利于身心健康的休闲娱乐方式，自觉远离赌博犯罪。相关职能部门要组织和发动各基层组织利用空闲时间，定期或不定期地组织一些集参与性、娱乐性于一体的健康向上的文体活动，不断丰富群众的文化生活，可以从一定程度上减少赌场的客源，进而遏制赌场的开设及其规模的扩大。同时，积极改善农村金融服务环境，推出适合农村实际情况的成熟金融产品，引导征地拆迁农民正确投资理财。

（三）要发挥基层组织作用，构建社会防控治理体系

公安派出所应会同基层组织切实加强对开设赌场犯罪的易发场所的管理，对休闲娱乐场所、私人出租屋等场所，严格身份登记制度，定期和不定期进行

暗访，及时掌握情况，发现苗头后坚决制止和打击，对于为开设赌场提供保护和通风报信者坚决予以有力处罚。充分利用村委会、村民小组开展治安联防，可以通过有奖举报等形式发动群众大胆检举揭发一切形式的赌博违法犯罪活动。

（四）要切实加大打击力度，构建打击赌博立体网络

坚持边打击边整治，建立警民联防网络，通过明察暗访深挖隐藏在民居、厂房内的地下赌场。相关部门要加强对无业人员、有赌博前科等人群的管理。司法机关在监管过程中，对因赌博犯罪适用缓刑者应强化监管，避免其再犯。要完善公、检、法协同配合机制，对抽头渔利金额大、组织参赌人数多、影响恶劣的犯罪分子，应严格追究刑事责任，实行快侦快捕快诉快判，有效震慑赌博犯罪。

行贿犯罪轻刑化现象透析

张云云*

近年来，随着社会主义市场经济深入发展，行贿犯罪也在不断地向各行业各领域渗透，助长了当今社会腐败现象蔓延，破坏了社会诚信体系的建设，严重阻碍市场经济健康发展，具有极大的社会危害性。尽管各级检察机关不断加大贪腐案件查处力度，但仍存在查办行贿犯罪案件比例小、严惩少、量刑轻等问题。毋庸置疑，高度重视行贿犯罪轻刑化问题，进一步加大对行贿犯罪的惩治力度迫在眉睫。

一、查处行贿犯罪的现状

近年来，各级检察机关深刻认识到行贿犯罪行为已成为社会一颗"毒瘤"，严重制约了社会经济良性有序健康发展。检察机关为此也在不断加大打击行贿犯罪的力度，但在司法实践中，由于受到多方面因素的影响，把行贿者当"犯罪嫌疑人"立案查办的并不多，且已查办的行贿人最终刑罚较轻，通常都是判处缓刑。笔者以某基层检察院为例，2010 年 1 月至 2015 年 8 月共立案查处受贿犯罪 38 件 39 人，而查处行贿犯罪只有 6 件 6 人。尽管行贿犯罪都作出了有罪判决，其中竟有 5 件 5 人都是判处缓刑，没有真正体现法律威慑作用。

二、行贿犯罪呈现的特点

（一）涉案领域集中

行贿犯罪主要集中在公共权力集中、资源短缺、资金密集、市场竞争力大的权力部门，其中工程建设、政府采购、医药购销等领域成为贿赂犯罪的重灾区，屡禁不止。在这些领域，行贿人穷尽一切行贿手段拉拢腐蚀当权者，为自

---

* 作者单位：马鞍山市雨山区人民检察院。

己谋取利益搭建一条畅通的桥梁。

（二）多头行贿突出

经营行为的环环相扣决定了行贿人往往采取多头行贿的方式，尽最大可能打通获取利益的所有相关环节。现实中有的是向多个单位负责人行贿，有的是通过中间人向他人行贿，有的是向一个单位多名负责人行贿。查办行贿案件也往往呈现"拔出萝卜带出泥"的情况，窝串案频发。

（三）手段隐蔽翻新

行贿人往往利用端午、中秋、春节等传统节日或者利用国家工作人员本人或其亲属婚丧嫁娶之机，主动与国家工作人员套近乎，目的是谋求与国家工作人员联络感情，建立长期稳定的权钱交易关系，其中被贿赂对象的子女、父母都成为拉拢腐蚀的对象。行贿的形式除了通过银行转账、现金交易、购物卡、加油卡、购买贵重物品等较为普遍的方式外，各类招待旅游、提供房屋装修以及干股分红等贿赂方式成为新宠。

三、行贿犯罪查处不力的原因

（一）社会认识上存有偏差

中国自古就是礼仪之邦，是传统的人情社会。凡是办点事，总想着熟人好办事，孩子上学、住院治疗、工作调动、职务晋升等，送礼已成为各行各业的"潜规则"，行贿行为已深入社会各个领域，无孔不入。对于行贿犯罪和受贿犯罪这一对孪生的对合犯，人们采取两种截然不同的态度：对受贿人，社会各界普遍憎恶，觉得"老虎"该打，"苍蝇"也绝不能放过，受贿人以权谋私，贪得无厌，法律就该将他们绳之以法，加以严惩；而对行贿人，很多人更多的是持宽容的态度，觉得行贿人之所以行贿与国家工作人员的刁难、索要有很大关系，行贿行为都是不得已而为之的，行贿人也是"受害者"。实际上，行贿人行贿的目的就是想获得特权，夺取原本就稀缺的社会公共资源，破坏市场公平竞争秩序，使不善于行贿的人丧失了机会，而他们却因此获取了相应的利益。

（二）立法立规上存在缺陷

"为谋取不正当利益"作为行贿罪的主观构成要件，多年来备受法学界和司法实务界口诛笔伐。有人认为"不正当利益"原本就属于哲学、伦理学的概念，从法律角度对其难以界定，司法实务中侦查部门也难以确定行贿人所谋取的利益的性质，且难以取证。有人认为谋取不正当利益不应成为查处行贿犯罪的构成要件，行贿人谋取利益正当与否，其行贿行为已侵犯了国家工作人员职务行为的不可收买性，损坏了国家工作人员职务的廉洁性，就应该以行贿罪定罪量刑，不应以"为谋取不正当利益"为要件。

（三）司法实践中存有障碍

贿赂犯罪大多是"一对一"的犯罪，除非是被抓现行，否则根本不会存在其他刑事案件所常见的物证和书证，这就导致了查办贿赂犯罪对口供有很强的依赖性。而检察机关的侦查技术相对落后，侦查手段也有限，这表明贿赂犯罪取证艰难，如果对于一方不进行相应的从轻、减轻处罚，则很难获取相应的证据。考虑到受贿犯罪的主体一般都是担任一定职务的国家工作人员，检察机关在初查时没有掌握充分的定罪量刑的证据前，一般不会直接接触当事人，通常都是从行贿人入手突破。为更快速地获得行贿人供述，检察机关往往对行贿者进行豁免以获取其口供，能不立案查处行贿犯罪就不立案查处，即便立案查处也多是判处缓刑。对行贿人将来再准入相关行业也无特别禁止，损害了法律的权威性和执法的严肃性。

四、加大查处行贿犯罪的途径

（一）加强宣传教育，纠正社会认识偏差

近年来，国家加大了查处贪污贿赂犯罪的力度，查处贪官受贿的报道屡见报端，但对于查处行贿犯罪的信息却甚少。一方面是因各级检察机关本身查处的行贿犯罪本身数量少，另一方面也与媒体对行贿犯罪的关注度不高，忽视相关案件的宣传有关。加大行贿的查处力度必须重视查办行贿案件的宣传工作，尤其是对一些典型行贿犯罪案件的报道；此外还应多渠道的开展法制宣传教育活动，帮助广大社会群众了解何为行贿，行贿犯罪的危害性，区分行贿与送礼、罪与非罪的界限，在全社会营造打击行贿犯罪的良好氛围。

（二）恪守职业道德，筑牢拒腐防变防线

市场经济条件下，针对行贿对国家工作人员队伍侵蚀的现状，要进一步加强职务犯罪预防工作，常抓不懈，警钟长鸣。应广泛开展理想信念教育、职业道德教育、权力观教育、法制教育等为主要内容的廉政警示教育活动，坚定国家工作人员特别是广大党员领导干部社会主义信念，增强他们的法制意识和廉政意识，筑牢拒腐防变思想防线，强化依法办事的自觉性和主动性，从源头上遏制行贿犯罪，不给行贿犯罪分子可乘之机。

（三）完善法律规定，提供查办行贿犯罪立法支持

我国《刑法修正案（九）》加大了对行贿犯罪的惩罚力度，主要是严格了

行贿犯罪从宽处罚的条件，改变了之前行贿人被追诉前主动交代的可以减轻和免除处罚，现在这个规定一般只能从轻和减轻处罚，只有对于有重大立功表现等几种情形才可以免除处罚，此外还增加了财产刑。但刑法对行贿罪的规定仍存在缺陷，并未删除"谋取不正当利益"这一主观要件，而大力惩治行贿犯罪，无论行贿人谋取的利益是否正当，其行为实质都是对某种公务行为的收买，都对国家公职人员的廉洁性造成损害。谋取利益的正当与否只是反映行贿人主观恶性的大小，不能减轻或者免除行贿行为所具有的社会危害性。

（四）转变执法理念，加大行贿犯罪查处力度

针对行贿犯罪向各行各业渗透的特点，司法机关要坚定"惩治行贿受贿并重"的执法理念，强化受贿犯罪和行贿犯罪两手抓，两手都要硬的意识，加大对行贿犯罪的惩治力度，做到该立案的坚决立案，该起诉的坚决起诉，该重判的坚决重判。调整打击重点，努力遏制行贿犯罪的高发态势，扩大办案效果，增强威慑效应。围绕行贿犯罪越来越隐蔽的特点，检察机关要树立以信息引导侦查的意识，加大技术装备的资金投入力度，提升侦查信息化和装备现代化水平，促进查处行贿犯罪工作顺利开展。

"两抢一盗"案件犯罪现状、原因及预防对策

黄　宁　张　燕*

　　抢劫、抢夺、盗窃犯罪作为常见的几种犯罪形态，近年来持续高发，严重危害人民财产与生命安全，严重影响了广大人民群众的社会安全感。如何加强预防与控制，威慑危险分子，减少发案，建立起打击、预防、控制的长效机制，具有理论与实践意义。本文拟从统计数据和刑事司法现状出发，系统分析"两抢一盗"犯罪特点及影响"两抢一盗"犯罪的社会因素，并提出相应的对策，以期发现这类犯罪的规律，挖掘犯罪的根源，更好地预防和打击犯罪，保护人民财产安全，创造和谐稳定的社会环境。

一、"两抢一盗"犯罪的现状及特点

　　"两抢一盗"就是指抢劫、抢夺及盗窃犯罪，虽然具体犯罪类型很多，特征各有不同，但都归属于侵财型犯罪。2013 年，某县人民检察院共受理审查起诉各类刑事案件 233 件 336 人，其中"两抢一盗"案件 30 件 43 人，占全部刑事案件的 12.93%。2014 年共受理审查起诉各类刑事案件 232 件 329 人，其中"两抢一盗"案件 40 件 54 人，占全部刑事案件的 17.24%。与 2013 年同比上升了 4.31%。从数据可以看出，"两抢一盗"犯罪依然呈高发态势，这将成为当前和今后很长一段时期内影响社会治安犯罪的主要形态，应保持高度警惕。这类案件主要有以下几个特点：

　　（一）犯罪主体身份特征明显

　　呈现"年龄低、学历低、无业人员多"的特点。2014 年办理的"两抢一盗"案件中，未满 18 周岁的犯罪嫌疑人 7 人，占总人数的 12.96%；18—30 周岁的犯罪嫌疑人 34 人，占总人数的 62.96%。远远高于其他案件中该年龄段所占的比例。由此可见，该类犯罪案件主体年龄相对集中，中青年为该类犯

---

　　* 作者单位：马鞍山市含山县人民检察院。

罪的多发年龄段，占"两抢一盗"案件相当大的一部分，且犯罪低龄化趋势明显。此外，涉案人群文化层次低的情况也比较突出，初中及以下文化程度人数占该类犯罪案件总人数的 89.04% 以上（其中，文盲所占的比例为 5.44%，小学文化程度人员所占的比例为 28.74%，初中文化程度人员所占的比例为 54.86%）。无业人员占"两抢一盗"案件总人数的 87.16%。他们受教育程度低，缺少一技之长，没有更多的就业本领，容易萌发不劳而获、坐享其成的念头。

（二）涉案人员再犯率较高

在 2014 年该类案件的涉案人员中，累犯有 12 名，占该类犯罪涉案人数的 22.22%。可见，"两抢一盗"犯罪的再犯罪率相对较高，已经成为该类犯罪的难点问题。

（三）团伙作案情况突出

在 2014 年该类案件中，一般共同犯罪案件 32 件，占"两抢一盗"犯罪案件总数的 80%。团伙犯罪案件 8 件，占"两抢一盗"犯罪案件总数的 20%。犯罪性质由交叉的松散型作案向稳定团伙集聚型作案转变是近年来"两抢一盗"案件出现的新特征。

（四）犯罪方式更加隐蔽

犯罪手段向多样化、智能化、专业化发展。随着"严打"的深入和公安机关开展的打击"两抢一盗"专项行动的开展，对该类犯罪的打击力度不断增强，抢劫、抢夺、盗窃犯罪方式也不断翻新变化，其手段呈现多样化、智能化特点。从原来的简单的暴力胁迫直接获取财物以及秘密窃取财物，发展为预谋跟踪抢劫、绑架抢劫、飞车抢夺、驾车抢夺、踩点盗窃、自制专用工具进行盗窃等多种方式实施犯罪。如盗窃机动车案件主要是采取钥匙撬锁、搭线盗车等手段，低劣的车锁质量，给犯罪分子作案提供了机会，有些犯罪分子凭一把自制的"L"型铁片车钥匙就能打开许多摩托车的车锁。

（五）流窜作案占一定比例

2013 年以来办理的"两抢一盗"案件中，犯罪嫌疑人跨省、跨区作案的有 23 人，占此类犯罪案件人数的 23.71%。此类犯罪案件中，犯罪嫌疑人大多没有固定的工作，流窜作案较多。

（六）侵害对象、目标相对明确

被侵害的对象多是防范和反抗能力较差的弱势群体，如老人、妇女、学生，且以女性居多。特别是抢劫和抢夺案件，具有作案迅速，现场证据易于毁灭，案件侦破难度大、侦破率较低，这使得犯罪分子心存侥幸，顶风作案。而犯罪嫌疑人作案的目标已从现金和金银首饰等小件物品为主扩展到以抢手提包、手机等为重点。此外，"涉学"案件也日益增多，有的是潜入学校作案，有的是在学生上学必经的路边守侯等学生经过时实施犯罪，还有的是在街上持刀抢劫学生财物。

（七）与其他犯罪并存交织

"两抢一盗"案件往往与掩饰隐瞒犯罪所得、诈骗等案件并存，此类案件共有6件，占6.18%。一些个人或者废品收购站等，利用此类犯罪获利快，并且处罚较轻，怀着有利可图的侥幸心理，自觉不自觉地跻身参与此类犯罪，并渐渐形成了销赃网点，为盗窃提供了犯罪的温床。

二、"两抢一盗"犯罪发生的原因

（一）社会管理失衡，人格发展失调

随着社会经济的发展，改革开放的不断深入，要求不断完善社会管理机制，就目前的现状而言，法制不健全，法制宣传不到位，加之一些错误的舆论宣传报道的向导，导致有些社会环境和风气恶化。"黄、赌、毒"等社会丑恶现象的出现，大大降低了社会的控制力和凝聚力，给一些意志薄弱者，特别是青少年带来不良的影响，是诱发"两抢一盗"犯罪的客观原因。同时，由于各地区、各行业以及行业内部的经济发展不平衡，城乡差别，贫富悬殊的加大，出现了区域经济发展不平衡和一些负面问题。有的无业人员，出现明显的心理反差，好逸恶劳、游手好闲、崇尚高消费，但又不愿通过合法手段满足个人需求，而是企图通过非法占有以达到个人物质和心理满足，不惜铤而走险，走上犯罪的道路。

（二）"低成本、高回报"的刺激

"两抢一盗"是简易性犯罪，作案方法简单，而侵害目标多，且价值相对较高，作案易得手。因此，从犯罪所需要付出的时间、精力和金钱这个层面来讲，犯罪成本低廉。另外，这类犯罪具有作案快、逃跑快、销赃快的特点，大部分犯罪分子都是利用汽车、摩托车等交通工具进行多次、流窜性的抢劫、抢夺和盗窃，作案过程迅速、灵活、隐蔽，作案后能够及时逃脱，且案件留在现场的痕迹物证又相对较少，增加了破案的难度。此外，受害人报案不及时，或者受害人出于损失小，担心被打击、报复等多种考虑，不报案或不指证，错过了最佳的抓捕时机，以致无法破案。犯罪分子因犯罪而受到刑罚的风险较小，这使得犯罪分子抱有侥幸思想，无形中助长犯罪。

（三）防范意识不足，综合治理措施不到位

"两抢一盗"犯罪手段并不高明，而犯罪能屡屡得逞的一个很重要的原因就是公民的自我防范意识不强、社会治安综合治理措施落实不到位，客观上给犯罪分子有可趁之机。如抢劫、抢夺案件，大多是因为单身背包妇女，或存、取钱时警惕性不高给犯罪分子有机可乘。而盗窃摩托车案件有些车主因串门或其他原因，将车停在居民小区楼道下。有些车主因外出，将车停在商业场所、娱乐场所门口，防盗措施未到位，犯罪分子作案易于得手。还有些车主怕麻烦，摩托车没上锁就停放在自家门前或商店门口，以为只离开一会儿，应该不会有事的，往往就是这种侥幸心理，结果将车白白"送"给小偷，事后追悔莫及。

（四）打击力度不够

"两抢一盗"犯罪本身就存在作案容易、防范难，逃跑容易、抓获难，销赃容易、追赃难等特点，加上公安机关警力不足，快速反应机制尚未完全建立，街面上的治安巡逻力度及密度不够，出现监管空白区，这些地区一旦发生犯罪案件，很难及时发现、有效控制。此外，由于"两抢一盗"案件突发性强，作案时间短、逃逸快、目击证人少，加上犯罪嫌疑人被抓获后拒不供认，最终使证据链残缺。

三、"两抢一盗"案件的防范对策

（一）充分认识危害性，加大打击力度

"两抢一盗"犯罪严重危害人民群众的生命财产安全。案件频发，人民群众在日常生活中失去了安全感，是造成社会不稳定的重要因素，遏制此类案件增长是个迫在眉睫的问题，应加大打击力度，坚决贯彻"严打"方针，依法从重从快处理"两抢一盗"犯罪。通过依法严惩一大批盗抢犯罪分子，充分发挥刑事处罚的威慑和警示作用，坚决遏制"两抢一盗"犯罪活动的高发态势。同时，加大涉案赃物的追缴力度，尽最大努力挽回群众的财产损失。

（二）落实综合治理措施，建立群防群治防控体系

抓好社会治安综合治理各项措施，严厉打击各种社会丑恶现象，维护社会稳定，坚决打击"两抢一盗"等多发性犯罪。首先，完善社会防控体系，强化社会综治措施，充分发挥公安机关的职能作用，以控制犯罪为出发点，依托基层派出所和社区警务室处于基层一线的优势，加强对重点人员和高危人群、特种行业、公共场所的管理和控制，通过有效地管理，及时发现犯罪嫌疑

人、可疑物品和犯罪线索，逐步提高公安机关预防、控制犯罪的能力。其次，充分发挥社区基层组织的防控作用，公检法司要加强对其指导和联系，使其成为预防、控制犯罪的前沿阵地。最后，建立起群治群防网络，做好辖区群防群治的组织、管理、协调，引导广大人民群众积极参与社会治安综合治理行动中来。

（三）加大宣传力度，增强群众防范意识

要降低"两抢一盗"犯罪的发案率，维护社会良好的生产、生活秩序，首先必须提高群众的防范意识。要利用广播电台等各种宣传媒体，普及"防抢、防盗"知识，教育、提醒、督促大家做好防范工作，使群众照顾好自己的大宗财物，提前采取有效的"防抢、防盗"措施，从源头上堵塞被抢、被盗的漏洞。其次应充分利用新闻媒介报道及时和覆盖面广的优势，开展形式多样的法制教育，努力提高群众法制观念和法律意识。

（四）重视对"高危人群"犯罪的预防和控制

加强对吸毒人员的管控，对符合条件的，尽可能对其进行强制戒毒。针对"两抢一盗"案件未成年人犯罪占相当大比例的状况，学校、家庭和社会各方要强强联手，加强对青少年的法制教育，进一步加强未成年人犯罪的矫正和预防工作。如通过到学校上法制课、以案说法等形式，大力开展打击"两抢一盗"犯罪的宣传教育，提高中小学生的知法、守法意识，以鲜活的案件和灵活的形式警示青少年远离犯罪，使他们能以一种健康的心态融入社会，从根本上遏制青少年多发性犯罪。

总之，预防和减少"两抢一盗"案件的发生离不开全社会力量的参与，需要社会各方面、各部门的配合，只有打防并举，才能有效减少此类案件的发生，维护社会的和谐稳定。

审查起诉醉酒驾驶型危险驾驶案件若干问题探析

周虎赛*

近年来，因酒后驾车引发的严重交通事故频发，危险驾驶行为对我国交通安全造成了重大危害。为了解决因酒后驾车等不文明行为引发的重大公共安全问题，《刑法修正案（八）》将危险驾驶行为纳入刑法调整范围。自"酒驾入刑"以来，此类犯罪的案件数量激增，同时引发了一系列的司法实务问题。因此，不仅需要刑事立法对此进一步规制，还需要司法机关在执法办案过程中不断分析、总结，按照快侦、快诉、快审的要求，形成一套快速高效的办案模式。笔者从办理醉酒驾驶型危险驾驶公诉案件角度入手，对审查起诉该类案件过程中存在的定案证据单一、强制措施适用不当、处罚轻刑化等难点问题进行分析，以期达到进一步完善和规范醉酒驾驶型危险驾驶案件办理工作的目的。

一、对醉酒驾驶型危险驾驶罪定性的理解

《刑法修正案（八）》第 22 条规定："在道路上醉酒驾驶机动车的，或者在道路上驾驶机动车追逐竞驶，情节恶劣的，处拘役，并处罚金。"这里，"在道路上醉酒驾驶机动车"即俗称的"醉酒驾驶"。下面对该罪状涉及的相关概念进行分析：

（一）对"道路"的理解

一般情况下，本罪中道路的认定不会成为问题，但在某些特殊情况下，行为人醉酒驾驶机动车的行为是否构成本罪，将直接与对道路含义的理解有关。我国《道路交通安全法》做出了规定："道路是指公路、城市道路和虽在单位管辖范围但允许社会机动车通行的地方，包括广场、公共停车场等用于公众通行的场所。其中，公路是指经公路主管部门验收认定的城间、城乡间、乡间能行驶汽车的公共道路，包括公路桥梁、公路隧道和公路渡口。城市道路是指城

---

* 作者单位：马鞍山市雨山区人民检察院。

市供车辆、行人通行的具备一定技术条件的道路、桥梁及其附属设施。"该法对"道路"含义的解释系狭义解释，并非指一切可供车辆、行人通行的道路。因此，诸如矿区、厂区、林区等单位自建的不供公众通行或者不作为公共交通使用的道路，即不属于该法所称道路。上述法律法规的立法目的均是保障公共交通安全。而危险驾驶罪的设立虽与保障交通安全密切相关，但其在犯罪构成方面并没有要求一定要违反交通运输管理法规。因此，在对案件的审查过程中，认定"道路"不需要以相应的道路交通管理法律、法规为依据。必须厘清的是在审查危险驾驶案件时，对道路应作广义理解，对发生在公共交通管理范围之外的醉驾行为，仍应当认定犯罪，只是需要根据社会危害性不同，在量刑时予以考虑。

（二）对"醉酒"的理解

我国目前对醉酒驾车的认定是遵循国际上的通行做法，即根据血液中的酒精含量进行认定。根据《车辆驾驶人员血液、呼气酒精含量阈值与检验（GB 19522—2004）》的规定，"车辆驾驶人员血液中的酒精含量等于或者大80mg/100ml 的，属于醉酒驾车。"对此，笔者认为，这种认定标准虽然未考虑个体对酒精耐受程度差异等因素，但其充分考虑了司法办案的可操作性等实务因素。在醉酒驾驶案件频发，造成严重社会公共安全危害的现状下，这种较为单一且严厉的认定标准，体现了司法具有的保障社会公众安全的价值特性，与设置危险驾驶罪的立法目的也是一致的。但是，目前我国的这种"醉酒"标准过于宽松。据医学专家分析，"当人体血液中每百毫升的酒精含量在50—100 毫克时，将会影响人的判断；含量在100—200 毫克时，影响人的动作平衡，导致走不稳；含量在200—300 毫克时，人会出现昏睡，站立不稳；而当含量在300 毫克以上时，会导致饮酒人昏迷；400 毫克以上，还有可能诱发死亡。"在驾驶时如果体内血液中含有50 毫克以上的酒精，将直接影响判断和反应能力。而判断错误、反应不及时必然会提高危险事故的发生概率，这是交通事故的重大隐患和诱因。我国目前醉驾的标准是血液中每百毫升的酒精含量80 毫克以上，这样的标准过于宽松，所以提高醉酒状态检测标准是很必要的。很多专家学者认为，可以将我国醉酒状态的检测标准提高至每百毫升40 毫克或50 毫克以上，避免因酒精影响开车时的判断力，从而发挥该条文的震慑作用，这也正是英国、日本等国家的实际标准。

二、对定罪证据的审查问题

危险驾驶罪属于抽象危险犯，抽象危险犯是指将在社会一般观念上认为是具有侵害法益的危险的行为类型化之后所规定的犯罪。故在证据体系上主要包括"证明行为人驾驶状态"的各种证据。基于前面的分析，由于醉酒驾驶型危险驾驶罪的构罪要素特殊，即"醉酒"和是否行驶于"道路"上是构成本罪的关键，所以，在审查时要重点考量如下问题：

（一）证据收集方面的问题

1. 在办理此类案件时"侦诉关系"呈现新特性。危险驾驶行为的查处主体是交管部门，作为取证主体的交通警察侦查职责增强。交管部门承担了主要的刑事侦查任务，成为该类案件的主要刑侦单位，而他们搜集和固定证据的视角与刑警不同，这就给公诉机关办理此类案件带来难度。因为行政处罚和刑事处罚是不同性质的处罚模式，对证据标准的要求也不同，因此带来了醉驾行为定罪的证据问题。而"醉驾"者大多属于"现行犯"，对此类案件的侦破、查获以及取证过程往往具有共时性。这决定了大多数此类案件一旦被查获，基本上不再有继续侦查的必要，无须像交通肇事案一样，由交管部门转交刑侦部门，除非案件事实还需进一步侦查取证。实践中，对此类案件的侦查任务一般都是由交管部门完成，然后以刑侦部门的名义移送审查起诉，刑侦部门并不再做进一步侦查。因此，此类案件在运行侦破、移送审查起诉、退回补充侦查等程序时经常会出现一些新的问题，这些问题将导致以往的"检警关系"发生变化，需要公安机关、检察机关在实践中不断磨合。

2. 需要加大对证据收集程序的合法性审查。在审查过程中，需要特别关注侦查中行为人的血液样本采集、保存以及鉴定程序是否合法、完备，诸如在采集后防止血液样本受污染影响检测结果的问题。实践中，需要审查交警部门是否对行为人血液酒精含量初测、抽血送检的过程进行了全程录像，以及是否对该视听资料制作了提取笔录及相关事项说明，从而准确反映该视听资料的持有人、见证人等来源情况以及提取过程的合法性。此外还需要细致审查检测行为人血液酒精含量的医疗机构的资质、检测程序等问题。理论上只有具有法医鉴定资质的司法鉴定机构才具有检验的资格，而非一般的医疗机构。因为醉驾行为定罪后检验报告的证据地位是刑事证据的鉴定结论，所以，酒精含量的检验机构选择也应该达到刑事证据所要求的严格标准。

（二）证据证明方面的问题

1. 鉴定意见地位凸显成为此类案件的主要定案依据。交警在查处"醉驾"案件时，第一现场采取呼气式测试仪对行为人的呼气酒精含量进行当场检验，其结果并不当然具有刑事证据的法定形式，不能成为刑事案件定案的依据。而进一步采用的抽取静脉血液进行酒精含量鉴定的取证方式，其得到的鉴定结论才能作为认定犯罪事实的关键证据。

2. 口供等证据在危险驾驶案中的作用相对较小。对于"醉驾"案而言，行为人因醉酒往往在案发当时一般不具有供述能力，在酒醒后亦不能对之前的驾驶行为作出清楚的描述，故口供在该类案件中几乎无法提取。另外，这类案件常常没有具体的被害人，且案件发生地点均为公共道路上，故侦查人员获取被害人陈述及证人证言的可能性均较小，这便增加了形成证据链条的难度。需要在审查时对案件进行更为全面、细致的审查和分析。

3. 证据之间能否形成证据链的问题。公诉部门审查危险驾驶案件，涉及犯罪嫌疑人、被告人的生命、自由等重大利益。若仅收集到孤立的鉴定结论，则不能充分证明犯罪，还必须有其他证据予以佐证。刑事诉讼法明确规定，"提起公诉需要证据确实、充分"。这里的问题主要体现在证据的充分性上。审查中应特别注意侦查机关是否收集了相关旁证，如同席、同乘人员、消费场所服务人员等的证言，及餐饮酒水点单记录等书证。此类案发第一线的证据材料，具有很强的现场性，上述人员对于案情的了解及行为人现场的举止神态等有直观感受，可以作为醉驾定罪的补强证据。为形成完整的证据锁链，审查起诉过程中还需要充分运用证据补强、补正等证明方法，对鉴定结论、证人证言、视听资料等证据在证明体系中的作用做充分说明，并以其他材料加以佐证。

上述两个问题要求公诉部门在审查醉酒驾驶型危险驾驶案件时，必须对该类案件的证据提取及固定方式、举证及证明方式、判断及采信原则的特殊性具备足够认识，同时要在总结司法实践经验的基础上不断完善证据体系。

三、有关强制措施的妥当性和刑罚轻型化的问题

（一）实践中强制措施的适用问题

在司法实践中，对危险驾驶犯罪嫌疑人侦查部门采取最多的强制措施是取保候审，极少采取监视居住，甚至于拘留、逮捕的强制措施。根据刑事诉讼法第 60 条规定："对有证据证明有犯罪事实，可能判处徒刑以上刑罚的犯罪嫌疑人、被告人，采取取保候审、监视居住等方法，尚不足以防止发生社会危险性，而有逮捕必要的，应即依法逮捕。"因此，只有对有证据证明有犯罪事实，可能判处徒刑以上刑罚的犯罪嫌疑人、被告人才可以适用逮捕措施。而危险驾驶罪的最高刑法定刑为拘役，在行为人不同时涉嫌其他犯罪的情况下不可能被判处有期徒刑，因此不能适用逮捕措施。那么若采取拘留的强制措施，《中华人民共和国刑事诉讼法》第 69 条第 1 款关于拘留羁押期限规定："公安

机关对被拘留的人，认为需要逮捕的，应当在拘留后三日以内，提请人民检察院审查批准。在特殊情况下，提请审查批准的时间可以延长一日至四日。"羁押期限最长只有七日，公安机关要完成案件侦查并移送检察机关审查起诉，检察机关审查完毕移送法院审理，三步骤要在七日之内完成，客观上难以实现。实践中许多地方公、检、法以会议纪要形式规定："公安机关应在刑拘后三日内移送审查起诉，检察院应在二日内诉至法院，法院受理后在二日内作出判决。"所以，只有取保候审和监视居住两种强制措施可供选择。而监视居住要求的条件较取保候审更为严格、复杂，且执行过程更加耗费人力物力，故一般对危险驾驶案件的犯罪嫌疑人侦查部门通常采取取保候审的强制措施。然而，在实践中对危险驾驶行为人采取取保候审强制措施同样存在弊端。其一，常见危险驾驶行为人不是本地户籍，无法提供符合条件的保证人，一般采取缴纳保证金的方式；其二，公安机关执行时因人少案多、警力不足，无法有效进行监管。因此，常常无法充分保证被告人随时到案，顺利进行诉讼。此外，有些被告人被当庭判处拘役实刑，但为防止其在上诉期内逃逸，法院只能决定当庭将被告人关押。否则不论情节轻重，对被告人一律判处缓刑会有损司法公正。

基于上述分析，笔者认为检察机关审查起诉过程中，由于醉驾刑事案件案情相对简单、办案程序相对固定，可制定专门的办理醉驾刑事案件的快捷程序，集中由专人办理，形成快速高效审查起诉的办案模式，从而保证对案件细节的充分把握，对证据有效锁定，以此保证办案程序合法规范，提高审查速度。

（二）量刑趋向于轻型化的问题

1. 对于危险驾驶罪法定刑的思考。危险驾驶罪行为人的主观心理状态是明知故犯，是一种故意犯罪，且客观上给公共安全带来了严重的隐患，威胁到不特定多数人的生命、健康等安全。而危险驾驶罪的量刑标准是"拘役并处罚金"。对比同属侵害刑法保护的公共安全客体的"以危险方法危害公共安全罪"，我国《刑法》目前对其最低量刑标准是第114条规定为："尚未造成严重后果的，处三年以上十年以下有期徒刑"。根据罪刑相适应原则，刑罚轻重应当与罪行轻重及犯罪分子的主观恶性相适应。醉酒驾驶型危险驾驶罪在本质上即是以危险方法危害公共安全，只是其危害程度略轻，行为人主观恶性较小。为使刑罚与罪责相统一，完善刑罚体系，笔者认为，在立法上应提高对危险驾驶罪的量刑幅度。对于危险驾驶罪的法定刑可以确定在"三年以下有期徒刑、拘役并处罚金"范围之内。这样的刑罚标准能够与"以危险方法危害公共安全罪"的法定刑相衔接，既避免了认定危险驾驶行为构成"以危险方法危害公共安全罪"的处罚过重，又防止了情节恶劣危险驾驶行为无法适用危险驾驶罪的尴尬情形，还能恰当提高危险驾驶罪刑法条文的震慑作用，使规制危险驾驶行为的法律体系进一步完善。

2. 在审查中应重点考察个案的具体量刑情节。此类案件承办人应当对犯罪嫌疑人血液中酒精含量高低，犯罪嫌疑人是否同时具有无证、超载、超速、逃逸等交通违法行为，醉驾地点和时间对公共安全的影响程度，醉酒行为是否发生在人员众多的公共场所，醉酒行为是否已导致交通事故，事故双方是否达成民事赔偿协议等诸多因素进行审查。若具备上述因素中的一项或几项，且在做到证据确实、充分的前提下，公诉机关可以对法院量刑情况进行有效监督，促使法院在判决时对个案要素的充分关注，从而保障量刑更加公正。

3. 有关缓刑适用泛滥化的问题。实践中法院对醉酒驾驶构成危险驾驶罪的案件被告人通常适用缓刑。这既有利于贯彻宽严相济的刑事政策，又能够避免短期自由刑的缺陷，体现了行刑社会化的观念。但是，实践中容易出现缓刑适用泛滥化倾向，从而造成危险驾驶案件缓刑适用率过高的情况。这是与立法设置危险驾驶罪的目的相悖，不利于有效打击犯罪，实现刑法警示民众的一般预防目的。同时也容易造成危险驾驶案不分个案区别，一律适用缓刑的公众误解。笔者认为，对危险驾驶案件应减少缓刑适用情况，重点考察行为人的主观恶性及行为危险性，适度提高实刑的适用率，以短期自由刑的严格适用来改变人们对醉酒驾驶行为意识淡漠的现状，不断提高公民知法守法的自觉性。

"小官大贪"职务犯罪调查报告

张士成　孙　婧[*]

　　"小官"大贪的现象古今皆有，之所以会产生这种现象，根源在于小官的手中掌握了不容小觑的实权。综观当前的"小官"巨腐案例，多发生在土地、工程建设、村级财务等要害领域、实权部门和村一级组织。再加上"天高皇帝远"的监督乏力，最终导致"小官"虽然官级不高，但是权力高度集中，一些"小官"行使权力时，甚至目无法纪，"小官"大贪由此产生了。为此，我们通过"小官"犯罪的调查分析，发现"小官"职务犯罪存在以下主要特点和原因，并提出预防对策，以期对"小官"职务犯罪预防起到积极的作用。

一、3年查处的"小官"犯罪情况及行为特点

　　近3年来，某县检察院查处的"小官"职务犯罪30件38人，其中，贪污贿赂案件2012年6件7人，2013年8件15人，2014年8件8人；渎职侵权案件2012年1件1人，2013年3件3人、2014年4件4人；移送审查起诉30件38人，为国家挽回经济损失500余万元。人员分布情况为：乡民政办主任1人，乡镇常务副镇长1人，国税系统1人，县开发区领导2件2人，行贿犯罪2件2人，交通系统2件2人，拆迁领域9件9人，村委会组成人员8件16人等。分析所查处的"小官"犯罪行为，呈现出以下特点：

　　（一）从犯罪主体来看，呈现"两多一低"的特点

　　一方面是村委会组成人员犯罪多，该院立案查处的"小官"犯罪中，在村级担任职务的"小官"人数占42.1%；手中握有一定权力的"小官"多。另一方面是文化程度偏低，普遍是初中、高中文化。犯罪性质主要为贪污罪、受贿罪、滥用职权罪。

（二）从犯罪领域来看，逐步趋向多样化

近3年查办的"小官"人员案件中，涉及民政扶贫、拆迁、土地征用、安置补偿、基础设施、项目建设、交通运输等诸多领域。2013年该院查办的某村书记等9人贪污、受贿案，涉及集体土地补偿款、一事一议专项转移支付、宅基地买卖、村务工程、村民房屋拆迁等诸多领域。

（三）从犯罪手段上来看，由单一化向多样化转变

主要存在以下几种类型：

1. 虚列名单或虚增金额，侵占专项资金。调研过程中发现普遍存在"小官"在专项资金发放过程中，虚构农户名单，并伪造签名或签章，将资金套入个人腰包的现象。如江心乡民政办主任贪污案等。

2. 虚列工程量和金额套取资金。随着新农村一系列惠农工程的实施，有的"小官"在财政核销时，私自增加工程量和工程造价，套取专项资金并予以私分。有的"小官"在分管拆迁安置工作中，直接伪造虚假的拆迁安置合同，骗取拆迁安置房予以出售，套取资金予以侵吞。

3. 村级人员发包村工程项目，实际由个人承建，从中获取非法利润。如2013年该院查办的一起涉农案件，犯罪嫌疑人作为村书记、主任，表面上以村委会名义与"承包人"签订工程合同，实质上控制工程项目，私下承建，完工后按照合同上造价报账结算，从中获取差价，骗取"一事一议"专项资金予以私分。该院工作人员在调研过程中，甚至还发现了"村书记施工队"的说法，这种现状应当引起各乡镇的重视。

（四）"窝案""串案"多

随着国家新农村建设和新型城镇化建设的持续推进，大量国家财政资金涌入基层、农村，基层、农村资源也不断资本化，使得基层、农村资源密集度不断提高，一些看似不重要的职位也掌握了大量资源，"小官"也有了实权。无论是非法套取国家资金，还是瓜分、贪腐集体经济，都非一个人所能为。因此，"小官"贪腐相当大比例是窝串案。由于一些村干部本来就是拉帮结派竞选上台的，他们更容易集体作案。而涉及套取国家资金，则需要经过多个程序，必然是窝案。例如，曾查处的该县太白镇花园村王某某等9人贪污、受贿案。

（五）作案手段隐蔽性强

现在，直接吃拿卡要、直接侵占集体财产、直接侵害农民利益的现象已经极为少见，"小官"贪腐的技术含量越来越高。例如，县经济开发区副主任陈某，充分运用合法的自由裁量权为自己牟利等。不少政策实施都赋予了"小

官"自由裁量空间，利用上下级之间的信息不对称的现实为己谋利。

二、"小官"职务犯罪发案原因分析

"小官"与群众联系最为紧密，其贪腐现象损害老百姓利益的同时，也破坏了党委政府在人民群众中的形象，蚕食着政府部门的公信力。结合该院近 3 年来查办的"小官"案件，可以看出"小官"职务犯罪频发、多发的原因主要有以下几点：

（一）"小官"依靠市场化机制，从财政转移支付中获取利益

当前，国家财政转移支付主要分为两种形式，一是普惠性的财政转移支付，如种粮补贴、合作医疗、养老保险等，二是专项转移支付，如新农村建设、水利工程、道路村村通、现代农业示范园、专业合作社补助等。一般情况下，随着政策制度的不断完善，群众认知水平的不断提高，再加上涉及面较广，普惠性的财政转移支付很难为"小官"贪腐。但是，专项转移支付却很容易为"小官"侵占、截留、私分、挪用，乡村干部、不法商人之间甚至形成了灰色利益链条。例如，花园村王某某等人在村"一事一议"工程方面，与承建人之间形成灰色利益链条。为了有效规避风险，不法商人也乐于与乡村干部合作，共同从国家财政转移支付中获取利益。

（二）利用"小官"的桥梁作用，从国家和农民身上谋取利益

目前"小官"既是基层公共事务的服务者，也是基层政权的"代理人"。农民希望"小官"提供公共服务，也寄希望于通过"小官"的渠道向政府表达诉求，而小官则合法地从农民身上获取好处。当前，各级政府向农村输入资源需要小官的配合，因此，"小官"不再从农民身上汲取资源，却从国家财政转移支付中谋取利益，这主要表现为通过发补助、奖金的名义将公款私分，或借待客、跑项目、购物资等事项，虚列开支、虚报冒领。

（三）监管不力，"小官"权力难以得到有效的监督

从近 3 年查处的"小官"贪腐人员职务犯罪案件来看，都有一个共同的特点，即监督制约机制不够。村级组织是党的基层组织，工作环境差，任务重，有的村委会民主生活会流于形式，述职述廉走走过场，自身监督体制形同虚设。乡镇一级的"小官"贪腐具有相当大的隐蔽性、灰色性，游离在合法与非法之间，监管难度更大。有的"小官"本身就是部门的领导，按照制度设计，本是多头监管，但正是这种体系造成对小官贪腐的监督力量薄弱，权力难以得到有效的监督。

（四）"小官"自律意识、廉政意识和服务宗旨意识淡薄

一方面村集体经济来源大多都靠上级政府转移支付，村干部工资偏低，工作繁重，面对广大群众，处理事情要花很多精力。有些村干部心理不平衡，往往想方设法追求经济利益，走上了违法犯罪的道路；另一方面对"小官"的法制宣传教育往往不能到位，以致其中有些人法律意识、廉政意识淡薄，甚至自己违法犯罪了都还不知情。在该院查办的多起小官案件中，不少犯罪嫌疑人作为村支部书记，将镇上发包给村里的一事一议工程都攥在自己手里，虚增工程量，虚报工程发票，案发后仍然觉得自己辛辛苦苦承包工程，从中赚的是利润，殊不知自己早已经走上了违法犯罪的道路。

三、"小官"职务犯罪的预防对策

减少和杜绝"小官"职务犯罪的发生，必须坚持"打防并举、标本兼治"的方针，构建以党委统一领导的社会化职务犯罪预防大格局，严格规范"小官"的职务行为，逐步建立起能适应社会进步，经济发展，实效管用的社会化优质预防网络系统。

（一）加强"小官"队伍建设，从源头上保证"小官"素质

权利一旦失去了监督就极易滋生贪污腐败现象，在该院查办的"小官"人员中，很多都是连任十几年的"老村书记"，大事小事都攥在手里，"一言堂"的现象十分普遍。要选好干部，首先，在选拔上就应该增强选举的透明度，要将老百姓自己的要求和愿景真正体现在小小的选票上，做到真正的民选为民，选择一批年富力强、文化水平高，愿意并且能够带领群众共同致富的人担任"小官"；其次，组织部门要定期对"小官"进行民意调查和全方位考核，推行"小官"任前签约、离任审计等管理制度，要努力督促其提高拒腐防变的政治觉悟，保证品质优良作风。

（二）加强"小官"法制教育，从思想上预防"小官"腐败

纪检、监察、检察、法院、司法等各职能部门，将历年办理的"小官"典型案例制成展板或者印成宣传材料，抽调业务骨干组成宣讲团到各乡镇和重点村组宣传、普及法律知识；此外在党校干部培训中增设预防职务犯罪专题讲座，以案释法，用身边事教育身边人，传递法律"正能量"，不断提高"小官"的法律意识。

（三）重视廉政教育，从政治上保证"小官"的廉洁性

要真正遏制"小官"职务犯罪，必须加强对"小官"的教育，消除其犯

罪的内因，大力开展廉政文化教育活动，营造廉荣贪耻的良好氛围，帮助"小官"树立正确的权力观、利益观。其次要广泛开展预防职务犯罪警示教育。各级执法部门应当会同乡镇村组织常态化的廉政教育活动，利用党员干部现代远程教育或有线电视播放一些违法违纪"小官"案例，帮助"小官"认识风险、化解风险，把廉政风险消灭在萌芽状态。

（四）健全对"小官"的制约制度，从制度上完善监督机制

一是要建立健全权利清单制度，使"小官"的管理权利公开透明，并要接受群众监督，确保规章制度的落实。二是要强化办事程序公开。办事程序公开由事后性公开向事前、事中、事后全程公开。三是严格财务管理。各级财务收支必须坚持"六有"原则，即有正规发票，有经办人签字，有用途说明，有财务人员审查，有主管领导审批，大额支出应由班子成员集体讨论的意见，杜绝违规操作，实现财务规范化管理。

（五）构建职务犯罪预防机制，从机制上构建县、镇、村三级预防网络

一是加大办案力度。对农村基层干部腐败已构成犯罪的，依照刑法严加惩处，鼓励人民群众检举、揭发农村职务犯罪。二是加强纪检、检察、审计部门的合作，坚持打、促、防并举的方针，遏制小官犯罪的上升趋势。三是延伸预防网络。针对小官线长、面广的特点，加强政策法律宣传和案件查处力度。检察机关开展形式多样的"送法下乡""法律进村""检察预防行"等活动进行法律知识宣传和反腐败斗争的宣传，提高"小官"和群众的法律意识、监督意识和反腐意识。

关于寻衅滋事犯罪的调研和思考

范 平*

近年来，寻衅滋事犯罪呈现出日益高发势头，已经给社会秩序稳定和人民群众日常生活构成严重威胁，它不仅给案件受害者造成巨大侵害，更是严重的危害一方治安。马鞍山市某区人民检察院 2012 年至 2015 年 6 月受理寻衅滋事犯罪案件 16 件 48 人，批准逮捕达 7 件 9 人，提起公诉的有 9 件 33 人，结合办案，我们进行专题调研。

一、发案的主要特点

发案的特点主要表现在以下几个方面：

（一）从犯罪主体结构上来看

犯罪嫌疑人呈日益年轻化趋势，尤以青少年居多。其中，未成年人占 14%，28 岁以下的青少年犯罪嫌疑人占 71%。涉案人员文化程度普遍偏低，小学或初中文化占所有犯罪嫌疑人的 94% 以上。无业人员或农民兼打工占相当大的比重，达到 71%。而且这里面，屡犯不止的有相当大的比数，21% 以上的都曾经受过治安处罚或刑事处分。

（二）从作案地点时间上来看

案件大多发生在 KTV、网吧、酒店、桑拿、烧烤摊等消费娱乐场所，占此类案件的 65%，且作案时间不太固定，随机性很强，特别是晚上 10 时后发案的明显居多。

（三）从作案形式手段上来看

群体作案的多，个体作案的少；累次作案的多，初次作案的少。在所受理的案件中，有 60% 的犯罪嫌疑人都是作案两次以上，而且涉案人员临时聚集

---

* 作者单位：马鞍山市博望区人民检察院。

性较强，成员不固定，往往一名成员或几名成员与他人发生矛盾后，临时召唤同伙，予以报复。作案时大多持刀、长矛、钢管等凶器大打出手，致人伤残，手段恶劣，不计后果，严重扰乱社会秩序。

（四）从案件发生起因上来看

大多是酗酒滋事，逞强斗狠。近年受理的寻衅滋事案件有 50% 以上是酒后无故滋事，有的仅仅是因为被害人无意走错了歌厅、餐厅的包厢而挑起事端；有的甚至只是犯罪嫌疑人认为"看不顺眼"，便对被害人进行殴打伤害。犯罪嫌疑人大多是江湖义气、哥们义气较重，往往遇事后头脑发热，因点滴小事好强逞狠，置国家法律于不顾，藐视社会道德，随意伤人，不计后果，情节非常恶劣。

二、发案居多的原因

（一）从罪犯自身因素分析

1. 从个人素质角度来看。寻衅滋事罪犯罪嫌疑人往往文化低，没有接受良好的人生观、世界观教育。他们对是非的认识很局限，年纪轻，有体力，正是血气方刚一触即发，对其行为将产生的后果往往不假思索或缺乏辨别能力，自控力低，内心不安定，不服输，有逞强好斗心理。加之地区民风彪悍，民众好斗，文化素质偏低，民众普遍文化水平不高，尤其是青少年人生观、世界观还不成熟。此类青少年往往是非界限模糊、认识非常局限、自控能力较差，有的仅仅是为了寻求刺激获取快乐，有的往往出于"哥儿们"义气和"老乡"观念，通过寻衅滋事，消怨解恨，达到心理平衡。

2. 从个人社会角色来看。寻衅滋事罪犯罪嫌疑人多是社会无业人员和受过打击处理的人。这些人对个人形象、个人的社会评价要求不高，他们有很多的空余时间，无事做便游手好闲，几人聚在一起，好惹是生非。又因为"胜者为王"的江湖心理，遇有打架斗殴，都不愿躲避、调解，更不会服输，就携带刀棍、长矛等凶器以示威风。例如，在该院受理的陶某某寻衅滋事案中，他们仅为朋友吃夜宵时与人发生争执，即纠集多人肆意挑衅，后逞强示狠持刀带矛对被害人追逐殴打，致多人受伤。

3. 从个人犯罪动机来看。犯罪嫌疑人其主要目的是无事生非，耍威风，寻求精神刺激。他们只是凭借自己感情用事，欺侮他人，以显示自己的强悍，置国家法律和后果于不顾。他们缺少职业上的教育和纪律的约束，在各种文化观念与思潮不断冲击下，容易在自由与利益观念上失衡，促使一部分人崇拜凶杀暴力，易受不良思想的影响而走上犯罪道路。

（二）从社会管理角度分析

1. 法制约束还不够健全。思想教育、文化教育、行为约束机制不健全，是导致寻衅滋事案件高发的一个重要因素。犯罪嫌疑人特别是离开学校后成为农民、无业人员的青少年，往往缺乏管理、引导不够，缺少健康积极向上的文化体育等娱乐活动，加之大众传媒中对武打暴力、黑社会犯罪、色情淫乱等过分渲染，促使此类案件屡发难止。

2. 普法教育还不够深入。可以说经过六五普法教育，人民群众的法制观念和道德意识有了很大提高，但在离城市偏远的地区特别是偏僻乡村还有待进一步深入，学法、懂法、守法活动开展还不够广泛。致使部分青少年不知法、不懂法，认为打打闹闹并不构成犯罪，以为只要没把人打伤或打死就不犯法，在这些人心目中，对是否构成犯罪的限度条件并不清楚，导致案件发生。

3. 执法力度还不够到位。除了教育、立法、普法外，执法严格与否，也构成此类案件高发的一个重要诱因。通过了解，不少地区一部分违法犯罪案件的犯罪嫌疑人没能及时归案，得到依法处理，客观上对这些人起到了放纵作用。而对旁观者来说，使其对法律的严肃性产生怀疑，没有起到惩戒作用。从而使一个地区在道德法纪建设方面，日趋下滑，构成了案件发生的外部环境。

（三）从市场经济因素分析

随着社会经济发展转型，当前存在社会结构不合理，失业、待业人员增多，农村出现大量的剩余劳动力等因素。一部分收入低下或无生活来源的失业、待业人员，在物质和精神生活需求得不到满足的情况下，产生反社会情绪，其中一部分人走上违法犯罪的道路。例如，该区主要经济来源为农业，经济一直处于欠发达状态，也为此类犯罪滋生了孕育的土壤。加之该区建区时间短，历史遗留问题多。社会管理体系还不健全，管理力度不够，思想、文化教育、行为约束机制还不够规范。特别是对于无业青少年及外来务工人员管理不到位，一些负面思想的影响往往大肆毒害着涉世未深、缺乏辨别是非能力的青少年的心灵，使之受到上述思想影响，导致该地区犯罪较多。

三、预防对策和思考

针对当前寻衅滋事犯罪案件的主要特点和日益高发的原因，应采取以下对策积极搞好预防。

（一）加强教育工作

一是加强对青少年的教育工作。青少年是寻衅滋事犯罪的高危人群，学校和家庭要针对他们的心理和生理特点，强化思想道德教育、科技文化教育和法律知识教育。二是开辟多种宣传教育途径。除了家庭、学校外，各城镇、乡村基层组织应充分发挥各自的职能作用，通过报纸、电视、广播、网络等媒体进行法制宣传，使群众知法、懂法、守法、用法，从源头上减少和消除寻衅滋事犯罪隐患。三是开展多种形式的积极健康的文化、体育、娱乐活动，充实群众生活，使人们树立起正确的人生观、世界观，提高精神文化素质，创造出良好的社会氛围，减少犯罪的发生。

（二）拓宽就业渠道

地方党委和政府要积极采取措施，不断拓宽就业渠道，为社会无业人员提供更多的就业机会。同时加大培训力度，增强这部分人员的社会综合竞争力，使其实现自食其力，减少犯罪的机会。特别是要结合案件，抓住时机进行教育，加大管理力度，通过职业教育加强约束和自我约束，进一步减少犯罪发生。

（三）加大司法力度

一是深入开展普法教育。司法机关应变被动受理犯罪案件为主动进行法制宣传教育，通过典型案件通报、发放宣传资料、举办法律咨询活动、开展法制讲座、通过媒体宣传等途径普及法律知识。以案说法，进行法制教育，增强群众的法律意识，使其遇到纠纷时通过法律途径解决，避免矛盾激化和发生暴力事件。二是提高案件处理能力，使寻衅滋事犯罪案件得到及时公正的处理，提高司法公信力和法律权威。坚持打击与综合治理相结合，注重巩固和扩大严打战果，突出对群体性寻衅滋事犯罪分子的打击效果，防止以罚代刑、降格处理，杜绝"抓大放小"和就事论事，防止简单化、扩大化。

（四）加强综合治理

动用全社会力量减少和消除寻衅滋事案件隐患。家庭、学校要加强对青少年的关注，对高危人员及时挽救教育。职能部门要加大监管力度，加强对重点地域的管控，严防寻衅滋事苗头性事件。司法机关发现寻衅滋事犯罪隐患的，要及时遏制，对立案侦查和审判的案件，要严肃对待，惩治与教育相结合。通过全社会的联动防治，铲除引发寻衅滋事犯罪的土壤。同时，要依法强化对犯罪分子的教育改造、矫正其犯罪心理和行为恶习，促进其回归社会。加强对劳释人员的管理和帮扶工作，有效降低再犯罪率。

【案例剖析】

一起由民事纠纷引发的刑事案件应如何定性

麻孝兵[*]

一、案情简介

2011 年 7 月，许某将其注册的一搅拌站租给顾某使用，双方签订租赁合同，租期为两年。租赁期间，该搅拌站因经营资格受到当地建设主管部门行政罚款 5 万元的处罚，对此顾某找许某磋商，许某借故回避不理，二人为此发生矛盾。合同期满后，顾某以罚款损失为由拒绝返还搅拌站，后经许某、顾某二人多次协商未果。为尽快收回搅拌站的经营权，2013 年 8 月初，许某指使邢某找人摆平此事，并拿出 4 万元作为邢某的费用支出，邢某即邀集十余名社会闲散人员分乘三辆轿车于 8 月 10 日上午 9 时来到搅拌站，出发前邢某告知前往的十余人：今天去搅拌站目的是锁大门，逼对方出手，做到打不还手。到达后，邢某等十余人将搅拌站内施工的工人全部赶至大门外，并用事先准备好的锁将大门锁上，禁止人员和搅拌车出入。中午 11 时左右，闻讯赶来的顾某让邢某等人打开大门遭到拒绝后，顾某遂翻门进入搅拌站内，与邢某发生肢体冲突，将邢某的眼睛打伤，后派出所民警到现场制止双方。由于工人被强制停工，大门被锁，人、车禁止出入，加之事发当日天气炎热，致使混凝土凝结成块，两台搅拌筒损坏，顾某直接财产损失达 10 余万元。

二、分歧意见

办案中对许某、邢某二人行为的定性有三种不同观点。第一种观点认为，许某、邢某二人不构成犯罪。理由是，顾某违约过错在先，且邢某等十余人去搅拌站后按事先约定未使用任何明显暴力，只是将站里的施工人员驱赶到站外，将大门锁住，禁止人、车出入并造成一定的损失，这一行为系许某、邢某

---

* 作者单位：马鞍山市和县人民检察院。

二人的民事侵权行为，尚不能构罪。

第二种观点认为，许某、邢某二人构成寻衅滋事罪。许某与顾某因合同产生纠纷，但许某借故生非，指使邢某纠集多人蓄意闹事，造成设备损毁达 10 余万元，对许某、邢某二人应以寻衅滋事定罪。

第三种观点认为，许某、邢某二人构成破坏生产经营罪。许某为达到尽快收回搅拌站的目的，出资并指使邢某纠集多人公然闹事，致使他人搅拌站的正常生产经营被迫中断，造成财产损失 10 余万元，故应以破坏生产经营定罪。

三、评析

笔者同意第三种观点。理由如下：

首先，认为许某、邢某二人行为不构成犯罪的理由并不成立。因为评价某行为是否构成犯罪，需要按照主客观相一致的原则，重点考量该行为是否侵害了刑法所保护的权益，涉及此罪与彼罪认定时，还要看该行为是否符合个罪的犯罪构成要件。本案中，一是许某与顾某因合同产生纠纷是事实，许某在其权益受到侵犯时，为尽快收回搅拌站经营权，并没有选择诉讼等合法途径实现自己的权利，许某为达个人目的寻求非法方式摆平此事，其主观故意非常明显。二是法律作为调整社会关系的规范总和，要求行为人在维护自身权益时其手段或方式要合法，必须是在法律的框架和许可的范围内进行，而不能以牺牲或损害他人的权益为代价，否则，社会秩序和其他公民的人身、财产权利将无法保障。譬如，《刑法》第 238 条第 3 款规定："为索取债务非法扣押、拘禁他人的，依照非法拘禁罪处罚。"可见，行为人索取债务的手段要合法，绝不允许以索债为由而非法扣押、拘禁他人，这才是立法的本意。同理，该案中许某作为有完全行为能力的一方，在其认为权利受到侵犯时，为防止顾某的过分拖延，完全可向法院申请诉前保全或诉讼保全的方式要求顾某即时返还经营权，根本无须采取指使邢某雇人摆平此事的方式。三是从顾某对搅拌站的经营权来说，在与许某纠纷未经调解或者未经法定程序作出的仲裁、裁判生效前，顾某对搅拌站的正常生产经营的权利仍然受到法律保护，而不容他人非法干预或阻碍。据此，许某主观上有达到个人目的的故意，客观上有指使邢某纠集多人实施损害他人并造成重大财产损失的行为，许某、邢某二人的行为已超出民事侵权的范畴，具有社会危害性、刑事违法性和应受惩罚性，符合犯罪的三个基本特征，应以犯罪论处。

其次，许某、邢某二人的行为不构成寻衅滋事罪。该罪侵犯的客体是公共秩序，主观上要有无事生非或因日常纠纷而借故生非的犯罪动机，客观上实施刑法第 293 条所列举的行为。就本案而言，邢某在许某指使下，纠集多人前往搅拌站蓄意闹事，将工人驱赶出站，锁住大门，阻拦人、车出入，并造成设备损毁的严重后果。从形式上看，许某有发泄不满情绪或逞强的一面，其行为方式与寻衅滋事犯罪极为相似，但该案的发生毕竟系合同纠纷引发，属事出有因，表现为许某和邢某侵犯的对象、犯罪的时间、地点、手段等都不具有"随意性"，况且顾某对纠纷的引发也负有一定责任和过错，根据"两高"《关于办理寻衅滋刑事案件适用法律若干问题的解释》第1条第2款、第3款的规定："行为人因日常生活中的偶发矛盾纠纷，借故生非，实施刑法第二百九十三条规定的行为的，应当认定为寻衅滋事罪，但矛盾系由被害者故意引发或者被害者对矛盾激化负有主要责任的除外。""行为人因婚姻、家庭、邻里、债务等纠纷，殴打、拦截他人或者损毁、占用他人财物等行为的，一般不认定为寻衅滋事……"。故对许某、邢某二人的行为不以寻衅滋事定罪。

最后，许某、邢某二人构成破坏生产经营罪。从刑法规定破坏生产经营罪的犯罪构成要件来讲，行为人主观上要有泄愤报复或者其他个人目的，此"个人目的"不论是否合法，均不影响定罪，客观上实施毁坏机器设备、残害耕畜或者以其他方法破坏生产经营的行为，方构成本罪。另根据最高人民检察院、公安部《关于公安机关管辖的刑事案件立案追诉标准的规定（一）》第34条规定，涉嫌下列情形之一的，应以破坏生产经营罪立案追诉："（一）造成公私财物损失五千元以上的；（二）破坏生产经营三次以上的；（三）纠集三人以上公然破坏生产经营的；（四）其他破坏生产经营应予追究刑事责任的情形。"就本案而言，许某因租期届满顾某未按约定归还搅拌站，为从顾某处尽快收回搅拌站的经营权，许某出资并指使邢某摆平此事，后邢某纠集多人公然闹事，致使搅拌站的正常生产经营被迫中断，并造成10余万元财产损失的后果，且此结果与邢某等人的行为有着直接的因果关系。因此说，许某、邢某二人主观上有为达个人目的的故意，客观上又纠集多人公然破坏生产经营，并造成重大财产损失，其行为符合破坏生产罪的构成要件，应予认定。当然，对于顾某在纠纷引发上存在的过错，则只是对许某、邢某二人量刑时应考虑的酌定从轻情节。

参与他人在女友住处吸毒能否构成容留共犯

麻孝兵*

一、案情简介

2015 年 6 月初至 8 月底，李某（女）在某宾馆 403 室入住，并用其身份证在大厅进行个人信息登记，房卡由李某单独保管。入住期间，李某的男友柳某常来该室与李某同宿。同年 8 月 25 日晚，柳某的朋友孙某、邵某和王某电话联系柳某后，在 403 室与柳某、李某二人聊天，在聊的过程中，孙某提议吸毒并外出买回 500 元冰毒，李某、柳某、孙某、王某、邵某 5 人在 403 室内共同吸食完不久即被公安查获。

二、分歧意见

在诉讼中，对李某明知多人吸毒并提供场所构成容留他人吸毒罪无异议，但对柳某能否认定该罪的共犯持有不同意见。

第一种意见认为，柳某与李某构成共犯。其理由是，柳某、李某二人系同居关系，对 403 室有共同的使用权和管理权，且来此吸毒的 3 人又系柳某的朋友，因而李某、柳某二人共同提供吸毒场所，应认定为共同犯罪。

第二种意见认为，柳某、李某二人不构成共犯。403 室由李某入住登记，房卡由李某保管，当晚吸毒属临时提议，柳某、李某二人无共同提供场所的犯意联络和行为，故不能认定为共同犯罪。

三、评析

笔者同意第二种意见。我国刑法规定共同犯罪是指二人以上共同故意犯罪，即各犯罪人之间要有共同犯罪故意和共同犯罪行为方能构成共犯，这是犯

* 作者单位：马鞍山市和县人民检察院。

罪主客观相一致原则的体现。但在办案实践中，如何认定共同犯意和共同犯罪行为？一般可从以下几个方面去把握：一是从犯意形成上看，各犯罪人之间要有意思联络必不可少，表现为彼此间语言或行动上的沟通与协调，值得强调的是，这种意思联络必须是双向的和相互的，而非单向的或个人的意思表达，至于该意思联络是属于事前有通谋或犯罪中形成则不影响其认定；二是从认识因素来看，各犯罪人都知道自己不是在孤立地实施某犯罪，而是同他人一起共同实施某犯罪，且各犯罪人都明知自己行为的性质以及该行为所导致某种危害社会的结果；三是从意志因素来看，各犯罪人都是决意参与某共同犯罪，并对共同犯罪行为所引起某种危害后果持希望或放纵的故意态度；四是从刑法理论来讲，任何犯罪的客观行为都是主观故意的外在表现，共同犯罪也是如此，即各犯罪人要在共同犯意的支配下实施相互配合的共同犯罪行为，其表现形式可分为实行、组织、教唆和帮助 4 种行为。由此可见，共同犯罪故意和共同犯罪行为是成立共犯的主客观要件，如果行为人仅仅认识到自己在实施犯罪，而没有认识到有其他犯罪人与之配合实施犯罪行为，或者行为人虽然认识或明知他人在实施犯罪，但自己却未以语言或行为向其他犯罪人表明自己决意参与该犯罪，那么，行为人与其他犯罪人就应缺乏意思联络而未形成共同的犯罪故意和行为，因而不构成共犯。

就本案而言，403 室由李某入住登记，房卡在李某手中保管是事实，其间，虽然柳某常来女友李某处同宿，但这不能推断出柳某就对 403 室享有使用和管理权，况且即使柳某对该室有使用和管理权，也不能就此推定柳某与李某构成容留吸毒的共犯，这既不符合逻辑，更于法无据，因为认定柳某是否构成共犯，关键要看柳某、李某二人是否存在明知他人吸毒而共同提供场所的故意和行为，这是其一；其二案件事实表明，当晚吸毒系孙某临时提议，柳某、李某等人均在场，虽然其中三人是柳某朋友，但只凭朋友关系是不能成为定罪的客观要件，而李某在明知他人吸毒情况下，既未征询柳某的意见，也未作任何制止和反对，仍将入住的 403 室作为吸毒场所，李某的行为当属个人行为，按照罪责自负的原则，应对其定罪量刑；其三对于柳某来说，当时也在场，可在场并参与吸毒按照现行法律规定是不能认定为犯罪的，因为无证据证明柳某在明知他人吸毒情况下以任何明示或暗示的方式提出或授意李某提供 403 室作为吸毒场所，也就是说李某、柳某二人无共同提供吸毒场所犯意上的联络与沟通，更谈不上彼此间有共同提供吸毒场所的行为，故不能认定柳某、李某二人构成共犯。

自然人利用多个公司名义串通投标
是否构成串通投标罪

吴欢欢[*]

一、案情摘要

2011年七八月，章某某为追求利益，采取借用三家符合投标资质的公司的资质，支付三家公司投标保证金、支付相关费用、缴纳管理费的形式，控制报价、幕后操纵三家对竞标工程进行围标投标。在开标前，由章某某分别电话告知该三家公司标底最终报价，进行投标。最终章某某控制的一家公司以金额6053855.38元中标该工程的一标段，并将该工程交与章某某施工。

章某某控制的另两家公司均为中标入围单位。其中一家公司为该标二标段的第二候选人，另一家公司为该标的二标段的第三候选人，三标段的第二候选人。

二、分歧焦点

第一，章某某是自然人，是不是串通投标罪的犯罪主体。

第二，章某某借用其他公司资质投标、串通报价，此行为是受行政法调整还是刑法调整。

三、笔者意见

串通投标罪是指投标者相互串通投标报价，损害招标人或者其他投标人利益，或者投标者与招标者相互串通投标，损害国家、集体、公民的合法权益，情节严重的行为，它包括两种串通形态，即投标者之间相互串通、投标者与招

---

* 作者单位：马鞍山市含山县人民检察院。

标者相互串通，《刑法》第 223 条、第 231 条分别予以规定。

上述案例中，章某某借用三家公司资质投标、支付相关费用、控制报价、以金额 6053855.38 元中标的行为损害了其他投标人利益，情节严重，笔者认为其行为符合《刑法》第 223 条规定，应当以串通投标罪追究刑责，具体分析意见如下：

（一）自然人也是串通投标罪的犯罪主体

1. 从《刑法》的规定及立法精神来看。根据我国《刑法》规定，构成本罪的投标人属一般主体，包括自然人和法人及其他组织，虽然《招标投标法》对投标人主体的规定与《刑法》有差异，但作为打击刑事犯罪的依据，依照的必然是《刑法》的确定性规定，理由有四：第一，刑法具有普遍的指导意义，对串通投标罪的规定是确定、明确的。第二，从文义解释看，《招标投标法》规定的是投标人的内涵，《刑法》规定的是串通投标罪的犯罪主体，二者含义不同，不可混淆。第三，《招标投标法》出台在后，不能用经济法规诠释《刑法》确定性规定的内涵。第四，从刑法的立法精神来看，规定串通投标罪的犯罪主体包括自然人，有利于适应复杂多样的招投标市场现状，有利于规制违法犯罪，维护社会正义。

2. 从本案的行为本质来看。章某某借用三家公司资质投标、支付相关费用的行为，其实质是不符合资质的投标人借用有资质参与投标，三家公司只是名义上的投标人，而实质上的投标人为章某某一人。另外，章某某单线联系三家公司，控制投标报价的行为，体现章某某一个人的单方操纵投标的主观故意，综合主观故意和客观行为，应认定为章某某个人犯罪，而非与参与投标的三公司成立共同犯罪。

（二）侵害法益，情节严重，超出行政法规制范围

串通投标罪所保护的法益是招投标市场公平、公开、公正、诚信的竞争秩序和国家、集体、公民的合法权益。串通投标犯罪行为与串通投标违法行为的区别在于情节是否严重，根据《招标投标法》及其《实施条例》的规定，投标人相互串通，中标无效，构成犯罪的，依法追究刑事责任。《最高人民检察院、公安部关于公安机关管辖的刑事案件立案标准的规定》第 76 条第 3 款中，对投标人串通投标，中标项目金额在 200 万元以上的，应予以立案追诉。

本案中，章某某借用三家公司资质投标，支付相关费用，在开标前分别电话告知三家公司标底最终报价，控制报价，最终以金额 6053855.38 元中标，损害了其他投标人利益，行为符合《刑法》第 223 条规定的投标人相互串通投标报价行为，且情节严重，已经超出行政法规制的范围。

（三）关于章某某得知最低报价行为如何评价问题

　　关于章某某在开标前得知招标最低报价行为如何认定问题，章某某作为本单位职工，其得知单位招标最低报价是利用一定的便利条件，并为自己进行串通投标服务，不属于招标人与投标人串通的类型，因为章某某控制公司进行投标，属于投标人，虽然张明楷教授对招标人的含义做了扩大解释，但章某某在承包单位工作，本案投标事项是委托第三方机构处理的，案例中也未反映章某某在本单位招标事项中负有具体职责，故章某某不属于招标人的范畴。章某某得知招标项目最低报价进行串通投标行为，比一般典型串通投标行为程度严重，但并没有明确的法条对此情节予以规定，笔者认为可以作为法官行使自由裁量权时影响量刑的参考因素。

在未交付使用的道路上
发生交通事故致人死亡如何定性

黄　宁*

一、基本案情

2015 年 2 月 20 日 16 时许，犯罪嫌疑人汪某驾驶五菱牌小型客车由南向北行驶至某县经济园区苍横道口连接线路段行驶时，与迎面驾驶二轮摩托车的吕某因避让而发生碰撞，致吕某当场死亡。经查该路未经公路管理部门验收交付使用，但周边村民及社会车辆已在此路通行数月。

二、分歧意见

针对事故中"苍横"路段是否属于"道路"以及汪某的行为该如何定性，形成两种意见：

第一种意见认为，根据我国道路交通安全法规定，"道路"是指公路、城市道路和虽在单位管辖范围内但允许社会机动车辆通行的地方，包括广场、公共停车场等用于公众通行的地方。本案中，苍横路未经公路管理部门验收后交付使用，根据《公路管理条例》，其非公路。所以，苍横路不是道路交通安全法所指的道路，因而其不在公共交通管理范围之内，所以本案应定性为过失致人死亡罪。

第二种意见认为，道路交通安全法中的"道路"应是指允许社会机动车辆及公众通行的地方。苍横路虽未经公路主管部门验收，但它允许社会机动车、社会公众通行，因而也是法律意义上的道路。所以本案应定性为交通肇事罪。

---

* 作者单位：马鞍山市含山县人民检察院。

三、评析

笔者同意第二种意见。根据最高人民法院《关于审理交通肇事刑事案件具体应用法律若干问题的解释》的规定，交通事故在构成犯罪的情形下，根据发生地点是否在实行公共交通管理的范围内，予以不同的定性。在公共交通范围内一般以交通肇事罪定罪处罚，在公共交通范围外，可分别以重大事故责任罪、过失致人死亡罪等定罪处罚。那么，本案中，苍横路是否属于在公共交通管理的范围内？

首先，所谓公共交通管理范围是指纳入公安交通管理机关管理范围内的道路。公安交通管理机关未对部分尚未交付使用的道路进行交通管理，在这些路上没有交通信号、交通标志、交通标线等，但这些并不能否认其仍是允许社会车辆和公众通行的"道路"的本质属性，因而其理应属于公共交通管理范围。同时，我们不能忽视的是，在这些路上通行的社会车辆和公众，并不能因为交通管理机关不管理，就不遵守道路交通安全法，各行其是，车辆、行人无论在什么"路"上，均应严格遵守道路交通安全法。因此，对公路是否属于"公共交通管理范围内"的理解，应看其是否允许社会车辆和公众通行，而不是看是否有必备的交通信号等设施。

其次，交通事故侵犯的客体决定了该类犯罪应定性为交通肇事罪。所有交通肇事致人死亡的犯罪，从行为人的主观方面和客观方面看也是一种过失致人死亡的行为，也符合过失致人死亡罪的构成要件，但立法者仍专门规定了交通肇事罪，就是因为交通肇事罪的客体有特殊性，其危害的是公共安全，同时犯罪主体及犯罪环境均有特殊性。在未交付使用的但行人和社会车辆在其上行驶的道路，虽然其通行量有别于公路或城市街道，然而肇事者一旦无视交通安全法律法规，同样会对公共安全造成威胁甚至是危害，其行为尽管符合过失致人死亡罪的犯罪构成要件，但更符合危害公共安全的特征。

最后，对此类案件定性为交通肇事罪才能体现罪责刑相适应的原则。过失致人死亡的，处3年以上7年以下有期徒刑；违反交通运输管理法规，因而发生重大事故，致人重伤、死亡或者使公私财产遭受重大损失的，处3年以下有期徒刑或者拘役。同样是在允许社会车辆、公众通行的地方或场所，同样的违章行为和结果，却因是否属于"道路"的不同理解，导致了量刑上的差异，这既不符合罪责刑相一致原则，也有违法律公平公正的本质特征。

非法行医刑事处罚后
再次非法行医的是否构成犯罪

黄　爽[*]

一、基本案情

犯罪嫌疑人张某，2012 年因非法行医罪被某县人民法院判处罚金 3000 元。2013 年 11 月 23 日上午，该县卫生局在在检查中发现，张某无《医疗机构执业许可证》，在一家个体开设的私人牙科诊所为 2 名口腔患者非法进行口腔诊疗，导致案发。

二、观点分歧

最高人民法院《关于审理非法行医刑事案件具体应用法律若干问题的解释》第 2 条第 4 项，主要是为了打击未取得"执业医师资格"的人非法行医经处理后仍不改正的，实际上当初制定该条时就是有争议的，分歧比较大，一种意见认为，前两次是违法行为，不能将第三次上升为刑事案件处理，有重复评价的嫌疑；另一种意见认为，非法行医屡教不改的，社会危害性大，屡教不止是非法行医蔓延的根源，有必要对这种情形加以规定，考虑到非法行医人在两次处罚后明知非法行医行为扰乱了国家对医疗服务市场和医务人员的管理秩序，仍然无视人民的生命权、健康权，为了利益的驱动，再一次非法行医的，说明其主观恶性很大，社会危害性也很大，这种行为视为情节严重，解释采纳了后一种意见。

那么该案是否符合解释第 2 条第 4 项的规定，非法行医被刑事处罚后，又进行非法行医的如何处理？是否构成犯罪？对此产生了分歧意见。

* 作者单位：马鞍山市含山县人民检察院。

第一种观点认为：司法解释的本意就是打击屡教不改者，张某已因非法行医受到刑事处罚，现又再次非法行医，刑事处罚的情节肯定比行政处罚情节更重，其社会危害性更大，应属情节严重，不能割裂前次犯罪而单独思考此次非法行医行为，因此构成非法行医罪。

第二种观点认为：司法解释明确规定，非法行医被卫生行政处罚两次以后，再次非法行医的是情节严重，而张某此前三次非法行医已受过刑事处罚，此次仅一次非法行医行为，怎么能再作刑事处罚？应当是受到二次行政处罚后，才能达到情节严重的程度，因此不构成非法行医罪。

三、评析

《刑法》第 336 条规定：未取得医生执业资格的人非法行医，情节严重的，处三年以下有期徒刑、拘役或者管制，并处或者单处罚金；严重损害就诊人身体健康的，处三年以上十年以下有期徒刑，并处罚金，造成就诊人死亡的，处十年以上有期徒刑，并处罚金。从法律条文可以看出构成本罪的客观方面必须情节严重，这是构成本罪的必要条件，而严重损害就诊人身体健康或造成就诊人死亡的则是本罪的结果加重，刑法也规定了加重的法定刑。

前文第一种观点强调了司法解释的本意是打击屡教不改的非法行医行为，这种行为主观恶性很大，社会危害性也很大，举轻以明重，受过二次行政处罚再犯的都要进行刑事处罚，何况已经受过刑事处罚的，仍不悔改，继续进行非法行医呢？刑事处罚的情节肯定比行政处罚情节更重，因此张某行为构成非法行医罪。前文第二种观点认为张某此次仅一次非法行医行为，尚未达到情节严重的程度，因此不构成非法行医罪。虽然，此条司法解释的宗旨是打击屡教不改的非法行医行为，但是，前三次非法行医行为已经作了一次刑事评价，不能再作为此次定罪的基础，否则，对第一次犯罪的已作刑事处罚的事实（同一事实），基于同一理由作了重复评价，不符合一罪一罚原则或重复处罚禁止原则。

笔者同意第二种观点，理由如下：

本案关键是将前次刑事处罚是否作为定罪的依据和情节严重的表现，这样理解是不是重复评价。禁止重复评价的思想起源于古罗马法，但在现代刑事立法中得以贯彻，禁止重复评价，是指在定罪量刑时，禁止对同一犯罪进行二次或二次以上的评价。例如德国《刑法》第 46 条明确规定"已成法定构成要件要素之行为情状，不得再予以顾及。"这主要是量刑意义上说的，实践中，禁止定罪中的重复评价甚至较之于禁止量刑中的重复评价更为重要。之所以应当贯穿禁止重复评价的原则，是由法的正义性所决定的，法的正义性是法的最重要的价值取向之一。著名学者陈兴良认为，法的正义性表现在刑法领域，就是要在惩罚犯罪，防卫社会的同时，切实有效地保护被告人的权利，防止不恰当地加重被告人的责任，以期实现罪刑均衡性，而禁止重复评价正是法的正义性的题中应有之义。在定罪过程中，禁止重复评价主要是指一个行为只能定一个罪名，或者说一个行为只能在构成要件中使用一次，不得在定罪中重复使用。

综上，对于同一犯罪构成事实予以二次或二次以上的法律评价，系重复评价，非法行医是情节犯和结果加重犯，只有情节严重或有危害严重的才构成犯罪。司法解释已明确规定，非法行医被行政处罚两次以后，再次非法行医的是情节严重，情节严重是定罪依据。本案张某在第一次犯罪时，前三次非法行医行为已被评价并作刑事处罚了，怎么能将前次作为犯罪打击的行为再次作为本次犯罪行为来评价，这是对一次行为的两次评价或打击。同时如果仅一次非法行医行为就进行刑事处罚，也与司法解释不符，司法解释虽然最终采纳了对受过两次治安处罚再次非法行医构罪的意见，但是不能再对此解释作扩大解释，这与法无明文规定不为罪的罪刑法定原则相悖。因此，张某不构成犯罪。

如何适用"一年内曾因盗窃受过行政处罚"

方玲玲*

2013 年"两高"《关于办理盗窃刑事案件适用法律若干问题的解释》（以下简称《解释》）第 2 条："一年内曾因盗窃受过行政处罚的，数额较大的标准可以按照前条规定标准（安徽省关于盗窃入罪的起刑点是二千元）的百分之五十确定。"实践中，对于"一年内"存在不同的理解：具体是指首次盗窃与再次盗窃两次盗窃行为的"一年内"，抑或指因首次盗窃受过行政处罚生效之日与再次盗窃行为的"一年内"？

一、案情摘要

2014 年 8 月 15 日，犯罪嫌疑人张某窜至当涂县姑孰镇双城汇小区 201 室，该户为未交付使用的毛坯房。犯罪嫌疑人张某从二楼窗户翻窗入室，利用八宝粥铁片盖将房屋内的插座螺丝拧开，后将里面的电线抽出。共盗窃远昌牌电线约 540 米。当涂县物价局价格鉴定价值人民币 1021 元。经查，2013 年 7 月犯罪嫌疑人张某因盗窃于 2013 年 8 月 25 日被当涂县公安局行政拘留 7 日。

二、争议焦点

犯罪嫌疑人张某具体盗窃时间是 2014 年 8 月 15 日，曾因盗窃受到当涂县公安局行政处罚决定书的时间是 2013 年 8 月 25 日，受行政处罚的盗窃行为发生时间是 2013 年 7 月。此时，受过行政处罚的第一次盗窃时间、行政处罚时间与本案的再次盗窃时间，发生了一年内时间区间的冲突。张某是否适用《解释》关于盗窃数额 50% 即 1000 元的标准而构成盗窃罪？

---

* 作者单位：马鞍山市当涂县人民检察院。

```
              大于一年
        ┌──────────────────────┐

     ┤        ┤                          ┤         →
     盗       行                         再
     窃       政                         次
     2013.7   处              小于一年    盗
              罚                         窃
              2013.8.25       └────────┘  2014.8.15
```

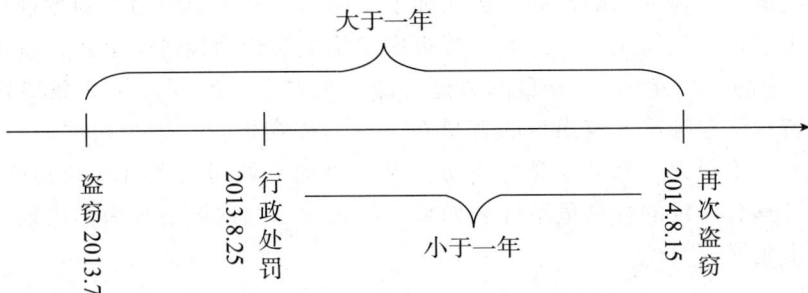

因为语义理解的不同，司法实践中往往给承办人造成困惑，类似这样盗窃罪与非罪的模糊，还有对盗窃犯罪形态的不同认识，不同法院之间甚至法院不同承办人之间，对同一类案件采用犯罪形态的认定标准也难取得一致。

在案件审查中，出现了两种不同的意见：第一种意见认为张某不构成盗窃罪，一年内应该是指两次盗窃行为间隔为一年，因为刑法处罚的是犯罪行为，并且在两种语义都能解释的通且没有明确司法解释的情况下，应该按有利于被告人原则。第二种意见认为张某构成犯罪，解释指的是距离此次盗窃行为一年内的上次盗窃的行政处罚时间。

三、辨析意见

笔者同意第二种观点。"一年内曾因盗窃受过行政处罚"具体是指距离此次盗窃时间一年内的行政处罚时间，即以因盗窃第一次受到行政处罚的生效之日与又盗窃行为实施之日的时间间隔计算确定。

第一，从文理解释上，"一年内曾因盗窃受过行政处罚"法条的意思在于一年内受过行政处罚，这样解释没有超出刑法用语可能具有的含义。

第二，按照体系解释，类似问题在刑法中也有规定，如《刑法》第153条（走私普通货物、物品罪）规定："一年内曾因走私被给予二次行政处罚后又走私的，处三年以下有期徒刑或者拘役"，其法律意思明确即指受过行政处罚后又走私。2014年9月10日"两高"《关于办理走私刑事案件适用法律若干问题的解释》第17条规定"一年内"，以因走私第一次受到行政处罚的生效之日与"又走私"行为实施之日的时间间隔计算确定。

第三，在目的解释中，根据《中华人民共和国治安管理处罚法》第22条规定："治安管理行为在六个月内没有被公安机关发现的，不再处罚，从违反治安管理行为终了之日起计算。"《公安机关办理行政案件程序规定》第141条规定：公安机关办理治安案件的期限，自受理之日起不得超过三十日；案情重大、复杂的，经上一级公安机关批准，可以延长三十日。试想，如果一年内是指两次盗窃行为的间隔时间，那么如下图所示，有可能盗窃行为发现后 8 个月内作出了行政处罚决定，这时只要再次实施盗窃行为超过 4 个月，就不属于《解释》中的"一年内"。从目的解释，即"两高"《解释》第 2 条盗窃数额较大的特殊认定标准，其出台的背景在于打击盗窃惯犯，因为根据调研情况，盗窃犯罪分子很大一部分是具有盗窃惯习受过刑事处罚或者行政处罚的人员，这类人员具有一定的社会危险性。如果一年内是以两次盗窃行为作为期限，不利于打击犯罪。

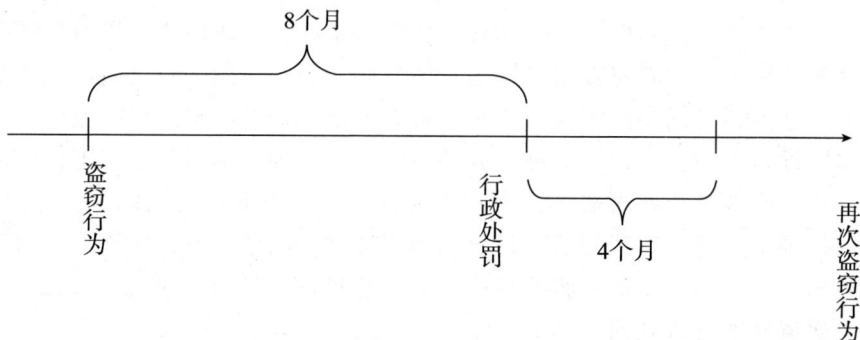

综上，犯罪嫌疑人张某涉嫌盗窃罪，但无社会危险性，决定不批准逮捕。

四、结语

《刑法修正案（八）》对盗窃罪作出重大修改，体现了对盗窃行为的严厉打击，随之盗窃新类型的定罪量刑出现了不少争议和疑点，即便是相应司法解释的出台，也不能完全解决实践中盗窃案件不断呈现出的新问题。在区分盗窃的罪与非罪、既遂与未遂时，应当依据盗窃罪的基本犯罪构成要件进行分析，再综合盗窃的场所、对象、时间、条件等具体情节加以判断，遵循宽严相济刑事政策的要求作出科学的结论。

吃"霸王餐"的行为构成何罪

吴纯峥[*]

一、基本案情

2015 年 7 月的一天晚上，犯罪嫌疑人李某约王某等十多人来到某度假村酒店准备吃"霸王餐"，当日就餐、烟酒共计花费 5372 元，当李某等人离开时，服务员追要餐费和烟酒款，李某等人拒付，并扬言"再要就打你们。"服务员遂不敢继续追要，李某等人扬长而去。后酒店老板报案，李某等人被公安机关抓获归案。

二、分歧意见

对于李某等人的行为构成何罪存在以下三种意见：

第一种意见认为，李某等人以非法占有为目的，在酒店就餐后，以实施暴力相威胁，使服务员不敢追要餐费的行为应构成敲诈勒索罪。

第二种意见认为，李某等人以非法占有为目的，当场使用暴力胁迫手段获取财物的行为应构成转化型抢劫犯罪。

第三种意见认为，李某等人以非法占有为目的，以就餐为名，隐瞒实际"吃霸王餐"的目的，从而骗取酒店数额较大财物的行为应构成诈骗罪。

三、法理分析

笔者通过案情分析后同意第三种意见。具体理由如下：

第一，李某等人的行为不构成敲诈勒索罪。刑法理论对敲诈勒索罪的定义是以非法占有为目的，对被害人使用威胁或者要挟的方法，强行索要数额较大的公私财物的行为。该罪在客观方面表现为行为人采用威胁、要挟、恫吓等手

---

* 作者单位：马鞍山市花山区人民检察院。

段,逼迫被害人交出财物的行为。所谓逼迫被害人交付财物,是指由于行为人实施了威胁、要挟、恫吓的手段,造成被害人精神恐惧,不得已而交出财物。其犯罪过程是,行为人以非法占有为目的对他人实施威胁、恫吓,对方产生恐惧心理,并基于恐惧心理交出数额较大的财物,行为人获得财物。而在本案中,虽然李某等人实施了威胁、恫吓的行为,但威胁的目的不在于获取财物,而是为了能够顺利地离开酒店。故李某等人的行为不构成敲诈勒索罪。

第二,李某等人的行为不构成抢劫罪。刑法理论对抢劫罪的定义是以非法占有为目的,对财物的所有人、保管人当场使用暴力、胁迫或其他方法,强行将公私财物抢走的行为。本罪侵犯的客体是公私财物的所有权和公民的人身权利,属复杂客体。其在客观方面表现为行为人对公私财物的所有者、保管者或者守护者当场使用暴力、胁迫或其他对人身实施强制的方法,立即抢走财物或者迫使被害人立即交出财物的行为。这种当场对被害人身体实施强制的犯罪手段,是抢劫罪的本质特征。本案中,虽然李某等人当场实施了威胁行为,酒店服务员也交出了财物,但是服务员交出财物时不是基于恐惧心理,而是上当受骗,相信李某等人会在消费之后支付餐费、烟酒款的情况下交出财物的,故李某等人的行为不构成抢劫罪。

第三,李某等人的行为构成诈骗罪。刑法理论对诈骗罪的定义是以非法占有为目的,用虚构事实或者隐瞒真相的方法,骗取数额较大的公私财物的行为。本罪在客观方面表现为以虚构事实或者隐瞒真相的欺骗方法,使财物所有人、管理人产生错觉,信以为真,从而似乎"自愿地"交出财物,而不是强取。本案中,犯罪嫌疑人李某等人利用饭店提供的先消费后结账的便利条件,事先就约好去吃"霸王餐",首先在主观上具有非法占有的目的,是想非法占有该酒店的烟酒、食品;在客观方面,对该酒店服务员隐瞒了其想吃"霸王餐"的真相,召集十来个人来到酒店包厢大肆点高档香烟酒水、菜肴,其阔绰的表现让服务员误以为他们真的是来用餐消费的,从而"自愿地"交出财物(价值5000余元的香烟酒水和菜肴),使李某等人如期取得财物,实施了就餐消费行为并已经实际占有了财物,李某等人的目的已经达到,其诈骗犯罪行为已经完成。当李某等人准备离开的时候,服务员追要餐费、烟酒款,至此李某等人的诈骗行为才被发现,这时,李某等人以言语相威胁,其目的是想顺利离开饭店,而不是抗拒抓捕,所以,笔者认为,李某等人的行为构成诈骗罪。

通过木马程序赢取游戏厅巨额现金构成何罪

范 平 吴 敏*

一、案情简介

2014 年犯罪嫌疑人朱某（外逃）由于经常到游戏室打游戏而结识了在游戏室工作的王某，于是朱某通过王某在该游戏室的游戏机上秘密地装了一个木马程序，并承诺以后通过游戏机赢钱会分给他。后来该游戏室关闭，搬到另一处由张某继续经营。2015 年 2 月的一天，犯罪嫌疑人朱某打电话向王某打听游戏机下落并告诉他过两天有人会来找他打机子。数日后，犯罪嫌疑人李某找到王某说自己是朱某介绍来打机子的，王某就带他去了张某的游戏机室。李某利用朱某安装的木马程序和操作方法在张某（已另处）经营的游戏机室内的一台"火麒麟"游戏机上实施"偷分"共计 5 次，获利 7 万余元。

二、分歧意见

本案中对于李某、王某、朱某的行为构成何罪，产生两种不同的观点。

（一）李某、王某、朱某的行为构成诈骗

诈骗罪是指以非法占有为目的，用虚构现实或隐瞒真相的方法骗取数额较大的公私财务的行为，本案中李某、王某、朱某的行为表面上是通过游戏机赌博赢取游戏厅的奖金，实际上并非如此。首先，犯罪嫌疑人朱某事先在游戏机主板上植入了木马病毒，可以控制游戏的输赢，因此具有非法占有的故意；其次，犯罪嫌疑人李某通过特定操作方法赢得了赌博机的分数，而这个分数可以通过游戏厅工作人员兑换成现金；最后，犯罪嫌疑人使游戏厅工作人员产生错误认识，自愿将游戏厅的奖金交付给李某。因此李某、王某、朱某的行为符合诈骗罪的构成要件。

---

* 作者单位：马鞍山市博望区人民检察院。

（二）李某、王某、朱某的行为构成盗窃

盗窃罪是指以非法占有为目的，秘密窃取数额较大的公私财物的行为。本案中，李某等人通过秘密安装木马程序，采用不被游戏室工作人员发觉的方法，赢得游戏机内的分数，再将赢得的分数兑换成现金，是典型的盗窃罪。

三、笔者观点

笔者同意第二种观点，李某等人的行为构成盗窃罪。

诈骗罪与盗窃罪同属侵犯财产的犯罪，前者是基于被害人有瑕疵的意志而取得财产的犯罪，后者是违反被害人的意志而取得财产的犯罪，二者区别关键在于：财产损失是不是被害人处分财产的结果。在行为人的欺骗下，财物所有者、保管者基于瑕疵的意思表示，自己处分财物，将财物自愿交出，属诈骗；如果财物的所有者、保管者在不知情的情况下，行为人违背所有者、保管者的意愿，秘密将财物的所有者、保管者转移到自己的控制下，则是盗窃。

本案中的当事人采取秘密的手段在游戏厅的游戏机内安装木马程序以取得对游戏机的控制，从而秘密窃取游戏机内的分数，以兑换成现金。从分数表面来看，工作人员根本无法辨别该分数有无采取特别手段获得，因此工作人员并没有基于错误的认识而将现金兑换给当事人。在这里，我们可以将分数等同于现金，因为工作人员的日常工作即将分数兑换成现金，没有其他要求，行为人本身没有主动实施虚假行为，而是采取符合机器程序运行条件之外的行为取得财产的。因此，本案中的李某等人并没有欺骗工作人员，而是通过"欺骗游戏机"，而获得了财物。因此笔者认为李某、王某、朱某的行为构成盗窃罪。

赌博过程中"抽老千"如何认定

魏一方[*]

一、本案简要案情

2013 年 10 月上旬，犯罪嫌疑人陈某在犯罪嫌疑人汤某、印某所开设的赌场多次"推牌九"赌博输钱后萌生在赌场"抽老千"作弊的想法。随后邀集犯罪嫌疑人许某、马某、王某（在逃）等人共同商议"抽老千"细节，3 人约定每人出资 1000 元作为赌资，赢钱后平分，由许某"把门子"并佩戴作弊用的隐形眼镜看牌九，陈某、马某跟着许某押钱"钓鱼"。2013 年 10 月 20 日，陈某、王某将事先购买的 2 副具有特殊标记的牌九与赌场的牌九掉包。随后，4 名犯罪嫌疑人在汤某的赌场内按照事先约定的方式"抽老千"，其中许某、马某、陈某 3 人在赌场利用作弊牌九"抽老千"共获利人民币 11000 余元。

二、本案定性分析

关于本案的定性，有两种观点：

一种观点认为，陈某等人以非法占有为目的，在赌博中使用特制眼镜看牌，导致被害人信以为真交付赌资，符合以虚构事实、隐瞒真相的手段骗取被害人钱财的行为，应以诈骗罪定罪处罚。

另一种观点认为，陈某等人在赌博中设置圈套，虽然带有欺骗性，但实际仍属于赌博活动中的营利行为，不构成诈骗罪。陈某等人作为参赌人员，并非赌博活动组织者，也不构成赌博罪，应当治安处罚。

笔者同意第二种观点，理由如下：

第一，"推牌九"是由多人共同参与的一种赌博游戏，具体规则为 4 人中

---

* 作者单位：马鞍山市雨山区人民检察院。

由一人作为庄家，其他 3 名参赌人员相互独立，各把一门。庄家将牌九背面朝上码为四组，由参赌人员分别下注，庄家投掷骰子决定各门抓牌的顺序，各门比牌九点数，点数大者胜出。根据"推牌九"赌博的具体玩法及现有证据分析来看，本案陈某等人在推牌九赌博中使用特制隐形眼镜能看到具有标记的假牌九，并利用自己熟识骰子所掷点数为 6、7、8 概率高的特点，猜测抓牌顺序，以此来提高赢钱概率的行为仍属于赌博行为。该种行为虽然在赌博过程中使用了欺骗的手段，但并不能必然控制赌博的输赢，还需要凭借运气及赌技来猜测抓牌顺序来提高赢钱概率，此种行为与采用欺骗手段掌控赌局的输赢结果、被害人在全然不知的情况下自愿交付财物的诈骗罪尚有区别，仍属于赌博行为。

第二，本案现有证据亦无法证明陈某等人构成赌博罪。陈某等人作为参赌人员在赌场进行"推牌九"赌博，并非赌博的组织者。本案中，无证据表明其组织 3 人以上进行赌博，更无法达到"聚众赌博"相关立案标准，也无证据表明陈某等人以赌博为业，因此，根据《中华人民共和国刑法》第 303 条第 1 款、《最高人民法院、最高人民检察院关于办理赌博刑事案件具体应用法律若干问题的解释》第 1 条之规定，现有证据无法证明陈某等人构成赌博罪。

三、关于欺诈型赌博犯罪和赌博型诈骗犯罪的思考

1991 年《最高人民法院研究室关于设置圈套有骗他人参赌获取钱财的案件应如何定罪问题的电话答复》（以下简称《答复》）规定："对于行为人以营利为目的，设置圈套，诱骗他人参赌的行为，需要追究刑事责任的，应以赌博罪论处。"1995 年《最高人民法院关于对设置圈套诱骗他人参赌又向索还钱财的受骗者施以暴力或暴力威胁的行为应如何定罪问题的批复》（以下简称《批复》）规定："行为人设置圈套诱骗他人参赌获取钱财，属赌博行为，构成犯罪的，应当以赌博罪定罪处罚。"

《答复》和《批复》的作出具有当时特定背景，主要是针对火车站、公共汽车站等公共场所诱骗他人参赌并施以骗术获取钱财的现象，由于此类案件的侵害对象具有不特定性，侵犯客体的主要是社会管理秩序，因此，对于此类行为均以赌博罪定罪处罚。然而随着社会飞速发展，对于设置圈套诱骗他人参赌获取钱财的行为，不再局限于公共场所，赌博及作弊形式也不再拘泥于传统模式，因此，在研究定性时不宜简单机械适用《答复》和《批复》的相关规定，而应当根据赌博罪和诈骗罪的基本特征，结合具体案情，判断欺诈行为在整个行为过程中所起到的作用进行综合分析。

依照法理分析，诈骗的实质在于骗取钱财，是指行为人以非法占有为目

的，采用虚构事实、隐瞒真相的方式使被害人陷于错误认识进而交付财产。而赌博，虽然客观上也会给被害人造成财产损失，尤其是欺诈型的赌博，行为人在主观上也有非法占有他人财产的目的，但是赌博作为一种射幸游戏，行为人营利目的的实现带有相当大的不确定性及偶然性，在赌博中没有被害人，参赌各方对可能造成的财产损失具有明确预知并接受相关的输赢结果。笔者认为，如果行为人在赌博中为了提高赢钱的概率，从而使用了一些欺诈的手段，偶有作弊行为，但还需要靠赌技和运气来赢取参赌者钱财的，并未完全改变赌博的射幸本质，应以赌博罪定性；如果行为人在赌博中利用特殊工具能够完全控制赌博输赢，即使为骗取对方信任有输的行为，也是在其操控下完成的，已经完全改变了赌博的所具有的偶然性，应以诈骗罪定性。

以本案为例，行为人在"推牌九"赌博中使用隐形眼镜仅能看到牌九大小，但决定抓牌顺序的骰子是不受其控制的，因此，行为人还需要凭借运气和赌技猜测骰子的点数，输赢具有偶然性，该行为仅能提高赢的概率，并未改变赌博的本质，仍应属于赌博行为。但如果行为人利用特殊手段能够控制骰子，达到操控抓牌顺序的程度，其行为即是完全操控赌博活动；又或如行为人通过扑克牌进行赌博，通过作弊能够看到对方的牌而作出判断后，再实施赌博行为从而获取钱财，即是完全控制了赌博的局面，改了赌博的射幸本质，其所实施的行为是在被害人不知情的情况下"愿赌服输"，应属于诈骗行为。

综上所述，判断欺诈型赌博犯罪和赌博型诈骗犯罪的关键是在赌博过程中行为人的作弊手段能否控制输赢。

卫生院领导决定账外收受药品回扣分发的行为应如何定性

金富松　王春生[*]

一、案情介绍及意见分歧

某乡镇卫生院（系国有事业单位）为规范药品采购，2011 年 1 月成立了以院长陈某、药房采购张某和库房管理朱某等 5 人组成的药品管理委员会（以下简称"药管会"），负责卫生院药品采购等事宜。后张某和朱某先后将药品供应商表示愿意支付药品回扣的情况向陈某汇报，并建议账外统一收取、小范围分发。陈某同意后并安排张某和朱某以单位名义在账外集中收受药品供应商以"宣传费""咨询费"等名义支付的药品回扣，用于部分发放给"药管会"成员，部分发放给用药医生。自 2011 年至 2015 年期间，账外共收受药品回扣 60 万元。其中，分给"药管会"成员共 15 万元，陈某、张某和朱某各得 3 万元；分给其他 5 名用药医生数额不等（依据"处方量"按比发放，均超过 5 万元）计 45 万元。那么，本案应如何定性？

第一种意见认为，陈某、张某和朱某等人利用负责卫生院药品采购等事宜的职务便利，私分单位账外收受的药品回扣资金 60 万元，数额巨大，依照《中华人民共和国刑法》第 25 条、第 382 条第 1 款之规定，构成贪污罪，陈某、张某和朱某等人系共同犯罪。

第二种意见认为，陈某、张某和朱某等人利用负责卫生院药品采购等事宜的职务便利，非法收受药品供应商回扣 60 万元，数额巨大，并为他人谋取利益，依照《中华人民共和国刑法》第 25 条、第 385 条第 2 款规定，构成受贿罪，陈某、张某和朱某等人系共同犯罪。

第三种意见认为，该乡镇卫生院以单位的名义将本单位账外收受的药品回

---

* 作者单位：马鞍山市当涂县人民检察院。

扣资金 60 万元集体私分给个人，数额较大，依据《中华人民共和国刑法》第 396 条之规定，构成私分国有资产罪，应对其直接负责的主管人员陈某和其他直接责任人张某和朱某追究刑事责任。

第四种意见认为，陈某作为该乡镇卫生院院长，同意并安排张某和朱某以单位名义账外暗中收受药品回扣 60 万元，并为他人谋取利益，是一种单位受贿行为，且情节严重，依据《中华人民共和国刑法》第 387 条第 2 款之规定，构成单位受贿罪，应对其直接负责的主管人员陈某和其他直接责任人张某和朱某追究刑事责任。

二、评析

贪污罪、受贿罪的主体相同，私分国有资产罪和单位受贿罪的主体相同，主观方面都表现为故意，侵害的对象也都是国有资产或公共财产，但各罪又有各罪的特点，相互之间又有一定的区别。

（一）贪污罪

贪污罪是指国家工作人员利用职务上的便利，侵吞、窃取、骗取或者以其他手段非法占有公共财物的行为；或受国家机关、国有公司、企业、事业单位、人民团体委托管理、经营国有财产的人员，利用职务上的便利，侵吞、窃取、骗取或者以其他手段非法占有国有财物的，以贪污论。与前两款所列人员勾结，伙同贪污的，以共犯论处。本案中，第一，除陈某、张某和朱某 3 人利用自己是"药管会"成员，负责该单位药品采购管理职权和经管账外集中收取的药品回扣 60 万元外，其余 2 名"药管会"成员和 5 名医生并没有利用自己的职务之便收取药品回扣和经管收取的药品回扣 60 万元。第二，贪污罪的客观方面表现为侵吞、窃取、骗取，即有一定的"秘密性"。而本案中的 60 万元账外资金，是陈某、张某和朱某 3 人协商，并由陈某同意后以单位名义集中收取的药品回扣，继而分发，3 人协商的结果是"以单位名义在账外集中收受药品供应商以"宣传费""咨询费"等名义支付的药品回扣"，而不是秘密侵吞、窃取、骗取，且有一定范围内的"公开性"，所以陈某、张某和朱某等人客观上没有"秘密"侵吞、窃取、骗取或以其他手段非法占有其经管的 60 万元账外回扣的故意和行为，其余 2 名"药管会"成员和 5 名医生更没有"秘密"侵吞、窃取、骗取或以其他手段非法占有这 60 万元回扣的故意和行为。第三，共同犯罪最显著的特征是要有共同的主观故意，共同的客观行为，不能割裂开，而本案中除陈某、张某和朱某 3 人事先协商外，其余人员均不知晓，并没有共同的主观故意，也没有共同的客观行为，故本案不构成贪污罪，陈某、张某和朱某等人也不构成共同犯罪。

（二）受贿罪

受贿罪是指国家工作人员利用职务上的便利，索取他人财物的，或者非法收受他人财物，为他人谋取利益的行为；或国家工作人员在经济往来中，违反国家规定，收受各种名义的回扣、手续费，归个人所有的，以受贿论处。本案中，第一，如前所述，60 万元的药品回扣是经院长陈某同意后以单位名义账外集中收取的，利用的是单位的药品采购这个职权，而不是利用陈某、张某和朱某等人各自的职权，即陈某、张某和朱某等人客观上没有利用各自的职务之便；第二，收取回扣 60 万元并不是陈某、张某和朱某等人直接故意收受药品供应商的回扣，而是以单位名义账外集中收取，继而分发，5 名医生更是以"处方量"按一定比例发放，且陈某、张某和朱某 3 人协商的结果是"集中收取，而不是直接收受"药品回扣；第三，本案中除陈某、张某和朱某三人事先协商外，其余人员均无共同的主观故意，也无共同的客观行为。故本案不构成受贿罪，陈某、张某和朱某等人也不构成共同犯罪。

（三）私分国有资产罪

私分国有资产罪是指国家机关、国有公司、企业、事业单位、人民团体，违反国家规定，以单位名义将国有资产集体私分给个人，数额较大的行为。私分国有资产罪客观上表现为以单位名义经单位领导决策机构集体研究决定后，在本单位范围内公开集体私分给所有或绝大部分职工，可谓"人人有份"。而本案中，陈某、张某和朱某以单位名义集中收取并经管药品回扣 60 万元，继而分发，虽然有一定范围的"公开性"，但只有"药管会"5 名成员平均分得 3 万元，共 15 万元，其他 5 名医生是根据工作业绩即所开药方的"处方量"按一定的比例发放共 45 万元，且每人数额不等，而该单位绝大多数职工没有分发得到此款；又陈某、张某和朱某以单位名义集中收取药品回扣 60 万元，是暗中账外收取的，60 万元的分发也未完全公开分发，不符合《刑法》规定的"在本单位范围内公开集体私分给所有或绝大部分职工"。故本案不构成私分国有资产罪。

（四）单位受贿罪

单位受贿罪是指国家机关、国有国有公司、企业、事业单位、人民团体，索取、非法收受他人财物，为他人谋取利益，情节严重的行为；或在经济往来中，在账外暗中收受各种名义的回扣、手续费的，以受贿论。本案中：

第一，从犯罪主体来看，该乡镇卫生院系国有事业单位，根据《中华人民共和国刑法》第 387 条之规定，符合单位受贿罪的犯罪主体。

第二，从主观方面来看，单位受贿属于故意犯罪，但单位不同于自然人，本身并不能表达意志，其意志是要通过单位领导机构决策，来代表单位的整体意志。本案中，陈某系该卫生院院长，是单位的主要负责人，又是负责药品采购管理的"药管会"成员，而张某、朱某也是负责药品采购管理的"药管会"成员，他们共同商议决定且实施了账外暗中收受药品回扣60万元并分发，该行为意志应视为代表单位的整体意志，符合单位受贿罪的主观要件。

第三，从客观方面来看，单位受贿表现为利用职权，索取、非法收受他人财物，为他人谋取利益，情节严重的行为；或在经济往来中，在账外暗中收受各种名义的回扣、手续费。本案中，陈某、张某和朱某正是利用负责该单位药品采购管理的职权，在账外暗中收受药品供应商以"宣传费"、"咨询费"等名义的回扣60万元且分发，并为药品供应商长期谋取利益，符合单位受贿罪的客观要件。

第四，单位受贿罪只有情节严重才能构成，本案中，陈某、张某和朱某利用负责药品采购管理职权，在账外暗中非法收受药品供应商以"宣传费""咨询费"等名义的回扣60万元，数额较大，符合单位受贿罪的"情节严重"。

综上所述，笔者同意第四种意见，本案应构成单位受贿罪，依法应对其直接负责的主管人员陈某和其他直接责任人张某和朱某追究刑事责任。

以事立案未确定犯罪嫌疑人是否适用追诉时效的延长

沈海涛　　方玲玲*

一、基本案情

2007 年 2 月 27 日，戴某窜至某小区，见被害人张某家中无人便翻窗入户，盗窃卧室衣柜内现金 4000 余元，之后逃往外地。经张某报案，公安机关于当日立案侦查，但一直未能明确犯罪嫌疑人。2013 年 11 月 4 日戴某涉嫌寻衅滋事罪被抓获，公安机关通过指纹比对确定其为 2007 年张某被盗案的犯罪嫌疑人。

二、分歧意见

刑法第 89 条第 2 款规定"在追诉期限以内又犯罪的，前罪追诉的期限从犯后罪之日起计算"。本案争议的焦点在于戴某涉嫌盗窃罪是否在追诉期限内。对其盗窃行为是依据刑法第 87 条第 1 款之规定，即法定最高刑不到 5 年的经过 5 年不再追诉，还是依据刑法第 88 条第 1 款之规定，即在公安机关立案侦查以后逃避侦查的，不受追诉期限的限制，适用追诉时效的延长，存在不同的意见。

第一种意见认为不应该追究戴某盗窃罪的刑事责任。理由是：侦查机关立案侦查并且行为人逃避侦查才适用诉讼时效的延长。本案中，公安机关虽然于当日经被害人报案后立案，但仅就发现的犯罪事实立案而未查明犯罪嫌疑人，"逃避侦查或审判"的主体不明确，犯罪嫌疑人未明确前不存在逃避侦查行为。故不适用追诉时效的延长规定，本案盗窃犯罪已经超过追诉期限。

---

* 作者单位：马鞍山市当涂县人民检察院。

第二种意见认为不应该追究戴某盗窃罪的刑事责任。理由是：立案侦查后并且侦查机关告知不得逃跑、隐匿或者采取强制措施后犯罪嫌疑人有逃跑等行为才能被认为是"逃避侦查或审判"。本案，虽然已于案发当日立案侦查，但是公安机关未明确犯罪嫌疑人没有告知戴某不得有逃跑、隐匿等行为，故戴某逃往外地的行为不应认定为逃避侦查，因此，戴某盗窃罪不适用追诉时效的延长。

第三种意见认为应该追究戴某盗窃罪的刑事责任。公安机关已于案发当日立案侦查，虽然其未被公安机关发现，但是案发后逃往外地的行为就是积极逃避侦查，适用追诉时效的延长，盗窃罪的追诉时效从犯寻衅滋事罪之日起计算，应该对戴某实行数罪并罚。

三、评析意见

笔者同意第三种观点，适用追诉时效的延长，应该追究戴某盗窃罪的刑事责任。理由如下：

追诉时效的延长，是指在追诉时效的进行期间，因为发生法律规定的事由，而使追诉时效暂时停止执行。我国《刑法》第 88 条第 1 款规定："在人民检察院、公安机关、国家安全机关立案侦查或者在人民法院受理案件以后，逃避侦查或者审判的，不受追诉期限的限制。"因此，适用追诉时效的延长需要同时具备两个条件：一是司法机关已经立案侦查或受理案件；二是行为人逃避侦查或者审判。

（一）"立案侦查"的解释

《刑事诉讼法》第 83 条规定："公安机关或者人民检察院发现犯罪事实或者犯罪嫌疑人，应当按照管辖范围，立案侦查。"据此，侦查机关的立案可以一是发现犯罪事实对事立案，二是发现犯罪嫌疑人对人立案。当侦查机关经被害人报案对发现的犯罪事实立案，虽未掌握犯罪嫌疑人信息，也属于法律规定的"立案侦查"情形，因此"逃避侦查"并不需要侦查机关已经明确犯罪嫌疑人这一前提。故第一种意见认为只有发现犯罪嫌疑人并对之进行立案侦查才适用追诉时效的延长不符合法律规定。

（二）"逃避侦查或者审判"的解释

根据全国人大法工委编著的《中华人民共和国刑法释义》：逃避侦查或者审判指"以逃避、隐藏的方法逃避刑事追究"，即"从拘留所、看守所中逃跑，从自家中潜逃、隐藏起来或者采用其他方法逃避侦查或者审判的"行为。

张明楷教授认为这里的逃避侦查或者审判"应限于积极的、明显的、致使侦查、审判工作无法进行的逃避行为，主要是指在司法机关已经告知其不得逃跑、隐匿或者采取强制措施后而逃跑或者隐匿"，其认为此处不可作过于宽泛的理解，否则追诉时效制度会丧失应有的意义。

笔者认为，从立法沿革上，我国 1979 年刑法第 77 条规定："在人民法院、人民检察院、公安机关采取强制措施以后，逃避侦查或者审判的，不受追诉期限的限制。"简而言之，对于追诉时效的延长，1979 年刑法以侦查机关"采取强制措施以后"为必要条件，而 1997 年刑法以侦查机关"立案侦查或受理案件以后"为必要条件。刑法的修改，使逃避行为从过去针对"采取强制措施"到"立案侦查或受理案件"，"逃避"行为的内涵发生了改变。故第二种意见认为公安机关没有告知戴某不得有逃跑、隐匿等行为不适用诉讼时效的延长，不符合我国刑法的立法精神。

同时，追诉机关立案侦查或者受理案件并不是犯罪嫌疑人必须明知的内容，也不论犯罪嫌疑人是否被追诉机关发现，只要其主观上知道或者应该知道实施的行为会被追究刑事责任，客观上采用隐藏、潜逃等方式积极逃避法律制裁，即符合"逃避"的本意。如果犯罪嫌疑人没有逃避侦查或审判的行为，即没有隐姓埋名、逃往外地等刻意改变原先生活轨迹的行为，而是追诉机关立案或受理后没有及时侦查或审理或者未掌握犯罪嫌疑人信息等原因的，不适用追诉时效延长的规定。

综上，戴某盗窃罪适用追诉时效延长的规定，应该对戴某涉嫌盗窃罪与寻衅滋事罪实行数罪并罚。

【经验交流】

马鞍山市检察院依托六大支点打造"民生检察"

顾玫帆[*]

马鞍山市人民检察院为认真贯彻落实习近平总书记对政法工作"防控风险、服务发展、破解难题、补齐短板"的指示精神，紧紧围绕马鞍山转型升级、加快发展工作主题，积极服务全市稳增长、调结构、惠民生、防风险，立足检察职能，倾力打造"民生检察"，切实维护民生、服务民生、保障民生。

一、制定服务保障民生工作意见

实施意见细化 14 条实际举措。强化司法为民宗旨意识，引导全市检察人员树立亲民、利民、惠民、便民理念，统筹把握广义民生与个案民生、法律效果与人民利益、忠实履职与司法助弱济困、严格程序与司法便民一致关系。强化法律监督民生职能，严厉打击发生在群众身边的刑事犯罪，突出打击涉农领域刑事犯罪和职务犯罪，积极为民计民生营造良好的法治环境，重点解决人民群众最关心、最直接、最现实的司法问题。强化司法公信力建设，提高服务群众能力、化解矛盾纠纷能力、司法专业化职业化能力。强化机制创新和制度保障，健全打击民生领域犯罪、司法矛盾纠纷调处、诉讼监督等长效机制。

二、搭建服务保障民生工作媒介平台

在传统平面媒体、互联网门户网站、机关局域网、手机微信公众平台建立服务保障民生媒体宣传推介平台，重点介绍全市检察机关服务保障民生的经验、特色和亮点。顾玫帆检察长在《马鞍山日报》发表长篇署名文章《毫不动摇地坚持检察工作的人民性，忠实履行保障人民安居乐业的职责使命》，深刻阐述了新形势下民生检察工作新理念、新思路、新举措，在社会

---

* 作者单位：马鞍山市人民检察院。

各界引起强烈反响，为服务保障民生扩大了舆论声势，营造浓厚的环境氛围。

三、建立与政府职能部门协作配合机制

市检察院与市残联、市民生办、市民政局、市教育局、市人社局、市住建委、市环保局、市卫计委、市国土局、市安监局、市药监局、市重点工程局等政府职能部门召开服务保障民生工作联席会议。与会部门负责同志一致肯定检察机关立足职能，开展服务保障民生工作是促进政府职能部门依法行政、注重改善民生、构建惩防体系的有力措施，并表示要积极配合、协助和支持检察机关开展好该项工作。联席会议后，共同制定检察机关与政府相关职能部门在服务保障民生工作中加强协作配合的会议纪要，建立了相互之间密切配合、相互支持、沟通协调的长效工作机制。

四、开展民生领域查办案件的回访调研

对查办民生领域案件进行一案一回访、一案一调研。主要考察检察机关所办理民生领域职务犯罪案件的政治效果、法律效果和社会效果。市检察院顾玫帆检察长亲自带队，市院分管领导、自侦部门负责人和案件承办人陪同参加调研，到发案单位进行实地回访，帮助发案单位建章立制，强化职务犯罪预防；深入了解检察人员在办案过程中司法行为是否规范，有无侵害案件当事合法权益，有无违反办案纪律和相关规定，对办案效果进行综合评估，为进一步查办民生领域案件积累经验、提供指导。

五、创建服务保障民生检察"窗口"

向社会公布民生检察服务热线（05552362124）。加强信访接待室软硬件建设，营造温馨接待环境，努力创建亲民爱民便民检察"窗口"。推行工作日全时段、全员接访制度，提升办理群众信访的整体水平。依法及时解决民生领域群众合理诉求，努力化解各类社会矛盾。坚持以案析理、以案释法，积极宣传检察职能和法律法规，积极疏通息诉罢访渠道。推行信访接待文明用语，规范接待行为，高效办理民生领域群众来信来访，公正处理每一起控告申诉案件，努力提升信访群众满意度。

六、开展"服务民生法律咨询基层行"活动

市院机关和县区检察院成立党员志愿服务队，集中开展"服务民生法律

咨询基层行"活动。结合开展的"举报宣传周"活动，以"加强举报人保护，惩治群众身边腐败"为主题，深入全市农村乡镇和偏远地方以及少数民族群众法律服务点、便民举报联系服务点，通过设点宣传、散发资料、接待举报、控告和申诉，积极开展法律援助便民服务，为未成年人、妇女儿童、残疾人及社会弱势群体提供法律咨询，充分保障民生领域困难群众合法权益。

推进"八化"建设　打造先进基层检察院

何玉明[*]

基层检察院是检察工作的基石，在检察事业发展中处于全局性、基础性、战略性地位，是基层深化改革推动发展的重要保障力量。习近平同志说过"必须把抓基层打基础作为长远之计和固本之策"。高检院《2014—2018 年基层人民检察院建设规划》（以下简称《规划》）明确提出"八化"目标，为基层院建设指明了努力方向、提供了基本遵循。基层院要履行好维护社会大局稳定、促进社会公平正义、保障人民安居乐业的职责使命，必须深化思想认识，创新工作举措，统筹推动"八化"建设，努力开创基层院建设新局面。

一、对基层检察院建设的理解

如何打造一个先进的基层检察院，就是要深刻认识到"八化"的重要性，结合自身院的实际，夯实基础，把握全局，协调发展。

（一）执法规范化、标准化是重点

基层院是检察机关联系群众的窗口，司法规范化程度直接关系检察工作的社会公信度。只有不断加强司法规范化标准化建设，才能更好服务地方经济社会发展、维护司法公正。通过开展规范司法行为专项整治，检察机关司法作风明显改善，规范司法水平持续提升。但是也要看到，司法不规范、制度执行刚性不强等问题仍然不同程度地存在，直接影响着办案效果和群众满意度。因此，要继续深化规范司法行为专项工作，在重点岗位和环节建立起完善的司法规范体系，切实抓好制度规范的贯彻落实，不断提升检察机关公信力。

（二）队伍专业化、职业化是方向

专业化、职业化建设是提高检察队伍整体素质、保障基层检察院公正司法的必由之路。新形势下推进检察队伍专业化建设，关键是要通过进一步加强思

---

* 作者单位：马鞍山市当涂县人民检察院。

想政治建设和职业道德建设，继续加大对检察人员的教育培训力度，培养一批高素质、高水平的专业人才和业务骨干，为公正司法奠定更加坚实的基础。

（三）管理科学化、信息化是关键

管理科学化信息化对于提高检察机关办公、办案质量和效率具有重要意义，已成为检察事业与时俱进、科学发展的必然趋势，也是实现科技强检、更好履行检察职能的有力保证。特别是要积极适应"互联网＋"的新形势、新要求，大力推进电子检务工程建设，着力打造司法办案、检察办公、队伍管理、检务保障、检察决策支持、检务公开和服务六大平台，为实现管理科学化信息化创造充分必要条件。

（四）保障现代化、实用化是基础

完善司法保障是检察机关全面履行法律监督职责的前提和基础。近年来，基层院检务保障工作取得新成效，为依法履职提供了有力保证。只有进一步加快建立基层检察院经费保障机制，大力加强基础设施、技术装备和信息化建设，才能确保检察工作科学健康发展，为下一步检察改革创造良好条件。

二、当涂县院基本情况分析

（一）队伍建设概况

1. 领导班子结构不合理。优化领导班子结构既是落实《规划》的基石，也是创建优秀检察队伍的核心组成部分，只有优秀的领导班子，才能带出一流的检察队伍，开创一流检察业绩。

2. 干警的学历层次相对较高，本科以上 53 人（其中研究生 5 人），占干警总数 82.81%，具有助理检察员以上法律职务的 51 人，占干警总数的 79.69%。但是，要注重专业知识的学习，拓展队伍专业化的发展空间。

3. 干警年龄结构呈断层现象，一方面，严重老龄化；另一方面，年轻干警、女干警偏多。本院现有在编政法干警 64 人。35 岁以下的有 26 人，占 40.62%；36—45 岁中坚力量的检察人员仅有 10 人，占 15.62%；46 岁以上的有 28 人，占 43.75%，其中 50 岁以上的有 20 人，占 31.25%。

4. 基层检察院吸纳高素质人才缺乏竞争力，高端检察业务骨干相对较少，制约了业务工作向高标准发展。全面推进依法治国对检察机关和检察人员提出了新的更高的要求，检察人员只有不断加强学习，提高自身素质，提升规范司法水平，方能更好地履行检察职能，适应新形势、新任务的需要。

5. 少数干警精神状态不佳，怠政、懒政，极个别甚至游离于检察事业之外，奉献精神、开拓创新意识不强，使一些工作进展缓慢。

（二）业务建设概况

2015 年，当涂县院在县委和市检察院的正确领导下，紧紧围绕争创"全国先进基层检察院"和"全国科技强检示范院"的奋斗目标，忠实履行检察职能，狠抓规范司法，着力提升司法公信力，多数检察工作较往年有了进步。但是，一方面，明显进步的不多，且各项检察工作在全市同行中的位次处前的不多，居后的不少。另一方面，虽然每年都开展相应的检察职能和工作宣传，但宣传的方式老套，效果不理想，有的检察职能还不被社会广泛知晓。

（三）检务保障概况

当涂县院检务保障整体取得显著成效，完成了视频会议室、值班室、停车场等工程的建设改造，加强了车辆日常管理与财务等方面的管理，着力提升了检务保障水平，积极保障办案需要。但是工作中仍然存在一些问题，如检察经费稳定增长的机制尚未形成，信息化建设和应用方面仍然存在投入不足、应用不广等问题和短板。

如何抓好班子带好队伍、提高业务、做好检务保障，落实《规划》要求，实现"八化"目标，是制约检察事业发展的难题。

三、本院建设目标

百舸争流千帆竞，济海奋楫勇争先。2014 年，当涂县院新一届党组成立后，确立了争创"全国先进基层检察院"和"全国科技强检示范院"的奋斗目标，以"崇法、厚德、致公、为民"为院训，以"执法规范化、队伍专业化、管理科学化、保障现代化"为工作要求，以"党委关注什么，群众关心什么，社会需要什么"作为一切检察工作的出发点和落脚点，进一步明确检察工作服务全县工作大局的方向和途径，努力在服务大局中谋求检察事业协调可持续发展。

2015 年，全院上下团结一心，砥砺前行，立足基层、夯实基础、狠抓基本功，实现了"全国科技强检示范院"的奋斗目标。干在实处永无止境，走在前列要谋新篇。2016 年年初，为加快实现"全国先进基层检察院"的奋斗目标，院党组立足院情实际，及时提出了立足新起点、明确新任务、树立新目标、争创新业绩的"四新"为工作思路和 2016 年全面打基础、2017 年全面见成效、2018 年全面达目标的争创工作"三步曲"，使争创工作有思路、有步骤、有措施、有抓手。

四、基层院建设的有效途径

针对《规划》安排和"八化"要求，当涂县院将主动适应形势发展新变化和经济发展新常态，以争创"全国先进基层检察院"为目标，以检察改革为动力，着力整合内部资源、优化外部发展环境，系统、扎实、有序推进"八化"建设，推动基层院建设再上新台阶、实现新跨越、取得新成效。

（一）建设服务型检察院，为区域发展提供有力司法保障

坚持把服务经济社会发展作为检察工作的首要责任，紧紧围绕全县"转型升级、加快发展"的主题和"1234"发展战略，忠实履行宪法和法律赋予的检察职能，为本地经济社会科学发展提供强有力的司法保障。一是主动将检察工作置于全县经济社会发展中来谋划和推进，主动融入党委领导、政府主导的社会管理大格局，全力推进全县社会建设和管理创新。二是积极为党委政府提供决策参考，坚持把司法调研作为服务发展的有效载体，结合执法办案，针对办案中发现的征地拆迁、环境保护、食品安全等重点领域的社会管理隐患提出检察建议。三是全力化解社会矛盾纠纷，积极履行刑事检察职能，维护地方社会和谐稳定。四是认真查办和预防职务犯罪，深入党政机关、乡村社区等举办预防职务犯罪宣传和警示教育讲座，促进反腐倡廉建设。五是准确把握全县经济发展新常态、新变化，充分发挥和延伸检察职能，深入开展服务企业活动，了解司法需求，积极为企业提供法律服务。

（二）建设学习型检察院，全面提升检察队伍建设水平

检察队伍整体素质是基层检察院科学发展的关键。队伍专业化是职业化建设的前提。班子专业化是实现队伍专业化的基本保证。一是加强班子成员思想政治建设。要继续深化"三严三实"专题教育，深入开展"两学一做"活动，结合学习，开展自我剖析，全面提升班子成员政治意识、大局意识、宗旨意识。二是强化业务知识学习，班子成员应该娴熟掌握各种法律法规，精通市场经济，具有泛科技知识，业务水平和组织指挥能力强实。三是开展学习交流，采取走出去、请进来的方式开拓视野、拓宽思路，提升领导艺术与决策水平。四是逐步优化班子结构，使班子人员梯队和知识结构更趋合理。

队伍专业化建设是"素质立检"的根本。一是根据中央关于司法体制改革的决策部署，大力推进司法责任制、司法人员分类管理制度、司法人员职业保障制度等改革，确保检察人员分类管理到位、责任明确到位、职业保障到位。二是注重检察文化的凝聚激励作用，不断提振士气转变作风，从消除少数干警精气神不佳、懒政怠政入手，通过树立典型弘扬正气提振队伍整体精神状

态，提升执行力和战斗力。三是大力开展业务培训、进行岗位练兵，实行轮岗、换岗、待岗、AB岗制度，提升一岗多职、一专多能的实际工作能力，真正实现能者上、庸者下。四是大力开展真才实学教育，完善人才发现培养机制，努力造就一批专家型、实用型、复合型的检察人才。五是开展专项培训，采取派出去、请进来的方式培养高端检察人才。六是组织业务骨干、专业水准高的检察干警开展每月一讲，提升整体业务水准。七是把好人员进出关口，通过内引外联，优化检察队伍。八是强化科技培训，提高干警运用高科技手段办案的能力。九是深入开展"抓特色、创品牌、育典型"活动，激发干警争先创优意识，树立品牌，打造特色。十是坚持严管厚爱，成立了青年检察官工作委员会，打造青年干警成才环境，活跃和丰富青年干警的业余文化生活。

狠抓廉政建设和作风建设。一是把纪律建设摆在从严治检的突出位置，严明党的纪律、政治纪律和政治规矩，认真贯彻"两个责任"，有令必行、有禁必止，使纪律规矩成为"当检人"的行为底线。二是不断强化自律意识，教育干警珍惜政治生命，珍重自身人格。三是强化廉洁意识，教育干警耐得住艰苦，顶得住歪风邪气，抗得住诱惑，守得住小节。四是诚实守信教育，要求干警说真话、讲实情，坚持实事求是，树立"当检人"良好形象。

（三）建设专业性检察院，锻造过硬检察队伍

专项整治为契机，推进执法规范化、标准化建设。加强执法规范化建设关键要抓好四项工作：一是深入推进"规范司法行为深化年"活动。扎实开展"学规范、讲规范、用规范、考规范"活动，以及执法思想研讨、典型案例剖析、规范执法行为警示教育等活动，加强规范性制度执行情况专项检查，让规范司法成为干警的思想自觉和行为习惯。二是进一步优化人员配置，加强业务技能培训，夯实执法规范化的人力基础。对不适应办案一线工作的及时调整，从根本上化解知识老化、业务素质跟不上的矛盾。三是改革完善检察业务领导体制，夯实执法规范化管理基础。强化检察委员会对检察业务工作指导作用，减少疑难复杂案件的冗余环节。四是进一步强化内外监督制约，夯实执法规范化的监督基础。完善执法规范化制度建设，构建执法规范化保障平台，落实检务公开制度，主动接受社会监督。

加强执法标准化管理体系建设，应以公正高效、改革创新增添机制活力，着力做好办案流程化体系建设、岗位责任及工作标准的规范、工作制度和操作文件完善等工作。岗位责任及工作标准是基础，操作文件是落实制度的工作规范，办案流程化体系是保障办案质量、提高诉讼效率、实现执法标准化的核心内容。在制度建设中应该将绩效管理和目标管理作为考核内容，分别对岗位责任、办案流程和各项制度执行情况进行考核，将考核结果作为换岗、待岗、提

拔、评先评优的依据，为下一步司法改革、量才录用奠定基础。

（四）建设科技型检察院，大力提升检务保障水平

信息化建设为前导，推动促进管理科学化。通过建立"网上检察院"，将案件集中管理，加快信息传递速度，对执法办案活动实行全程管理，动态监督、科学考评，使案件管理规范、明了。充分发挥"两微一端"（微博、微信、新闻客户端）平台的服务功能，实行检务公开上网，方便人民群众网上查询。举报控告在网上受理、网上答复，实行网上指引、网上发布的"一站式"服务，实现检民"零距离"互动。另外，要开辟专门板块接受社会公众对检察人员违法违纪行为的控告、举报和投诉，并将查处结果及时反馈当事人。

要将信息技术与检察工作深度融合，全方位支持检察事业发展。通过建设检察内网、开通互联网，将审讯、侦查指挥通过检察内网传送；远程音视频会议、视频接访、办公楼安防、办案区监控，办公智能化建设一样不能少。综合信息化系统是高速、高效、安全的综合信息基础平台，必须能够满足各类业务应用。

（五）建设节约型检察院，以办案需求为导向，厉行节约，检务保障现代化实用化

检务保障现代化建设是基层院建设的重点之一，也是检察工作科学发展的基础定位。要厉行节约，促使检务保障工作更加务实、有力。首先要满足司法办案一线需要尤其是侦查工作需要，要加大侦查指挥、证据收集、交通通信、检验鉴定等科技装备的投入。同时要加强远程侦查指挥、视频提讯、与监管场所监控系统联网等信息系统建设，为提高执法办案现代化水平提供高科技支撑。

保障实用化建设是确保有限的经费真正用于检察工作需要，应该在深化经费保障体制改革的框架里，完善保障机制、提高保障能力。要树立"广辟财源、增收节支"的思想，加强对检察经费的使用、管理、监督，按照节约、勤俭的原则，努力建设节约型机关，把有限的财力用在刀刃上，通过有效管理，为检察机关争取足够的经费保障。要提高严格规范的管理意识，建立健全管理制度，制止违反财经纪律和财务制度的行为，实行经费使用透明化，形成检务保障科学合理的长效机制。

（六）建设阳光型检察院，树立检察公信力

主动接受社会各界监督，争取群众广泛理解和支持。始终牢固树立监督者更要自觉接受监督的意识，深化检务公开，加强与人大、政协和群众的联系，

主动接受外部监督。定期邀请代表、委员和各界人士参加检察开放日、观摩刑事案件庭审现场等活动,广泛听取各界意见建议,依靠外部监督促进公正廉洁执法。

紧紧围绕检察工作主题,搞好检察职能宣传。依托新闻媒体的广阔平台,紧密结合社会热点策划主题,以检察官视角为群众解疑释惑,展示检察机关参与社会管理创新各项举措。有效利用检察开放日、法制宣传日、普法教育活动等载体,深化检务公开,健全密切联系人民群众的机制,广泛宣传检察机关强化法律监督、维护公平正义的职责使命。

科技强检开启检察发展新引擎

葛治宁[*]

近年来，当涂县人民检察院紧紧围绕检察工作主题，以执法办案为重点、以实际需求为指引，以提升能力为根本、以信息安全为保障，坚持思想引领、问题导向、应用为本、多措并举、全员参与，认真落实科技强检战略，不断加快科技强检步伐，取得明显成效。2015 年 11 月，该院被最高人民检察院授予"全国科技强检示范院"荣誉称号。

一、检察信息技术推动自侦办案科技化

新建办案工作区，监控设备先进，安全措施完备，侦查指挥便捷，拥有1080P 数字高清摄录设备。建成侦查指挥、手机定位、电子取证、综合信息查询、通信话单分析、情报信息分析系统，实现侦查方式和指挥方式的巨大转变。按照着眼实战、建用结合、应用为主的原则，采取多种方法，提高侦查人员技术水平和电子取证能力。充分发挥信息化在初查、破案和取证上的突出作用，促进职务犯罪侦查工作提质增效。严格按照全面、全部、全程的要求，坚持审录分离原则，落实和完善讯问职务犯罪嫌疑人同步录音录像制度。建立网上举报、电话举报和传统举报"三位一体"的立体举报系统，拓宽案件线索来源。利用全国联网，积极开展行贿犯罪档案查询工作。利用科技手段，开展技术性证据审查、法医检验、司法会计鉴定。2014—2015 年，利用新型侦查手段，共立案侦查贪污贿赂、渎职侵权案件 22 件 27 人。

二、业务应用系统助力案件管理流程化

强化检察信息化引领作用，建立网上案件管理平台，规范使用全国统一业务系统，统一受案、全程管理、动态监督、案后评查、综合考评。安排专人，

---

* 作者单位：马鞍山市当涂县人民检察院。

实时、动态监控系统内案件，重点检查案卡填录、办案时效、系统制作、文书打印等是否规范操作，发现问题，及时在第一时间口头或网上提醒、纠正。实现办案网上运行、网上监督、网上考评。建立由院领导及案管、督查等各部门组成的案件质量评查领导组，定期开展对网上办理案件进行质量评查，促进网上办案系统运用提质增效。2014 年，网上办理公诉案件 266 件；侦监案件 150件；行贿犯罪档案查询 380 件；技术性证据审查 49 件。

三、"两微一端一厅"实现检务公开数字化

新建检务公开大厅约 300 平方米，集控申接待、案件管理、律师阅卷、行贿档案查询等功能，构建"一站式"现代化综合检务平台。在主厅区域，设置触摸查询一体机和彩色 LED 电子屏，开展检务信息、案件信息公开、查询和预防职务犯罪知识宣传等工作。扩建分级保护机房，在全市首先完成基础改造、网络规划、终端加固等工作。建成并使用检委会多媒体会议室系统。新增驻县看守所检察室监控主机 2 台，扩大监控范围，扩容监控存储设备，改造网络线路，申请公安专网账号，完成与公安网络对接，连续三届荣获最高人民检察院授予的"一级规范化检察室"。2014 年年底，在全市检察机关率先开通"两微一端"，并首次在 2015 年年初的县人代会检察院报告后，附上"当涂检察"官方微博、微信二维码。分管检察长指挥调度，审阅发布内容。各部门、全体干警积极参与，撰写信息，并先后组建先锋队微信群、网上党支部微信群，大家相互交流，共同提高。通过检务公开，倒逼司法规范，实现从检察职能公开向检察权公开、从政务事务公开向诉讼运行公开、从执法结果静态公开向执法过程动态公开的转变。2015 年，利用检察外网、"两微一端"，对外发布各类信息千余条，广泛宣传检察工作，取得良好的社会效果。

四、公共管理系统构建检察管理网络化

建成集通知通告、法律法规、电子阅览、队伍培训、人员管理、后勤服务、车辆管控为一体的智能化公共管理服务系统，打造网络版的"检察官之家"。及时更新法律法规、方便查询学习，营造检察文化氛围，开展网上读书活动；采取菜单式培训，因人而异，因岗而异，点对点发送培训方案；建立个人电子档案，调资、晋升等，提前提醒，电子祝福干警生日；开展网络棋艺、书画比赛，陶冶干警情操；车辆管控，实时 GPS 定位，车辆轨迹检查，实现申请用车、领导核准、司机出车的公务派车电子化。系统还覆盖采购、考勤、

公务接待等。全面清理、修订和完善规章制度和业务规范流程，制作制度规范流程电子书，目前更新至第三版，其中，包括领导决策、业务工作、队伍建设和检务保障四部分，共46个制度、11个规范、11个流程，挂在检察内网上，方便学习和运用，充分运用制度管人、管事、管权。依托系统，网上开展"三志、三课、三活动"，即院务日志、科室日志、检察工作日志；党员课、业务课、文化课；"三严三实"教育活动、党组书记讲党课活动、规范司法行为专项整治活动。开辟活动平台，通过移动终端，写日志、上党课、接受专题教育。

五、"学、练、挖、引"促进技术应用专业化

"学"，即通过鼓励全体干警认真学习科技，提高检察人员信息化运用能力和素质。"练"，即采取走出去、请进来的方式，运用讲座、讨论、考试、技能竞赛等方式，涵盖综合管理、办案业务、设备使用和维护等内容，做好检察人员信息化应用培训工作。目前，全院45岁以下人员均取得国家计算机等级证书。"挖"，即盘活人才存量，2名拥有技术职称的领导干部，一岗多责，兼办法医检验、司法会计鉴定案件，提升用人效率。"引"，即扩大人才增量，招录法医、计算机等专业人才3名，聘用技术维护人员2名，形成结构优化，专业齐全、保障有力的检察技术队伍。要求技术部门人员做到专业精湛、技能纯熟、协调各方、指导有力，成为科技强检的主力军。技术科科长侯丰年连续3年被评为县级优秀公务员，荣立个人三等功1次。

六、强组织实措施推动科技强检常态化

高度重视科技强检工作，把科技强检作为"一把手"工程，确立夯实基础、拓展领域、提升层次的三步走战略，明确推进建设、突出应用、加强管理的工作思路。成立以检察长为组长、分管检察长为副组长、内设机构负责人为成员的科技强检工作领导小组，分工负责、责任到人，跟踪问效、强力推进。完善科技强检工作规划、制定实施方案，明确指导思想，分解目标任务，落实具体要求，细化工作时间表和路线图。检察长何玉明深入思考，统筹谋划，撰写《信息化条件下检务公开探讨》，2014年12月，应邀参加检察日报组织的专题研讨会，作交流发言。3位副检察长分别从分管业务角度，想对策，拟方案，实化举措，推动发展。各部门对照任务分解表，认真落实各项举措，全面补缺补差，扎实开展工作。党团工青妇组织纷纷发挥各自优势，多层面动员、

多形式组织干警，集中力量展开攻关。全体检察人员克服困难，加班加点，优质高效完成各自任务。

2015 年 8 月 19 日，省检察院检察长薛江武，市委书记张晓麟来调研指导检察工作时，充分肯定当涂县院科技强检工作，指出要向科技要检力、要规范、要效率，努力打造有特色、能管用、可复制的基层检察院科技强检工作品牌。

浅析基层检察官如何防范冤假错案

方玲玲*

检察改革中关于司法责任追究制度成为悬在检察人员头上的"达摩克利斯之剑"。笔者将根据自身办理案件的实际,分析基层检察官在具体办案中该如何防范冤假错案。

一、检察机关在防范冤假错案中的重要地位

从媒体的公开报道来看,党的十八大以来,20多起重大冤假错案得到纠正,这些冤假错案大多数是由人民法院依法予以纠正的。实际上,从司法实践来看,人民检察院在防范冤假错案方面发挥了越来越大的作用。例如,浙江张氏叔侄案的纠正离不开检察官张飚的坚持不懈;河北顺平案,检察机关在审查逮捕阶段就排除了非法证据,对犯罪嫌疑人坚决不予批捕,防范和纠正了一起冤假错案。

人民检察院的抗诉能够直接启动纠正程序,这是当事人及其近亲属的申诉、控告所不可比拟的。此外,人民检察院介入案件的时间更早,通过审查逮捕、审查起诉、侦查监督等活动能够及时防范冤假错案的形成。所以,检察机关可以在防范冤假错案中发挥出应有的重要作用。

作为一名基层检察官在防范冤假错案上,宏观上必须纠偏司法理念,微观上必须严格审查证据。

二、检察官纠偏司法理念,宏观上对冤假错案的防范

(一)保障人权

一直以来,社会心理包括司法理念都认为法律是打击犯罪的工具,其实不然,法治的根本目的是保障人权。如果单纯地打击犯罪其实不需要法律,暴力

---

* 作者单位:马鞍山市当涂县人民检察院。

对暴力，军事镇压、国家强权直接打击犯罪，这是很简单的事情，效率是极高的。为什么要走法律程序？是怕出错误，打了不该打的人，所以法治的整个理念价值观，很重要的一条在于，别打错人，别冤枉好人。

打击犯罪设置的这些刑事诉讼程序等，都是一道一道"过筛子"，法治越发达，从打击犯罪的角度来讲，效率是降低了，甚至使客观有罪的人真可能会逃脱法网，但是它把避免冤假错案、保障人权作为最主要的价值观。法治社会要追求的是法律事实，而不是客观事实，这是法律职业共同体应该达成的共识。只有法律职业共同体达成了这种共识，从而影响社会各个阶级，这才是我们法治社会的最大追求。

（二）无罪推定

事实和证据究竟是什么关系？事实在哪里？谁看得到事实？法官、检察官看得到事实吗？案件是发生在过去的，办案人员不可能回到过去去感知事实，案件事实的发生就像一面被打碎散落世间的镜子，每一块碎片就是一丁点事实，只有不停地寻找碎片，将这些碎片拼凑起来才能还原事实真相。但是碎片不一定都能找到，有时候找到的碎片也不一定是这个案件的，所以证据不足的情况下案件事实就具有模糊性。

实事求是是放之四海而皆准的真理，没问题，如果以所谓的客观真实为准，但是谁说的事实是真的？谁是，谁不是？所谓的真实，失去标准的时候就变成主观随意性的产物，结果就是权力决定一切，谁有权谁就是对的，这就是最可怕的问题。正因为有这样的冲突，所以只能以法律真实为确定的标准，这是最根本的问题。辛普森案件中被害人的父亲说过一句话：今天司法正义遭到了践踏，但是我们仍然尊重这个判决。

所以，我们在办理任何一个案件的时候，如果过分地去追求真相，就陷入了歧途，有很多案件真相是无法查明的，正因为如此，我们才提出无罪推定的原则，为什么要推定啊？因为确实有些案件的真相是查不清楚的。根据法律规定，根据证据的情况，能认定有罪，就定罪，不能就不能认定有罪，这是一名检察官要恪守的原则。

另外，我们一定要把侦查的思维和定罪的思维相区别。侦查一个案件的时候要怀疑一切，只有这样才能更多更广地收集证据。但是检察官在审查案件定罪的时候要排除一切合理怀疑，只要不能排除怀疑就不能定罪，要做到内心确信。

（三）重视非法证据排除规则及程序

我们常常说司法公信力，何谓司法公信力？怎么去培养群众对司法的认同感？司法公信力在于我们司法机关的一言一行，在于司法机关办理的每一个个案之中。美国最高法院大法官希兰代斯曾说过："没有什么比不遵守它自己的法律能更快地摧毁一个政府。我们的政府是一个强大的、无所不在的老师。无论坏事还是好事，它都用它的例子在教全体人民……如果政府成为法律的破坏者，它就造成对法律的藐视，他让每一个人都遵守法律而不是它自己，就会遭致无政府状态。非法证据排除规则的价值就在于向人民政府非法行为的所有潜在受害人保证，政府不会因为其非法行为而受益，因此最大限度地降低严重损害公众对政府信任的风险。"

简单地说，就是公权力的暴戾会带来社会的有样学样，不讲规则的政府培养出刁民，政府不守法，群众就会更不守法。所以，检察官在办案中一定要善于监督、勇于监督，即使非法证据排除可能会使有罪的人逃脱法网，也是侦查机关为其违法行为而埋单。在检察环节排除非法证据还有重要的意义，就是让审判者不受到被污染证据的影响，不进入审判程序。

（四）坚守依法办案底线，提高抗压能力

检察官办理案件就如同驾驶飞机，它包括一体两翼。我们要让飞机平稳飞行，就要处理好两翼带来的压力冲击。压力主要包括民意和政府。

民意导向众口铄金，也就是所谓的舆论审判。民意真的那么可信吗？民意很重要，但在个案中，民意如何把握？民意也就是老百姓的认知，基于常识、常理、常情。作为司法人员，我们在处理案件时一定要正确处理。要坚守办案底线，不能围着民意转。冤假错案中同情他批判司法机关的人们也恰恰是当前呼喊出要判处其死刑的人们。舆论审判确实有，有人说舆论下也会制造错案，错不在舆论。舆论、媒体是一种很好的监督机制，错在司法机关，没有坚守法律底线，必须坚持依法办事，这个责任不能推给舆论。

另外就是政法委协调，确实起到协调作用，但是协调在专业性强的个案中应该淡出。这些追求的是客观事实，不是法律事实。政法委可以牵头组织公检法三机关的联席会议，三机关就办理刑事案件过程中遇到的难点、热点以及法律理解与适用中争议较大的个案与类案进行研讨，效果还是很好的。

（五）规范司法，注意化解矛盾纠纷，防止涉检上访

规范司法的核心在人，检察机关司法规范化建设的核心在检察人员。基层检察机关是直接联系群众的窗口，检察人员司法行为的规范性不仅体现了检察机关履行职能的水平，还直接关系到检察工作的司法公信力。

我们在处理案件时要注意防范两种矛盾：一种是案件当事人双方之间的矛盾，要尽其所能排除化解；另一种就是办案人员与案件当事人之间的矛盾。有

些当事人确实脾气暴躁、很难说理，千万不能发生冲突。我们在处理案件时，不可能让涉案双方当事人都满意，这时会有来办公室吵闹的情况出现。处理案件与当事人打交道时一定要文明理性平和执法，避免不必要的冲突发生。

越来越多的事件显示，近些年出现的个人极端暴力，不再是一种冤有头债有主式的复仇，而是面向公共群众的报复，行凶者身上都有太多戾气积累，最终膨胀爆炸造成无辜者的殒命，成为一种恐怖性质的犯罪，严重危害了社会安全，造成社会恐慌。公权力不规范的行使是引发社会戾气特别是个人极端暴力事件的主要原因。许多反响强烈的公共事件一开始是由于公权力的傲慢、执法部门的扯皮推诿、办事效率低下，而使一些诉求得不到回应、冤屈得不到伸张。基层弱势群体不断积压着自己的愤怒、无力的情绪，一遇事便易燃易爆。

"善治国者，治吏；不善治国者，治民。"作为司法机关，作为群众权利救济的最后一道程序，我们一定要规范司法化，坚持以事实为依据、以法律为准绳去审查案件。

总结一下，就是要坚决纠正有罪推定、口供至上、构罪即捕、以捕代侦、重打击轻保护、重实体轻程序、重口供轻证据、重有罪证据轻无罪证据、重协调配合轻监督制约等陈旧观念，准确把握修改后刑事诉讼法强调的人权保障、程序正义、司法公正等基本精神，进一步增强人权意识、程序意识、证据意识、时效意识、监督意识，切实做到"六个并重"。要坚持疑罪从无原则，根据审查逮捕与审查起诉时在案的事实和证据，严格按照法律规定的条件审查。

以上，是对检察官在办案中具体宏观意识上的把握，思想决定行动，只有意识到了重要性，才能在行为上做到慎言慎行。

三、检察官微观上对刑事证据的判断审查

刑事证据是整个诉讼活动的基础和核心，是正确进行刑事诉讼活动的事实根据，从立案、侦查、起诉到审判，每一个诉讼阶段和程序，都离不开对证据的运用，无论是实体问题还是有关程序所作出的一切决定，都要建立在充分、确实的证据基础之上，可以说不解决证据问题，刑事诉讼就难以继续进行。因此，刑事证据及其运用是刑事诉讼的核心问题。

证据的审查认定与检察工作有非常密切的关系。在某种意义上来讲，检察人员办案在很大程度上讲就是办证据，就是对证据的审查。案件的质量也主要是体现在证据上。而证据的客观性、关联性与合法性三要素是证据能否被采纳的基本原则。

（一）对以下四种情形不得认定犯罪

1. 犯罪嫌疑人拒不认罪或者翻供，而物证、书证、勘验、检查笔录、鉴

定意见等其他证据无法证明犯罪的。

2. 案件的关键性证据缺失，如作案工具未提取、DNA 检验、指纹比对等未制作的。

3. 只有犯罪嫌疑人供述没有其他证据印证的或者与被害人陈述、证人证言等证据在重要情节上存在矛盾的。

4. 犯罪嫌疑人有罪供述的获取可能存在刑讯逼供、指控犯罪的证人证言的取得可能存在暴力取证等违法情形的。

（二）加强证据审查

在审查案件时，应当加强对各类证据的分析、判断和运用，依法准确认定案件事实。具体到证据种类，有下面几个小提醒：

1. 主观证据。包括犯罪嫌疑人供述和辩解、证人证言等。

（1）对犯罪嫌疑人口供，应当深究细查，全面核实，不放过任何疑点。"由供到证"（即依口供内容而发现新证据）的口供真实性较高。只有被告人供述，没有其他证据的，不能认定被告人有罪并处以刑罚。对犯罪嫌疑人的辩解必须核实，对前后供述出现反复的原因必须审查，对重点案件的同步录音录像资料必须重视，对犯罪嫌疑人提出受到刑讯逼供的情况必须调查。

（2）对证人证言，应当突出审查"三个方面"，即审查对证言的取得程序和方式、审查证人的作证能力、审查证人与本案的利害关系。证人证言的心理学分析。证人证言的形成过程是感知、记忆、再现。在这三个阶段，证人证言都容易出现的误差是感知误差、记忆误差、陈述误差。所以需要审查证人证言的真实性。其中，证人提供的对自己或其亲属不利的证言，其证明力一般较强；内容稳定、前后一致的证人证言的证明力一般较强。

2. 客观证据。包括现场勘验检查笔录、鉴定意见、物证、书证、视听资料等。

（1）对现场勘验检查笔录，要全面分析研判。勘验检查笔录的记载内容与现场、实物、照片是否相符必须审查；现场的痕迹、物品有没有全面勘查、提取必须审查。

（2）对物证、书证、视听资料，应着重审查物证原始特征和来源、书证形成的过程、视听资料有无技术处理、提取过程、与待证事实的关联性等。

（3）鉴定结论的审查认定规则。对鉴定意见，司法实践中，我们遇到最多的就是法医学尸体或者伤情检验鉴定报告书以及物价鉴定等鉴定意见。前者好办，由本院技术部门进行审查。关键是后者，要在审查基础上加以采信，防止过分迷信、简单运用，重点审查鉴定机构和人员资质的合法性、检材样本与提取笔录的合法性等，因为鉴定部门只负责对侦查机关送过来的委托鉴定对象进行鉴定，所以在审查时一定要注意鉴定对象所依赖的数据或资料是否真实合法。

例如，2014 年 8 月 15 日，犯罪嫌疑人张某窜至当涂县姑孰镇某小区一住户家中，该户为未交付使用的毛坯房。犯罪嫌疑人张某从二楼窗户翻窗入室，利用八宝粥铁片盖将房屋内的插座螺丝拧开，后将里面的电线抽出。共盗窃远昌牌 BV450/750V 4 平方毫米电线约 400 米，远昌牌 BV450/750V 2.5 平方毫米电线约 140 米。经当涂县物价局价格鉴定价值人民币 2021 元。

如果一味相信鉴定意见，盗窃 2000 元已达够罪标准，从而认定张某构成盗窃罪。这个案件就会出现错案，实际在证据的认定上，犯罪嫌疑人的供述和被害人的陈述均未提供被盗电线的准确长度，且侦查机关未能找到实物未能准确认定张某盗窃电线的具体长度。故鉴定文书中的价格鉴定意见证据不足，不予采用。案件的最终处理结果就是犯罪证据不足，建议侦查机关补充侦查。

笔者借助上述案例，就是想说作为一名检察官，应该恪守一个原则，即必须保持每一分警惕，防止无辜者被错误地定罪和判刑。

检察机关"两微一端"良好运维之我谈

胡小雪*

近些年，随着自媒体、客户端以及手机 APP 的不断发展，手机在线阅读用户呈现快速增长趋势，各大行业均开始加大网络宣传的力度，网络宣传也成为各行业的重点工作之一。俗话说，"酒香也怕巷子深"，工作的开展，取得的成绩，都需要积极的宣传，让受众了解我们做了什么，做得怎么样，从而获得受众的关注，为推动自身各项工作的发展提供基础。早些年，网络宣传还主要集中在公司企业、教育机构等，近些年，政府机关也开始加大网络宣传的力度，除了对网络舆情的监控和引导之外，对自身网宣工作的开展也成为主流。微博、微信订阅号、新闻客户端等众多媒体平台都成为"兵家必争之地"，检察机关也毫不例外地加入了网络宣传。当涂县院在 2016 年也相继开通了"两微一端"，着力进行网络宣传工作，笔者作为"两微一端"的日常运营和维护工作者，在工作中也发现了一些问题，进行了一些思考，对如何良好运营检察机关的"两微一端"，笔者谈以下几点看法。

一、内容有度，但形式无度

检察机关由于自身工作的严肃性，在"两微一端"等平台上发表内容时，不能够像公安机关那样幽默风趣甚至吐槽、搞笑，内容范围也比较狭窄。知名的微博博主如"江宁公安在线""警察蜀黍"等，微博的内容可谓是天文地理、人间正义无所不涉及，网友自然也爱看这种既能告诉你安全防范知识，又能帮你鉴定买到的是不是高仿文物，偶尔卖萌，经常科普的微博博主。但综观全国的检察机关官方微博，几乎一样的法律法规、工作动态、业务情况、队伍建设等内容，枯燥乏味，可能连发微博的人都不想看第二遍，更何况猎奇心理强的网友。那是不是检察机关为了迎合网友的口味，也要学公安微博那样，卖

---

* 作者单位：马鞍山市当涂县人民检察院。

卖萌、耍耍宝呢？答案是否定的。检察机关作为法律监督机关，自身的严肃性需要保持，这点是毋庸置疑的，公安机关由于经常与百姓接触，鸡毛蒜皮家长里短的事情都可以管一管，发起微博来，口气轻松一点，语言搞笑一点都是没有问题的。但是检察机关，一来百姓接触少，很多人甚至不知道检察院是做什么的，二来日常的工作内容也远没有公安机关丰富，很多内容都是涉密的，根本不能公开。内容上的局限性就使检察院的微博看上去像白水一样索然无味。那是不是检察机关的"两微一端"就没办法做到让网友们喜爱呢？答案也是否定的。微博上的自媒体"陈小轴"给了我们一个解决内容枯燥的方法，那就是改变形式。"陈小轴"是杭州市人民检察院的一名工作人员，因为会画漫画，便创新性地用漫画的形式演绎检察官的日常生活，内容还是那个内容，但是形式一变，立马获得了网友的喜爱和支持，起到了良好的宣传检察机关工作的作用。在当涂县院的日常"两微一端"运维过程中，笔者也发现了这一现象。当涂县院的微信订阅号，长期以来主要推送当涂县院的工作动态、法律宣传、社会要闻等信息，在后台统计数据时，发现阅读量很小，也很少有人点赞。究其原因，主要还是因为形式和内容都枯燥，看封面就能猜到打开大概是什么内容，连点开阅读的欲望都没有。针对这一情形，当涂县院对微信推送内容进行改进，首先增加了表现形式，使其多样性，例如内容中添加视频、增加图片占正文的比例、制作 H5 动态页面展示等，效果十分明显，仅仅一天，当涂县院的微信订阅号增加了 15 个粉丝。其次是对内容的整合。检察机关内部工作并非没有规律可循，可以发布在外网上的如法律宣传、志愿者服务等也都不是只开展一次，单次的发布这些内容，效果有时并不尽如人意。而将内容进行整合，做成一个合集的图文展示，可阅读性大大提升，也更受欢迎。还有一点，就是要学会切合整个网络背景，也就是所谓的"跟风"，这里的"跟风"指的是运维者不能死板的更新内容，而是要学会切合当前的网络主题。例如，12 月 4 日是全国法制宣传日，那么今天适时的发布一些检察机关法制宣传情况是很切题的，也能受到网友的关注和支持。再如在 3 月 8 日妇女节时，发布一些女检察官送温暖的内容也是很好的。内容固然是死的，但形式确是灵活多变的，当然，也要不断地提升自身内容的可阅读性，若总是开会研讨，再怎么形式多样，也是没办法受到欢迎的。

二、专人运维，保障到位

检察机关"两微一端"运营一般来说主要放在办公室、政研室、技术科或政工科这类的综合性较强的部门。但这些部门往往都有一个问题，就是日常的工作已经比较繁琐，工作量大，人手不足。"两微一端"的运营，特别是想把"两微一端"运营好，成为检察院的招牌和宣传头阵，则需要花费很多心力和时间。研究内容，修改形式，寻找创意，无一不需要耗费运营者大量的时间和精力。就拿笔者个人来说，制作一个 H5 页面，平均需要至少 3 个小时，且是连续不断地工作 3 小时，不能有任何打断。但现实往往是刚处理好一张图片，就有任务派给你，刚打了几个字，又有事情需要你处理，时间的碎片化使运营者很难集中心力去制作，往往只能依靠中午的休息时间或者晚上加班来进行内容的创新，长此以往也不是一个解决的办法。因此还是需要安排专人对"两微一端"进行系统化的管理。此前，当涂县院曾去"两微一端"运营的比较好的雨山区法院进行学习，发现他们就是安排了专人进行"两微一端"的日常管理，管理者属于办公室，日常以"两微一端"的更新发布为主要工作，若"两微一端"工作没有完成，则有权拒绝安排的其他工作。人力的保障，专人的维护，使雨山区法院的"两微一端"运营有序，形式内容可以不断创新。对于我们人手缺乏的检察机关来说，派专人运维不太现实，聘用人员运维也不太恰当，因此，职责分工的细化很有必要。"两微一端"的良好运作不只是运营者一个人的事情，而是全院的事情，运营者可以创新形式，但永远无法保证所有的内容都是自己写的。固然，可以从网络上摘抄一些时政新闻，但那样的公众号只会泯然众人，受众真正想了解的一定是原创的内容。因此，检察机关的"两微一端"运营正常化，笔者认为可以从以下几方面着手：一是运营者本人工作职责要明确。运营者当然可以做"两微一端"运营之外的工作，但其所承担的其他工作不可太多，否则则会分去精力，无法保证运营的常态化和内容形式的不断创新。因此，一定要明确运营者本人的工作职责，即运营者除了"两微一端"的运营之外，还承担哪些工作，除了这些，其他工作可以交由同科室同事处理或其他科室办理，保证运营者有充足的时间和精力进行"两微一端"的运维。二是要建立素材提供机制。检察院的日常工作特色和亮点大部分实际上是在业务部门，而业务部门的工作日常运营者也无从去了解，只能靠业务部门自己提供。但业务部门提供素材时有时无，无法保证信息发布的稳定性。因此，建立素材提供机制是很有必要的。素材提供机制并非是指业务部门每周一定要交一篇可以发布的内容，而是指各业务部门，有哪些工作亮点、动态，哪怕是一张图片、一句话的新闻都可以提供给运营者，运营者进行收集整理，形成一个常态化的提供机制，保证运营者有一个本院的素材库，可以定期进行整理汇总，创新制作出相关的宣传内容。该机制的建立需要全院上下联动，而不能只靠几个部门进行，并且业务部门作为素材的提供者，一定要养成有动态有信息即时提供给运营者的习惯，这样才能使素材提供机制长久运行下去。

　　网络时代的发展，"两微一端"在未来很长一段时间，可能都将会是各大单位宣传的主要力量之一，若想要独树一帜，让其为自己的工作服务，取得良好的宣传效果，需要做的工作还有很多，唯有切实地做好保障工作，形成良好的互动机制，才能使新媒体平台运维有方，使用有度，宣传有力，这也是我们所共同追求的。为达到这个目标，脚踏实地，不断创新，方能有所作为。

浅谈案件质量保障机制建设

——以公诉环节为视角

胡晓波*

案件质量承载着公平正义,是检察工作的生命线。审查起诉作为上承侦查、下启审判的中间环节,是完成"强化法律监督,维护公平正义"这一重要使命的关键环节。因此,公诉部门应牢固树立案件质量意识,通过提高办案质量切实保障人民群众的合法权益,维护社会和谐稳定。虽然刑事司法的不断改革,对公诉工作有了极大的促进,但近年来不断出现的冤假错案,屡屡掀起舆论浪潮,最终作出错误判决的法院当然无法免责,同时,检察机关的执法形象也受到了极大的影响。本文拟以公诉环节为视角,探讨如何健全案件质量保障机制。

一、增强公诉队伍软实力,提高执法办案水平

公诉人是直接办理审查起诉案件的人员,公诉案件质量的好坏,很多时候取决于公诉人的办案水平以及责任心,因此,培养一支高素质的公诉人队伍是保障案件质量的重要途径。

(一)加强证据审查能力的培养

社会突飞猛进的发展,刑事案件由传统型向多样化发展,公诉人应多了解金融、财政、税务、证券等方面的专业知识,从而提高审查证据的能力。修改后刑事诉讼法新增了鉴定人和专家证人出庭的规定,由于鉴定人和专家证人都是具有一定专业知识的特殊群体,而他们的证言往往对案件事实的认定有重要的影响。因此,公诉人还要具备相应的专业知识,才能够在庭审中询问鉴定人和专家证人时,掌握主动。如电子证据虽为公诉人的指控犯罪多了一项武器,但如果公诉人不具有一定的计算机和网络专业知识,就很难对电子证据进行审

---

* 作者单位:马鞍山市花山区人民检察院。

查和使用。

（二）加强庭审水平训练

出庭支持公诉不仅是公诉人履行法律监督的重要途径，同时也是一个通过庭审宣传法律、普及法律、对外展示检察机关良好形象的过程，好的出庭效果会使案件达到法律效果与社会效果的进一步统一。因此，应加大对公诉人的实战培训力度，增强公诉人的同时抗辩能力，着重提高庭审交叉询问的技能，可以让公诉人到职侦部门锻炼几个月，提升公诉人的讯（询）问水平，增强公诉人应对庭审中证人证言发生变化的能力。转变公诉人传统的偏重言词证据的思维模式，树立公诉人的程序意识，正确和熟练运用非法证据排除规则。

（三）开展形式多样的交流培训活动

除了在日常的办案中获取经验之外，公诉人需要不断充电才能更好地完成法律监督的重任。事实上，广大基层院的公诉干警在完成本职工作之余往往已经没有多余的时间去充电学习，长此以往便会陷入恶性循环，一方面是源源不断的案件，一方面是无法满足工作要求的业务知识，因此，应克服困难，加大投入，对专业人才进行重点培养，通过组织开展专题讲座、观摩庭审、业务竞赛、交流学习等，以公诉人业务能力的提高促进公诉案件质量的提高。同时，应使公诉人从繁忙的事务性工作中解脱出来，专心办理案件，注重做好传、帮、带工作，把一些资历高、能力强、办案经验丰富的检察官分组，把关年轻检察官的案件，杜绝年轻检察官"裸体"上阵，减少办案风险，传授办案经验。

二、建立科学的办案机制，切实提升案件质量

（一）建立完善办案规则，用制度规范办案行为

随着公诉案件质量要求的不断提高，"质量"的内涵和外延也在不断拓展，低层次的公诉案件质量仅指有罪判决率的高低，高层次的公诉案件质量除此之外还包括较高的追诉率、抗诉率和改判率、较低的相对不诉率，以及法院判决认定的事实、情节与起诉书的指控有较高的一致性等。在公诉案件办案流程的各个环节上加强管理，相应制定科学、合理的办案工作标准和工作规范，可以全面保证公诉案件的质量。注重加强公诉案件流程的规范化建设，按照事实审查源于证据审查的原则，对审查案件事实和证据的内容、要求和标准进一步细化，根据《刑事诉讼法》和《人民检察院刑事诉讼规则（试行）》的有关规定，制定切实可行的《审查起诉工作细则》，对办理公诉案件从案件受理

登记和被告人权利义务告知、办案期限及超期羁押预警，到起诉意见书、审查报告、起诉书三书审查，案件退查备案、出庭支持公诉，公诉案卷装订、归档等各个环节上逐步建立和完善工作规则和工作规范，为办理公诉案件提供可操作性强的标准。使每个办案人员都在法律程序的框架内，在办案程序的规范约束下履行岗位职责，从而提高办案效率，确保办案质量。

（二）严格贯彻刑事诉讼法相关规定，杜绝错案冤案

首先是坚持存疑不诉。"疑罪从无"的司法原则是现代刑事司法文明与进步的重要标志之一，它折射出我国在法治建设进程中对法律价值的重新协调和平衡。但在司法实践中，对一些案件的处理不是疑罪从无，而是疑罪从轻，最终造成了错案的发生。就审查起诉环节而言，存疑不诉不仅应该运用于个罪，也应该应用于每一起犯罪事实，不应只满足于够罪，而应使每一起事实都达到起诉标准，使这一制度真正起到为案件质量保驾护航的作用。其次是坚持非法证据排除。在刑事诉讼中，非法证据排除规则集中体现了刑事诉讼控制犯罪与保障人权之间的冲突与协调，只有坚持非法证据排除，才能以程序公正体现实体公正，公诉人应根据非法证据的不同情形区别处理，从而使诉讼程序高效、有序地完成。

（三）强化诉讼监督，增强诉讼效果

公诉案件的办案质量，不仅仅体现在审查起诉这一个环节上，还与侦查、审判等环节的工作息息相关。因此，公诉部门要充分利用刑事诉讼监督这一宪法和法律赋予的神圣职责，在刑事诉讼法的各个环节进行有效地监督，用诉讼监督机制来保证案件质量前展至侦查阶段后延至审判阶段。

1. 强化错案意识，依法纠正冤假错案。公诉人要认真细致，严把案件质量关，坚持对案件的全面审查原则，对于违反程序的侦查行为要及时下达《纠正违法通知书》，同时，根据案件情况积极开展自查及时发现并纠正错案。

2. 依法追诉漏罪和漏犯。公诉部门要始终把追诉漏罪和漏犯作为评判公诉案件质量的重要量化指标之一，在办案中严格把关，避免有罪不罚、以钱代罚等情况出现，使犯罪分子得到应有的惩罚。

3. 切实加强刑事抗诉工作。要牢固树立监督意识，在"敢抗、善抗、抗准"上下功夫，要在重视对重罪轻判、有罪判无罪的案件提出抗诉的同时，抓住轻罪重判等因法官认识误区和盲点导致错判的案件提出抗诉，保证刑事抗诉的全面性。

三、坚持内外监督相结合，加强案件质量管理

（一）定期开展案件评查

制定科学合理的案件评查办法，细化评查标准，成立专门的评查小组，对办案系统操作、案卷、法律文书制作、讯问、出庭等进行全面评查，形成评查意见，经评查后形成的评查意见通过公诉科例会加以点评和总结，以提高公诉干警办案能力。对整个评查流程运转要规定严格的运行规则和时限要求，明确常规评查、专项评查和重点评查相结合的"三位一体"评查方式方法，确立全面的案件质量评查范围、实体和程序并重的评查内容。逐步将案件质量评查作为检察机关的一项内部岗位职责，与案件流程监控结合起来，结合检察机关统一业务应用软件，通过流程跟踪、廉政风险防控、办案进度、期限预警等内部监督机制使之逐渐趋于常态化，进而带来追求案件优质的常态化，使干警在日常工作中能够感受到持续性的约束力，继而转化成一种自我约束的习惯，从而在办理案件时完全遵从质量评查的标准，确保案件质量监督的实效。

（二）落实办案质量终身负责制

如果每一个办案人员的头上，从办每一件案件起，终身都悬着一把锋利的"达摩克利斯之剑"，他在行使司法权力时，必将小心翼翼、如履薄冰，尽最大的努力去谨慎、公正地行使好司法权力，捍卫法律的底线和司法的正义，切实维护好公民的合法权益，最大限度地根除冤假错案。当然。笔者认为，办案质量终身负责制的实施不可矫枉过正，例如应该区分办案人员因重大过失和因认识问题产生错案之间的区别，避免承办人"紧箍"绷的太紧，频繁开展案件讨论，造成诉讼效率的下降。

（三）打造阳光检察

一是拓宽人民监督员的监督渠道。严格选聘一批具备一定法律知识、办事公道的人民监督员，凡是不服逮捕决定、不诉、撤案这三类案件必须经过人民监督员讨论。同时，进一步丰富监督形式，如邀请人民监督员旁听案件的开庭审理、参与案件评查等。二是适应网络媒体发展趋势正确处理舆情。同时，在自媒体时代，网络传播的力量不容小觑，应加大检务公开力度，自觉接受群众和媒体监督，同时对网络舆情要积极妥善处理，对于检察机关而言，舆情就是检情，要深刻认识社会舆情的"双刃剑"作用，切实加强舆情引导工作，及时回应舆论关切，疏导社会公众情绪，积极引导公众培养法治心理、养成法治思维，自觉维护法治秩序。此外，检察机关应加快建设独立的政法微博，主动接受外部监督，提升执法公信力。

基层检察机关做好宣传舆论引导工作初探

周鹤鹏[*]

随着全面深化改革工作不断推进，诸如征地拆迁、社会保障、环境保护、就业就学、收入分配等社会矛盾进入凸显期，而各阶层群众文化水平、信息来源、维权意识也不断增强。在这种情形下，基层检察机关职能既决定其承担繁重工作任务，又引起很高的社会关注度。因此，基层检察机关必须适应社会发展，注重在社会关注下依法履行职能，充分利用各种宣传媒体做好舆论引导工作，弘扬法制精神，维护公平正义，从而实现社会大局稳定，促进社会经济和谐健康发展。

一、做好检察宣传舆论引导工作的现实意义

（一）舆论引导是提高司法公信力的重要举措

党的十八大报告中提出要保障人民知情权、参与权、表达权、监督权。习近平总书记在 2014 年中央政法工作会议上一再强调：要坚持以公开促公正、以透明保廉洁，增强主动公开、主动接受监督的意识，让"暗箱操作"没有空间，让司法腐败无法藏身。检察机关通过做好检察宣传舆论引导工作，可以及时向广大人民群众公布检察动态，让人民群众充分了解检察机关权力运行规则，了解其所关注案情的进展情况，有利于人民群众依法依规监督检察机关和检察工作人员行使权力，促进廉洁司法，提高司法公信力，最大限度化解各类社会矛盾。

（二）舆论引导是提升检察工作水平的必然要求

中央政法委书记孟建柱同志在部署 2014 年政法工作时明确要求：要以改进政法宣传舆论工作为着力点，深入推进平安中国、法治中国和过硬队伍建设，切实提高政法工作现代化水平。新形势下做好宣传舆论引导工作，让人民

---

* 作者单位：马鞍山市雨山区人民检察院。

群众看到检察机规范执法行为、促进执法公正的坚定决心和实际成效，有利于把党关于做好社会管理综合治理工作所采取的方针政策措施和工作进展情况以及工作成效告诉人民群众，增强群众的安全感，从而调动群众参与社会管理综合治理的积极性，进一步推进司法体制改革，抓好检察队伍建设，树立检察机关良好的社会形象。

（三）舆论引导是深化检务公开的主要渠道

党的十八大报告明确提出推进权力运行公开化、规范化，完善党务公开、政务公开、司法公开和各领域办事公开制度。党的十八届三中全会通过的《中共中央关于全面深化改革若干重大问题的决定》要求健全司法权力运行机制，推进检务公开。因此，检察机关要依法向社会和诉讼参与人公开与检察职权相关的不涉及国家秘密和个人隐私等有关活动和事项，如检察工作中的重大决策、工作部署、司法解释、法律规定等内容。做好检务公开工作必须以做好检察宣传舆论引导工作为抓手，在建立完善网上案件查询系统、建设检务公开大厅等基础上，要加强门户网站建设，构建检察信息共享网络，进一步深化检务公开工作内涵。通过召开新闻发布会、领导专访、及时发布信息等形式，定期向社会公布检察机关服务改革发展稳定的举措、检察工作的重大决策部署、履行法律监督职责的典型案例等，回应社会关切，满足群众知情权，正面引导社会舆论。

（四）舆论引导是应对涉检信访改革的紧迫需要

在当前实行诉访分离政策情况下，相当一部分信访事件归入司法途径来处理。中国百姓自古以来就有一种潜在的"惧讼""仇讼"的思想，诸如"民不与官斗""胳膊拧不过大腿"等传统潜意识已延续数千年，信访不信讼的救济意识根深蒂固，改变这种认知思维需要一个较长的过程。如今在当事人通过司法途径解决问题的过程中，尤其是在司法途径依法终结而当事人未能达到个人目的（合理目的与无理要求）时，一些当事人极有可能进行舆论炒作，借助新闻媒体给司法机关施加压力以达到个人目的，此类涉检舆论事件数量有可能出现上升的态势。

二、当前基层检察机关舆论引导工作的基本现状

以笔者所在基层检察机关为例，大多数基层检察机关高度重视宣传舆论工作，采取一系列有效措施宣传本院各项工作成果，及时做好舆情收集研判工作。一是实行量化考核制度。每年年初将对外宣传工作任务分配到各业务科室，完成情况与干警考核奖惩挂钩，提高全员做好相关工作的责任感和积极

性。二是定时收集网络舆情。每天由专人负责开展网络舆情巡查，主要是在本地各知名地方网络论坛，国内各大网络论坛、百度贴吧等进行巡查，发现涉检信息即时上报，建立信息互享机制。三是建立信息发布集中管理审核机制。全院及各业务科室外宣稿件，由政工部门统一审稿后统一对外发布，防止涉密或不符合政策导向的稿件、信息外传公布。四是严格执行检察新闻工作纪律。各业务部门在开展业务工作中遇到媒体提出采访要求时，须经院内层报领导审查同意，及时上报上级院批准后方可接受采访等。毋庸置疑，当前基层检察机关在开展检察宣传舆论引导工作方面仍然存在一些问题，既有认识上的偏差，重视程度不够，又有体制上的局限，专项经费不足等。主要表现：

（一）内部组织管理运行体系不畅，工作效率难以提高

控申部门作为检察机关受理控告、申诉、举报、接待来访的窗口，因工作职责分工，一般都是由控告申诉部门实施收集网络舆情、受理网上举报等工作，而对外宣传工作则由宣传（政工、办公室）部门负责，两个部门往往不是由同一领导分管，由于多头管理，一定程度上增加了沟通协调的工作难度。

（二）防范涉检舆情发生意识不强，应对舆论能力较差

有些检察人员对做好案件释法说理，防止矛盾激化导致涉检舆情事件的敏感性不高，对网络舆情的生成、发展、变化的规律难以准确把握，对网络舆情关注度力较弱，应对媒体采访的能力不强。有的基层检察机关因对涉检网络舆情没有及时有效进行回应引导，失去了将矛盾消除在萌芽状态的主动权，造成一定的被动局面。

（三）新兴媒体基础建设滞后，宣传手段方式单一

目前部分基层检察机关宣传舆论引导工作载体仍以报纸、电视、电台等传统媒体为主，门户网站建设滞后且存在没有专人维护，内容更新慢，栏目设置不够合理，内容不够生动，吸引力不强，浏览量少等现象。而对微博、微信、手机报等新兴传播媒介的运用更少。

三、做好检察宣传舆论引导工作的几点建议

（一）建立健全新闻发言人制度

以此作为宣传舆论引导工作统一领导机制。高检院对建立检察机关新闻发言人制度提出具体要求。各省级检察院应当设立两至三名新闻发言人，市、县级检察院应当设立一至两名新闻发言人，逐步实现检察机关新闻发言人专职化。建立新闻发言人制度是增强检察机关和检察工作透明度、扩大检察机关社

会影响、密切检察机关同人民群众联系的一项重要举措。基层检察机关应建立以新闻发言人为主体的宣传舆论引导工作统一领导机制，成立由检察长任组长的检察新闻发言人工作领导小组，由分管副检察长或政工部门负责人担任新闻发言人，统一负责新闻稿件的起草、接待记者采访、制定突发事件报道应急方案、协调新闻宣传等工作。

（二）加强宣传舆论引导人才培养

要建立完善通讯员队伍。抓好通讯员队伍建设是检察机关打造宣传品牌的关键，要在各业务科室培养一批优秀的通迅员，定期开展新闻业务知识培训，实行奖励激励机制，提高其写稿积极性。要尽快建立一支网评员队伍。网评员负责开展涉检网络舆情和突发事件的监测、预警、应对和评估工作，主动与本地宣传部门、主流网络媒体的沟通等，同时做好涉检网络舆分析研究与信息上报工作。

（三）抓好新兴媒体基础设施建设

当前，除了继续利用好传统的报纸、电视、广播等媒体外，还要广泛运用现代传媒，诸如手机报、微博、微信、QQ、单位门户网站、微讲堂、微电影等。要确定专人负责更新维护，及时上传信息，适时做好回复。要结合本单位工作特点和亮点，努力打造有影响力的宣传品牌。通过开展"优秀检察干警"评选活动、编印先进人物事迹读本、在报纸电台开辟检察专栏等方式，扩大影响力，增强实效性，在实际工作中不断创新新闻宣传工作方式、方法。

（四）提升干警宣传舆论引导工作能力

要不断提升检察干警政治理论水平，增强政治敏感性和新闻敏感性，注重执法办案的社会效果。认真做好释法说理、息访息诉工作，做到案结事了，增强防范涉检负面舆情发生的思想意识。要善于掌握信息需求，总结工作经验，挖掘工作亮点。要注重抓好检察工作专业的法律、政策、检察业务知识的学习，全面掌握了解党关于检察工作方针政策和新要求，准确把握宣传舆论引导工作导向，在舆情研判中发现并果断处置苗头性倾向性问题。要储备和更新新闻宣传工作知识，如新闻传播学、心理学、公共关系学等。作为新闻发言人还要熟练掌握新闻发布工作的程序要求、制度规定等内容，不断提高文字综合能力和语言表达水平。

综上所述，认真做好新形势下的宣传舆论引导工作，必将有助于基层检察机关各项业务工作有效有序开展，扎实有效完成维护社会大局稳定的政法工作基本任务，实现保障人民安居乐业、促进社会和谐发展的检察工作根本目标。

四项举措打造社区矫正法律监督新常态

夏志春　朱德艳[*]

近年来，马鞍山市两级检察机关对社区矫正工作强化监督，积极创新，实现了监督机制的实效化、模式的常态化、行为的规范化、方法的特色化，取得了较好的工作成效。我们的主要做法是：

一、构建部门协作机制，合力推进监督工作实效化

（一）建立网络化监督格局

开展社区矫正不仅需要公、检、法、司等国家机关的密切配合，还需要动员发挥社会各界力量。马鞍山市建立了一个包括领导层、职能层和协助层的法律监督网络。领导层是社区矫正工作领导小组，成员单位包括政法委、公、检、法、司、财政、民政、人社等，负责社区矫正工作的部署、决策和协调等，并建立了定期联席会议制度，研究解决各单位在社区矫正工作中遇到的问题和难题。建立了联合考评制度，每年组成考核组开展联合检查，收效较好。职能层是社区矫正检察室，负责具体实施社区矫正法律日常监督各项工作。2012 年 12 月，马鞍山市三县三区在全省率先建立了社区矫正服务中心，各县区检察院及时跟进，分别向辖区社区矫正服务中心派驻了检察室，配备专人专司社区矫正法律监督工作，并建立了相关工作机制，对社区矫正入矫解矫等进行全流程的监督。协助层是在各乡镇设立了检察联络员，借助现代通讯工具微信、微博等及时与工作对象之间沟通情况，实现了社区矫正工作信息的实时掌握，加强了对社区矫正的日常监督，有效防止了脱管、漏管现象的发生。

（二）建立一体化工作机制

市院将社区矫正法律监督工作纳入上级院对下级院年度业务考评内容，并

---

* 作者单位：马鞍山市人民检察院。

制定了《马鞍山市检察机关社区矫正法律监督办法》，着力强化检察机关内部的联系配合。首先是加强驻所、驻监和驻矫检察室的联系配合，保证监督工作的连贯性和有效性。其次是加强执检部门与侦监、公诉部门之间的协作，把好社区矫正适用的入口关。最后是建立与反贪、反渎部门的联系，优化侦查资源，强化办案能力，积极查办社区矫正活动中的职务犯罪。与此同时，努力构建上下一体，协调一致，合力推进社区矫正检察工作的格局。下级检察机关对社区矫正工作中出现的新情况、新问题，及时请示汇报；上级检察机关加强组织领导和工作指导，尤其在下级检察机关的监督遇到阻力和困难时，切实加强协调，全力给予支持。例如，2014 年 5 月在市院的有力支持下，博望区院积极争取区委领导和相关部门配合，使一脱管近 3 年的罪犯被依法收监执行。

（三）建立同步化信息机制

为有效解决基础数据因上报时间不一致等原因而导致差异这一问题，检察机关与其他政法单位达成共识，采取三项措施进一步完善信息同步化机制。一是监管和监督工作同步开展，从而形成监管合力，减少和杜绝脱管、漏管和虚管现象的发生；二是社区服刑人员的信息必须及时共享，各机关在获得社区服刑人员的相关信息后，在职责允许的范围内第一时间向其他机关通报；三是各机关每月上报报表的同时，考虑基础数据可能出现差错，应与其他机关的基础数据进行核对，做到"双保险"。

二、完善日常执法机制，着力推进监督工作常态化

（一）周核查制度

为及时掌握社区矫正情况，建立了每周核查制度，现场监督集中教育活动，开展入矫宣告，当场交接入矫人员名册，核对基础数据，接受情况反馈等。当涂县院与含山县院派专人常驻社区矫正中心检察室，及时掌握社区矫正情况，发现问题，及时纠正。和县院建立了周五工作日制度，每周五派人前往社区矫正管理局，开展核查工作，取得较好监督效果。

（二）月核对制度

坚持每月至少一次和司法行政机关核对名单制度，互通信息，及时将新增人员输入信息平台进行列管。指定专人负责社区矫正监督工作，明确具体内容，定期核对数据；对于新增人员及解矫人员，即时发送检察机关进行核对，确保社区服刑人员的基本信息及时更新，纳入正常管理和监督。为使监管和监督实现无缝对接，我们还编制了社区服刑人员名册，不但做到了数据

一致，还实现了数据和人的基本信息的一致性，防止出现"账物不符"的现象。

（三）季检查制度

每季度开展一次全面检查，深入各个乡镇、社区矫正管理机构，核对社区服刑人员名单，查阅矫正工作台账资料，通过"三访三谈"审查回访制度，即"访本人""访亲属""访邻居"，与受访人"谈表现""谈变化""谈法律"，了解社区服刑人员的表现。对有违反相关法律法规、社区矫正规定的社区服刑人员及时进行调查，情节严重的启动收监程序。

（四）年考评制度

每年底按照市院制定的社区服刑人员脱管、漏管核查细则，由市级公、检、法、司、人社、民政等社区矫正工作领导小组成员单位组成考核组，通过实地检查、座谈交流、随机抽查等多种方式对县区社区矫正工作进行全面考核，得分作为各县区年度综治考核单项成绩，报市综治办。同时，通过联合检查，及时解决遇到的新情况、新问题，如在2014年12月的联合考核中，解决了各单位之间就落实《暂予监外执行规定》的问题、交付衔接问题、社区服刑人员低保标准认定等问题，共同推动社区矫正工作深入开展。

三、实施"三查"工作机制，全力推进监督工作规范化

（一）查交付执行，解决漏管问题

对社区服刑人员档案中的各项法律文书进行认真审查，并与法院、公安、监狱等单位沟通，核对文书、核对人员，发现问题及时提出纠正意见。如当涂县院发现保外就医罪犯唐某一直未到当地司法所办理入矫手续。经查，唐某的保证人一直外出务工，既无时间照管唐某，也没有按规定协助、督促其定期提供病情复查资料，导致唐某治疗中断、病情恶化，在家有打砸行为，具有一定的社会危险性，且唐某不能提出新的保证人。对此，该院及时向县司法局发出检察建议，要求尽快履行唐某入矫手续，并向省监狱管理局提出对唐某收监执行的建议，被采纳。

（二）查监管活动，解决脱管问题

通过查阅社区服刑人员档案了解社区矫正机构是否将其列管，通过逐一谈话等形式检察社区服刑人员是否在位，通过个别抽查形式检察他们是否在居住地接受矫正、执行机关是否落实请销假制度等，发现脱管问题及时监督纠正。

如 2014 年含山县院经检察发现缓刑罪犯李某脱管 2 个月以上，建议收监执行，但多次抓捕未果，执检人员经多次协调，督促公安机关对李某实施了网上追逃，这是该县第一次对社区服刑人员脱管情形适用网上追逃措施，切实维护了裁判文书的司法权威。

（三）查教育矫正，解决虚管问题

重点监督矫正机构及相关参与单位是否依法依规开展了社区矫正工作，是否制定矫正个案，是否确定矫正责任人，是否落实各项矫正措施等。如市院在检察中发现多人档案记录、思想汇报等内容相似，及时提出纠正意见，要求全市强化矫正措施，防止监管不到位，取得较好成效。

四、创新监督工作机制，努力推进监督工作特色化

（一）创设"三个结合"方法

一是单独检察与联合检察相结合。在社区矫正工作监督中采取检察机关单独检察与联合其他成员单位共同检察相结合的模式，对社区矫正工作进行全方位监督检察。二是重点检察与一般检察相结合。针对不同情形，有根据的将社区服刑人员进行区分，对确定为重点对象和一般对象分别进行重点检察和一般检察，促进了司法资源的有效利用。三是常规检察与举办活动相结合。在坚持落实常规检察的基础上，创新方法，以集中入矫、集中教育、集体劳动以及警示教育等活动为契机，检察机关主动参与、积极配合，在活动中穿插法制教育、了解情况、询问谈话等方式，不仅促进了活动的顺利开展，还加强了对社区服刑人员的教育管理。

（二）创立检察信息平台

重点解决信息不对称、不同步问题，这既是克服检察人员少与监督工作量大之间矛盾的有效方法，也是实现社区矫正同步、动态监督的必要途径。我们以法院、公安、社区矫正机构内部网络为载体，建立县区级司法资源共享机制，促成县区检察院建立了动态的社区服刑人员电子台账，实时掌握社区服刑人员的基本情况。市院还开发了一套办公自动化软件，充分利用网络优势，全面掌握社区矫正信息资源，真正做到情况明、底数清，及时跟进法律监督工作，有效提升了社区矫正法律监督工作能力和水平。

（三）创建网络监督方式

一是首创网络视频模式对入矫宣告活动实施全程监督，确保及时准确掌握社区服刑人员入矫情况。二是开设"检察官微讲堂"，采取法律宣讲与视频授

课相结合的方式，以身边常见案件为例，制作视频资料，加强犯罪预防，为社区服刑人员送上易于接受、针对性强的法制宣传课。三是开展远程在线法律咨询。通过在线交流，积极为社区服刑人员提供高效便捷的法律咨询服务。如雨山区院自 2014 年 3 月开通在线交流以来，已经为社区服刑人员提供了 10 余次法律咨询。

以开展规范司法行为专项整治活动为契机加强侦监工作规范化建设

张　敏*

开展规范司法行为专项整治工作，是检察机关落实十八届四中全会精神、全面深化改革和全面推进依法治国的重要内容，是提高严格规范公正文明司法能力、增强检察机关司法公信力的重要举措，是确保检察权正确行使、确保法律正确实施的重要抓手。全市侦监部门围绕侦查监督权运行重点环节，严格规范司法办案活动，司法规范建设取得一些成效，但通过侦查监督条线案件评查等活动，也发现了一些问题，需要坚持不懈下大力气认真整改。

一、侦监部门规范化工作主要经验

（一）注重释法说理，积极化解社会矛盾

一是加强对不捕案件说理。市院侦监部门严把案件事实关、证据关、法律关，正确适用逮捕强制措施，对不捕案件严格区分无罪不捕、事实不清不捕、无逮捕必要不捕三种情形，向侦查机关或侦查部门发出不捕理由说明书，对重大疑难复杂的存疑不捕案件，还发出补查提纲，并面对面进行释法说理，引导侦查机关和侦查部门下一步调查取证方向，增强了释法说理的针对性和时效性，有效化解社会矛盾。二是积极化解涉嫌信访矛盾。对于有明确被害人且极易引起信访的案件，结合案件事实，围绕犯罪的构成要件对社会危险性进行释法说理，积极向被害人说明不捕的原因和理由。如市院办理的一起诈骗案，在审查逮捕阶段，多名被害人到市院信访，并在网上发帖制造舆论压力，市院侦监处以事实为依据，以法律为准绳，多次向前来信访的被害人释法说理，引导被害人依法解决问题，有效地用法治思维和法治方式

---

* 作者单位：马鞍山市人民检察院。

化解涉检矛盾，减少社会对抗。

（二）充分保障人权，维护犯罪嫌疑人合法权益

一是充分保障犯罪嫌疑人的自我辩护权。为充分保障犯罪嫌疑人合法权益，市院侦监部门长期坚持全面讯问制度，切实做到每案必提，讯问犯罪案件占受理案件的100%，充分保障了犯罪嫌疑人的自我辩护权行使，结合犯罪嫌疑人的供述和辩解，审查犯罪嫌疑人供述和辩解的合法性，取证活动的合法性和证据之间的矛盾和疑点。二是注重听取辩护律师意见。除对刑事诉讼法规定的辩护律师主动提出要求的案件、未成年犯罪嫌疑人案件听取辩护律师意见外，对其他有辩护律师的案件均主动电话联系征求其对案件的意见，既防止事实认定、法律适用方面出现错误，又能够保障律师充分参与，使案件的处理更加公开透明公正。

（三）规范诉讼监督，促进社会公平正义

一是规范书面纠正违法。市院侦监部门严格按照法律规定对侦查机关的重大违法情况进行监督，通过正确履行检察职能促进侦查机关规范执法，且均收到侦查机关纠正回复。如市院办理的张某、唐某涉嫌贩卖毒品罪案中，二人贩卖毒品的数量达1400余克、700余克，可能判处无期徒刑或死刑，属于刑事诉讼法规定应当对讯问过程进行录音或者录像的情形，市院及时针对侦查机关未进行同步录音录像的重大违法情形发出书面纠正违法通知书予以纠正，督促其限期改正。二是规范立案监督。市院侦监部门正确发挥立案监督职能，防止侦查机关有案不立和纠正违法立案，确保不枉不纵，保障国家法律正确实施和运用。如市院办理的苏某贩卖毒品罪案，经过审查，虽然苏某和前往外地购买毒品的犯罪嫌疑人现场同时被抓获，但现有证据不能证明苏某明知犯罪嫌疑人运输毒品的主观故意，因此建议要求公安机关说明立案理由并建议其撤案，防止和纠正了错误立案。

二、侦监部门规范化工作中存在的问题

（一）法律文书不规范，影响文书严谨性

文书质量的高低，对于增强检察机关办案严肃性，维护法律尊严和检察机关形象具有重要作用。检察机关统一适用应用软件以来，市院侦监部门由于办案惯性思维的影响，文书制作和使用还存在一些不规范情形。一是文书使用不规范。如提押证、讯问笔录、权利义务告知书等部分能在同一系统里生成的法律文书，存在使用旧式文书情形，审批表手写、打印签名并行，未从统一应用软件系统生成。二是文书制作不规范。部分疑难复杂案件虽经过处务会集体讨

论,但未将讨论记录装入卷宗;部分案件讯问笔录的讯问人与记录人系同一人签名;审查逮捕意见与侦查机关或部门认定不一致,未按照认定的犯罪事实、构成要件准确表述。

(二)信息公开不到位,影响检察公信力

深化"检务公开"是建设法治中国的必然要求和推进司法公开的重要内容,也是不断提高检察执法的透明度和公信力,市院侦监部门在案件信息公开、主动接受外部监督方面还未全面展开。一是案件信息公开不到位。根据规定,对社会普遍关注的刑事案件的批准逮捕情况的重要案件信息应当公开,目前,市院侦监部门尚未开展案件信息公开工作。如针对一些受害人达数百名,社会影响较大的涉众型案件,可以适时做好信息公开工作,充分发挥检察机关参与加强社会管理创新的职能作用。二是民主监督落实不到位。为着力打造开放、动态、透明、便民的阳光检务,贯彻落实省院审查逮捕公开听制度,拓宽人民群众有序参与司法渠道,市院侦监处应主动接受人大代表、政协委员代表委员参与公开听证,但目前尚未落实,在主动接受民主监督方面工作不到位。

(三)工作衔接不顺畅,影响办案安全性

办案安全是案件的生命线,办案安全无小事。近日,市院侦监处组织全处干警认真学习一起安全事故案例,该起案例的法官在向犯罪嫌疑人宣读判决后,在该名犯罪嫌疑人尚未被看守所人员带离的情况下即离开提审室,导致其长时间无人看管,最终引发其自杀。该起案例也引起我们对自身提审工作的反思,时刻警醒市院侦监干警提审讯、提押工作应有效衔接,在提审结束犯罪嫌疑人尚未被看守人员带离的情况下,不得离开提审室,坚决杜绝犯罪嫌疑人处于无人看管的状态下引发自杀或自残等办案安全隐患。

三、多措并举促进司法行为规范

(一)转变执法理念,准确职能定位

严格规范公正文明执法,是促进社会公平正义、维护社会和谐稳定的重大举措,是维护国家法律权威、提升执法公信力的重要途径。作为检察官,要准确理解和全面落实修改后刑事诉讼法赋予检察机关打击犯罪、保障人权、维护司法公正的职能作用,要牢牢把握严格规范公正文明执法这一执法工作生命线,进一步转变执法理念、改进执法方式,增强执法素养、提高执法水平,深入开展"执法规范强化年"活动,着力解决侦监环节司法办案方面存在的突出问题,坚定不移地做社会公平正义的促进者、社会和谐稳定的维护者,为我市经济发展提供安全稳定的社会环境、公平正义的法治环境和优质高效的服务环境。

（二）加强队伍建设，提升规范化水平

检察院司法行为能否规范关键在于检察官。只有不断加强自身建设，切实提高队伍素质，才能保证司法规范化建设。侦监部门要把专项整治有机融入业务和队伍建设之中，坚持严格规范公正文明执法，采取规范化培训、案件互查等切实有效的措施把规范司法的要求真正内化于心、外化于行，不断提高干警队伍的思想整治素质和业务素质。在规范办案的同时，进一步提升释法说理能力，实现法律效果和社会效果的有机统一，不断提升检察工作的亲和力和公信力。

（三）深化检务公开，打造"阳光检务"

深化检务公开是提高检察机关公信力和人民群众满意度的有力抓手。侦监部门要深入贯彻落实高检院规定，加强重要案件信息主动公开制度，及时通过微信、微博等方式公开具有指导性、警示性、教育性的典型案件，及时与群众关心关注的敏感问题做双方互动，让司法办案活动在公开、自信中赢得社会尊重。进一步完善健全人民监督员制度和邀请人大代表、政协委员视察制度，加强案件公开听证、公开审查工作，增强检察机关工作的透明度，把检察工作置于人民群众和社会各界的监督之下，更好地自觉接受监督，以公开促公正，以监督促规范，让检察权真正在阳光下运行。

图书在版编目（CIP）数据

检察理论研究与司法实务 / 顾玫帆主编. —北京：中国检察出版社，2016.12
ISBN 978 – 7 – 5102 – 1804 – 0

Ⅰ.①检… Ⅱ.①顾… Ⅲ.①检察机关 – 工作 – 中国 – 文集②司法 – 中国 – 文集 Ⅳ.①D926 – 53

中国版本图书馆 CIP 数据核字（2016）第 292240 号

检察理论研究与司法实务
顾玫帆　主编

出版发行：中国检察出版社
社　　　址：北京市石景山区香山南路 111 号　（100144）
网　　　址：中国检察出版社（www.zgjccbs.com）
编辑电话：(010)68630384
发行电话：(010)88954291　88953175　68686531
　　　　　　(010)68650015　68650016
经　　　销：新华书店
印　　　刷：三河市西华印务有限公司
开　　　本：710 mm×960 mm　16 开
印　　　张：21.5
字　　　数：390 千字
版　　　次：2016 年 12 月第一版　　2016 年 12 月第一次印刷
书　　　号：ISBN 978 – 7 – 5102 – 1804 – 0
定　　　价：54.00 元